Moritz Hauptmann

Die Natur der Harmonik und der Metrik

Zur Theorie der Musik

Moritz Hauptmann

Die Natur der Harmonik und der Metrik
Zur Theorie der Musik

ISBN/EAN: 9783743462922

Hergestellt in Europa, USA, Kanada, Australien, Japan

Cover: Foto ©Thomas Meinert / pixelio.de

Manufactured and distributed by brebook publishing software (www.brebook.com)

Moritz Hauptmann

Die Natur der Harmonik und der Metrik

DIE NATUR

DER

HARMONIK UND DER METRIK.

ZUR THEORIE DER MUSIK

VON

M. HAUPTMANN.

ZWEITE AUFLAGE.

LEIPZIG,

DRUCK UND VERLAG VON BREITKOPF UND HÄRTEL.

1873.

VORWORT.

Was der Mensch zu lernen hat, um sich zum praktischen Musiker auszubilden, ist in vielen Werken gründlich abgehandelt. Weniger ist untersucht worden, wie das musikalisch-Gesetzliche im Menschen begründet ist; wie der musikalisch richtige Ausdruck eben nur ein menschlich natürlicher, ein vernünftiger ist und darum ein allgemein verständlicher sein kann. Viele haben an solchen Untersuchungen allerdings auch weniger Interesse zu nehmen, als an der technisch bildenden Unterweisung und an ästhetischer Betrachtung. Der angehende Musiker ist mit praktischen Studien, der ausgebildete in seinem Berufe mit praktischer Ausübung vollauf beschäftigt. Sie finden selten Zeit und haben wenig Anregung über Das nachzudenken, was ihnen durch das natürliche Gefühl hinlänglich gesichert scheint. Man hört aber doch auch das Verlangen aussprechen, den Grund gewisser in der Musik als unabweislich bestehenden Forderungen kennen zu lernen, und die Regeln begründet zu wissen, deren Gültigkeit zwar gefühlt wird, die aber der verständigen Nachweisung meist ermangeln. Solchem Verlangen entgegenzukommen möchte das hier Gebotene sich geeignet erweisen, und bei dem Mit-und Nachdenkenden Anklang finden. Es enthält nicht eine musikalische und metrische Kunstlehre, es beschäftigt sich allein mit der Naturlehre der musikalischen und metrischen Kunst.

Dieser abstract theoretisch gehaltenen Darstellung des Systemes beabsichtigt der Verfasser einen schon vorbereiteten Nachtrag folgen zu lassen, der erläuternd sich mehr mit dem Einzelnen, mit praktischer durch Beispiele nachweisender Ausführung des hier nur im Zusammenhange Dargelegten befassen wird. Die zuweilen gehäuft scheinenden Paragraphenzahlen werden es möglich machen, überall, wo irgend eine weitere Erklärung, oder ein Beispiel in harmonischer oder metrischer Anwendung wünschenswerth sein kann, immer leicht anzuknüpfen. Hier würden solche Ausführungen die beabsichtigte Fassung zu sehr beeinträchtigt haben.

Es ist vor Kurzem eine kleine Schrift unter dem Titel: »Der accordliche Gegensatz und die Begründung der Scala«, bei Luckhardt in Cassel erschienen. Der Verfasser derselben, Herr Otto Kraushaar, bekennt in einer Zuschrift, mit welcher er das Werkchen mir übersendet, dass die darin dargelegte Theorie aus Grundbestimmungen entwickelt sei, die er von mir zuerst ausgesprochen gehört habe. Möchte er diess in der Schrift selbst mit einigen Worten erwähnt haben. Jetzt kann es sonderbar scheinen, dass zwei Autoren in etwas Neuausgesprochenem sich so auffallend mit gleichen Gedanken begegnen, wie es in einigen Puncten von Kraushaar's Schrift und der gegenwärtigen zu finden ist: namentlich in der Erklärung des Molldreiklanges, in der Nachweisung eines positiven und negativen Verhaltens von akustischen Bestimmungen überhaupt; und ebenso in manchen Aeusserlichkeiten, wie die Bezeichnung der Accorde und des Systemes der Tonart. Zu einer Kritik des Kraushaar'schen Tonsystemes ist hier am allerwenigsten der Ort; es ist hier nur zu bemerken, dass Dasjenige, was in jenem mit dem vorliegenden übereinstimmt, Herrn Kraushaar vor Jahren bei Gelegenheit eines musikalischtheoretischen Cursus von mir mitgetheilt worden ist.

Leipzig, im Januar 1853.

M. HAUPTMANN.

INHALT.

— · —

EINLEITUNG.

Es war immer gebräuchlich, den Lehrbüchern des Generalbasses und der Composition ein akustisches Capitel vorangehen zu lassen. In diesem werden die Verhältnisse der Intervalle in bekannter Weise nach Schwingungszahl oder nach Saitenlänge dargelegt: das Verhältniss der Octav als 1 : 2; der Quint, 2 : 3; der Quart, 3 : 4; der grossen Terz, 4 : 5; der kleinen Terz, 5 : 6; der grossen Secund, 8 : 9 und 9 : 10; der kleinen Secund, 15 : 16.

Im Schwingungsverhältniss wird die grössere Zahl dem höhern Tone des Intervalles zukommen, im Verhältniss der Saitenlänge wird dieser durch die kleinere Zahl bezeichnet.

Die meisten Theoretiker finden sodann in den Zahlen 1, 3 und 5, in ihren Verdoppelungen, Potenzen und wechselseitigen Producten die Bestimmung aller harmonischen Tonverhältnisse.

Einige suchen dieselbe in der fortlaufenden Zahlenreihe von 1 bis 16 und legen den Gliedern dieser Reihe die Töne auf folgende Weise unter:

1	2	3	4	5	6	7	8	9	10	11	12	13	14	15	16....
c	c	g	c	e	g	b	c	d		e		f	g	a	b h c

Die zu den Zahlen 7, 11, 13 und 14 gesetzten Töne wollen allerdings der reinen Intonation nicht entsprechen; *b* wird zu tief, *f* zu hoch, *a* wieder zu tief erscheinen.

Dies nöthigt zu Modification der betreffenden Tonstufen, zu Erhöhung und Vertiefung derselben und man nimmt dabei wohl Veranlassung, vom Unterschiede eines natürlichen und eines künstlichen Tonsystems zu sprechen, wie von dem Unterschiede eines rohen und eines civilisirten Zustandes. —

Manche Autoren haben die obige Reihe auch weiter fortsetzen zu müssen geglaubt und legen den neueintretenden aus der Reihe 1 — 16 noch nicht benannten Zahlen die den diatonischen Tönen zwischenliegenden chromatischen unter, indem sie dann in jener der Zahl 11 den Ton *fis* anstatt des Tones *f* zugetheilt haben, um den letzteren für die Zahl 21, *fis* für die Zahl 22 in Anspruch nehmen zu können :

16 17 18 19 20 21 22 23 24 25........

c   cis   d   dis   e   f   fis   ges   g   gis

Mit Ausnahme der Bestimmung für den Ton *gis*, die in dieser Reihe durch die Zahl 25 geschieht, entspricht hier nicht eine dem wahren Verhältnisse dieser chromatischen Tonstufen.

Ueber die Theorie, welche in dem Mitklingen der sogenannten Aliquottöne den Grund aller Harmonie nachweisen will, ist nur zu bemerken, dass wenn zu einem angeschlagenen Grundtone die Duodecime und die Decime der Octav sich am vernehmlichsten als mitklingende Töne hören lassen, die übrigen Töne der Reihe, und zwar der in das Unendliche fortgesetzten Reihe, nicht weniger Aliquottöne zu nennen sind und zu den mitklingenden begriffen werden müssen, wie auch die mit den Zahlen 7 und 9 bestimmten Tonstufen nicht selten noch ganz deutlich als mitklingende vernommen werden.

Zudem ergibt sich hier, wenn auch allein das Mitklingen der Töne der ersten vier Zahlen, als das vernehmlichste in Anschlag gebracht wird, nur die Harmonie des Durdreiklanges. Der Molldreiklang ist in der fortgesetzten Reihe zwar aufzufinden, zunächst in der Verbindung der Glieder : 10, 12 und 15, als *e*, *g* und *h*; da er hier aber nicht von der zuerst als Grundton angenommenen Einheit direct ausgeht, auch die Zwischenglieder 11, 13 und 14 zu übergehen nöthigen würde, so glaubt man nach dieser Lehre sich weniger berechtigt, ihn als natürliche Production und dem Durdreiklange ebenbürtig achten zu dürfen, und hat den Molldreiklang, dem »natürlichen« Durdreiklange gegenüber, einen »künstlichen« genannt. —

Wenn wir von dieser Aliquoten-Theorie wohl absehen

dürfen, so offenbart auch die vorhergehend bezeichnete, die in der arithmetisch fortgesetzten Zahlenreihe den Aufschluss der Harmonie zu finden meint, in dieser ersten Annahme schon entschieden Unwahres, mit der Beschaffenheit des musikalisch-Natürlichen nicht Uebereinstimmendes.

Besser dürfte sich die Ansicht bewähren, dass alle unsere harmonischen Bestimmungen aus den Zahlen 1, 3 und 5, ihren Verdoppelungen, Potenzen und wechselseitigen Producten hervorgehen. Diese Annahme enthält Nichts der Wirklichkeit widersprechendes; sie hat aber auf keine Weise noch zu einer weiteren Erklärung der Harmonie geführt.

Die aus diesen Bedingungen resultirende Zahlenreihe:

1 2 3 4 5 6 8 9 10 12 15 16 18 20 24 25....
c c g c e g c d e g h c d e g gis

scheidet zwar die unharmonischen Töne der arithmetischen aus; sie producirt aber nur die nach der Oberdominantseite gelegenen harmonischen: es kann in ihr nie die Unterquint zum Vorschein kommen. Ferner gewährt sie noch nicht einmal eine fest abgrenzende Bestimmung für den Dreiklang; eben so wenig ist für consonante und dissonante Intervalle ein schlagender Unterschied nachgewiesen: denn wenn dieser letztere nur durch ein Mehr oder Weniger der »Einfachheit« oder »Fasslichkeit« des Klangverhältnisses begründet sein soll, wie so oft gesagt und nachgesprochen worden ist, so bedarf es nur der schlichtesten Wahrnehmung, um zu erfahren, dass zwischen Consonanz und Dissonanz eine andere als eine blosse Gradverschiedenheit besteht. Wenn wir die Töne der Verhältnisse 2 : 3, 4 : 5, 5 : 6 als consonante Intervalle, als Uebereinstimmung je zweier Klänge vernehmen, die Töne der Verhältnisse 8 : 9, 9 : 10, 15 : 16 aber als Intervalle, die entschieden n i c h t consonant, n i c h t zusammenstimmend sind und in ihrem Zusammenklange nicht fortbestehen können, wie es die der vorhergehenden Verhältnisse können, so wird von einem M e h r oder W e n i g e r von Fasslichkeit allein, von einem nur q u a n t i t a t i v e n Unterschiede unter den Verhältnissen dieser In-

tervalle nicht die Rede sein können, es wird ein q u a l i t a -
t i v e r nachzuweisen sein.

Wo nun diese ersten Bestimmungen noch fehlen, da
dürfen wir eine theoretische Begründung der Harmonie im
weiteren Sinne, eine Begründung für das Gesetzmässige
der Accordverbindungen, der Folge von Accorden, aus solchen akustischen Verhältnissangaben allein wohl nicht erwarten.

So sehen wir aber auch, dass jenes akustische Ein-
gangscapitel in den Lehrbüchern von der darauf folgenden
Accord- oder Harmonielehre immer gänzlich wieder verlassen wird. Dasselbe ist dem Buche als Anfang vorgesetzt,
sein Inhalt kann aber in keiner Weise als Eingang der Lehre,
als ein Princip gelten, aus welchem das darauf Folgende
sich naturgemäss entwickele, und es hat weder das Wahre
noch das Falsche der akustischen Voraussetzung einen weitern Einfluss auf die Lehre selbst, was in Rücksicht des
Unwahren und Halbwahren jener Voraussetzungen der Lehre
allerdings nur zum Vortheil gereichen kann.

Es wird aber immer nicht in Abrede zu stellen sein,
dass eine solche Lehre zwei Anfänge hat: einen verlassenen, aufgegebenen, und einen fortgesetzten.

Jenen ersten verlassenen Anfang in einem Sinne zu
fassen und darzustellen, dass er wirklicher Anfang werde,
der dahin leitet, wo die praktische Harmonie- und Compositionslehre ihren Anfang nimmt, und der als wirklicher
Anfang auch fortwirkend in jeder Weiterbildung nur eine
Entfaltung oder eine Weiterverzweigung seiner selbst ist
und erkennen lassen muss, das ist der Zweck des gegenwärtigen Versuches.

Der Inhalt dieses Buches kommt mit keiner praktischen
Compositionslehre wesentlich in Collision, sofern diese nicht
Unrichtiges lehrt. Noch weniger aber darf er mit d e m
collidiren, was dem gesunden Menschensinne musikalisch
gesund und natürlich erscheint, mit dem, was wir, wenn
auch nicht immer und überall in den Regeln der Lehrbücher

für die Composition, doch in den gesunden Compositionen selbst immer und überall wiederfinden.

Alles theoretisch bereits Nachgewiesene und praktisch Bestätigte der physikalischen Klang- und Intervallen-Lehre wird hier als bekannt vorausgesetzt werden. Ebenso müssen wir auch die Kenntniss des gesammten praktischen Musikgebietes im Ganzen und in seinen einzelnen Theilen voraussetzen dürfen: die praktische Kenntniss der Harmonie und Metrik, Beider nach allen Momenten ihres äusseren Erscheinens, sowie die Kenntniss der gebräuchlichen technischen Benennungen für alle in diese Gebiete einschlagenden Gegenstände; denn es ist die Absicht nicht, eine Unterweisung in diesen Dingen, ihrem äusseren Vorkommen und ihrer künstlerischen Anwendung nach, oder für dieselbe hier geben zu wollen, — wir haben für diesen Zweck an den verschiedenartigsten mehr oder minder guten und gründlichen Werken keinen Mangel — sondern vielmehr ist die Absicht, eine natürliche Begründung des harmonisch und metrisch Gesetzmässigen zu suchen, das Princip, aus welchem die mannigfaltigen Aeusserungen nach allen Seiten als von innen heraus bestimmte hervorgehen und sich entwickelnd gestalten zu den uns bekannten, uns wieder innerlich ansprechenden Erscheinungen.

Dieses Gestaltungsprincip wird aber in jedem Momente seines Wirkens an sich nur immer dasselbe sein und bleiben können. In den weitesten Verhältnissen des ausgebreiteten Tonwerkes, sofern dieses ein einiges Ganze ist, wie in der engsten Einzelheit, im kleinsten Glied desselben, in allen Momenten seines harmonisch-melodischen, wie auch seines metrisch-rhythmischen Daseins wird immer nur das e i n e Gesetz für die richtige, die verständliche Bildung nachzuweisen sein; das eben auch wieder nicht ein ausschliesslich musikalisches wird sein können, sondern vielmehr nur das ganz allgemeine, das überall wirkende Bildungsgesetz in seiner zu musikalischer, d. h. zu harmonisch-melodischer, metrisch-rhythmischer Erscheinung gelangenden Wirksamkeit.

Die Musik ist in ihrem Ausdruck allgemein verständlich. Sie ist es nicht für den Musiker allein, sie ist es für den menschlichen Gemeinsinn. Auch ist die Musik nicht von grundverschiedener Beschaffenheit im Volkslied und in der Bach'schen Fuge, oder Beethoven'schen Symphonie. Wenn der Inhalt des complicirteren Kunstwerkes sein Verständniss erschweren kann, so sind es doch immer dieselben im Einzelnen allgemein verständlichen Ausdrucksmittel, durch welche das grösste, wie das kleinste Musikstück zu uns spricht, in einer Sprache sich uns mittheilt, zu der wir die Worte und die Grammatik nicht erst zu lernen nöthig haben. Der Dreiklang ist für den Ungebildeten, wie für den Gebildeten consonant; die Dissonanz bedarf für den Nichtmusiker wie für den Musiker einer Auflösung; die Discordanz ist für jedes Ohr etwas Sinnloses.

In keiner andern Art der Wahrnehmung wird auch wie in der akustischen das Elementare des Ausdruckes mit so mathematischer Bestimmtheit gegeben und aufgefasst. Es erfordert einen geübten Blick, die Richtigkeit optischer Bestimmungen und Verhältnisse zu beurtheilen; für die akustischen ist jedes gesunde Ohr ein untrüglicher Richter. Um über die Reinheit der musikalischen Intervalle zu urtheilen, bedarf es keiner technischen Virtuosität; das Gefühl dafür ist uns angeboren, es ist mit der Natur des menschlich-vernünftigen Daseins gegeben.

Was musikalisch unzulässig ist, das ist es nicht aus dem Grunde, weil es einer vom Musiker bestimmten Regel entgegen, sondern weil es einem, dem Musiker vom Menschen gegebenen natürlichen Gesetz zuwider, weil es logisch unwahr, von innerem Widerspruche ist. Der musikalische Fehler ist ein logischer Fehler, ein Fehler für den allgemeinen Menschensinn, nicht für einen musikalischen Sinn insbesondere. Die Regeln des musikalischen Satzes auf ihre wesentliche Bedeutung zurückgeführt, sind nur die Regeln für das gemein Verständliche überhaupt und sind in dieser Bedeutung von einem Jeden zu fassen, da sie nur Allbekanntes in ihm ansprechen.

Der Begriff eines künstlichen Tonsystemes ist ein durchaus nichtiger. Die Musiker haben ebensowenig Intervalle bestimmen und ein Tonsystem erfinden können, als die Sprachgelehrten die Worte der Sprache, mit der sie sprechen und die Satzfügung, in der sie die Satzfügung erklären, erfunden haben: sie sprechen mit der Sprache, die der allgemeine Menschensinn macht. Wie aber die Rede nicht in zusammengesetzten Worten, sondern in auseinander gesetzten besteht, die im Gedanken Eins sind, so ist auch der musikalische Ausdruck, der sich in Folge und Zusammenklang in Tönen auseinander setzt, nur Eins im Inhalte des auszusprechenden musikalischen Gedankens: seine Einzelmomente sind nur Glieder einer organischen Einheit. Von conventionellen Bestimmungen für Accorde, für die Einrichtung einer Tonart oder Tonleiter, von willkührlichen Veränderungen, Erhöhungen und Vertiefungen der natürlich gegebenen Tonstufen kann, wiewohl man solches von sonst verständigen Leuten oft sagen hört, vernünftiger Weise doch immer keine Rede sein.

Was nicht auf allgemeiner, überall gültiger Bestimmung beruhet, könnte nicht überall und allgemein verstanden werden.

Das musikalisch Richtige, Correcte, spricht uns menschlich verständlich an.

Das Fehlerhafte spricht uns nicht als Ausdruck für etwas Fehlerhaftes an, sondern es spricht uns eben gar nicht an, es findet keinen Anklang in unserem Innern. Wir können es nicht verstehen, denn es hat keinen verständlichen Sinn. Könnte das Incorrecte Ausdruck sein für das Fehlerhafte, für das Böse, das Hässliche, so würde es nicht ausgeschlossen werden müssen von den Mitteln ästhetischer Darstellung. So wenig aber der Maler durch absichtliche Verzeichnung wird einer künstlerischen Intention nachkommen wollen, ebensowenig wird der Musiker das Incorrecte zum Zweck charakteristischer Darstellung anwenden können; wie die Anekdote von einem Componisten erzählt, der die Worte: »Da ist keiner unter uns, der Gutes thue« durch eine Reihe von Quintparallelen passend auszudrücken geglaubt hat. Hier ist es nur allein der Componist, der nicht Gutes thut, jede Quint für sich thut ganz was sie soll.

Die Richtigkeit, die Correctheit des Satzes ist die Bedingung, unter der überhaupt erst ein Sinn ausgesprochen werden kann.

Diese Richtigkeit, d. i. Vernünftigkeit der musikalischen Gestaltung hat zu ihrem Formationsgesetz die Einheit mit dem Gegensatze ihrer selbst und der Aufhebung dieses Gegensatzes: — die unmittelbare Einheit, die durch ein Moment der Entzweiung mit sich zu vermittelter Einheit übergeht. Dieser Process kann sich nur immer wiederholen an dem, was als unmittelbare Einheit gesetzt ist, oder als Resultat eines vorhergegangenen Processes gegeben wird. So wird die Einheit des Klanges mit sich selbst vermittelt den Dreiklang, die Einheit des Dreiklanges mit sich selbst vermittelt die Tonart entstehen lassen. Allein auch der Klang selbst ist schon eine solche aus sich getretene, mit sich selbst vermittelte Einheit, wie alles Wirkliche schon immer ein In-sich- und Ausser-sich-sein als Eins enthält oder ist.

Den vollen Begriff dieses Gestaltungsprocesses an ihm selbst zur Anschauung bringen zu wollen, würde ein vergebliches Bemühen sein. Er wird sich aber, wie wir hoffen dürfen, in seinem Wirken im Verlaufe der folgenden Untersuchungen bald deutlich und deutlicher heraus- und als das waltende Princip feststellen, als das Wesen jeder verständlichen Bildung und zugleich auch als das Verständniss selbst für jede solche.

Vom Anfange herein dürfte man vielleicht ausführlicheres Verweilen und beweisführende Begründung des zuerst nur apodiktisch Ausgesprochenen wünschen und erwarten. So z. B. wenn gesagt wird: »es gibt drei Intervalle: Octav, Quint und Terz«, wenn von diesen Intervallen gesagt wird: »sie sind unveränderlich« — ohne weitere Erklärung und Rechtfertigung, warum nur drei und

warum nur eben d i e s e drei Intervalle genannt und als un-
veränderliche genannt werden, da wir doch der Intervalle
mehrere und manche Veränderungen an ihnen kennen.
Ebenso ist die Bedeutung, welche in den akustischen Verhältnissen dieser Intervalle enthalten ist, zuerst in kürzester
Fassung nur eben angesagt, und es würde eine ausführli-
chere Erörterung beim ersten Eintritt dieses Gegenstandes
um so mehr verlangt werden können, als diese Betrachtungsweise in der Musiktheorie nicht eine bereits bekannte
ist und für die erste Auffassung schwer erscheinen kann.

Die weitere Folge führt aber mit dem sich weiter aus-
breitenden Material auch die Veranlassung immer wiederholt herbei, auf diese ersten Bestimmungen zurückzukommen und sie in ihren Wirkungen erklärend nachzuweisen;
wie auch der im Einfacheren der Erscheinung am schwer-
sten zu erfassende Sinn sich in der weiteren Entfaltung des
zuerst noch im Keime zusammengedrängten Principes von
selbst zu leichterer Verständlichkeit auseinander legt.

Wie wir von dem Gesetz einer Progression nicht am
einzelnen Gliede, sondern erst an der Folge von Gliedern
Kenntniss erlangen können; wenn wir aber die Progression
kennen, uns dann auch das einzelne Glied als ein in dieser
Reihe gewordenes, das die Bedingungen seines Werdens an
sich trägt, erkennbar ist: so wird auch unser musikalisch
waltendes Gesetz in der Reihe der Funktionen, in denen es
zur Wirksamkeit gelangt, sich erst deutlich erkennbar darstellen; dann aber wird auch wieder das einzelne Moment
seines Wirkens in der Reihe von Wirkungen, aus denen
das Ganze entsteht, leichtere Fasslichkeit erhalten.

Für den Eingang wird es nur erforderlich sein, von
dem Begriffe des Bildungsprocesses in seiner Ganzheit, in
der Einheit seiner drei Momente, die wir in erster Aeusserung als die Intervalle der O c t a v, Q u i n t und T e r z kennen
lernen, eine innerliche Vorstellung zu gewinnen, von dem
Begriffe, der überall derselbe ist und bleibt, in jeder Bildung und Umbildung: dem, dass Etwas, das für die An-

schauung zuerst in unmittelbarer Totalität (Octav) besteht, in seinen Gegensatz mit sich (Quint) auseinandertrete, und dieser Gegensatz sich wieder aufhebe, um das Ganze als Eins mit seinem Gegensatze (Terz), als in sich vermitteltes Ganze wieder hervorgehen zu lassen.

In den allgemeinen Sinn dieses Begriffes eingehend, wird man bald zugeben müssen, dass er nur die Momente alles Erkennens überhaupt in sich zusammenfasst und dass ein Weiteres für die Erkenntniss nicht mehr denkbar ist — eben wie der Zusammenklang etwas Consonantes nicht weiter zulässt, als die Intervalle der Octav, Quint und Terz, die uns bei fernerer Betrachtung werden verwandt ansprechen können den Begriffen des Fühlens, des Verstehens und des gefühlten Verstehens, d. i. als G e f ü h l , V e r s t a n d und V e r n u n f t.

Ueber die Bezeichnung der Töne durch Buchstaben, wie sie hier anzuwenden dienlich war, möchte ein rechtfertigendes Wort vorauszuschicken sein; denn auf den ersten Anblick scheint es allerdings, als ob die Tonbezeichnung mit Noten, die uns musikalisch bekannt anspricht, die wir als klingenden Ausdruck zu lesen gewohnt sind, anschaulicher sein müsste; sie ist aber für unsern Zweck nicht brauchbar.

Die Notenschrift unterscheidet zwar die sogenannt enharmonisch verschiedenen Tonstufen, z. B. *c* und *his*, sie unterscheidet aber nicht die in dem bekannten Verhältniss 80 : 81 verschiedenen: sie hat keinen Unterschied des Zeichens für die Terz eines Grundtones und dessen vierte Quint, z. B. für *e* als Terz von *C*, und *E* in der Quintreihe *C - G - D - A - E*.

Wie wesentlich aber und bedeutend diese Unterscheidung für den Begriff des Systems der Harmonie ist und wie nothwendig sie auch in der Bezeichnung sein wird, lässt sich erst aus dem Inhalte des Folgenden zur vollen Evidenz bringen.

Hier wird der Terzton mit kleinen Buchstaben, der gleichnamige Grund- oder Quintton mit grossen Buchstaben bezeichnet, der *C*-Durdreiklang z. B. in erster Lage: *C-e-G*; dessen zweite Lage: *e-G-C*; die dritte: *G-C-e*.

Es wird nur einer geringen Uebung bedürfen, den durch diese Bezeichnung anschaulich gemachten Unterschied der Terz- und Quinttöne in seiner Bedeutung für die Harmonie wie mit dem Auge, so auch mit dem Gefühle zu fassen.

Was als harmonische Bestimmung in den drei Intervallen der Octav, Quint und Terz und ihren gegenseitigen Beziehungen enthalten ist, das sehen wir in metrischer Bestimmung, der abstracten Bedeutung nach, als zwei-, drei- und viergliedrige Zeiteinheit sich bilden.

Ebenso wiederholt sich der Gegensatz des musikalischen Dur- und Mollbegriffes, auf den hier, auch nur andeutungsweise, noch nicht weiter einzugehen ist, in metrischer Bestimmung als arsisches und thetisches Metrum, als trochäischer und jambischer Rhythmus; wie auch die drei Bestimmungsmomente rhythmisch ebensowohl wie metrisch in jeder Weise wieder zur Erscheinung werden kommen müssen.

Der metrisch-rhytmische Gestaltungsprocess wird dann mit dem harmonisch-melodischen sich zu verbinden haben; wobei aber nicht eine Bestimmung des Einen nothwendig die correspondirende Bestimmung des Andern hervorruft, denn es kann dieselbe Harmonieenfolge metrisch verschiedenste Gestalt annehmen, wie dieselbe metrische Gestaltung sich auch harmonisch auf die verschiedenste Weise wird verkörpern können. Nur im Dissonanzmoment tritt eine engere Beziehung der metrischen mit der harmonischen Bestimmung ein.

Wie die Gestaltungsverschiedenheit nun aber erst in jeder Sphäre an sich, in der harmonischen, wie in der metrischen, dann in der Combination beider Sphären eine unendliche sein muss, so wird man nicht erwarten wollen, dass für eine jede besondere mögliche Erscheinung hier eine theoretische Nachweisung erfolge; wenn aber der allgemeine Begriff den Gang der Bildungsweise überhaupt aufschliesst, so werden wir auch durch ihn den Aufschluss für jeden Einzelfall im besonderen Vorkommen leicht erlangen können. Für unsern Zweck, der hauptsächlich das Allgemeine

im Besonderen, den Theil nur in Bezug auf sein Ganzes erklärend darlegen möchte, kann die Untersuchung in das Besondere nur so weit eingehen, als es zur Erklärung des Allgemeinen in ihm erforderlich ist; sie entlässt es, wo es die Bestimmung für seine Art gefunden hat, zu anderweitiger specieller
und praktischer Betrachtung, die hier nicht aufzunehmen ist.

So ist auch ein letzter Abschluss für diese Lehre in ihr
selbst nicht möglich. Sie hat ihren Schluss im Gesammt-
begriffe des Ganzen, wie der Begriff in diesem sich auseinander legt und ebenso wieder in jedem Einzelnen concen-
trirt enthalten ist. Die Lehre bleibt, so weit sie auch fortgeführt, soweit das Ende hinausgesetzt werden möge, immer
ohne Abschluss, und wird es ihrer Natur nach bleiben müssen, wenn sie das organische Wirken und Weben in seiner
lebendigen Fortbildung entfalten und darlegen soll.

Wie die organische Lehre kein Ende hat, so hat sie auch
keinen bestimmten Anfang. Beides ist überall zu suchen und
nirgends zu finden, da das äusserlich - Aeusserste, wie das
innerlich - Innerste nur dasselbe Eine in sich ist. So würde
eine Theorie für die Gegenstände des Musikgebietes, wie
sie hier mit der Untersuchung der Klangerscheinung beginnt, eben sowohl auch von einer metrischen Manifestation
des Begriffes, von der letzten rhythmischen, dem trochäischen Daktylus, ihren Ausgang nehmen können, um im
Fortgange auf jene hier zuerst betrachtete Klangerscheinung
als letzte zu gelangen. Im organischen Begriffe ist jeder Anfang auch Ende und damit ist der Begriff eben ein endlich-
unendlicher, weil jedes Ende auch Anfang in ihm ist: wie
der Keim nur in der Frucht enthalten und die Frucht nur
aus dem Keime entstanden sein kann. So lehrt uns die Metrik, dass der Schluss allezeit auf ein metrisch erstes Moment
fällt, dass das Ende nur immer wieder ein Anfang sein kann.

Wir müssen aber diese theoretische Betrachtungsweise
unterscheiden von der Theorie, die unmittelbar in die Praxis eingreift: die Theorie der harmonischen und metrischen
Gestaltung an sich, von der Theorie der Tonsetzkunst.

Für die künstlerische Werkthätigkeit ist das theoretische Wissen und Verstehen der inneren endlich-unendlichen Einheit, des Grundwesens der Erscheinung mit seinen verständigen Unterscheidungsmomenten, kein nothwendiges Erforderniss; wie es überhaupt die Wissenschaft nicht ist für die Kunst und ihr Gedeihen.

Ein theoretisches Bewusstsein ist im Acte der poetischen Production, die im Gefühle wurzelt und in innerer Lust schafft und bildet, selbst nicht denkbar.

Aber nicht jenes abstract theoretische nur, auch das kunsttheoretische Bewusstsein ist bei diesem Acte ausgeschlossen.

Man nennt das musikalische wie das malerische Kunstproduct »Composition«. — Der Künstler componirt, er setzt zusammen, Töne oder Farben. Er componirt nach einem inneren Bilde ein äusseres, dass es mit jenem übereinstimme, das in seiner Wirkung auch jenes wieder in unserm Innern entstehen lassen kann. Durch das innere Bild wird die Wahl der Töne und Farben geleitet und bestimmt, dass ihr Zusammenwirken diesem möglichst entspreche. Es ist vom Künstler nicht Rechenschaft zu verlangen über die Natur der Mittel zu seiner Darstellung; auch nicht über die Natur des innern Bildes selbst: — wenn aber dieses ein harmonisch gefühltes Ganze ist, so werden auch nur harmonisch gefügte Klang- und Farben-Töne es im Aeusseren darstellen und uns versinnlichend mittheilen können. Dem sinnigen Innern kann nur ein sinniges Aeussere entsprechen, und zu diesem wird das Einzelne sich so zu einem Ganzen fügen und verbinden müssen, wie es aus ihm selbst hervorgegangen sein würde. Nur wie etwas aus der Einheit geworden, kann es wieder Einheit werden, und nur als diese kann etwas als Gefühl und Gedanke uns ansprechen.

Der Musikunkundige wird auf der ihm unbekannten Claviatur die Töne eines Accordes oder einer Melodie, wie er das eine oder andere im Sinne hat, zusammenfinden können, ohne von der harmonischen Bedeutung dieser Töne das Geringste zu wissen. Der Musiker kennt Töne und Ac-

corde, weiss deren harmonische Bedeutung, kennt Regeln
für Harmonie und Melodie, für Metrum und Rhythmus, für
musikalische Gestaltung in jedem Sinne; das ist es aber
alles immer nicht, was ihn bei der poetischen Production
leitet und ihn den rechten Ausdruck seiner Gedanken finden lässt: es ist ebenso wie bei dem Musikunkundigen, der
seinen Accord oder seine Melodie sich aus den Tönen des
Clavieres zusammensucht, das Verlangen, mit einem innerlich Gefühlten das äusserlich Dargestellte übereinstimmend
zu machen, dass es jenes selbst werde.

Die kunsttheoretische Kenntniss wird der technischen
Befähigung Hülfe leisten können, überhaupt dem Künstler
erst die Durchbildung verleihen, die ihn zum Meister macht;
bei der Production selbst hat sie unmittelbar keinen Antheil. — An das Wissen wird der Künstler wenigstens
nur dann erst sich wenden, wenn das unmittelbare Können ihn verlässt, wenn das Rechte sich nicht mehr unge-
sucht einstellen will und wenn er über die eigene Unklarheit Klarheit suchen muss.

Das sind nicht die glücklichsten Momente des Produci-
rens und der Production; sie stellen sich aber ein, — dem
Nichtwissenden zur Verzweiflung am Gelingen, dem Wis-
senden zum Nachdenken und zu bewusster Ausmittelung
des Gesuchten.

Auch hier wird das technische Wissen der Ausübung
näher stehen, unmittelbarer in sie eingreifen, als das allgemeine oder das Wissen des Allgemeinen: die Regel wird
früher zu Rathe gezogen werden, als das Gesetz. Das
Wissen des Gesetzes wird aber in gleicher Weise dem technischen Wissen Klarheit und Sicherheit verleihen können,
wie dieses der praktischen Ausübung zu Hülfe kommt.

Zu einer wissenschaftlichen Erkenntniss auf musikalischem Gebiete möchte das Gegenwärtige Anregung und Anfang sein.

I

HARMONIK.

Klang.

1. Wo Klang entstehen soll, wird erfordert: ein elastisches, gespanntes, in sich gleichförmiges Material, und dessen erzitternde oder vibrirende Bewegung. Die Theile des Bewegten sind dann abwechselnd in- und ausserhalb ihres gleichmässigen Cohäsionszustandes. Der Augenblick des Uebergehens in diesen Zustand der Gleichheit oder inneren Einheit, ist Das, was sich durch den Sinn des Gehörs als Klang empfinden lässt. Es ist das Werden des in der Ruhe absolut bestehenden, in der elastischen Bewegung abwechselnd aufgehobenen und sich wieder herstellenden Seins.

2. Nicht das In-sich-sein oder todte Verharren in der Ruhe, und nicht das Ausser-sich-sein in der Bewegung ist klingend, sondern das Zu-sich-kommen.

3. Der Klang ist nur ein Durchgangsmoment aus dem Entstehen in das Vergehen des Zustandes der Einheit. Die schnell aufeinander folgenden Wiederholungen dieses Momentes lassen den Klang als fortklingend erscheinen.

4. Wir unterscheiden hohe und tiefe Klänge, und es ist bekannt, dass der Unterschied von Höhe und Tiefe mit der Schnelligkeit der Vibrationen in Verhältniss steht. Die grössere Schnelligkeit, oder die grössere Anzahl der Vibrationen, welche in einer Zeit erfolgen, kann aber nicht den grösseren Grad der Höhe des Klanges bewirken, wenn, nach dem Obigen, der Klang schon in einem Momente der einzelnen Schwingung enthalten ist und in den folgenden nur wiederholt wird; denn das Wiederholen derselben Sache, in grösserer oder geringerer Geschwindigkeit, verändert sie nicht.

5 Es ist die bestimmte Klanghöhe vielmehr die Mani-

festation eines bestimmten Grades der Spannung, die im elastischen Material vorhanden ist. Die Spannung aber können wir betrachten als eine in einem Widerstande fixirte Kraftwirkung, die als eine grössere, im Verhältniss zum Widerstande, sich klingend äussert im höheren, als eine geringere, im tieferen Klange.

6. Dieselbe Kraft in quantitativ verschiedenem Widerstande wird ebenso die Klanghöhe verschieden hervorgehen lassen, wie quantitativ verschiedene Kraft in demselben Widerstande. Denn es spricht die Klanghöhe eben nur das Verhältniss der beiden combinirten Bedingungen aus: der Kraft als activer, des Widerstandes, oder der Last, als passiver. So wird der Klang einer gespannten Saite ebensowohl erhöhet durch Verkürzung der Saite, wie durch grösseres spannendes Gewicht; und zwar kann dies, indem diese Bedingungen quantitative sind, in bestimmbaren Graden und Verhältnissen geschehen.

7. Der Klang kommt durch ein materielles Mittel zwar erst zur Erscheinung; es ist ein körperliches, besonders bedingtes Medium und seine elastisch schwingende Bewegung zu dem Entstehen des Klanges erforderlich: in seinem Wesen ist er aber nicht an diesem Material, als eine Aeusserung dessen qualitativer Beschaffenheit enthalten, sondern es ist eben nur das Werden der abstracten inneren Einheitsform am Material, der in der elastischen Bewegung sich aus der Ungleichheit herstellenden Gleichheit, was wir als Klangerscheinung wahrnehmen. So ist auch die Bestimmung der Klanghöhe nicht in an sich bestimmten Kraft- und Lastquantitäten enthalten, sondern eben nur in dem abstracten Verhältnisse, in welchem diese Factoren zu einander stehen.

8. Für die Klangverhältnisse und ihre harmonische Bedeutung ist es ganz gleichgültig, auf welche besondere Weise die verschiedenen Grade der Klanghöhe erlangt werden, ob es durch vermehrte Kraft oder durch verminderte Last geschieht: ob wir eine Saite durch grösseres Gewicht spannen, oder die mit demselben Gewicht gespannte Saite verkürzen

wollen. Es ist bekannt, dass zu doppelter Spannung einer
Saite nicht das zweifache, sondern quadratisch, das vierfache Gewicht, zu einer dreifachen das neunfache Gewicht
erforderlich ist, dass aber die Hälfte der Saite, in welcher,
wie in jedem einzelnen Theile, immer das Ganze der spannenden Kraft wirksam ist, die doppelte Spannung, der
dritte Theil die dreifache Spannung des Ganzen verhältnissmässig enthält und im Klange bekundet: daher die quantitativen Klangbestimmungen am einfachsten an Quantitäts-
unterschieden des klingenden Materials von bleibender
Spannung zu betrachten sind, da wir sie an den Unterschieden der spannenden Kraft erst durch Quadrat- und
Wurzelgrössen ausgedrückt erhalten würden.

Es wird sich aber bald zeigen, dass die harmonischen
Klangbestimmungen überhaupt nicht in complicirten Zahl-
verhältnissen bestehen, und dass auch die wenigen Zahlen,
welche dabei vorkommen, nicht in ihrer Zahlbedeutung,
sondern in einer allgemeineren den entsprechenden Klängen
ihren bestimmten musikalischen Character ertheilen.

9. Bestimmte Klanghöhe wollen wir Ton, Tonverhältnisse Intervalle nennen.

Dur-Dreiklang.

10. Es gibt drei direct verständliche Intervalle:

I. Die Octav.
II. Die Quint.
III. Die (grosse) Terz.

Sie sind unveränderlich.

I. Die Octav: das Intervall in welchem die Hälfte
eines klingenden Quantums sich gegen das Ganze des
Grundtones hören lässt, ist in akustischer Bestimmung der
Ausdruck für den Begriff der Identität, der Einheit
und Gleichheit mit sich selbst. Es bestimmt die
Hälfte das mit sich Gleiche, als andere Hälfte.

II. Die Quint: das Intervall, in welchem ein klingendes
Quantum von zwei Drittheilen gegen den Grundton, als

2*

Ganzes, vernommen wird, enthält akustisch die Bestimmung, dass Etwas in sich getrennt sei, und damit den Begriff der Zweiheit und des inneren Gegensatzes. Wie die Hälfte ein mit sich Gleiches ausser sich setzt, so bestimmt das Quantum von zwei Drittheilen, mit dem Ganzen gehört, das dritte Drittheil; ein Quantum, an welchem das real gegebene als ein Doppeltes, sich selbst Entgegengesetztes erscheint.

III. Die Terz: das Intervall, in welchem ein klingendes Quantum von vier Fünftheilen mit dem Ganzen des Grundtons zu vernehmen ist. Hier bestimmt sich das fünfte Fünftheil, ein Quantum, von welchem das gegebene Vierfaches, das ist: zwei-mal-Zweifaches ist. In der Quantitätsbestimmung von zwei-mal-Zwei, indem das Doppelte hier als Einheit zusammengenommen, im Multiplicanden, und zugleich als Zweiheit auseinander gehalten wird, im Multiplicator, ist der Begriff enthalten der Gleichsetzung des Entgegengesetzten: der Zweiheit als Einheit.

11. Wenn die Octav Ausdruck ist für Einheit, so spricht die Quint die Zweiheit oder Trennung aus, die Terz, Einheit der Zweiheit oder Verbindung. Die Terz ist die Verbindung der Octav und Quint.

Der Verbindung muss die Trennung, der Trennung die Einheit vorausgegangen sein.

Die Terz erfüllt die Leere der Quint, indem sie die getrennte Zweiheit dieses Intervalles zur Einheit verbunden in sich enthält.

12. Mit den hier genannten drei Intervallen ist bekanntlich der Dreiklang gegeben. Die Octav ist aber, wenn die Bestimmungen von Quint und Terz an einem Grundtone stattfinden, nicht mehr von wesentlicher Bedeutung, da der Grundton an sich schon dem Begriffe der bestimmten Einheit entsprechen muss, wenn an ihm selbst die Quint als Intervall der Zweiheit, die Terz als Intervall der Verbindung sich bestimmen soll. Daher in dem Zusammenklange von Grundton, Quint und Terz die Bedingungen des Consonanz-Begriffes schon vollständig erfüllt sind.

13. In der Begriffs-Einheit der drei Momente des Dreiklanges ist aber überhaupt alle Bestimmung enthalten,
die dem Verständnisse nicht nur der Accorde, als der
gleichzeitigen Verbindung von Tönen, sondern auch der
melodischen Fortschreitung, und der Folge von Accorden,
eben so, wie sich später zeigen wird, den metrisch und
rhythmisch gesetzlichen Forderungen zu Grunde liegt. Jeder
Ton eines musikalischen Satzes ist Octav, Quint oder Terz;
jeder Accord in Verbindung mit anderen, jedes rhythmisch-
metrische Moment hat seine verständige Bedeutung im
Begriffe der drei obigen Bestimmungen: die aber eben in
ihrer ganz allgemeinen Wesenheit und nicht blos als Ton-
intervalle gefasst sein wollen; es ist vielmehr der bestimmte
Character dieser letzteren selbst erst durch die allgemeine
Bedeutung jenes Dreiklangbegriffes gegeben, dessen Inhalt
hier mit quantitativen Bestimmungen im Klangelemente als
Accord zu sinnlich verständigem Ausdruck gelangt.

14. — Ueber die Bedeutung von E i n h e i t und G e g e n -
s a t z ist aber zu sagen, dass unter Einheit das ununterschiedene m i t s i c h E i n s - s e i n, unter Gegensatz das v o n
S i c h - v e r s c h i e d e n - s e i n zu verstehen ist. Nicht dass Etwas von etwas Anderem verschieden sei, sondern dass es sich
selbst als ein Anderes sich entgegensetze, ist der hier zu fassende Sinn des Gegensatzes. Das erstere ist nur eine Differenz
aber kein Gegensatz; der verständige Gegensatz kann nur
aus der Identität hervorgehen.

15. Wir können einen Gegenstand betrachten in seiner
unmittelbaren Ganzheit, und den Begriff dieser Ganzheit
fassen: das ist die Einheit der O c t a v. Wir können sodann
den Gegenstand unterscheidend betrachten; z. B. in Form
und Inhalt. So wird der verständige Gegensatz noch nicht
darin enthalten sein, dass die Form vom Inhalte unterschieden wird, sondern erst darin: wenn wir der Form
mit ihrem Inhalte, als andere Bestimmung, den Inhalt mit
seiner Form entgegensetzen; dann erscheint in dieser Unterscheidung derselbe Gegenstand in entgegengesetzten

Bestimmungen, oder als sich selbst entgegengesetzt. Das ist die Zweiheit der Quint.

Die Wirklichkeit ist aber in dieser Entgegensetzung aufgehoben, sie ist nicht in der Trennung beider Bestimmungen, sondern nur in ihrem verbundenen Zugleichsein enthalten, und das Zugleich- und In-eins-setzen des in der unterscheidenden Bestimmung sich Entgegengesetzten entspricht erst dem Begriffe des wirklichen Seins.

Dies ist für die Klangerscheinung in der Terz ausgesprochen, welche das Getrennt-Verbundene hören lässt. In ihr ist die Zweiheit Einheit geworden, nicht in dem Sinne der Unmittelbarkeit, wie ihn die Octav bietet, sondern in der Verbindung der an ihr denkbaren Gegensätze: als die vermittelte, organische oder wirkliche Einheit, wie der Dreiklang sie empfinden lässt, voll und befriedigend gegen die unmittelbare Ganzheit der Octav und den getrennten Gegensatz der Quint.

16. Dass eine weitere Fortbildung von Grundintervallen, als die hier dargelegte nicht möglich sei, liegt sowohl theoretisch in der Natur des Begriffes, indem überall alle Bestimmbarkeit nothwendig darin erschöpft sein muss, wenn Etwas (I) in seiner Totalität als Ganzes, (II) in seinen getrennten Gegensätzen und (III) in der Verbindung dieser Gegensätze zum Ganzen nachgewiesen und erkannt ist; — sodann aber wird es auch praktisch bestätigt, indem nicht nur dem Dreiklange sich etwas Consonantes nicht mehr hinzufügen lässt, sondern überhaupt auch jeder Ton in Bezug auf einen andern nur in der Bedeutung eines der drei Intervalle des Dreiklanges verstanden werden kann, wie an der Bildung der Tonleiter sich später ergeben wird. —

Dur-Tonart.

17. Nachdem der Dreiklang in seinen drei Momenten sich zu einem gegliederten Ganzen gestaltet, ist er eben wieder Einheit geworden, und tritt mit seiner Ganzheit in die Bedeutung der Octav. Diese hat sich von Neuem in

ihre Quint zu entzweien, in ihrer Terz zu einer concreten Einheit höherer Ordnung wieder herzustellen.

18. Der Quint-Begriff für die Octav-Einheit des Drei-klanges wird wieder darin bestehen, dass dieser sich in sich selbst entzweie, in entgegengesetzte Bestimmung zu sich trete. Dies geschieht durch zwei andere Dreiklänge, dem der Unter-Dominant und dem der Ober-Dominant, von denen der erste den Grundton des gegebenen als Quint, der andere des-sen Quint als Grundton enthält. Dadurch kommt der zuerst gesetzte Dreiklang mit sich selbst in Gegensatz oder Wider-spruch, denn er ist in der ersten Stellung selbst Oberdomi-nant-, in der andern Unterdominant-Accord geworden, und ist damit an sich aus der selbständigen Octaveinheit in die Bedeutung der Quintzweiheit übergegangen.

19. Der verbindende, den Widerspruch aufhebende Terzbegriff lässt nun den in entgegengesetzten Bestim-mungen von sich geschiedenen Dreiklang diese zugleich in sich zusammenfassen, das passive Dominant-sein in das active Dominant-haben an sich übergehen, dass er die beiden ihn entzweienden Einheiten als Zweiheit ausser sich setze und selbst Einheit dieser Zweiheit werde: Einheit eines Dreiklanges von Dreiklängen.

20. Den Inbegriff dieser organischen Gestaltung, dieses Dreiklanges höherer Ordnung, dessen Quint in der Trennung des Unter- und Ober-Dominantaccordes, die verbindende Terz im Accord der Tonica, als vermitteltem und vermitteln-dem, als bestimmtem und bestimmendem besteht, nennen wir Tonart. Sie enthält die Momente der Dreiklangsbil-dung ganz in derselben Bedeutung wie der Dreiklang selbst, und ist nur eine potenzirte Erscheinung desselben.

21. Um nicht in zu abstracten Vorstellungen zu ermü-den, wird man das bisher Gesagte sich in der hier folgenden Darstellungsweise anschaulich machen können.

Es sei der Dreiklang in Bezug auf die innere Folge seiner Bestimmungen bezeichnet mit:

I - III - II ;

I—II bedeute die **Quint**; III, die **Terz**, als Verbindung von I—II.

Wenn wir hier, wie in der Folge, Grundton und Quint mit grossen, die Terz mit kleinen Buchstaben bezeichnen, z. B.

I - III - II

C   e   G

so ist im Begriffe der Tonart die **Octaveinheit**, die unmittelbare Selbständigkeit des Accordes *C–e–G* dadurch aufgehoben, dass sein Grundton *C* im Accord der Unterdominant, *F–a–C*, als Quint, seine Quint *G*, im Accord der Oberdominant, *G–h–D*, als Grundton erscheinet.

I - III - II   I - III - II

F   a   C   e   G   C   e   G   h   D

I - III - II   I - III - II

Dies ist der **Quintbegriff** in der Tonart, ihre Entzweiung, die sich äussert in den unverbundenen Accorden der Unter- und Oberdominant, *F–a–C*, *G–h–D*; wesentlich aber im Widerspruche der Doppelbedeutung des Einheitsaccordes, *C–e–G*, besteht.

Das **Zugleich**-, oder **Ineinandersetzen** des im Quintbegriffe **Auseinandergesetzten** entspricht auch hier, wie im Accord, dem Begriffe der verbindenden **Terz**. Wie aber dort nicht im abgesonderten Tone, welcher das Terzintervall zu dem Grundtone bildet, im Tone *e* des Dreiklanges *C–e–G*, seine Terzbedeutung liegt, sondern darin, dass in ihm und durch ihn der Gegensatz von Grundton und Quint aufgehoben ist, so ist es auch hier, in der Tonart, nicht der verbindende mittlere Dreiklang an sich, sondern die **Verbindung** selbst ist es, was man als dem Terzbegriff entsprechend sich zu denken hat.

Der gegebene Dreiklang ist erst **Einheit**, **Octav**, zerfällt durch seine beiden Dominantaccorde in sich selbst zu entgegengesetzter Bestimmung, zur **Zweiheit**, wird **Quint**, und stellt sich in der Vermittlung dieser Beiden als verbin-

dendes Terzmoment, als höhere Einheit, als Einigkeit,
oder Einheit der Verbindung daraus wieder her.

$$
\begin{array}{c}
I \\
I-III-II \\
C \quad e \quad G \\
\end{array}
$$

$$
\begin{array}{ccc}
I & - & II \\
I-III-II & & I-III-II \\
F \quad a \quad C \quad e \quad G & & C \quad e \quad G \quad h \quad D \\
I-III-II & & I-III-II \\
\end{array}
$$

$$
\begin{array}{c}
I \quad - \quad III \quad - \quad II \\
I-III-II \qquad I-III-II \\
F \quad a \quad C \quad e \quad G \quad h \quad D \\
I-III-II \\
\end{array}
$$

22. — Es ist für das richtige Verständniss solcher Darstellung ein für allemal zu bemerken, dass durch die Bezeichnung I—II nicht ein Erstes und Zweites, sondern das
Auseinandersein entgegengesetzter Bestimmungen,
durch III nicht ein Drittes oder Dreifaches, sondern das
Ineinandersein jener ausgedrückt wird. Die organische
Beschaffenheit eines gegliederten Ganzen ist überhaupt so
wenig durch Zeichen und Zahlen als durch Worte erschöpfend
darzustellen; sie ist nur einem verständig fühlenden, d. h.
vernünftigen Entgegenkommen, das den in Zeichen, Zahlen
und Worte gebannten lebendigen Gedanken lebendig zu re-
produciren vermag, geistig anzudeuten. Denn wo man in
nicht auszusprechenden Dingen nur an der Wortbedeutung
haften wollte, da würde überall nur Widerspruch und Zweifel, nie der lebendige Sinn aufgehen können. Der Begriff von
Verbindung, im Sinne der Terz, ist ein Unendliches. Das
akustische »Zwei mal Zwei« des Terzintervalles enthält
in seinem »Zwei mal« des Multiplicators eben auch die
Zweiheit, oder die Trennung der Einheit, wie es in seinem »Zwei,« als Multiplicanden, die Einheit, oder die
Verbindung der Zweiheit, enthält. Sollte nur dies Letztere
darin enthalten sein, nur die Verbindung, so würde des-

sen Anderes, die **Trennung** fehlen, die Verbindung würde
ihren Gegensatz noch ausser sich haben und wäre damit
wieder **nur** eine einseitige Bestimmung, was dem Begriffe der
Terz, der das Entgegengesetzte nicht **ausschliesst** sondern **einschliesst**, selbst entgegen sein würde. Wie aber
dieser Begriff, indem er auch Verbindung und Trennung zu
verbinden hat, nur in dem unendlich fortgesetzten Uebertreten in das Gegentheil, und dem Zusammennehmen aller Gegensätze erfüllt werden kann, so ist er eben als ein unendlicher Process und damit als der Begriff des ewig Werdenden,
Lebendigen oder Wirklichen zu fassen, als die **Natur**, die
aus der Ureinheit als Zweiheit hervorgegangen, in fortwir-
kender Thätigkeit ihre Gegensätze in einander aufgehen zu lassen das lebendige Sein selbst ist und die **Wirklichkeit**.

23. Die Wirkung der Octav, Quint und Terz ist für
unsere Empfindung eine eben so unzweideutig bestimmte,
als es die quantitativen Verhältnisse dieser Intervalle sind,
aus denen jene Wirkung hervorgeht. Es kommt also darauf
an, diese Verhältnisse, die durch das Medium des Klanges
sich uns sinnlich mittheilen, in ihrer sinnigen Bedeutung
zu fassen, wie es im Vorhergehenden versucht ist; das
Resultat des Versuches ist aber jederzeit in der Grundbe-
deutung der Erklärung wieder am Gefühl der Wirkung,
welche diese Intervalle auf uns ausüben, zu prüfen; denn
wo das Gedachte dem Gefühlten widerspräche, da könnte
es nur unwahr sein. Wenn die Octav sich durch eine theoretische Erklärung als den Ausdruck für ein Mannichfal-
tiges, die Quint als Ausdruck für Verbindung, die Terz als
Ausdruck für Trennung sich ergeben sollte, so würde solche
Theorie die entschiedene Widerlegung am Eindruck, den
uns diese Intervalle erregen, sogleich erfahren müssen. Dass
aber die Octav als Einheit, die Quint als Trennung, als
eine unerfüllte Leere, die Terz in der Quint als eine erfül-
lende vollständige Befriedigung auch unser Gefühl anspricht,
wie wir die Bedeutung der Verhältnisse dem entsprechend
gefunden haben, dies kann selbst wieder eine solche Terz-

befriedigung zwischen Gefühltem und Gedachtem uns gewähren. —

24. Im Accord sind die Bestimmungen von Quint und Terz an einer und derselben Einheit enthalten, daher der Gleichzeitigkeit seiner Intervalle nichts entgegen ist. Sie sind Momente eines einigen Daseins. Die Fortbildung zur Tonart fängt aber mit dem Widerspruche dieser Einigkeit an, indem sie durch die Dominantaccorde die gegenseitige Beziehung von Grundton und Quint aufhebt. Damit schreitet der Stillstand des Accordes zur Bewegung, die Gleichzeitigkeit zur Aufeinanderfolge fort; denn es ist für die Gleichzeitigkeit ein Widerspruch, dass die Quint eines Grundtones Grundton einer Quint sei; ein Widerspruch für die Gleichzeitigkeit, den wir später als das Wesen der Dissonanz kennen lernen, der aber eben in dem Entgegengesetzten der Gleichzeitigkeit, in der Aufeinanderfolge keiner ist, indem er sich darin auflöst, dass der Grundton Quint, und umgekehrt, die Quint Grundton werde. So kann die Tonart harmonisch sich nur in der Accordfolge darlegen.

25. Wenn der Begriff des Dreiklanges zuerst die Intervalle zum Accord, dann die Accorde zur Tonart bestimmt, so wird er nun die Tonart als Octaveinheit ergreifen und mit dieser zu der Quint- und Terz-Bestimmung in demselben Sinne fortgehen, wie es in der Accord- und Tonart-Bildung geschehen ist.

26. Die Tonart entstand, wenn der gegebene Dreiklang, nachdem er durch den Unter- und Ober-Dominant-Accord, mit sich selbst in Gegensatz gekommen war, diesen Gegensatz als Einheit in sich zusammenfasste und damit Tonica wurde.

27. Der Gegensatz oder die Quintbedeutung für die noch in absoluter Einheit bestehende Tonart wird jetzt darin enthalten sein, dass sie durch Unter- und Oberdominant-Tonart selbst die eine oder andere Dominant-Bedeutung annehme, dass sie Oberdominant für die Unterdominant und Unterdominant für die Oberdominant als Tonart werde.

28. In der Zusammenfassung beider entgegengesetzten

Bestimmungen, welche darin zur Einheit gelangen, dass das Bestimmende zum Bestimmten wird, dass die mittlere Tonart aus der Bestimmung, Dominant der einen oder andern Tonart zu s e i n, übergeht in die, eine und andere Tonart zur Dominant zu h a b e n, ist sodann wieder der Terzeinheit dieser drei Tonarten entsprochen, welche die mittlere Tonart als t o n i s c h e erscheinen lässt, als Mitte eines Tonarten-Systems; wodurch nun zu ihrer inneren Bestimmung auch ihre äussere, H a u p t t o n a r t unter N e b e n t o n a r t e n zu sein, gekommen ist, wie der in sich bestimmte Accord erst durch Nebenaccorde zu der Bestimmung als Hauptaccord in der Tonart gelangen konnte.

29. Dieser D r e i k l a n g v o n T o n a r t e n hat seine Verbindung, sein Verwandtschaftsmoment im tonischen Dreiklange der mittleren Tonart, welcher in dieser als Tonica, in der Unterdominant-Tonart als Oberdominantaccord, in der Oberdominant-Tonart als Unterdominantaccord erscheint:

$$I - III - II$$
$$B \quad d \quad F \quad a \quad C \quad e \quad G \quad h \quad D \quad \text{fis} \quad A$$
$$I - III - II \qquad I - III - II \qquad I - III - II$$
$$I - III - II \qquad I - III - II$$

30. Die in der einzelnen Tonart schon angeregte Accordverkettung kann nach beiden Seiten nun in das Unendliche sich fortbilden, und nachdem, wie es in der Tonartverbindung mit Unter- und Oberdominant geschieht, immer ein folgender Dreiklang als Mitte für zwei Nebendreiklänge zu bestimmen sein wird, so erscheinen auch die Tonarten in das Unendliche in einander verkettet. Zu einem höheren Einheitsbegriffe als dem der Tonart selbst, kann es aber nicht kommen, und zwar ebenso wenig, als der Dreiklang in sich selbst etwas zugesetzt erhalten könnte; denn wie dieser die vollständige Entwickelung des Dreiklangbegriffes nach I n n e n, so enthält die Tonart dieselbe nach A u s s e n: jener als Gleichzeitiges im Stillstande, als A c c o r d, diese als Gleichzeitiges in der Bewegung, als A c c o r d f o l g e. Auch die letzte Formation geht nicht über den Begriff der Tonart hinaus,

sie setzt dieselbe nur als eine bestimmte unter andern
Tonarten fest. Einer weitern Fortbestimmung von Tonarten,
als der von beiden Dominanten, würde aber der directe
Bezug auf die ursprünglich gesetzte Einheit fehlen: und es
muss nothwendig ein Gemeinschaftliches zwischen unterschiedenen Dingen vorhanden sein, wenn man sie in einen
Begriff soll zusammenfassen, oder aus dem einen vermittelt und verständlich in das andere soll übergehen können;
denn eben nur in der Veränderung, welche an etwas B l e i -
b e n d e m vorgeht, kann das Verständniss der Veränderung
oder eines Ueberganges überhaupt enthalten sein: nicht
darin, dass etwas Anderes anders oder verschieden sei von
dem Einen, sondern darin, dass das E i n e selbst A n d e r e s
werde.

Moll-Dreiklang.

31. Die Bestimmungen der Dreiklangsintervalle sind
bisher von einer positiven Einheit ausgehend gesetzt worden,
von einem Grundtone, auf welchen sich die Quint und die
Terz bezieht. Sie lassen sich auch in einem entgegengesetzten Sinne denken. Wenn jenes sich so ausdrücken lässt:
dass ein Ton Quint und Terz h a b e, so würde die entgegengesetzte Bedeutung darin bestehen: dass ein Ton Quint
und Terz s e i. Das H a b e n ist ein activer, das S e i n
ein passiver Zustand. Die Einheit, auf welche die beiden Bestimmungen in der zweiten Bedeutung sich beziehen, ist eine leidende: im Gegensatz des H a b e n s der
ersten, ist die zweite ein Gehabt-werden. Jenes
spricht sich im D u r d r e i k l a n g e, dieses im M o l l d r e i -
k l a n g e aus.

In diesem letzteren ist das Terzverhältniss zwischen dem
mittleren und dem oberen Tone enthalten, und die Vereinigung beider Accordintervalle findet somit nicht im G r u n d -
t o n e, sondern im Tone der Q u i n t statt. Im Durdreiklange
C-e-G ist C—G Quint, C-e Terz; im Molldreiklange a-C-e ist
a—e Quint, C-e Terz. Da aber im letzteren für beide Be-

stimmungen das gemeinschaftliche Moment im Tone der Quint enthalten ist, so wird dieser, als ein doppelt Bestimmtes negativ als doppelt Bestimmendes betrachtet werden können, oder als die nagative Einheit des Accordes; daher die Bezeichnung II-III-I für den Mollaccord nicht unpassend erscheint.

32. In der natürlichen unendlichen Tonreihe, nach dem Schwingungsverhältnisse bezeichnet:

1	2	3	4	5	6	7	8	9	10	11	12	13	14	15	16	17	18...
C	C	G	C	e	G	.	C	D	e	.	G	.	.	e	C	.	D...

finden wir den Durdreiklang zuerst unter den Zahlen 4 : 5 : 6, als C–e–G, den Molldreiklang unter den Zahlen 10 : 12 : 15, als e–G–h vorkommend, und würden bei weiterer Fortsetzung der Reihe zu jedem Gliede derselben, das einem Product der Zahl 4 entspricht, den Durdreiklang, zu jedem Product der Zahl 5, das durch 2 theilbar ist, den Molldreiklang in demselben Verhältnisse der obigen ersten wieder hervorgehen sehen. So z. B. G–h–D als 12 : 15 : 18 = 4 : 5 : 6, h–D–fis als 30 : 36 : 45 = 10 : 12 : 15.

33. Die drei Glieder der Proportion im Molldreiklange, 10 : 12 : 15, können auf kleinere Zahlen reducirt werden, wenn wir die beiden Verhältnisse 10 : 12 und 12 : 15 von einander trennen, indem sie dann einzeln durch 5 : 6 und 4 : 5 auszudrücken sind. Diese Verhältnisse bleiben dieselben, wenn wir dafür die Ausdrücke $\frac{1}{6} : \frac{1}{5}$ und $\frac{1}{5} : \frac{1}{4}$ setzen; denn es verhält sich 5 : 6 wie $\frac{1}{6} : \frac{1}{5}$ und 4 : 5 wie $\frac{1}{5} : \frac{1}{4}$. Durch die letzte Bezeichnung ist aber für die Proportion 10 : 12 : 15, in kleineren Zahlen ausgedrückt,

$$\frac{1}{6} : \frac{1}{5}$$
$$\frac{1}{5} : \frac{1}{4}$$

ein gemeinschaftliches Mittelglied gefunden und

es wird nun für den Molldreiklang die Proportion $\frac{1}{6} : \frac{1}{5} : \frac{1}{4}$,

oder zusammengezogen $\frac{1}{6:5:4}$ zu setzen sein; ein Ausdruck, in welchem wir die Verhältnisszahlen des Durdreiklanges, der sich mit $\frac{4:5:6}{1}$ bezeichnen lässt, in entgegengesetzter Ordnung wieder erhalten, so wie beide gegen einander auch als positive und negative Potenz auszudrücken sein würden, denn es ist

$$\begin{array}{l} \begin{matrix} 4 : 5 : 6 \\ C \quad e \quad G \end{matrix} = \frac{4:5:6}{1} = (4:5:6)^{+1} \\[1em] \begin{matrix} 10 : 12 : 15 \\ e \quad G \quad h \end{matrix} = \frac{1}{6:5:4} = (6:5:4)^{-1} \end{array}$$

34. So wird die wesentliche Bedeutung des Molldreiklanges, unter jeder Art des Ausdruckes, wenn dieser selbst auf den wesentlichen Inhalt zurückgeführt wird, zum Vorschein kommen müssen. Wir verlassen aber gern hiermit diese Bezeichnung durch Zahlen wieder, die zwar ein interessantes Combinationsspiel gewähren, aber für die Natur der Sache keinen näheren Aufschluss bieten und den Begriff nicht erleichtern, ihn vielmehr immer nur verhüllt darstellen kann, denn dieser ist in weit einfacheren und directeren Bestimmungen enthalten, den allgemeinen der Einheit, ihrer Entzweiung, und dem Gleichsetzen beider als Verbindung.

35. Der Molldreiklang, als ein umgekehrter Durdreiklang, wird in der Bedeutung, dass man ihn von einer negativen Einheit ausgehend betrachtet, in einer Rückwärtsbildung bestehen müssen. Auf die Einheit C bezogen, ist der Durdreiklang

$$\begin{matrix} I & - & II \\ C & e & G \\ I - III & & \end{matrix}$$

Der Molldreiklang derselben Einheit C, als einer negativen, als Grundton und Terz bestimmender Quint, ist

$$II \; - \; I$$
$$F \quad as \quad C$$
$$III - I$$

was dasselbe ist, als wenn wir setzen

$$F \quad as \quad C$$
$$I \; - \; II$$
$$I - III$$

Im Durdreiklange ist die Einheit das positiv Bestimmende, im Molldreiklange ist sie das positiv Bestimmte.

36. — In dieser passiven Natur und indem der Molldreiklang, zwar nicht seinen realen, aber seinen zur Einheit bestimmten Ausgangspunkt in der Höhe hat und sich an diesem nach der Tiefe bildet, ist in ihm nicht aufwärts treibende Kraft, sondern herabziehende Schwere, Abhängigkeit, im wörtlichen wie im figürlichen Sinne des Ausdruckes ausgesprochen. Wie in den sinkenden Zweigen der Trauerweiden, gegen den strebenden Lebensbaum, finden wir darum auch im Mollaccorde den Ausdruck der Trauer wieder. —

Moll-Tonart.

37. Im Systeme der Durtonart ist der Molldreiklang in einer secundären Bedeutung enthalten, und zwar in der Mitte je zweier Durdreiklänge: 1) des Unterdominantaccordes und des Accordes der Tonica, 2) des Accordes der Tonica und des Oberdominantaccordes.

Das Zugleichbestehen zweier Dreiklänge mit einem gemeinschaftlichen Tone enthält eben in diesem selbst einen Widerspruch, indem diesem Tone nach zwei Seiten entgegengesetzte Bedeutungen zugleich ertheilt werden, die er nur nacheinander erhalten kann.

$$I - III - II \qquad I - III - II$$
$$F \quad a \quad C \quad e \quad G \quad h \quad D$$
$$I - III - II$$

Dieser Wiederspruch, der hier in *C* oder *G* liegen würde, ist aber eben nur durch die Extremitäten der beiden Accordzweibeiten hervorgerufen, in C durch F—G, in G durch C—D; in ihren Mitten, in a-C-e und e-G-h, ist er nicht enthalten, indem a—e und e—h als Quintbestimmung, C-e und G-h, als Terzbestimmung ihre Einheit in e und h, als eine passive zwar, aber nicht eine sich selbst widersprechende finden.

38. Die Accordverkettung der Molldreiklänge ist hierdurch auf eben die Weise angeregt, wie wir sie bei den Durdreiklängen gefunden haben:

$$. . . . \text{d} \quad \text{F} \quad \text{a} \quad \text{C} \quad \text{e} \quad \text{G} \quad \text{h} . . . .$$
$$\text{II - III - I}$$
$$\text{II - III - I} \qquad \text{II - III - I}$$

Wollte man aber auch einen Dreiklang von Molldreiklängen als Accordverbindung zusammenfassen, so würde damit dem Begriffe einer Molltonart doch durchaus noch nicht entsprochen sein. Eine solche Reihe von Mollaccorden wird immer nur als Ergebniss der Duraccordreihe erscheinen; sie kann nicht zu einer selbständigen Geltung kommen, weil für den Mollaccord hier die positive Einheit noch fehlt. Die Molltonart kann, wie die Durtonart, nur von dem positiven Dreiklangsbegriffe ausgehend ihre Bestimmungen geltend machen. Der Mollaccord, als geläugneter Duraccord, wird daher diesen selbst, dessen Negation er ist, erst wirklich voraussetzen müssen; denn es kann etwas Wirkliches nicht vom Negativen ohne positive Voraussetzung ausgehen. Es kann aber das Moment der Negation als Hauptbestimmung gesetzt werden; das ist hier als Tonica, als Mitte eines Tonartsystemes, dessen Oberdominant sodann in einem Duraccorde, dem positiv vorausgesetzten, die Unterdominant in einem Mollaccorde bestehen wird; denn es ist in der negativen Production, wo die Dreiklangs-Bestimmung von der Quint ausgeht, der Mollaccord Anfang einer nach der Unterdominantseite unendlich sich fortsetzenden Molldreiklangsreihe, wie die positive, in welcher die Dreiklangs-Bestimmung vom Grundtone ausgeht, nach der Oberdominantseite in unendlicher Durreihe sich fortsetzte.

39. In   I - III - II
                G   h   D

ist der positive Dreiklangsbegriff für die Einheit G gegeben; in   II - III - I
                 C   es   G

der negative Dreiklangsbegriff derselben Einheit G.

In   I - III - II
        C   es   G   h   D
        II - III - I

sind beide Bestimmungen vereint enthalten; und in

        II - III - I   I - III - II
        F   as   C   es   G   h   D
                II - III - I

ist die zweite Bestimmung, die Negation der ersten, positiven, als Tonica gesetzt, als Hauptmoment einer Tonart,
deren Inhalt sonach ist: der C-Molldreiklang, der zu seinem
Unterdominantaccorde den F-Molldreiklang, zu seinem Oberdominantaccorde den G-Durdreiklang hat. Wir erkennen in
dieser Formation die C-Molltonart in ihren natürlichen sich
selbst bestimmenden Bedingungen.

40. Der Process dieser Formation stellt sie hier als eine
zeitlich auseinander gelegte dar; sie ist aber, wie auch die
der Durtonart, nur der concrete Ausdruck eines fixen
Gedankens. Im Durtonart-Systeme ist dieser: dass I sich
verändere in II; im Molltonart-Systeme: dass +I sich
verändere in —I. Beide gehen von der positiven Einheit aus;
der Begriff der Veränderung ist aber dort: dass das positiv
Eine positiv Anderes werde; hier: dass das positiv
Eine negativ Eines werde. Jener enthält den Gegensatz
von Sein und Werden, dieser den Gegensatz von Sein
und Nichtsein. Jenes ist das Fortleben in Anderem, dieses ist die Einzelheit und Einschränkung in sich selbst.

41. Die Durtonart ist übergehend in andere Durtonarten.
Die Molltonart ist vereinzelt, ohne vermittelten Uebergang
in andere. Wenn sich beim Durbegriffe ein System von Tonarten darstellen liess, das eine Haupttonart als Mitte, mit
ihren Nebentonarten enthielt; jede Nebentonart sodann wie-

der als Haupttonart mit Nebentonarten auftreten konnte,
ohne den Bedingungen der ersten als Tonart zu widersprechen, so ist diesem Einheitsbegriffe des Dursystemes der
Begriff der Trennung, aus welchem das Mollsystem hervorgeht,
im Principe entgegen. Die Moll-Nebentonarten würden die
Grundbedingungen, auf denen die Moll-Haupttonart beruht,
nicht mehr gelten lassen und somit diese selbst aufheben.

```
                          II - III - I       I - III - II
C-Molltonart :            F  as C  es G  h  D
                          II - III - I
                   II - III - I       I - III - II
F-Molltonart :     B  des F  as C  e  G
                   II - III - I
                          II - III - I       I - III - II
G-Molltonart :            C  es G  b  D  fis A
                          II - III - I
```

Die F-Molltonart, als Unterdominant der gegebenen
C-Molltonart, widerspricht in ihrem Oberdominantaccorde,
C - e - G, der als Hauptsache gesetzten Negation, *C - es - G*,
der positiven Einheit, *G - h - D*; die G-Molltonart, als Oberdominant der gegebenen, widerspricht, in *G - b - D*, dieser
positiven Einheit selbst.

42. Die Accordreihe des Durtonart-Begriffes setzt sich
in einer gleichen Form unendlich fort, als eine Kette von
Durdreiklängen; die Accordreihe des Molltonart-Begriffes
geht von einem Momente des Widerspruches aus und bildet
nach der einen Richtung eine Kette von Durdreiklängen,
nach der andern eine Kette von Molldreiklängen.

A. *Durtonart-Reihe.*

```
II        I - III - II    I - III - II    I - III - II      I - III - II        I
I - III - II      I - III - II    I - III - II    I - III - II      I - III - II
....As  c  Es  g  B  d  F  a  C  e  G  h  D  fis A  cis E  gis H....
```

B. *Molltonart-Reihe.*

```
                                  I - III - II       I - III - II
                          I - III - II    I - III - II        I
....As ces Es ges B des F  as C  es G  h  D  fis A  cis E  gis H....
II - III - I        II - III - I      II - III - I
I        II - III - I        II - III - I
```

Moll-Dur-Tonart.

43. In der Molltonart ist das negative Moment, die Negation des zuerst gesetzten positiven- oder Durdreiklanges, zur Hauptsache, zur Mitte oder Tonica bestimmt. Wir können den Begriff des Tonartsytemes aber auch so fassen, dass er diese Negation, den Molldreiklang, als wesentliche Bestimmung zwar enthalte, ohne jedoch ihn als Hauptmoment hervor zu heben, d. h. in die Mitte des Systemes zu stellen. Dann wird der positive- oder Durdreiklang die Mitte vertreten und dessen Negation, der Molldreikang, erhält seine Stelle als Unterdominantaccord. Als Oberdominantaccord ergibt sich aus der Fortsetzung der positiven Reihe von selbst allezeit ein Durdreiklang.

Es bildet sich dadurch ein Tonartsystem, welches den Dur- und Moll-Begriff in seinem Wesen und Wirken vereint enthält. Wir erhalten dann diejenige Harmonie der Durtonart, in welcher die kleine Sext sich geltend macht.

Das System gestaltet sich, wenn wir in der obigen Dreiklangsreihe des Molltonart-Begriffes den positiven Dreiklang *G-h-D* als Mitte setzen, wie folgt:

$$\text{II - III - I} \qquad \text{I - III - II}$$
$$\text{C \quad es \quad G \quad h \quad D \quad fis \quad A}$$
$$\text{I - III - II}$$

So wenig diese Moll-Durtonart einem Tonstücke förmlich zu Grunde gelegt zu werden pflegt, so erscheint sie doch im Laufe eines solchen nicht selten angewendet; häufiger noch im sentimentalen Genre der modernen Musik als in der älteren. Wo der verminderte Septimenaccord sich in den Durdreiklang als Tonica auflöst, da ist dieses Tonsystem vorhanden, und zwar ist es dann eben in den Tönen dieser beiden Accorde in seinem ganzen Umfange enthalten. Ebenso, seinem Hauptinhalte nach, bei dem Plagalschlusse aus dem Molldreiklange der Unterdominant nach dem Durdreiklange der Tonica. Den verminderten Dreiklang der zweiten Stufe, einen übermässigen Dreiklang und übermässigen Sextaccord, hat diese Tonart mit der Molltonart gemein, ohne dass diese Accorde sich hier auf einen Molldreiklang als tonischen beziehen.

44. — Indem wir hier vom verminderten Septimen-accorde, vom übermässigen Sextaccorde, auch von andern Intervallen als den zuerstgenannten und erklärten spre-chen, so geschieht es in Voraussetzung der praktischen Kenntniss jener Accorde und Intervalle, nach ihrer Wirkung und äusseren Beschaffenheit. Wie sie sich zu dem Begriffe der Tonart verhalten, konnte bis jetzt, da noch allein von consonanten Formationen die Rede war, nicht zur Erläuterung kommen. Es sind aber gleich vom Anfange nur drei direct verständliche Intervalle genannt, und ist von ihnen gesagt worden, sie seien unveränderlich, nämlich nicht zu erhöhen und zu vertiefen. Die Erklärung der Be-griffe, welche durch die Klangverhältnisse dieser Intervalle ausgesprochen sind, muss den Beweis des Gesagten führen: dass nämlich etwas Anderes als eines dieser Momente, die im Tonbegriffe als Octav, Quint und Terz erscheinen, die überhaupt aber die Begriffsmomente aller verständig-gefühl-ten, d. i. vernünftigen Erkenntniss sind, selbst nichts direct Erkennbares sein kann. Eine kleine Terz in Bezug auf einen Grundton wird daher eben so wenig Anspruch machen können als directes Intervall betrachtet zu werden, als eine verminderte oder übermässige Quint; eben so wenig auch Secunden, Quarten, Sexten und Septimen in allen ihren verschiedenen Beschaffenheiten.

Wie es aber sehr unbequem und weitläufig werden möchte, jeden Menschen immer nach seiner Verwandtschaft, oder nach dem Abstammungsgrade vom ersten Menschen-paare zu bezeichnen und wir es vorziehen, ihn mit seinem Tauf- oder Familiennamen zu nennen, so wird es auch hier oft willkommen sein, zu kürzerer Bezeichnung, die Benen-nung »kleine« Terz, »verminderte« und »übermässige« Quint, und andere, die Intervalle äusserlich bezeichnende,

als Namen anwenden zu dürfen, und wie die Ausdrücke
»Terz«, »Quint« und »Octav« ohnehin schon von der
Stufenzahl der Tonleiter hergenommen sind, so werden
auch, wo es nur darauf ankommt die äussere Entfernung
zu bezeichnen, andere, indirecte Intervalle nach dieser Bestimmung zu benennen sein. —

Verminderte Dreiklänge.

45. Im Zusammenhange der Tonarten kann die Durtonart in die eine oder andere durch die Tonica mit ihr
verwandte Nebentonart, in die der Unter- oder Ober-
Dominant übergehen, indem der tonische Dreiklang selbst
dort Oberdominant- hier Unterdominant-Bedeutung annimmt. Dies ist aber für den Begriff der Folge eine zweifache,
entgegengesetzte, der Quintbedeutung entsprechende Bestimmung, eine divergirende Bewegung nach Aussen, zu
der, wenn wir den Stillstand der Tonart in ihren Grenzen
als der Einheits- oder Octav-Bedeutung entsprechend
betrachten, eine convergirende nach Innen, ein Uebergang
in sich selbst als Terzbedeutung sich ergeben muss.

Wir können die Vorstellung, dass Etwas in sich selbst
übergehe, so fassen, dass wir uns eine endliche gerade
Linie zum Kreis gebogen, Anfang und Ende mit einander
verbunden denken: das Endliche als Unendliches,
oder das Unendliche im Endlichen.

Die absolute Endlichkeit würde sich in der begrenzten
Linie, die absolute Unendlichkeit in der unbegrenzt fort-
laufenden denken lassen. Das Erstere als die begrenzte
Tonart ohne Uebergang in sich selbst, das Andere als ihr
Fortgang in die unbegrenzt sich fortverkettenden Tonarten,
indem jede neu entstandene Dominant wieder Tonica wird.

46. Als Klangwirkung spricht sich der Begriff der in
sich selbst übergehenden Tonart in den Accorden aus,
welche die Verbindung der Oberdominant-Quint mit dem
Unterdominant-Grundtone enthalten: in den sogenannten
verminderten Dreiklängen. Diese werden aber, in ihrem

Zusammenklange auf doppelter Basis, auf Ober- und Unterdominant beruhend, immer dissonante sein müssen.

Auf den Begriff der Dissonanz ist hier noch nicht näher
einzugehen; nur möge beiläufig bemerkt sein, dass die im
Deutschen zuweilen gebrauchten Ausdrücke »wohlklingend« und »übelklingend« für »consonant« und
»dissonant« ganz ungehörig zu nennen sind; diese letzteren Benennungen enthalten dagegen in ihrem Wortsinne das
vollkommen Bezeichnende: der Character des Consonanten
ist das bestimmte Zusammenklingen in der Harmonie, des
Dissonanten, das bestimmte Auseinanderklingen. Die
Consonanz kann übelklingend sein an einer Stelle, die eine
Dissonanz bedingt und wo diese wohlklingend ist.

Zu vermindertem Dreiklange wird Terz und Quint des
Oberdominantdreiklanges mit dem Grundtone des Unterdominantdreiklanges sich verbinden können; ebenso die Quint
des Ersteren mit Grundton und Terz des Letzteren. In der
C-Durtonart z. B. $h-D|F$, $D|F-a$; in der C-Molltonart,
wie in der gleichnamigen Moll-Durtonart, $h-D|F$, $D|F-as$;
Accorde, welche, indem sie die Grenzen der Tonart zusammenfassen, dieselbe in sich abzuschliessen die Eigenschaft haben. Die Motivirung solcher Accorde, den Grund
ihrer Entstehung und ihre sinnige Bedeutung lernen wir
in der Folge kennen; hier sind dieselben nur im Zusammenklange an sich zu betrachten.

47. Es ist der Accord auf der Quint der Oberdomi-
nant der Durtonart, $D|F-a$, nicht zu verwechseln mit
dem Molldreiklange $d-F-a$, wie er, die untere Grenze des
Systemes der C-Durtonart überschreitend, sich aus der
Terz von B mit Grundton und Terz des F-Durdreiklanges
bildet: wie überhaupt die in der hier angewendeten Accord-
bezeichnung mit grossen und kleinen Buchstaben unterschiedenen Töne gleiches Namens nicht für dieselben zu
nehmen sind. Die mechanische Beschaffenheit unserer Clavierinstrumente verläugnet mit ihrer nothgedrungenen Temperatur diese Differenz, gleich der sogenannten enharmoni-

schen. Auch unsere Notenschrift, die für die enharmonisch verschiedenen Töne einen Unterschied der Bezeichnung hat, unterscheidet nicht die in jener andern Bedeutung verschiedenen, sie hat für die Terz der C-Durleiter, wie für die Secund der D-Durleiter, wenn diese die zweite Stufe der C-Durleiter zur Basis nimmt, nur ei n Zeichen: dasselbe für e und E; daher es bei wenig achtsamer Praktik wohl kommen kann, dass mancher Musiker selbst sich dieses Unterschiedes nicht bewusst wird, wenn auch das Gefühl, wo es zur Frage kommt, ob die eine oder die andere Bedeutung gelten solle, ihn immer deutlich genug wird empfinden lassen.

48. Was die Temperatur für die Instrumente mit festbestimmten Tonstufen zu leisten hat, diese Unterschiede, in allen Arten ihres Vorkommens, vertheilend auszugleichen, kann auf das Wesen und die Bedeutung der Intervalle keinen Einfluss haben. Die temperirte Quint will nicht als eine vertiefte, die in der Temperatur zu hoch gewordene Terz nicht als eine erhöhete gehört werden, sondern es wollen diese Intervalle für rein gelten. Der Sänger temperirt nicht; er hat, wie wir es an der Bildung der Tonleiter sehen werden, für seine Intonation keine andere Bestimmung als die der Quint und Terz, wonach er seine Intervalle in vollkommener Reinheit zu nehmen sich bestrebt. Der Grund zur Temperatur kann überhaupt nie ein anderer sein, als dass ein und derselbe Ton in mehreren Bedeutungen soll angewendet werden können; wobei nicht nur die enharmonische Differenz, z. B. *his—C*, 125 : 128, sondern eben auch jene andere in Betracht kommt, die zwischen der Durterz und der vierten Quint eines Grundtones besteht.

49. So finden wir die Terz e in der natürlichen Reihe (32) unter der Zahl 5; für E, als vierte Quint von C, würden wir (3⁴) die Zahl 81 erhalten, und wenn jenes e in die entsprechende Octav erhoben wird (5 × 2⁴), so ergibt sich für dasselbe die Zahl 80, mithin eine von jener, für das E als Quint, differente. Es kommt aber weniger darauf

an, wie gross oder klein diese Differenz sei, als darauf, dass eine Differenz überhaupt vorhanden ist und dass in der Zahl 81, als einer Potenz von 3, die Quintgeneration, in 80, einem Product der 5 mit der potenzirten 2, die Terzgeneration sich zu erkennen gibt.

50. Bei freier Intonation wird aber auch ein Grund, die Intervalle nicht in vollkommener Reinheit bestehen zu lassen, nie vorhanden sein, da innerhalb einer Tonart, im Umfange von drei verbundenen Dreiklängen, gleichnamige Töne in verschiedener Bedeutung nicht vorkommen, eben so wenig als zwei chromatisch verschiedene Töne darin enthalten sind. Enharmonisch verschiedene Töne liegen innerlich so weit auseinander, dass ein harmonisches Zusammentreffen derselben nicht möglich ist.

51. Wenn man den Dissonanzdreiklang, welcher die Terz der Oberdominant zum Grundtone hat, z. B. in der C-Durtonart: *h-D|F*, einen verminderten nennt, so können wir dieselbe Benennung für den Dreiklang auf der Quint der Oberdominant, *D|F-a*, anwenden, denn es ist *D—a*, nach dem Vorigen, so wenig Quint, als es *h—F* ist. Beide Accorde haben eine Zweiheit der Basis; die Unter- und Oberdominant: *F* und *G*. Ebenso in der Molltonart die Dreiklänge *h-D|F*, *D|F-as*.

52. Demnach enthält das **Dursystem**:

$$\overset{\text{verm.}}{\underbrace{\text{D} \mid \text{F}}} \overset{\text{moll.}}{\overbrace{\text{- a - C - e - G - h}}} \overset{\text{verm.}}{\underbrace{\text{- D} \mid \text{F}}}$$

drei Dur-, zwei Molldreiklänge und zwei verschiedene verminderte Dreiklänge.

Das **Mollsystem**:

$$\overset{\text{verm.}}{\text{D} \mid \text{F}} \overset{\text{dur.}}{\text{- as - C}} \overset{\text{überm.}}{\text{- es - G}} \overset{\text{dur.}}{\text{- h - D}} \mid \text{F}$$

enthält in erster Ordnung nur **einen** Durdreiklang, den der

Oberdominant. Ein zweiter ergibt sich als Zwischenaccord der zwei Molldreiklänge der Unterdominant und Tonica. Ferner sind darin zwei verminderte Dreiklänge, auf der Terz und auf der Quint der Oberdominant enthalten, bestehend auf den Basen der beiden Dominanten, wie im Dursysteme; und zuletzt der sogenannte übermässige Dreiklang, auf der Mollterz der Tonica, welcher die Zweiheit seiner Natur auf die herbste Weise ausspricht. Der dissonanten Dreiklänge sind demnach in der Molltonart drei verschiedene; denn die zwei in ihr enthaltenen verminderten Dreiklänge sind ebensowenig von gleicher Beschaffenheit, wie es die an denselben Stellen in der Durtonart sind; beide beruhen auf der doppelten Basis der Unter- und Oberdominant, differiren aber unter sich im Mehrgehalte aus dem einen oder andern Dreiklange dieser zwei Basen: *h–D|F, D|F–as.*

53. Im übermässigen Dreiklange aber, in *es–G–h,* ist der mittelste Ton, *G,* entschiedene Zweiheit in sich selbst; er ist nach zwei Seiten verschieden bestimmt, zugleich als **positiver** und **negativer** Grundton:

$$III - l$$
$$+ l \quad III$$

In den verminderten Dreiklängen besteht die Dissonanz in der Nichteinheit **zweier** Töne, im übermässigen ist sie in der innern Zweiheit **eines** Tones enthalten.

Das Tonartsystem nach der einen oder anderen Dominantseite übergreifend.

Die Grenzverbindungs- oder verminderten Dreiklänge an diesem Systeme.

54. Nachdem alle Dreiklangsharmonieen, die innerhalb der Grenzen des Dur- und Molltonartsystemes sowohl, als in dem Zusammentreten dieser Grenzen sich ergeben, hier nachgewiesen sind, so bleiben noch die Dreiklänge anzuführen, welche durch die Grenzverbindung entstehen, wenn das Tonartsystem um ein Glied in der Dreiklangsreihe

(A und B 42.) nach der Unter- oder Oberdominantseite fortgerückt wird, wenn es auf der einen oder andern Seite über sein Gebiet hinaustritt. Das System wird dadurch nicht erweitert, und kann nicht erweitert werden, denn es wird, was es auf der einen Seite gewinnt, auf der entgegengesetzten wieder verlieren müssen, und behält dann zu seinem Inbegriffe immer nur den Inhalt von drei aneinander liegenden Dreiklangsformationen. Es wird aber auch durch eine solche Verrückung in das nächste Glied der Reihe nach der einen oder anderen Seite die bestehende Tonart noch nicht aufgehoben, denn es bleibt auf der entgegengesetzten Seite noch eine Dominant-Bestimmung stehen. Wenn der Uebertritt nach der Unterdominantseite geschehen, bleibt die Terz der Oberdominant, wenn sie nach der Seite der Oberdominant geschieht, die Terz der Unterdominant, welche eine oder andere die Tonica ihre Bestimmung als Hauptaccord noch nicht aufgeben lässt.

55. Ein solches Fortrücken darf aber nicht als eine mechanische Procedur innerhalb der festgesetzten Accordprogression betrachtet werden, es kann nur auf einer sinnigen, inneren Begründung beruhen. Die festgesetzte an sich bestimmte Accordprogression ist eben auch in Wirklichkeit gar nicht vorhanden, sie stellt für die Anschauung gleichzeitig dar, was als vermittelte Folge nur successiv aus einander hervorgehen kann.

56. Wenn in die C-Durtonart der Ton *fis*, die Terz der Oberdominantquint eintritt, so spricht sich darin eine Tendenz nach der Oberdominantseite überhaupt aus, ein Verlangen, den Oberdominantaccord tonische Bedeutung erhalten zu lassen. In eben dem Maasse als dies erstrebt wird, muss sich aber auch die Neigung zu der Unterdominantseite vermindert haben; in demselben Grade als die Oberdominantseite hervortritt, wird die Unterdominantseite zurücktreten müssen: der Schwerpunkt des Gleichgewichtes zwischen Beiden wird sich der Seite zuwenden, nach welcher die Tonart eine Hinneigung erhält.

Wenn dieser Schwerpunkt in dem Systeme
F-a-C-e-G-h-D
in der tonischen Terz, als der Mitte des mittelsten Accordes, im Verbindungsmomente des die Dominantdreiklänge verbindenden tonischen Dreiklanges besteht, wenn hier der Ton *e* im gleichen Grade geneigt sein kann sich nach *F* und nach *D* zu bewegen, so wird, wenn *fis* in das System eingetreten, d. h. wenn die Oberdominantterz der G-Durtonart angesprochen wird, in
a-C-e-G-h-D-fis,
dieser Schwerpunkt nicht mehr in der vorigen Stelle, sondern in dem Momente des tonischen Dreiklanges gesetzt sein, der dem Dreiklange, zu welchem die Oberdominantterz erschienen, angehört, nämlich in der tonischen Quint, als Grundton des Oberdominantdreiklanges. Aber nicht in völlig tonischer Bedeutung tritt dieses *G* hier auf, denn die Tonart hat mit dem Eintritte der Terz der Oberdominantquint, *fis*, nur den Grundton des Unterdominantdreiklanges, *F*, aufgegeben, nicht den aus seiner Terz *a*, und dem tonischen Terzintervall C—*e*, sich bildenden a-Molldreiklang, welcher in seinem Grundtone *a* der G-Durtonart nicht angehört.. Der e-Molldreiklang ist jetzt der vermittelnde, dessen Terz *G* nun die Mitte des Systemes, der äusseren Stellung wie der inneren Bedeutung nach, sein muss. Wie vorher der mittelste Ton *e* nach beiden Seiten, nach den Grenztönen *F* oder *D*, überzugehen in gleichem Grade geneigt war, so wird es jetzt *G* sein, das nach *a* oder nach *fis* überzutreten bestimmt werden kann. Mit dem Eintritte der Quint des Oberdominantdreiklanges der G-Durtonart würde der Unterdominantdreiklang der C-Durtonart völlig aufgegeben sein, indem der Ton *A* die Unterdominantterz *a* ausschliesst. Der tonische C-Durdreiklang ist dann selbst Unterdominantaccord geworden und die Mitte des Systemes besteht nun in der Terz *h* des tonisch gewordenen G-Durdreiklanges. Derselbe Vorgang würde sich in entgegengesetzter Ordnung ergeben, wenn die Tendenz sich nach der Unter-

dominantseite wenden sollte: es würde mit dem Eintritte der Terz des B-Durdreiklanges der Accord *d-F-a* die Unterdominant-, *e-G-h* die Oberdominantbedeutung erhalten und *C*, als Mitte des mittleren Dreiklanges *a-C-e*, zur Mitte des Systemes bestimmt sein, wie diese sich in *a* festsetzen würde, wenn durch den Eintritt des Grundtones *B* die F-Durtonart völlig hergestellt wäre, indem dann der tonische C-Durdreiklang wieder selbst Dominant- und zwar jetzt Ober dominant-Dreiklang geworden ist.

Verminderte Dreiklänge des übergreifenden Systemes.

a) *In der Dur-Tonart.*

57. Wir beziehen uns jetzt, um die Accorde kennen zu lernen, welche aus dem Zusammenklange der Grenztöne entstehen, wenn das System nach der einen oder andern Seite übergreift, auf die beiden Reihen A und B (42) und beginnen mit dem Uebertreten des Dursystemes nach der Oberdominantseite, durch das die C-Durtonart die Terz der Oberdominant-Quint, *fis*, aufnimmt, den Unterdominant-Grundton, *F*, entlässt. Die Grenzverbindungsaccorde werden dann sein: *D-fis|a* und *fis|a-C*; in ihrer Natur und Wirkung verschieden von *D-fis-A* und *fis-A|C*, wie die Accorde sich in der G-Durtonart ergeben würden.

Wird das Tonsystem um ein Glied nach der Unterdominantseite gerückt, so tritt hier *d*, die Terz des B-Durdreiklanges hervor, indem zugleich *D*, als Quint von *G*, ausgeschlossen wird. Als Grenzverbindungen combiniren sich jetzt die Accorde *G-h|d* und *h|d-F*; zu unterscheiden von *G-h-D* und *h-D|F*, wie sie das C-Dursystem innerhalb seiner unüberschrittenen Grenzen enthält und in der Verbindung derselben bildet.

58. Die Aufnahme des unterhalb des Systemes liegenden Terztones lässt allerdings die Tonart aus gleichem Grunde fortbestehen, wie sie bei der Aufnahme der oberhalb liegen-

den Terz nicht aufgehoben wird: es ist aber die Veränderung selbst, der Unterschied von *D* und *d*, nicht in der Weise
zur Erscheinung zu bringen, wie es der von *F* und *fis* ist; *d*
würde erst durch das Auftreten des Grundtones *B* entschieden als nicht-*D* darzustellen sein; mit *B* wird aber die
Tonart von *F* bestimmt und die von *C* aufgehoben. Daher die
hierher gehörenden Accorde, indem der durch den Uebertritt gewonnene Ton erst durch den unterhalb liegenden
bestimmt werden muss, nicht mehr auf die gegebene, sondern auf ihre Unterdominant-Tonart werden zu beziehen
sein, also *h|d–F* und *G–h|d* nicht mehr in die C-Durtonart
gehören, sondern eben wieder als aus einem Uebergreifen
des F-Dursystemes nach der Oberdominantseite hervorge-
gangen erscheinen. Dann stehen die Accorde *G–h|d* und *h|d–F*
in demselben Bezuge zu der F-Durtonart wie *D–fis|a* und
fis|a–C sich gegen die C-Durtonart verhalten, und jene bei-
den Accorde wollen sich nicht mehr von der letzteren Tonart
ableiten lassen.

b) *In der Moll-Tonart.*

59. Das Molltonartsystem kann aus Gründen, die in
seiner von der Durtonart verschiedenen Natur liegen, eine
Fortrückung nach der Unterdominantseite eben auch nur
unter sehr beschränkenden Umständen zulassen. Die Aufnahme eines Gliedes der Unterdominantreihe würde die
positive Voraussetzung, dasjenige, woraus die Generation
der Tonart hervorgegangen ist, angreifen, sie würde den
Oberdominantaccord seiner Quint berauben, und der erste
Accord, welcher an dieser Oberdominantseite erschiene,
wäre dann der übermässige Dreiklang, Accord entschie-
denster Zweiheit. Daher die Dreiklänge *G–h–des*, *h–des–F*,
welche im C-Mollsysteme durch den Uebertritt nach der
Unterdominantseite entstehen, allezeit mehr der F-Molltonart im Uebertritt nach der Oberdominantseite sich aneignen
wollen.

60. Durch das Uebertreten nach der Oberdominantseite ergeben sich, nach dem vorigen Verfahren, zwei Accorde, die ein vermindertes Terzintervall enthalten. In der Reihe B, z B. werden, wenn der über die Quint der Dominant hinausliegende Ton *fis* in das C-Mollsystem aufgenommen und *F* als Grundton des Unterdominantaccordes dadurch ausgeschlossen wird, die Gerenzverbindungsaccorde sein: *D–fis|as, fis|as-C;* Combinationen, aus denen der sogenannte ü b e r m ä s s i g e S e x t a c c o r d hervorgeht, der auch seinen Leitton entschieden als Terz der Quint eines Oberdominantaccordes empfinden lässt.

61. Es kommen mithin in der Molltonart wie in der Durtonart, ausser denen des geschlossenen Systemes, nur diejenigen Grenzverbindungs-Dreiklänge wirklich zur Erscheinung, welche mit der Aufnahme des nächsten Gliedes der O b e r dominantseite hervorgehen können.

In der C-Durtonart: *D–fis|a, fis|a-C.*
In der C-Molltonart: *D–fis|as, fis|as-C.*

Die besonderen Bedingungen für die Intervallenlage der beiden letzteren werden sich in der Folge ergeben. Jede harmonische Combination kann in ihrer äusseren Gestaltung nur aus inneren Bestimmungen hervorgehen und ein Accord wird, um ihn theoretisch zu fassen, nie als ein Aggregat von Tönen, mit willkührlich vorzunehmenden Erhöhungen und Vertiefungen zu betrachten sein, sondern allezeit nur als ein Moment der Entfaltung im Begriffe organischer Wirklichkeit.

c) *In der Moll-Dur-Tonart.*

62. Die Moll - Durtonart, die in den Dominantaccorden mit der Molltonart von gleicher Beschaffenheit ist, auch in der weiteren Fortsetzung nach beiden Seiten nur auf Gleiches mit jener führen kann, — nach der Unterdominantseite auf Molldreiklänge, auf der Oberdominantseite nach Durdreiklängen, — wird in den Grenzverbindungen des

übergreifenden, wie in denen des geschlossenen Systemes, da an ihnen eben nur die Dominantaccorde Theil haben, auch nur dieselben Accorde enthalten können wie das Molltonartsystem.

Tonleiter der Dur-Tonart.

63. Der alte, nun etwas veraltete Streit oder Zweifel: ob in der Musik die Harmonie oder die Melodie vorangehe, als das früher Entstehende zu setzen sei, geht mit jenem fast gleichen Schritt: ob das Huhn oder das Ei früher da sei. — Dass die praktische Musik geschichtlich mit der Melodie, mit dem einstimmigen Gesange anfangen musste, ist wohl eben so sicher anzunehmen, als es gewiss ist, dass alle melodischen Intervalle nur harmonische Bestimmungen sind, und eben keine andern sind und sein können, als die wir oben nachgewiesen haben. Auch das singende Kind hat, im bewusstlosen Gefühle, die Intervalle seines Naturgesanges zu intoniren keine andere Bestimmung, als die der Octav, Quint und Terz; jeder gesungene Ton einer Melodie ist eins dieser drei Intervalle zu einer die melodischen Töne vermittelnden Einheit.

64. Wir können das melodische Princip zuerst abstract uns denken als das bewegende; ihm entgegengesetzt das harmonische als das fixirende. Jenes als die Tendenz, aus einem Bestehenden herauszugehen, ohne weitere Bestimmungen an sich; diese Bestimmungen erhält es erst in den harmonischen Momenten.

65. Ein aus dem Grundtone des Durtonart-Systemes allmälig aufsteigend gedachter Klang wird, wenn wir den Ausgangspunct als erste Stufe betrachten, seine zweite, als harmonisch-melodische Bestimmung finden in der Quint der Oberdominant, und zwar als Secund des Grundtones; die dritte, in der Terz der Tonica; die vierte, im Grundtone der Unterdominant, als Quart des Grundtones; die fünfte, in der Quint der Tonica; die sechste, in der Terz der Un-

terdominant, als Sext des Grundtones; die siebente, in der Terz der Oberdominant; die achte, in der Octav der Tonica selbst. Dies ist die Reihe, in welcher die aufsteigende Bewegung des an sich unbestimmten Klanges den Intervallen der Tonart auf ihrem Wege begegnet und durch sie zu Stufen bestimmt wird.

66. Die Tonleiter lässt in ihren Stufen die harmonischen Intervalle in einer Ordnung erscheinen, die dem Begriffe der Gleichzeitigkeit mit jedem neuen Momente der Folge widerspricht. Die zweite Stufe gehört einem anderen Dreiklange an als die erste, die dritte einem anderen als die zweite, und so fort. Hiermit ist aber eben der wesentlichen Bedeutung des Folgebegriffes entsprochen, der ein Nacheinander, d. h. nach Einem Anderes bedingt. Damit aber das Nacheinander wirkliche zusammenhängende Folge sei, so ist zu seiner Verschiedenheit auch eine Einheit, ein gemeinschaftliches, bindendes Moment erforderlich, was im Uebergange, wenn wir diesen uns als einen räumlich-zeitlichen vorstellen wollen, als Ende des Einen zum Anfange des Anderen wird.

67. Bei der ersten Secundfortschreitung in der C-Durtonleiter, von C zu D, ist diese vermittelnde Einheit im Tone G enthalten. G ist zuerst die von C bestimmte Quint und wird dann bestimmender Grundton zu D. Die melodische Fortschreitung ist eben hier nur verständlich als Ausdruck für die Umwandlung, welche in G, aus der einen Bedeutung in die entgegengesetzte, vor sich geht. In der zweiten Secundfortschreitung, von D nach e, ist G wieder aus der Grundtonsbedeutung in die der Quint übergetreten. Der Schritt e..F bestimmt sich auf gleiche Weise am Grundtone C. Ebenso die Schritte F..G und G..a; in diesen Fortschreitungen wechselt C zwischen der Grundtons- und Quintbedeutung. Von der sechsten zu der siebenten Stufe, von a zu h, ist aber, sofern diese beiden Töne als Terzen der beiden Dominantaccorde in der Tonart enthalten sind,

ein solcher verbindender Ton zur Vermittlung des Ueberganges nicht vorhanden, denn die Dreiklänge der Unter-
und Oberdominant sind getrennte, sie haben kein gemeinschaftliches Moment, durch dessen Umwandlung der Schritt
a..h gegeben sein könnte. Daher zwischen diesen beiden
Tönen, auf jene beiden Accorde bezogen, sich eine Trennung empfinden lässt, die den Uebergang erschwert, denn
er ist dann eben kein Uebergang zu nennen, sondern vielmehr ein Sprung. Die Entfernung zwischen diesen beiden
Tönen, in ihrer Eigenschaft als Terzen des Unter- und Ober-
dominant-dreiklanges, scheint eine weitere zu sein als die
der bisherigen Secundschritte, und doch ist sie an sich
gleich der Entfernung zwischen der ersten und zweiten, oder
vierten und fünften Stufe, nach Bezeichnung des Schwin-
gungsverhältnisses $= 8 : 9$. Aber wie eben diese Zahlen-
verhältnisse für die Bedeutung der Intervalle etwas Erklä-
rendes nicht enthalten, und wir eben so wenig die Secunden $C..D$ und $F..G$ durch das Verhältniss $8 : 9$, als die Secunden $D..e$, und $G..a$ durch das Verhältniss $9 : 10$, sowie
$e..F$ und $h..C$ durch $15 : 16$ zu intoniren vermögen, sondern, gleichgültig gegen das Maass der grösseren oder kleineren äusseren Entfernung, sie nur durch die Umwandlung
der Bedeutung eines vermittelnden Gliedes bestimmt erhalten, so wird auch der Schritt von der sechsten nach der
siebenten Stufe nur durch eine solche Vermittlung sich als
eine verständliche Folge ergeben können.

68. Diese Vermittlung findet sich auch hier, zwar nicht
in den unverbundenen Hauptaccorden, aber in den Accorden secundärer Ordnung, nämlich in den verbundenen
zwei Molldreiklängen des Systemes, welche die Terz der
Tonica zum gemeinschaftlichen Tone haben: *a* ist Grundton
zu *e*, und *e* bestimmt *h* als Quint. Somit ist die Folge *a..h*
in der Umwandlung des *e* aus der Bedeutung der Quint in
die des Grundtones vermittelt. Eben so ist es dann, auf
denselben Ton bezogen, der letzte Schritt *h..c*, indem
dann *e* in seine Quintbedeutung zurücktritt. Der letzte

Uebergang würde zwar auch am Tone *G* gegeben sein, es ist aber hier, für die Folge der drei letzten Töne die erstere Bedeutung die hauptsächlich geltende.

69. Es bildet sich demnach die ganze Tonleiter in der ersten, zweiten und dritten Stufe an der Quint, in der vierten, fünften und sechsten am Grundtone, in der sechsten, siebenten und achten an der Terz des Accordes der Tonica, indem jedes dieser drei Momente des Hauptdreiklanges aus der Quintbedeutung in die des Grundtones überschlägt und zu der ersten zurückkehrt.

$$
\begin{array}{ccc}
\underbrace{\text{II I II}} & \underbrace{\text{II I II}} & \underbrace{\text{II I II}} \\
\text{G} & \text{C} & \text{e} \\
\underbrace{\text{C..D..e}} & \underbrace{\text{F..G..a}} & \underbrace{\text{a..h..C}} \\
\text{I II III} & \text{I II III} & \text{I II III}
\end{array}
$$

70. Die Trennung, welche zwischen den beiden Tönen der sechsten und siebenten Stufe der Leiter immer gefühlt wurde, wenn man sie auf die beiden Dominantaccorde bezieht, und das Hinderniss, welches sich dadurch ihrer Aufeinanderfolge entgegenstellt, war Ursache, dass man bei der früheren Solmisation sich auf ein Zusammenfassen der sechs ersten Töne der Leiter, die eine vermittelte Folge gewähren, beschränkte, dann aber, um einen weiteren Fortgang zu gewinnen, das sogenannte Hexachord, mit den bekannten Sylben *ut re mi fa sol la*, bei dem Grundtone, bei der Unterquint und bei der Oberquint der Tonart seinen Anfang nehmen liess:

$$
\begin{array}{llllllllll}
 & 15:16 & & 8:9 & & 8:9:10 \\
8:9:10 & 8:9:10 & 15:16 \\
\text{C} & \text{D} & \text{e} & \text{F} & \text{G} & \text{a} & \text{h} & \text{C} & \text{D} & \text{e}.... \\
\text{ut} & \text{re} & \text{mi} & \text{fa} & \text{sol} & \text{la} \\
 & & & & & & \text{(B)} \\
 & & & \text{ut} & \text{re} & \text{mi} & \text{fa} & \text{sol} & \text{la} \\
 & & & & \text{(A)} \\
 & & & \text{ut} & \text{re} & \text{mi} & \text{fa} & \text{sol la} \\
 & & & 8:9:10 \\
 & & & & & & \text{ut} & \text{re} & \text{mi}....
\end{array}
$$

4*

wodurch aber, wenn das Hexachord von der Oberquint
ausgeht, die fünfte, sechste und siebente Stufe der Octavleiter als erste, zweite und dritte des Hexachordes erscheinen, als *ut re mi*, und dann die sechste und siebente nicht
mehr in dem Verhältnisse 8 : 9, sondern wie *D .. e*, als
9 : 10; der sechste Ton der Leiter überhaupt aber dann
nicht mehr *a*, die Terz der Unterdominant, sondern *A*, die
Quint von *D* ist, womit die Leiter in das Gebiet der
G-Durtonart übergreift. Beginnt aber das Hexachord mit
der Unterquint, so wird aus der sechsten und siebenten
Stufe der Octavleiter die dritte und vierte des Hexachordes,
und die Fortschreitung *mi..fa*, ist dann hier die einer kleinen Secund *a.. B*, worin wieder die Unterdominant-Tonart, die Tonart *F-dur*, angesprochen wird. Daher, wie die
sechste Stufe der Octavleiter, in der Hexachordbedeutung
von *la* und *mi*, als *a*, in der Bedeutung von *re*, als *A* intonirt wird, die siebente, je nachdem sie ihre Bedeutung
als dritte oder vierte der Hexachordleiter, als *mi* oder *fa* erhält, zwischen *h* und *B* wechselt, zwischen *B-durus* und
B-mollis. Ersteres ward, im Sinne der Härte, eckig ♭
(*B-quadratum*) bezeichnet, schriftverwandt und gleichbe-
deutend mit ♯ und ♮ ; aus welchem Letzteren vielleicht
unser, nur in der deutschen Bezeichnung eingeführtes, in der
Tonfolge ausser aller alphabetischer Ordnung stehendes *h*
geworden ist. Man sieht, dass das unvermittelte Nebeneinanderstehen der beiden Dominantterzen, wie es in der
Octavleiter folgestörend vorhanden ist, im Hexachordsy-
steme nicht vorkommen, und dem Sänger zu intoniren nicht
zugemuthet werden konnte.

71. Durch die oben gezeigte Vermittlung, die mit den
Molldreiklängen der Tonart geschieht, wird zwar eine Folge
dieser Töne hergestellt; es ist aber nur eine Nebenbedeu-
tung, welche sie als Intervalle der Mollaccorde haben; ihre
hauptsächliche, als Terzen der Dominantdreiklänge, werden
sie hier immer um so mehr geltend machen, als die sechste
in Folge der fünften schon in der Terzbedeutung auftritt.

Wenn man von hier aus eine Uebergangsbestimmung
nach der Terz der Oberdominant im verminderten Dreiklange der siebenten Stufe suchen wollte, so ist nur daran
zu erinnern, dass dieser eben selbst ein Accord der Zweiheit oder Trennung ist, dem der Dreiklangsname nicht in
der Bedeutung einer concreten Einheit, sondern nur als
einem Zusammenklange von drei Tönen zukommt. Eine
wirkliche Verbindung für die Folge jener zwei Stufen ist
nur durch die Terz der Tonica gegeben.

72. Die abwärts gehende Tonleiter ist durch dieselben
Bedingungen der Folge bestimmt wie die aufsteigende, und
enthält demnach dieselbe Tonreihe in umgekehrter Ordnung. Wenn wir bei der aufsteigenden Leiter die klanger-
höhende Kraft als das durch die harmonischen Momente
zu Stufen bestimmte bewegende oder melodische Princip
der Richtung setzen müssen, so ist es hier die herabziehende vertiefende Schwere, welche die melodische Reihe
in umgekehrter Richtung sich bilden lässt.

73. Mit dem Ausdrucke melodisch, in der Bedeutung wie er hier gemeint ist, wird immer nur ein successives, auf- oder abwärts strebendes Fortbewegen des Klanges verstanden sein. Auch bei der melodischen Aufeinanderfolge harmonisch gleichzeitiger Intervalle hat die Stimme
das Zwischenliegende in seinen harmonischen Momenten zu durchgehen, um das entferntere Intervall zu fassen. Die Fortschreitung *F. .h* als Quart, in der C-Durtonart,
der sogenannte *Tritonus*, enthält dieselbe Schwierigkeit
des Ueberganges, wie die von der sechsten zur siebenten
ten Stufe, in der Dominantterz-Bedeutung, wiewohl hier
ein Accordwechsel nicht vorhanden ist, indem beide Töne
dem Accorde *h-D¦F* angehören; der Wechsel ist aber im
melodischen Uebergange enthalten, indem dieser eben nur
durch den zwischenliegenden Raum mit seinen harmonischen Bestimmungen, hier also durch *F. .G. .a. .h* geschehen
kann, wo die Trennung zwischen *a. .h* wieder unmelodisch
in den Weg tritt. Dieselben Töne *h. .F*, als verminderte

Quint, bieten für die melodische Folge kein Hinderniss, weil der Uebergang in *h. .C. .D. .e. .F* ein in allen Zwischenmomenten vermittelter ist. Es werden sich aber alle **ü b e r m ä s s i g e n** Intervalle aus diesem Grunde **u n m e l o - d i s c h**, in ihrer Umkehrung, als **v e r m i n d e r t e**, **m e l o - d i s c h**, d. h. vermittelt erweisen.

Tonleiter der Moll-Tonart.

74. Die Leiter der Durtonart ist eine zeitliche Auseinanderlegung der harmonischen Bestimmungen des Durtonartsystemes, und ist in diesem vollständig enthalten; jede melodische Stufe ist durch ein harmonisches Moment aus dem in sich abgeschlossenen Systeme bestimmt.

75. Die Molltonleiter wird bis zu ihrer sechsten Stufe sich in ganz gleicher Weise wie die Durtonleiter bilden können, indem dort wie hier die ersten drei Stufen durch die Quint, die folgenden drei durch den Grundton sich vermitteln. Wie aber in der Durtonleiter die sechste und siebente Stufe sich zuerst getrennt zeigten und nur in einer untergeordneten Accordverbindung eine Folge zwischen diesen beiden Stufen sich herstellte, so treffen wir auch in der Molltonleiter an derselben Stelle auf dieselbe Trennung; es bietet sich aber hier nicht dasselbe Mittel zu einer Verbindung, auch zu einer von untergeordneter Bedeutung nicht dar, wie im Systeme der Durtonart. Wenn im Dursysteme die Terz der Unterdominant mit der Terz der Oberdominant durch die Terz der Tonica zur Folge vermittelt werden kann, indem diese zur ersten als Quint, zur andern sich als Grundton verhält, so ist im Mollsysteme dieses Mittelglied darum nicht als ein verbindendes vorhanden, weil die Mollterz der Tonica mit der Durterz der Oberdominant nicht im Quintverhältnisse steht, vielmehr spricht das Intervall der übermässigen Quint in diesen beiden Tönen die entschiedenste Entzweiung aus: die Bestimmung eines **p o s i t i v e n** Grundtones gleichzeitig zum **n e g a t i v e n**. Es ist sonach

eine melodische Verbindung jener beiden Stufen im Mollsysteme auf keine Weise gewährt: Aus der sechsten
Stufe als Mollterz des Unterdominantdreiklanges, wird nicht
zu der siebenten, als Durterz des Oberdominantdreiklanges in vermittelter Fortschreitung zu gelangen sein;
jene steht nur mit der fünften, diese nur mit der achten
in melodischer Verbindung.

76. Wenn die siebente Stufe, die Terz der Oberdominant, erreicht, überhaupt ein weiterer Fortgang möglich
werden soll, so wird nach der fünften ein anderer Ton als
die sechste der Tonart, es wird ein ausserhalb des
Systemes liegender, die fünfte und siebente verbindender
Ton folgen müssen, und dieser kann kein anderer sein, als die
Quint der Quint des Oberdominantaccordes; diese, als sechste
Stufe, bildet den Uebergang zu der siebenten der Tonart,
indem die fünfte, sechste und siebente jetzt durch Umwandlung der Quint des Oberdominantdreiklanges gegeben sind.

77. Im C- Molltonart-Systeme wird die melodische Folge
durch *C..D..es..F..G* in ungehinderter Verbindung fortgehen
können, sie ist in den ersten drei Stufen, *C..D..es*, durch die
Dominant *G*, in den letzten drei Stufen, *es..F..G*, durch die
Tonica *C* vermittelt, wie im Dursysteme; wird aber nach
der fünften Stufe *G*, das folgende, noch durch *C* vermittelte *as*, als sechste, ergriffen, so ist von hier aus nur
Rückbewegung nach *G*, aber keine Fortbewegung nach *h*
möglich, indem der Dreiklang *G-h-D*, dem dieses *h* als Terz
angehört, mit dem Dreiklange *F-as-C*, dessen Mollterz *as*
als sechste Stufe eingetreten war, nicht durch gemeinschaftlichen Ton, an welchem der Uebergang sich verständlich
machen könnte, verbunden ist. Das verbindende Glied zwischen *G* und *h* kann nur durch die Oberdominantquint *D*
bestimmt werden, dessen Quint *A* den Uebergang von *G*
nach *h* gewährt, und es wird somit als sechste Stufe dieser über dem Systeme hinausliegende Ton *A*, sich der Leiter einreihen, nach welchem der siebente und achte sich
in ungehinderter Folge anschliessen.

78. Wenn aber bei der aufsteigenden Molltonleiter der Fortgang von der sechsten nach der siebenten Stufe gehindert war, so wird auch bei der absteigenden von der siebenten nach der sechsten keine Verbindung vorhanden sein: wie dort die kleine Sext nicht den Uebergang zu der grossen Septime bilden konnte; so wird hier wieder die grosse Septime nicht in die kleine Sext führen können. Die Octav findet aber den vermittelnden Ton zu der kleinen Sext eben wieder ausserhalb des Systemes, und zwar auf der Unterdominantseite. Wie beim Aufsteigen die Quint der Oberdominant zum Grundtone werden musste, so wird beim Absteigen der Grundton der Unterdominant zur Quint; dort, um die Vermittlung in die grosse siebente, hier, um die Vermittlung in die kleine sechste Stufe herzustellen.

79. Im C-Mollsysteme ergab sich als aufsteigende melodische Fortschreitung aus der fünften Stufe die Folge:

$$
\begin{array}{c}
\text{G} \\
\text{G} . . \text{A} . . \text{h} \overbrace{} . . \text{C}; \\
\underbrace{\phantom{\text{G} . . \text{A} . .}} \\
\text{D}
\end{array}
$$

die ersten drei Töne als Bestimmungen an der Quint der Oberdominant, die letzten zwei an der Dominant selbst. Hier hatte sich der Uebergang aus *G* nach *h*, welcher durch *as* nicht gewährt ist, durch ein anderes Mittelglied, *A*, zu bilden. Absteigend wird ein vermittelter Uebergang von *C* nach *as* zu finden sein, welcher durch *h* nicht geschehen kann. Dieser ergibt sich, wenn *C* wie *as* auf den Unterdominantdreiklang bezogen wird und an dessen Grundtone *F* selbst nun die Quintbestimmung durch *B* erfolgt. Damit wird die rückgängige Folge sein:

$$
\begin{array}{c}
\text{C} \\
\text{C} . . \text{B} . . \text{as} \overbrace{} . . \text{G}; \\
\underbrace{\phantom{\text{C} . . \text{B} . .}} \\
\text{F}
\end{array}
$$

die ersten drei Töne sind am Grundtone des Unterdominantaccordes, die letzten zwei an der Tonica bestimmt. Die ganze C-Molltonleiter besteht demnach für beide Bewegungen in den Folgen:

$$\text{C..D.. es .. F..G.. A.. h..C} \quad , \quad \text{C.. B.. as ..G.. F.. es ..D.. C}$$

(aufsteigend.)   (absteigend.)

80. Dass hier wie irgendwo von einem willkürlichen Erhöhen oder Vertiefen einer Tonstufe die Rede nicht sein kann, wird nach dem Bisherigen nicht mehr gesagt oder wiederholt zu werden brauchen. Ebenso liegt es im Begriffe des Tonartsystemes, dass die grosse Sext der aufsteigenden Molltonleiter nicht Durterz des Unterdominantdreiklanges, und die kleine Septime der absteigenden nicht Mollterz des Oberdominantaccordes sein kann, denn beide sind im Organismus des Systemes nicht möglich; sie widersprechen den Grundbedingungen desselben.

81. Wie weitläufig diese soviel als möglich noch zusammengedrängte Wortdarstellung der Construction für die Molltonleiter in ihren drei letzten Stufen hier ausfallen musste, so ist die Sache selbst doch nur in strenger Nothwendigkeit gegeben, als der sich selbst bildende Stufengang in nächstmöglicher Vermittlung, die, wenn sie für das Unvermittelte der Durtonart durch die Mitte des Systemes sich bildet, für dasselbe der Molltonart durch seine beiden Grenzen geschieht: und so muss auch hier, bei der Folgevermittlung, die Trennungsnatur der Molltonart zur Aeusserung kommen, wie in der Folgevermittlung der Durtonart die Natur der Einheit sich ausspricht.

Tonleiter der Moll-Dur-Tonart.

82. Die Tonleiter der Moll-Durtonart wird im Aufsteigen sich durch die tonische Durterz bis zu der Quint, gleich der Durtonart-Leiter, bewegen, den weiteren Fortgang

aber wie die Molltonart-Leiter erhalten. Da ihr die Unter-
dominant-Durterz fehlt, so bedarf sie in den letzten Stufen
derselben Vermittlung durch die Oberdominantquint, wie
sie auch absteigend, der Molltonleiter gleich, nur durch
den Unterdominantgrundton, die Uebergangsvermittlung
erhalten kann.

Wenn die Durtonleiter sich bildet in der Tonfolge:
C..D..e..F..G..a..h..C, C..h..a..G..F..e..D..C
so erhält die Moll-Durtonleiter dagegen in
C..D..e..F..G..A..h..C, C..B..as..G..F..e..D..C
zu ihrer sechsten Stufe aufsteigend *A*, zu ihrer siebenten
absteigend *B*.

83. In Bezug auf die vorangegangene Erklärung wird
die folgende Darstellung der melodischen Folge nach ihren
harmonischen Bestimmungen einen Ueberblick gewähren
können:

Harmonische Bestimmung für die Folge im Dursysteme.

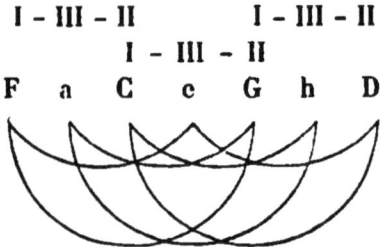

*Harmonische Bestimmung für die Folge im Mollsysteme und
im Moll-Dursysteme.*

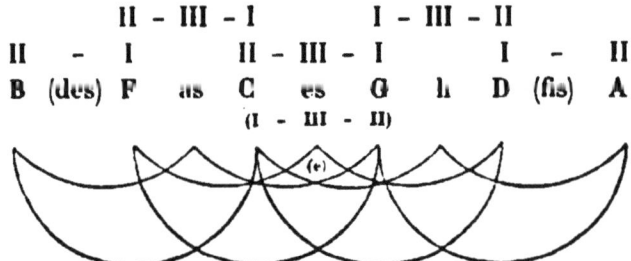

84. Die Molltonart ist zuweilen im Gegensatze der Durtonart, die man dann die »natürliche« nannte, eine »künstliche« Tonart genannt worden. Vorerst ist schwer einzusehen, was mit diesem Ausdrucke für die Bezeichnung eines Tonsystemes, das so unmittelbar im Gefühle wurzelt und in dem so viele Volksgesänge sich bewegen, gemeint sein soll; sodann ist aber auch das System der Durtonart eben so wenig ein natürlich gegebenes, als das der Molltonart ein künstlich gemachtes ist; es ist Beides menschlich beseelte sich selbst bildende Bildung, vernünftiges Sein und Werden in Klängen und Klangbestimmungen; etwas Höheres als das natürlich Gegebene und das künstlich Gemachte.

85. Die Natur, wo sie bestimmte Töne hören lässt, bringt sie in einer Reihe hervor, die unter ihren Gliedern die Momente des Dreiklanges zwar mit enthält, aber nicht im Sinne einer in sich geschlossenen Bestimmung, wie sie für uns erst eine musikalische Geltung haben kann, und wir müssen schon mit dem fertigen Begriffe des Accordes an die unendliche Progression der natürlichen Tonreihe herankommen, um die dem Dreiklange zugehörenden Glieder in ihr aufzufinden. Die Progression geht aber sogleich auch über das hinaus, was zum Accorde gehört und in der Harmonie eine verständige Bedeutung hat. Wie aber der Dreiklang in der natürlichen Reihe als besondere Bestimmung schon nicht gegeben ist, so ist es noch weit weniger das System der Tonart und kann es schon seinem materiellen Inhalte nach, indem es auch ein rückwärts gebildetes Moment, den Unterdominantaccord, enthält, in der natürlich nur vorwärts bildenden Reihe nicht sein. Die von *C* ausgehende arithmetische Tonprogression wird, auch in das Unendliche fortgeführt, nie den Ton *F* oder seine Terz *a* produciren können. Diese sind hier eben so wenig möglich, als *es* und *as*, die Terzen der Molltonart.

Accordfolge.

86. Wenn wir in der Tonleiter eine aus der Tiefe nach der Höhe sich erbebende Stimme betrachtet haben, deren Fortgang, an sich ungetheilt, in den Puncten, wo er den harmonischen Momenten der Tonart begegnet, zu Stufen fixirt wird, und nachgewiesen haben, wie dies in der Durtonart sowohl wie in der Molltonart auf eine Folgevermittelnde Weise geschieht; so sind die Accordmomente hier zwar als das Bestimmende gesetzt, die Aufeinanderfolge derselben ist aber durch die auf- oder absteigend vorausgesetzte Richtung des sich bewegenden Klanges gegeben. Andere Bedingungen für die melodische Bewegung werden eintreten in der Accordfolge, die in einem gleichzeitigen Fortschreiten mehrerer Stimmen besteht. Wir erhalten dann einen Zusammenklang von Folgen als Folge von Zusammenklängen und damit wieder Entgegengesetztes in Eins gesetzt, den Begriff alles Wirklichen in seiner Wesenheit: hier, den höheren Terzbegriff der wirklichen Harmonie, dessen Quintbegriff das Entgegengesetzte getrennt betrachten musste; wie wir auch zuerst die Accorde an sich, und die melodische Fortschreitung an sich, als Tonleiter, bestimmt erhalten haben.

87. Die Aufeinanderfolge zweier Dreiklänge ist wieder nur insofern verständlich, als beide auf ein gemeinschaftliches, im Uebergange seine Bedeutung veränderndes Moment bezogen werden können.

88. Zwei Dreiklänge können unterschieden sein: a) in einem Tone; b) in zwei Tönen; c) in allen drei Tönen. Von der Mitte des Dursystemes, vom tonischen Dreiklange ausgehend, werden in einem Tone verschieden vom ersten sein: die beiden Mollaccorde der Tonart; in zwei Tönen: die beiden Dominantaccorde; in drei Tönen: die beiden verminderten oder Grenzverbindungsaccorde.

Beim Uebergange aus dem tonischen in einen der Molldreiklänge wird von den drei Stimmen, welche den Accord bilden, sich nur e i n e melodisch zu bewegen haben, während die anderen beiden bleibend die harmonische Bedeutung ihres Tones verändern.

Der Uebergang aus dem tonischen in einen der Dominantdreiklänge wird z w e i Stimmen sich melodisch bewegen lassen, die dritte wird bleibend harmonisch andere Bedeutung annehmen.

Im Uebergange aus dem tonischen in einen der verminderten Dreiklänge, werden alle d r e i Stimmen sich bewegen, davon eine einen die Accorde vermittelnden Ton harmonisch sprungweis zu ergreifen hat, die anderen beiden melodische Secundfortschreitung erhalten.

Die erste und zweite Art der Accord-verbindenden Fortschreitung wird als nächstliegende, soweit es jetzt erforderlich ist, von selbst einleuchten. Die dritte bedarf einer Erklärung.

89. Zwei völlig auseinanderliegende Dreiklänge, solche nämlich, unter denen ein verbindender, gemeinschaftlicher Ton nicht vorhanden ist, an dessen Umwandlung zu anderer Bedeutung das Verständniss des Ueberganges gegeben sein könnte, haben die Vermittlung durch den zwischen beiden liegenden Dreiklang nöthig, von welchem der erste der beiden Unvermittelten zwei Töne, der andere einen Ton enthält, und der Uebergang aus dem ersten in den zweiten kann eben nicht anders geschehen, als insofern der erste diese überwiegende Gemeinschaft mit dem zwischenliegenden schon hat und damit für diesen selbst zu setzen ist, oder: es ist die Fortschreitung aus dem ersten der unverbundenen Dreiklänge in den zweiten dieselbe, wie sie aus dem vermittelnden nach dem zweiten sein würde.

90. Im Systeme der C-Durtonart:

$$D \mid F - a - C - e - G - h - D \mid F$$

sind die verminderten Dreiklänge *D*|*F-a* und *h-D*|*F* vom Dreiklange der Tonica *C-e-G* getrennt, und somit ist der

Uebergang aus diesem nach jenen ohne hinzutretende Vermittlung nicht möglich. Der Dreiklang der Tonica enthält aber von jedem der beiden Molldreiklänge zwei Töne in sich, diese Molldreiklänge sind wieder, jeder nach seiner Seite, mit dem entsprechenden, verminderten Dreiklange durch einen gemeinschaftlichen Ton verbunden:

$$
\begin{array}{lll}
& C - e - G & C - e - G \\
& a - C - e & e - G - h \\
D \mid F - a & & h - D \mid F
\end{array}
$$

und es ist der Uebergang aus dem Dreiklange $C\text{-}e\text{-}G$ nach $D|F\text{-}a$ hier gleich zu setzen dem Uebergange aus $a\text{-}C\text{-}e$ nach $D|F\text{-}a$, und der Uebergang aus $C\text{-}e\text{-}G$ nach $h\text{-}D|F$ gleichzusetzen dem aus $e\text{-}G\text{-}h$ nach $h\text{-}D|F$.

91. **Es werden nun die drei Arten der harmonisch-melodischen Dreiklangsfolge innerhalb der C-Durtonart, vom Accord der Tonica ausgehend, sein:**

I. Nach den Dreiklängen mit z w e i gemeinschaftlichen Tönen, den beiden Mollaccorden:

Von $C\text{-}e\text{-}G$ nach $a\text{-}C\text{-}e$,

in die Accordlage $C\text{-}e\text{-}a$ $\binom{6}{3}$,

von $C\text{-}e\text{-}G$ nach $e\text{-}G\text{-}h$,

in die Accordlage $h\text{-}e\text{-}G$ $\binom{6}{4}$.

II. Nach den Dreiklängen mit e i n e m gemeinschaftlichen Tone, den beiden Dominantaccorden:

Von $C\text{-}e\text{-}G$ nach $F\text{-}a\text{-}C$,

in die Accordlage $C\text{-}F\text{-}a$ $\binom{6}{4}$,

von $C\text{-}e\text{-}G$ nach $G\text{-}h\text{-}D$,

in die Accordlage $h\text{-}D\text{-}G$ $\binom{6}{3}$.

III. Nach den Dreiklängen o h n e gemeinschaftlichen Ton, den beiden verminderten Dreiklängen:

Von C-e-G nach D-F-a, wie von a-C-e nach D-F-a, also $(a$-C-$e)$

in die Accordlage a-D-F $\left(\begin{smallmatrix}6\\4\end{smallmatrix}\right)$.

Von C-e-G nach h-D-F, wie von e-G-h nach h-D-F, mithin $(e$-G-$h)$

in die Accordlage D-F-h $\left(\begin{smallmatrix}6\\3\end{smallmatrix}\right)$.

92. Ein zweiter Accord, oder ein Accord der Folge wird in jeder Art vermittelter Fortschreitung, wenn der erste in der primären Dreiklangsform auftrat, eine andere Lage seiner Intervalle als diese primäre annehmen: er wird entweder **Terz-Sext-**, oder **Quart-Sext**-Accord sein; denn seine Lage ist keine selbständige, sondern eine Folgebedingte.

93. Wenn die Dreiklangsfolge aus diesen secundären Accordlagen weiter geführt werden soll, und der nächstfolgende Dreiklang ist ein in zwei Tönen oder in einem Tone verwandter, so ergibt sich die melodische Fortschreitung der Stimmen von selbst, indem das beiden Accorden Gemeinschaftliche in seiner Stelle bleibt, das differente durch auf- oder abwärts gehende Secundfortschreitung erlangt werden kann. Ist der folgende Dreiklang aber ein nicht verbundener, so ist der secundäre Accord selbst erst auf einen primären zu beziehen, der mit dem neu zu ergreifenden verwandt ist, und die Folge aus dem secundären nach diesem letzteren kann wieder nur so geschehen, wie sie aus dem primären, als dessen Folge der secundäre betrachtet wird, hervorgehen müsste.

94. Der secundäre Accord wird aber immer von zwei verschiedenen primären hergeleitet werden können; einmal aus dem, der den tiefsten Ton des secundären zum Grundtone hat, und dann aus dem, der den höchsten Ton desselben zur Quint hat: so kann z. B. der Sextaccord C-e-a entstanden sein aus dem Dreiklange C-e-G, oder aus dem

Dreiklange $D|F$-a; der Quartsextaccord h-e-G aus dem Dreiklange h-$D|F$, oder aus dem Dreiklange C-e-G. Der anzuschliessende, mit dem secundären Accorde nicht verbundene Dreiklang wird jedesmal selbst bestimmen, welche von beiden Herleitungen in Anspruch zu nehmen ist.

95. In der dritten Art der obigen Fortschreitungen, aus dem Dreiklange der Tonica nach den verminderten Dreiklängen: aus C-e-G nach $D|F$-a und h-$D|F$, durch welche für den ersten die Lage a-D-F, für den zweiten die Lage D-F-h entsteht, ist die Quart-sextlage a-D-F factisch allerdings aus dem primären a-C-e, die Terz-sextlage D-F-h aus e-G-h hervorgegangen; an sich aber sind durch die secundären Accordformen diese Herleitungen nicht bestimmt, sie können ebensowohl in a-D-F auf den primären Dreiklang h-$D|F$, in D-F-h auf den primären Dreiklang $D|F$-a zurückgeführt werden: denn die Uebergänge aus diesen als primär gesetzten Dreiklängen lassen dieselben secundären Lagen jener beiden resultiren, wie wir sie aus a-C-e und e-G-h erhalten haben.

96. Durch das Vorhandensein dieser zweifachen Herleitung für jede secundäre Accordlage ist die Vermittlung aus einer solchen nach den unverbundenen Dreiklängen beider Seiten gegeben.

97. Die von $D|F$-a getrennten Dreiklänge sind hier: C-e-G und e-G-h; die von h-$D|F$ getrennten: a-C-e und C-e-G. Aus der Lage a-D-F wird, durch a-C-e vermittelt, für den C-Durdreiklang die Quart-sextlage G-C-e, für den e-Molldreiklang, durch h-$D|F$ vermittelt, die Quart-sextlage h-e-G entstehen. Der letzte Dreiklang vermittelt sich aber auch durch a-C-e, woraus dann für denselben die Terz-sextlage C h e sich ergeben würde. Aus der Lage D-F-h wird, durch $D|F$-a vermittelt, der a-Molldreiklang in der Terz-sextlage C-e-a, der C-Durdreiklang, durch e-G-h vermittelt, auch in der Terz-sextlage e-G-C hervorgehen. Auch hier ist der a-Molldreiklang noch durch e-G-h zu vermitteln und erhält sodann die Quart-sextlage e-a-C.

98. Man sieht, dass beide verminderte Dreiklänge, aus ihren secundären Lagen nach dem Dreiklange der Tonica zurückgeführt, aus welchem sie gekommen waren, nicht wieder in die primäre Lage dieses Accordes leiten können, wie überhaupt ein secundärer Accord niemals die primäre Form eines verbundenen Dreiklanges zur Folge haben kann; und wenn nie zwei Dreiklänge in primärer Form unmittelbar nach einander folgen können, was eben dem Begriffe der Folge widersprechen würde, sondern aus einem primären Accorde allezeit nur ein secundärer, aus einem secundären ein primärer oder anderer secundärer hervorgeht, so ist in der vermittelten Fortschreitung nicht allein die Aufeinanderfolge zweier parallelen Quinten unmöglich, sondern auch die Folge sogenannter verdeckter Quinten, die Fortschreitung, da zwei Stimmen sich in gleicher Richtung nach der Quint bewegen, kann in einer streng vermittelten Accordverbindung nicht vorkommen.

99. — Für den Meister im harmonischen Satze bedarf es nicht des Quintverbotes, das dem in der Harmonie noch unklaren Anfänger und dem Dilettanten so grosse Noth verursacht und ihnen die schönsten Erfindungen so oft zu Wasser werden lässt: im richtigen Gefühle für das Wesen der Folge schliesst die Quintparallele sich schon von selbst aus. Bei einer Quintparallele, wie sehr sie auch verdeckt werde, wird immer die Bedeutung durchklingen, dass ein zweiter Dreiklang gegen einen ersten, der als Anfang steht, sich wieder als Anfang will geltend machen; was als ein Accordegoismus, die Einheit des Satzes aufhebt. Man verbietet Quinten und Octaven in zwei Stimmen unmittelbar nacheinander zu setzen; mit gleichem Rechte, denn Beides ist von übler Wirkung. Die Ursache der üblen Wirkung ist aber in beiden Fällen nicht dieselbe: in der Quintfolge vermissen wir die Einheit der Harmonie, in der Octavfolge Verschiedenheit der Melodie. Daher die Octavverdoppiung zwischen Stimmen die nicht auf Verschiedenheit

Anspruch machen, immer ganz zulässig sein wird; nie aber eine parallele Quintfortschreitung, da eine unverbundene Harmonie setzen zu wollen, nicht in künstlerisch-vernünftiger Absicht liegen kann. Es kann in dieser Strenge allerdings nur von unmittelbarer Folge reiner Quinten in der Secundfortschreitung, und wo die Töne Accordbedeutung haben, die Rede sein. Diese Folge aber kommt in einem klaren und correcten Satze nicht vor; sie unter vielen Stimmen versteckt als zulässig gestatten zu wollen, heisst nur der Nothlüge das Wort reden. —

100. Die Accordfolge, wie sie im Vorstehenden nachgewiesen ist, beschränkt sich noch blos auf die Vermittlung der Harmonie, und stellt die Dreiklänge eben im abstracten Sinne der Aufeinanderfolge, wie einer aus dem andern geworden, dar. Es hat aber jeder Accord, für welchen in Vorausgegangenem die Bedingungen der Lage seiner Intervalle als Folgeaccord enthalten sind, in seiner Gegenwart auch eine Geltung der Selbständigkeit in Anspruch zu nehmen, oder einer Begründung für sich, und diese erhält er durch den Grundton, als Basis oder Bass, und kann sie auch noch in der Terz, als untersten Ton gesetzt, finden, indem diese in ihrer wesentlichen Bedeutung Grundton und Quint in sich zusammenfassend, den ersteren mit enthält. Nicht aber wird einer Dreiklangsharmonie diese Selbständigkeit zukommen können, in welcher die Quint tiefster oder Basston geworden ist, denn die Quint ist eben das entschieden Entgegengesetzte des Grundtones und wird daher, in den Bass gesetzt, den Accord als einen entschieden nicht für sich begründeten bezeichnen. So findet auch eben der Quartsextaccord immer nur unter besonderen Bedingungen des Vorausgehenden und Nachfolgenden seine zulässige Anwendung.

101. Eine Accordfolge, die vom Dreiklange ausgehend sich dreistimmig fortsetzen muss, wird sonach zu Begründung einer selbständigen Gegenwart für jedes ihrer Folgeglieder, wo diese Begründung nicht in der durch die Folge

bedingten Lage des Accordes selbst enthalten ist, einer
vierten, die Accorde basirenden Stimme bedürfen. Es
kann aber hier, wo der Begriff der Folge aufgenommen ist,
nicht die Rede davon sein, einzelne der Begründung er-
mangelnde Accorde mit Basstönen zu versehen, die unter sich
keinen Zusammenhang hätten; das würde gegen jenen Begriff verstossen, der etwas Vereinzeltes nicht mehr zulassen
kann: vielmehr wird diese Stimme, mit ihrem Bezuge auf
die anderen, auch an sich den Bedingungen folgerechter
Fortschreitung zu entsprechen haben.

102. Wenn eben gesagt wurde, dass ausser dem
Grundtone auch noch die Terz des Dreiklanges einem Accorde zum tiefsten oder Basstone dienen könne, nicht aber
die Quint, als etwas dem Grundtone Entgegengesetztes, so
werden diejenigen der oben gezeigten Accordverbindungen,
bei denen nur die Terz-sextlage und nicht die Quart-sextlage
zum Vorschein kommt, einer vierten begründenden Stimme
nicht nothwendig bedürfen; sie bilden schon in ihrer Drei-
stimmigkeit einen Satz, in welchem jeder Accord in seiner
Folgegestalt auch für sich bestehen kann. Daher die Folge
C–e–G...D–F–h...e–G–C ohne vierte Stimme zulässig ist. Nicht
aber ist es die Folge: *C–e–G... a–D–F... G–C–e*; indem der
zweite und dritte Accord die für den Bass nicht geeignete
Quint als tiefste Stimme enthält. Hier würde eine vierte
Stimme, welche Grundton oder Terz diesen Accorden unter-
legt, erforderlich sein, um dieselben festen Fuss fassen zu
lassen. Zu Vermeidung gleicher Fortschreitung mit schon
vorhandenen Stimmen, wird sie als tiefste den Gang *C..D..e*
nehmen, und der Satz dieser Folge ist mithin vierstimmig:
C–C–e–G...D–a–D–F...e–G–C–e.

103. So ist der harmonische strenge Folgesatz, auch
wenn wir ihn nur in einer Folge von Dreiklängen betrachten, also vom vierstimmigen Septimenaccorde noch
abgesehen, schon wesentlich ein vierstimmiger, oder eine
Verbindung von vier melodischen Reihen, davon drei durch
die in einander übergehenden Dreiklänge gegeben sind,

eine vierte die im Uebergange nicht basirten Accorde mit einer Basis zu versehen hat.

104. — Mit solcher formalen Selbstbestimmung, die eine Folge von Accorden nur allein in gebundener Nothwendigkeit erwachsen, ja wie eine mineralische Krystallisation anschiessen lässt, ohne alle Freiheit und Wahl, würde allerdings für die musikalische Composition ein sehr beschränkendes Material geboten sein. Ihre Productionen würden in diesen Fesseln den egyptischen Sculpturen gleichen müssen, deren Verhältnisse in so strenger Bestimmtheit vorgeschrieben waren, dass zwei Statuen gleicher Höhe, von verschiedenen Bildhauern gefertigt, auch in allen Theilen genau dieselben werden mussten. Es ist aber hier nur die allerdirecteste und nächste Stimmenverbindung, wie sie nach dem inneren Folgegesetze allein, ohne Hinzutritt irgend einer anderen Bestimmung, sich bilden würde, gezeigt. Der gesetzmässige Organismus lässt dann auch eine freiere, ja die freieste Bewegung seiner Glieder zu, innerhalb der Gesetzmässigkeit. Es ist uns aber hier eben um diese Gesetzmässigkeit selbst hauptsächlich zu thun, sie zu erkennen und zu beobachten, was sie zu allernächst fordert. Wie sie bildet, wo andere Bedingungen mit eingreifen, wird, wenn wir erst ihre directe Forderung kennen, um so leichter zu verstehen sein. —

105. Der Uebergang in verbundene und nicht verbundene Dreiklänge ist zwar hier nur vom Dreiklange der Tonica ausgehend betrachtet. Es wird aber in fortgesetzter Folge jeder Nebendreiklang auch in primärer Form zum Vorschein kommen können, wie z. B. in der Reihe C-e-G...C-e-a... C-F-a...$D|F$-a...D-F-h... D-G-h...e-G-h...e-G-C...e-a-C... F-a C u. s. f., wo die Dreiklänge $D|F$-a, e-G-h, F-a-C, eben wie der tonische C-e-G, von dem die Reihe ausgeht, in erster Lage erscheinen; mithin kann auch jeder Nebenaccord als primärer zum Ausgangspuncte werden, und die Uebergänge in die übrigen Dreiklänge werden sich dann im Verhältnisse der Verwandtschaft ganz so bilden müssen, wie

jene vom Dreiklange der Tonica ausgehenden: der Ueber-
gang von D|F-a nach F-a-C, wie der von C-e-G nach
e-G-h, von D|F-a nach e-G-h, wie von C-e-G nach D|F-a,
und so fort.

106. In der Molltonart stellt sich, wenn die Accordverbindung innerhalb des Systemes geschehen soll und
nicht, wie die Tonleiter, über dasselbe hinausgreifen darf,
zwischen'der Terz der Unterdominant und der Terz der
Oberdominant allezeit das Hinderniss der melodisch unvermittelten übermässigen Secund der Fortschreitung in
den Weg. Sie ist eben nicht zu umgehen, sie ist nur zu
überspringen und characterisirt die Natur des in sich selbst
im inneren Zwiespalte begriffenen Systemes. Der Uebergang aus C-F-as nach dem Dreiklange der siebenten Stufe,
h-D|F, würde nur in die Lage D-F-h führen können; wie-
wohl die Führung von C-F-as nach der primären Lage
h-D|F den übermässigen Secundschritt der oberen Stimme
vermeiden liesse, so ist in dieser Form der Accordfolge eine
innere Verbindung nicht enthalten, was sich durch die ver-
deckten Quinten der äusseren Stimmen von C—as nach
h—F zu erkennen gibt.

Dissonanz.

107. Die melodische Folge als Zusammenklang gesetzt, ist die Dissonanz. —
Wenn auf den Ton C in der C-Durtonart der Ton e, F,
G oder a folgen sollte, so nennen wir das in dem hier be-
absichtigten Sinne nicht eine melodische Folge, indem
jeder dieser verschiedenen Töne mit C immer ein Dreiklangs-
intervall, in directer oder versetzter Lage, bildet, und damit
wesentlich harmonische Bedeutung zu ihm hat. Als
wesentlich melodisches Intervall wird dann nur die Secund, auf- oder absteigend, gelten können, und zwar in
der Folgebedeutung, wie wir sie bei der Tonleiter haben

kennen lernen. Die Secund ist als Zusammenklang, wie als Folge ein direct unverständliches Intervall: durch die Verhältnisse 8 : 9, 9 : 10 und 15 : 16 ist dem Gefühle keine Bestimmung gegeben, eine dieser Entfernungen zu intoniren, eben so wenig, als wir für manche zwischenliegende Verhältnisse, wie 6 : 7, 7 : 8, 10 : 11, 11 : 12, 12 : 13 : 14 : 15 die Intonation würden finden können. Es ist aber schon bei der Tonleiter zu ersehen gewesen, dass die Verhältnisse dieser äusseren Entfernungen bei der Secundbestimmung gar nicht in Frage kommen, und dass diese Bestimmung ganz allein durch die sich umwandelnde Bedeutung eines dritten Tones geschieht.

108. Die Fortschreitung aus der ersten Stufe der Tonleiter in die zweite bestimmt sich an der Dominant, indem diese aus der Quintbedeutung in die des Grundtones übergeht. Es würde nun, wenn man beide Stufen zugleich hören, oder die erste zu der eingetretenen zweiten noch fortklingen liesse, die harmonische Bedeutung dieses Secundintervalles an der Dominant sein: dass sie gleichzeitig Quint und Grundton sei. Das ist ein Widerspruch, wenn diese Doppelbedeutung als eine bestehende gesetzt werden soll; sie wird aber als eine vorübergehende in diesem Tone enthalten sein können, wenn er aus der einen in die andere übergegangen, die erste mit dem Uebergange selbst nicht sogleich, sondern erst später aufgibt. Es erfordert somit die Dissonanz eine ihr vorausgehende und eine nachfolgende Zeit zur Rechtfertigung ihres Daseins, nämlich eine vorausgehende der Vorbereitung und eine nachfolgende der Auflösung.

109. Wenn in der hier gegebenen Erklärung der Dissonanz diese noch nicht in der Bedeutung der Septime im Septimenaccorde aufgetreten ist, wir vielmehr den sogenannten Vorhalt darin erkennen werden, so sind doch schon die allgemein für alles Vorkommen des dissonirenden Zusammenklanges gültigen Bestimmungen darin enthalten, dass 1) eine Dissonanz immer aus einer Folge hervor-

geben kann und 2), dass bei einer jeden das Verständniss des dissonirenden Intervalles nicht in dem unmittelbaren Verhältnisse der beiden dissonirend zu einander klingenden Töne, sondern in einem, ausser ihnen liegenden, durch ihren Zusammenklang zur Zweiheit bestimmten Momente zu finden ist.

Septimenaccord.

110. Der Septimenaccord ist der Zusammenklang zweier durch ein gemeinschaftliches Intervall verbundener Dreiklänge. Er bildet sich durch den Uebergang aus dem einen in den andern, indem der erste mit dem zweiten noch fortbesteht.

111. Dem Hauptdreiklange sind nächstliegende, durch zwei Töne ihm verbundene, die beiden Molldreiklänge der Tonart. Der Uebergang aus dem tonischen C-Durdreiklange in den a-Molldreiklang, mit Beibehaltung des ersteren zu dem zweiten, wird den Septimenaccord a-C-e-G und zwar in der Terz-quint-sextlage C-e-G-a ergeben. Der Uebergang aus dem ersteren in den e-Molldreiklang, unter denselben Bedingungen, giebt den Septimenaccord C-e-G-h, in der Secund-quart-sextlage h-C-e-G. Denn dort schreitet G nach a, hier C nach h fort.

Wir erhalten hier den Zusammenklang jeder dieser beiden Folgen in der Bedeutung der Accordfortschreitung, wie es vorher (108) in der Bedeutung der blos melodischen Tonfolge geschehen war. Dort, im Zusammenklange der Secund C—D, ist der Sinn der Dissonanz, dass G gleichzeitig zu Grundton und Quint bestimmt wird. Hier wird er sein, dass das mittlere Intervall des Septimenaccordes, — C-e, im Accorde a-C-e-G, und e-G im Accorde C-e-G-h, — die doppelte Bestimmung habe. verschiedenen Dreiklängen gleichzeitig anzugehören und zwar, wie von selbst erfolgt, jedem Dreiklange in anderer Bedeutung; denn es ist C-e

im C-Durdreiklange Grundton und Terz, im a-Molldreiklange Terz und Quint; *e-G* im C-Durdreiklange Terz und
Quint, im c-Molldreiklange Grundton und Terz.

112. In der Dissonanz des Vorhaltes ist die Zwei-
heitsbedeutung in einem doppelt bestimmten Tone, in
der Dissonanz des Septimenaccordes in einem doppelt
bestimmten Intervalle enthalten. Wie im Vorhaltsaccorde
G-C-D der Ton *G* in seiner doppelten Bedeutung mit sich im
Widerspruche steht, so wird im Septimenaccorde *a-C-e-G*
das mittlere Intervall *C-e* in seiner zu den beiden verbundenen Dreiklängen verschiedenen Bestimmung sich selbst
widersprechen; ebenso das Intervall *e-G* in dem Septimenaccorde *C-e-G-h*.

113. So ist nun überhaupt dem Begriffe der Dissonanz,
als dem eines Gegensatzes in sich selbst, wieder die Bedeutung der Quint, nach dem allgemeinen Sinne dieses Intervalles, zuzuschreiben, zu welcher die vorbereitende Consonanz die Octavbedeutung, die aus der Auflösung sich
herstellende die Terzbedeutung enthalten wird, und es erhält
somit die Harmonie selbst mit der Dissonanz erst ihren vollständigen Consonanzbegriff; denn ohne Dissonanz bleibt die
Consonanz bei der Unmittelbarkeit der Octaveinheit stehen
und kann nicht zu ihrer Selbsterkenntniss im Terzbegriffe
gelangen.

114. Ehe wir aber von der Auflösung der Dissonanz
sprechen, sind zuvor die anderen Dreiklangsverbindungen
noch zu betrachten, wie sie in ihren Uebergangsformen sich
zu Septimenaccorden gestalten können.

115. Wie die Septimenaccorde sich bilden, wo die
Folge aus dem tonischen Dreiklange in den einen oder anderen der anliegenden Molldreiklänge als Zusammenklang
gefasst ist, eben so würde es von einem jeden anderen Dreiklange der Tonart ausgehend, in gleicher Form geschehen,
wenn der Uebergang in die unterhalb oder oberhalb ihm
zunächst anliegenden Dreiklänge als Zusammenklang gesetzt
wird. So stellt sich die Folgeverbindung *a-C-e*... *F-a-C* als

Septimenaccord *F-a-C-e* dar, in der Form *a-C-e-F*; *F-a-C*
mit *D|F-a* verbunden, als Septimenaccord *D|F-a-C*, in der
Form *F-a-C-D*; oder *e-G-h* mit *G-h-D* verbunden, als Sep-
timenaccord *e-G-h-D*, in der Form *D-e-G-h*; *G-h-D* mit *hD|F*
verbunden, als Septimenaccord *G-h-D|F*, in der Form
F-G-h-D; u. s. f.

116. — Es kann immer nur gleichzeitig zusammengefasst werden, was eine harmonische Einheit, d. h.
ein gemeinschaftliches Intervall hat, nur zwei Dreiklänge,
die in zwei Tönen verwandt sind; denn es ist eben nur der
Uebergang in das Nächste die unmittelbar verständliche
Folge. Der Uebergang aus *C-e-G* nach *F-a-C*, der in die Lage
C-F-a führt, ist ein zusammengesetzter und besteht in den
Fortschreitungen *C-e-G...C-e-a...C-F-a*, beide Fortschreitungen können zugleich geschehen, aber es würde nicht die
zweite vor der ersten oder ohne die erste geschehen können,
(*C-e-G...C-F-G*) wie die erste vor der zweiten oder ohne die
zweite geschehen kann. Ebenso bei der Folge von *C-e-G*
nach *G-h-D*, welche in *h-D-G* zusammengesetzt ist aus den
Folgen *C-e-G...h-e-G...h-D-G*. Der Uebergang wird dort
durch den a-Molldreiklang, hier durch den e-Molldreiklang
führen müssen. Wollte man sich einen unmittelbaren
Uebergang aus dem Dreiklange der Tonica nach den Dominantdreiklängen denken und diesen als Accord zusammenfassen, so würde der erstere, nach der Unterdominant,
sich vernehmen lassen im Zusammenklange: *C-e-F-G-a*,
der andere, nach der Oberdominant, im Zusammenklange:
h-C-D-e-G. Jener enthält die Verbindung *F-a-C-e-G* in der
Form der unmittelbaren Folge der beiden Dreiklänge *C-e-G*
und *F-a-C*; dieser, auf gleiche Weise, die Verbindung
C-e-G-h-D, als unmittelbare Folge der Dreiklänge *C-e-G* und
G-h-D. Das Unwahre eines solchen Processes spricht sich
als Discordanz in den Zusammenklängen *C-e-F-G-a* und
h-C-D-e-G sogleich selbst aus.

In welcher Weise aber solche Verbindungen wie
F-a-C-e-G und *C-e-G-h-D*, unter besondern Bedingungen

der Intervallenlage als sogenannte »Nonenaccorde«
ihre verständliche Bedeutung finden können, gehört nicht
hierher. —

147. Der Uebergang aus dem Dreiklange der Tonica
nach einem Dominantaccorde geschieht durch den zwischenliegenden Molldreiklang : aus C-e-G nach F-a-C, durch a-C-e ;
also in der Fortschreitung C-e-G...C-e-a...C-F-a. Der erste
Stimmenschritt geschieht hier in G..a, der zweite ist e..F.
Durch F wird in dieser Dreiklangsverbindung G unmöglich
gemacht, nicht aber e, da es dem mit F-a-C verbundenen
Dreiklange a-C-e angehört ; so wird der Uebergang von
C-e-G nach F-a-C als Zusammenklang sich folgerichtig nur
darstellen können in dem Zusammenfassen der letzten Folgeglieder C-e-a und C-F-a, nämlich in dem Accorde C-e-F-a.
Ebenso der Uebergang aus dem Dreiklange der Tonica nach
dem der Oberdominant, aus C-e-G nach G-h-D, durch den
Molldreiklang e-G-h vermittelt, in dem Accorde h-D-e-G.

118. Man sieht, dass auch die Uebergänge in entfernter
liegende Dreiklänge zur Septimenharmonie gestaltet, nur
immer eng verbundene Dreiklänge zusammenfassen können.
Der Uebergang aus C-e-G nach F-a-C ergibt als Septimenaccord die Verbindung der Dreiklänge a-C-e und F-a-C ;
der Uebergang aus C-e-G nach G-h-D als Septimenaccord,
die Verbindung der Dreiklänge e-G-h und G-h-D.

119. Es ist bei der Entstehung der Septimenharmonieen, wie wir dieselbe bisher haben kennen lernen,
wahrzunehmen gewesen, dass ein Ton nicht aufsteigend zu
einem liegenden dissonirend herantreten konnte, nämlich
so, dass zu dem Grundtone die Septime in aufsteigender
Bewegung kommen könnte ; sondern sie tritt aus demselben
Tone, der zum Grundtone des Septimenaccordes werden
muss, absteigend hinweg. Denn, wo die Septime später als
der Grundton eintritt, d. h. wo der über-liegende Dreiklang
dem unteren verbunden wird, da geschieht die durch die
natürliche Folge gegebene Fortschreitung so, dass der
Grundton des unteren Dreiklanges abwärts in die Quint

des oberen, welche eben die Septime bildet, als in die melodisch nächste Stufe sich bewegt. Wo aber die Dissonanz durch aufsteigende Bewegung entsteht, d. h. wo der untere Dreiklang dem oberen folgt, da wird der eintretende, gegen den liegenden dissonirende Ton nur Grundton des unteren Dreiklanges und ebenso des Septimenaccordes sein können. Es ist also eine ganz organische Forderung, wenn die empirische Regel verlangt, dass die Septime, wo sie nicht vorbereitet ist, nur aus dem Grundtone oder dessen Octav nachgeschlagen werde. Ausnahme von dieser Regel finden die Septimenaccorde, an welchen die verminderten Dreiklänge Theil haben. Wir werden den Grund der Ausnahme als einen eben so leicht begreiflichen kennen lernen, wie es der Grund der Regel ist.

120. Es gibt überhaupt keine Regel, die nicht in etwas Organisch-Gesetzlichem ihren Grund hätte. Die Regel befasst sich aber nicht damit, den Grund ihrer Forderung nachzuweisen, ist sich auch desselben oft nicht bewusst, und da sie nur die äussere Erscheinung, nicht das Wesen der Sache im Auge hat, so ist sie für jede andere Seite der Erscheinung selbst wieder eine andere. Das Organisch-Gesetzliche ist aber die Seele, die innere lebendige Einheit selbst: es empfängt seine Bestimmungen nicht nach der äusseren Erscheinung: es bringt vielmehr diese hervor. —

121. Wie wir die Dreiklangsfortschreitung an sich in drei Arten oder Verwandtschaftsgraden erhalten haben, so wird sie auch in Bezug auf die Verbindung zum Septimenaccorde dreifach nachzuweisen sein.

Der Dreiklang kann übergehen:

1) in einen anderen ihm nächstanliegenden, d. h. durch zwei gemeinschaftliche Töne ihm verbundenen; der tonische Dreiklang z. B. in einen der beiden Molldreiklänge:

C - e - G ... C - e - a,   C - e - G ... h - e - G;

2) in einen anderen durch einen gemeinschaftlichen Ton ihm verbundenen: der tonische in einen der beiden Dominantdreiklänge:

C - e - G ... C - F - a ,   C - e - G ... h - D - G;

3) in einen völlig getrennten; der tonische in einen der beiden verminderten Dreiklänge:

C - e - G ... a -·D - F,   C - e - G ... D - F - h.

Wie die beiden ersten Arten des Ueberganges sich in Bezug auf die Verbindung zum Septimenaccorde verhalten, ist im Vorigen gezeigt worden und es bleibt jetzt noch die dritte zu untersuchen: Die Septimenaccordformation des Ueberganges aus einem Dreiklange in einen anderen, welcher nicht verbunden mit dem ersten ist.

122. Vom Dreiklange der Tonica ausgehend, führt die erste Art der Fortschreitung in den einen oder anderen Molldreiklang und verbindet den tonischen und den Molldreiklang zum Septimenaccorde. Die zweite Art führt durch den Molldreiklang nach dem Dominantaccorde und fasst diesen zwischenliegenden Molldreiklang mit dem Dominantdreiklange zur Septimenharmonie zusammen. Die dritte Art wird, auf gleiche Weise fortschreitend, ihren Weg durch den Moll- und den Dominantdreiklang nach dem verminderten Dreiklange nehmen, und diesen letzteren mit dem Dominantdreiklange verbunden als Septimenaccord hören lassen müssen. Denn die gleichzeitige Accordverbindung selbst kann, wie wir es schon bei den Uebergängen der zweiten Art wahrgenommen haben, allezeit nur zwischen den beiden letzten Terz-verwandten Dreiklängen stattfinden.

Beim Uebergange von *C-e-G* nach *D|F-a* würde demnach der Septimenaccord *D|F-a-C*, beim Uebergange von *C-e-G* nach *h-D|F* der Septimenaccord *G-h-D|F* entstehen, beide in einer den Bedingungen der Succession entsprechenden Intervallenlage.

Wenn wir den Mechanismus dieser Formation betrachten, so ist er

1) Nach der Unterdominantseite:

C-e-G ... C-e-a ... C-F-a ... D|F-a = C-D-F-a

2) Nach der Oberdominantseite:

C-e-G ... h-e-G ... h-D-G ... h-D-F = h-D-F-G

123. Für die Dreiklangsfolge an sich, ohne deren Beziehung auf die Septimenformation, könnte von diesem dreifach zusammengezogenen Fortgange zu Vermittlung zweier
getrennter Dreiklänge nicht die Rede sein; denn der vierte
Dreiklang enthält keinen Ton des ersten mehr, an dem die
Bildung dieses Dreiklanges als eine Umbildung aus dem
ersten sich könnte erkennen lassen. Getrennte Dreiklänge
konnten sich zu unmittelbarer Aufeinanderfolge nur verbinden, wenn für den Ausgangsdreiklang ein ihm und dem
unverbundenen verwandter gesetzt wurde: im Uebergange
von *C-e-G* nach *D|F-a* war der Dreiklang *a-C-e*, im Ueber-
gange von *C-e-G* nach *h-D|F* der Dreiklang *e-G-h* der
Folgevermittelnde. Auf diesem Wege müsste sich für die
Septimenbildung nach dem verminderten Dreiklange der
Unterdominantseite

$$C - e - G$$
$$(a - C - e) \ldots a - C - F \ldots a - D - F$$

die Lage *a-C-D-F*, nach dem verminderten Dreiklange der
Oberdominantseite

$$C - e - G$$
$$(e - G - h) \ldots D - G - h \ldots D - F - h$$

die Lage *D-F-G-h* ergeben, indem dort der Ton *a* aus dem
substituirten a-Molldreiklange, hier der Ton *h* aus dem
substituirten e-Molldreiklange die Vermittlung des letzten
Gliedes gewährt.

Auch die obige Succession, welche den dritten und
vierten Dreiklang der Reihe als Septimenaccord zusam-

menhält, wird in diesem noch einen Ton des Ausgangsdrei-
klanges enthalten. Man sieht aber, dass bei diesem Fortgange der erste und letzte Dreiklang in primärer Lage
nebeneinander zu stehen kommen, denn wir erhalten nach
der Unterdominantseite:

$$C - e - G \ldots C - D - F - a \,,$$

nach der Oberdominantseite:

$$C - e - G \ldots h - D - F - G.$$

In der Anwendung auf die hier speciell verzeichneten
Fälle, d. h. im Uebergange aus dem tonischen Dreiklange
nach dem unteren oder oberen verminderten Dreiklange, ist
in diesen Fortschreitungen etwas Unrichtiges nicht zu empfinden; wollen wir die Formation aber allgemein setzen,
sie auf die Septimenbildung, von den andern Dreiklängen
der Tonart, als primär gesetzten, ausgehend anwenden,
wie es bei den ersten zwei Graden dieser Fortschreitung
geschah und sich als richtig klingend erwies; z. B.

1) nach der Unterdominantseite:

$$D \mid F - a \ldots D - e - G - h,$$
$$e - G - h \ldots e - F - a - C,$$
$$F - a - C \ldots F - G - h - D;$$

u. s. w.

2) nach der Oberdominantseite:

$$D \mid F - a \ldots C - e - G - a,$$
$$e - G - h \ldots D - F - a - h,$$
$$F - a - C \ldots e - G - h - C.$$

u. s. w.

so werden die nach der Unterdominantseite geführten Verbindungen richtig klingend erscheinen; von denen nach
der Oberdominantseite bleibt aber nur die erste, die aus
dem tonischen nach dem oberen verminderten Dreiklange
führende, unbedingt anwendbar, in den übrigen dieser
Seite ist etwas Gefühlswidriges enthalten. Wir begegnen
hier wieder der schon berührten praktischen Regel: dass

im Septimenaccorde die Septime vorbereitet sein müsse;
und der Ausnahme von dieser Regel: dass im Dominantseptimenaccorde die Septime zu dem liegenden Grundtone
frei eintreten dürfe. Der Grund dieser Ausnahme, sowie
der Zulässigkeit der Folgeverbindungen nach der Unterdominantseite, bei welchen, eben wie bei denen nach der
Oberdominantseite, die Dreiklänge in primärer Lage neben
einander stehen, ohne doch die Wirkung einer Quintfolge
hervorzubringen, wird sich vollständig erst ergeben können,
wenn wir die Auflösung der Dissonanz in ihren wesentlichen Bedingungen und das Wesen der Septimenaccorde,
welche die Grenzverbindung in sich enthalten, namentlich
des sogenannten Dominantseptimenaccordes werden kennen
gelernt haben. Dieser letztere ist bis jetzt nur als Accord
unter Accorden in der Reihe der Septimenharmonieen aufgetreten; er zeichnet sich aber, wie wir aus Erfahrung
wissen, durch eigenthümlichen Character vor allen übrigen
Septimenaccorden entschieden aus.

124. Zur Uebersicht fassen wir erst nochmals die drei
Arten der Dreiklangsfortschreitung in Bezug auf die daraus
entstehenden Septimenharmonieen zusammen, in der Ordnung, wie sie zuvor als Accordfolge an sich, ohne gleichzeitige Combination verzeichnet war.

I. Septimenaccord, welcher durch den Uebergang aus
einem Dreiklange in einen anderen, durch zwei
Töne mit dem ersten verbundenen entsteht.

a) Vom tonischen Dreiklange nach dem Molldreiklange der Unterdominantseite, von *C-e-G*
nach *a-C-e*:

C - e - G ... C - e - a = C - e - G - a;

b) Vom tonischen Dreiklange nach dem Molldreiklange der Oberdominantseite, von *C-e-G*
nach *e-G-h*:

C - e - G ... h - e - G = h - C - e - G.

II. Septimenaccord, welcher durch den Uebergang aus
einem Dreiklange in einen anderen durch e i n e n Ton
mit dem ersten verbundenen entsteht:

> *a*) Vom tonischen Dreiklange nach dem Dominant-
> dreiklange der Unterdominantseite, von *C-e-G*
> nach *F-a-C*:

$$C - e - G \ldots C - e - a \ldots C - F - a = C - e - F - a;$$

> *b*) Vom tonischen Dreiklange nach dem Dominant-
> dreiklange der Oberdominantseite, voh *C-e-G*
> nach *G-h-D*:

$$C - e - G \ldots h - e - G \ldots h - D - G = h - D - e - G.$$

III. Septimenaccord, welcher durch den Uebergang aus
einem Dreiklange in einen anderen, u n v e r b u n -
d e n e n entsteht.

A) Durch den zwischenliegenden Dreiklang vermittelt.

> *a*) Vom tonischen Dreiklange nach dem vermin-
> derten der Unterdominantseite, von *C-e-G* nach
> *D|F-a*:

$$C - e - G$$
$$(a - C - e) \ldots a - C - F \ldots a - D - F = a - C - D - F.$$

> *b*) Vom tonischen Dreiklange nach dem vermin-
> derten der Oberdominantseite, von *C-e-G* nach
> *h-D|F*:

$$C - e - G$$
$$(e - G - h) \ldots D - G - h \ldots D - F - h = D - F - G - h.$$

B) In der Dreiklangssuccession ohne vermittelnd substituirten Accord.

> *a*) Vom tonischen Dreiklange nach dem vermin-
> derten der Unterdominantseite, von *C-e-G* nach
> *D|F-a*:

$$C - e - G \ldots C - e - a \ldots C - F - a \ldots D - F - a = C - D - F - a.$$

b) Vom tonischen Dreiklange nach dem verminderten der Oberdominantseite: von *C-e-G* nach
h-D|F:

C - e - G ... h - e - G ... h - D - G ... h - D - F = h - D - F - G.

Auflösung der Dissonanz.

1) *Im Vorhalte.*

125. Die Auflösung der Dissonanz des Vorhaltes besteht darin, dass die Doppelbedeutung, welche durch zwei
gegen einander dissonirende Töne in einem dritten entstanden ist, aufgehoben wird und eine einfache dafür eintritt.

In der zuerst (108) angeführten Dissonanz *C—D* ist
die Verwandtschaft dieser beiden Töne im Tone *G* enthalten.
G ist aber hier, durch den Zusammenklang von *C* und *D,*
zugleich zu Grundton und Quint bestimmt:

$$\begin{array}{ccc} \text{I} & - & \text{II} \\ C & G & D \\ \text{I} & - & \text{II} \end{array}$$

Dieser Doppelsinn lässt eben so wenig das Intervall
C—G durch die Terz *e* zum Dreiklange zusammentreten,
als er die Verbindung der Quint *G—D* durch die Terz *h,*
geschehen lassen kann. Es wird aber die eine oder andere Verbindung sogleich erfolgen können, sobald der eine
oder andere hindernde Ton entfernt wird. Wenn *C* weicht,
wird die Verbindung des Quintintervalles *G—D* in *h* eintreten; wenn *D* weicht, wird das Quintintervall *C—G* sich
in *e* verbinden. Der Eintritt des Terztones *h* ist hier eine
natürliche Folge der Aufhebung des Grundtones *C,* wie der
Eintritt des Terztones *e* eine natürliche Folge der Aufhebung
des Quinttones *D* ist: *h* verbindet die Quint *G—D,* *e* verbindet die Quint *C—G;* keine dieser beiden Verbindungen
konnte aber bei dem gleichzeitigen Vorhandensein von *C*

uad *D* geschehen, denn es ist durch *C* der Grundtonsbedeutung, durch *D* der Quintbedeutung von *G* widersprochen.
Es ist daher, indem *C* nach *h* melodisch übergeht, zugleich
die Störung der Einheit von *G*—*D* aufgehoben und die Verbindung dieses Quintintervalles hergestellt; ebenso wird,
wenn *D* sich nach *e* bewegt, *G* zu *C* in ein ungestörtes Verhältniss getreten sein und sich zur Einheit mit ihm verbunden haben.

126. Von diesen beiden Auflösungen ist aber die erste,
die mit der Fortschreitung *C*..*h* geschieht, hier darum die
hauptsächlich geforderte, weil *G*, in der Vorbereitung durch
C, mit der Quintbedeutung angefangen hat, und nach dem
Folgebegriffe etwas anderes als Quint wird werden wollen,
somit Grundton werden muss. Es wird also nicht *D* nach
e, sondern *C* nach *h* fortschreiten müssen, wenn die Dissonanz befriedigend gelöst, die geforderte Einheit hergestellt
werden soll.

127. Dies ist die Dissonanz des Vorhaltes, in welcher
der vermittelnde, durch die beiden dissonirenden Töne verschieden bestimmte Ton im Zusammenklange selbst mit
enthalten ist, oder wenn er nicht real vorhanden, hinzuge-
dacht werden kann. Es ist im obigen Beispiele der Ton *G*
in der Vorbereitung Quint, in der Dissonanz Quint und
Grundton, in der Auflösung Grundton. Er geht aus der
einen einfachen durch die Doppelbedeutung in die andere
einfache über.

128. Der Zusammenklang *D-e* würde den festgehal-
tenen Uebergang aus der Grundtonsbedeutung von *G* nach
der Quintbedeutung desselben Tones aussprechen und sich
durch *C-e* zu der letzteren entscheiden wollen. Die Zu-
sammenklänge *F G* und *G a* werden, als Uebergangsbe-
stimmungen am Grundtone *C*, auf gleiche Weise zu den
Auflösungen *e-G* und *F-a* führen. Die Secund *e-F* wird
ihre Auflösung *D-F* durch das Dissonanzvermittelnde *h*, die
Secund *a-h* die Auflösung *G-h* durch *e*, *h-C* die Auflösung
a-C durch *F* finden.

129. Es könnte aber auch die Dissonanz *D–e* auf das vermittelnde *a*, *G–a* auf *D*, *h–C* auf *e* bezogen werden, je nach dem Sinne, in welchem eine vermittelte Fortschreitung im dissonirenden Intervalle enthalten sein kann und je nachdem sie wirklich intendirt' ist. Die Auflösung wird immer in gleicher Form geschehen; der Auflösungston wird aber dabei verschieden in seiner Accordbedeutung erscheinen, er wird G r u n d t o n oder T e r z des Auflösungsdreiklanges werden. So wird z. B. das dissonirende Intervall *D–e*, auf das vermittelnde *G* bezogen, in den C-Durdreiklang führen und das auflösende *C* Grundtonsbedeutung erhalten; wird dieselbe Dissonanz *D–e* aber auf das vermittelnde *a* bezogen, so führt die Auflösung in den a-Molldreiklang und das auflösende *C* wird Terz. Zu der Quintbedeutung kann der abwärts auflösende Ton erst gelangen, wenn auch die andere dissonirende Stimme sich gleichzeitig und zwar aufwärts bewegt.

2) *Im Septimenaccorde.*

130. Bei der Dissonanz des Vorhaltes ist der dissonirende Accord schon wesentlich für den zu setzen, welcher nach der Auflösung erfolgt; nur dass er noch ein störendes, zu beseitigendes Moment enthält. Anders ist es beim S e p t i m e n a c c o r d e. Dieser besteht in einer Dreiklangszweiheit, die nicht durch das Fortbewegen einer Stimme allein zur Consonanz übergehen kann.

131. Im Septimenaccorde ist der Dissonanzvermittelnde Ton, wie er im Vorhaltsaccorde, durch die dissonirenden Töne gleichzeitig zu Grundton und Quint bestimmt, enthalten ist, noch gar nicht vorhanden, er wird hier erst gefordert.

132. Dieser vermittelnde Ton wird auch hier zu dem einen der dissonirenden Töne G r u n d t o n, zu dem anderen Q u i n t sein müssen.

6 *

Er wird im Septimenaccorde für das mittlere zwei-
deutig bestimmte Terzintervall eintreten und die Auflösung
wird sodann an ihm und durch ihn auf ebendieselbe Weise
erfolgen, wie sie bei der Vorhaltsdissonanz geschieht. Denn
es ist durch diese Dissonanzvermittlung, welche für das
innere Terzintervall eingetreten, der Septimenaccord eben
ein Vorhaltsaccord geworden.

133. Es kann aber die Auflösung des dissonirenden
Intervalles im Septimenaccorde mit dem Eintritte des vermittelnden Tones zugleich geschehen, oder sie kann später
erfolgen. Das letztere ist derjenige Vorgang, wo die Septime vor der Auflösung noch als Vorhalt verweilt. Es stellt
sich in diesem nur der ausführliche, in der unmittelbaren
Auflösung des Septimenaccordes aber ein zusammengezogener Process derselben dar.

134. Im Septimenaccorde *e-G-h-D* z. B., als Accord-
zweiheit der Dreiklänge *e-G-h* und *G-h-D*, sind die Töne *e*
und *D* noch verhältnisslos zu einander. Der geforderte, eine
Beziehung herstellende Ton ist hier *a*, zu welchem *e* als
Quint, *D* als Grundton (in der für die C-Durtonart gültigen
Quintbedeutung von *D—a*) sich verhält. Es wird daher für
das Terzintervall *G-h*, der Ton *a* eintreten müssen, wonach
für den Septimenaccord *e-G-h-D* der Vorhaltsaccord *e-a-D*
entstanden ist. Das vermittelnde *a* wird nun aber
die Quintbedeutung gegen *D* oder die Grundtonsbedeutung
gegen *e*, welche beide hier zugleich in ihm enthalten
sind, geltend machen können: es wird also entweder *e*
nach *F*, oder *D* nach *C* fortschreiten, es wird aus *e-a-D*
entweder *F-a-D*, oder *e-a-C* entstehen. Auch hier ist, wie
es beim Vorhaltsaccorde schon sich fand, die letztere Auflösung wo der vermittelnde Ton die Grundtonsbedeutung
erhält, die hauptsächlich geforderte. Es hat in der Dissonanz *D-e*, das *e* mehr Kraft fortzubestehen und *D* aus seiner
Stelle zu verdrängen, als *D* Kraft hat, sich gegen *e* zu behaupten und dieses zur Fortschreitung zu nöthigen. Im
Septimenaccorde ist aber die Forderung, dass die Septime

abwärts trete weniger dringend, als es beim Vorhalte gefordert wird, dass er sich in dieser Bewegung auflöse.
Wenn nach der vorhergegangenen Erklärung der Vorbereitung und Auflösung der Vorhaltsdissonanz die Nöthigung zu
dieser Fortschreitung hauptsächlich darin liegt, dass der in
der Dissonanz zweifach bestimmte vermittelnde Ton bei der
Auflösung eine andere Bedeutung als die, welche er bei
der Vorbereitung hat, erhalten will, so tritt er als vermittelnder in den Septimenaccord mit den entgegengesetzten
Bestimmungen zugleich ein: denn wenn für den Septimenaccord e-G-h-D der Vorhaltsaccord e-a-D gesetzt wird,
so hat im letzteren der vermittelnde Ton a gleichzeitig die
zweifache Bedeutung erhalten; er kann sich demnach für
die Folge ebensowohl zu der einen wie zu der anderen entscheiden.

135. Wie die eine oder die andere Bewegung, das
Aufwärtstreten des Grundtones, oder das Abwärtstreten der
Septime, zu einer Einheit oder Bestimmtheit führt, ebenso
würde auch das gegenseitige Verdrängen beider Stimmen,
wenn zugleich e nach F, und D nach C fortschreitet, eine
Auflösung bewirken; dann kommt a aus dem Zweifel, Q u i n t
oder G r u n d t o n zu sein, in F-a-C zu der Gewissheit, T e r z
zu werden.

136. Die Auflösung der Dissonanz kann aber, und wird
meistentheils mit dem Eintritte des vermittelnden Tones
zugleich erfolgen, so dass im obigen Beispiele, auf den Septimenaccord e-G-h-D der auflösende Dreiklang e-a-C, F-a-D
oder F-a-C unmittelbar folgen wird, ohne sich bei dem
vermittelnden Vorhaltsaccorde e-a-D aufzuhalten.

137. Diese Auflösung des Septimenaccordes, bei welcher in einem zur Vermittlung der Dissonanz eintretenden
Tone der directe Gegensatz von Grundton und Quint bestimmt wird, der sich dann in ihm zu der einen oder anderen einfachen, oder zu der Terzbedeutung entscheidet,
können wir als die hauptsächliche betrachten; insofern
nämlich durch den Eintritt des Dissonanzvermittelnden

Tones, der sich für das mittlere Intervall einstellt, die Dreiklangszweiheit aufgehoben ist und die Consonanz unbehindert eintreten kann.

138. Wenn im Vorhergehenden (131) gesagt wurde, dass im Septimenaccorde die beiden dissonirenden Töne noch der Vermittlung ermangeln, so ist damit eben der Mangel jenes gegensätzlichen Verhältnisses gemeint, wie es im Vorhaltsaccorde, und im Septimenaccorde nach Eintritt des vermittelnden Tones an diesem selbst in der an ihm gleichzeitig gesetzten Grundtons- und Quintbedeutung vorhanden ist. Eine andere Beziehung als die des entschiedenen Gegensatzes findet sich zwischen den dissonirenden Tönen des Septimenaccordes auch schon im Accorde selbst vor. Nicht die, dass ein Ton zu Grundton und Quint zugleich bestimmt sei, aber dass er zu Grundton und Terz, oder Quint und Terz bestimmt ist. Diese Bestimmung ist in den beiden Tönen des mittleren Intervalles in Bezug auf die äusseren dissonirenden schon enthalten. In dem oben zum Beispiel gewählten Septimenaccorde c-G-h-D, steht G zu e, wie zu D in einem consonanten Verhältnisse, zu jedem von beiden Tönen aber in verschiedener Accordbedeutung. Eben so verhält sich h zu e sowohl wie zu D consonirend, ist aber eben wieder zu beiden verschieden bestimmt. G ist Terz des Dreiklanges e-G-h und Grundton des Dreiklanges G-h-D, es muss aber Quint des Dreiklanges C-e-G werden, wenn in Bezug auf diesen Ton eine Auflösung geschehen soll; denn die Dissonanz e-G—D kann sich nur in e-G-C lösen. Dagegen ist h Terz des Dreiklanges G-h-D und Quint des Dreiklanges e-G-h, muss aber Grundton des verminderten Dreiklanges h-D|F werden, wenn an ihm die Auflösung bestimmt werden soll, denn es würde e—h D wieder nur in F-h-D zur Lösung gelangen können.

139. Wir sehen, dass hier, wenn das dissonante Intervall auf den einen oder den anderen der im Accorde enthaltenen mittleren Töne bezogen wird, die Doppelbestimmung eben auch zweifach vorhanden ist; denn es ist

der untere Ton des mittleren Intervalles Terz des unteren und Grundton des oberen Dreiklanges, der obere, Quint des unteren und Terz des oberen Dreiklanges.

Indem nun die Auflösung nur an einem der beiden Mitteltöne geschehen kann, so bleibt die andere Doppelbedeutung unaufgelöst. Der andere Ton, in welchem sie noch enthalten ist, hat aber gleiche Ansprüche auf die Beseitigung des Doppelsinnes, wie der eine, an dem sie geschehen, und wird nun, anstatt sie zu erlangen, genöthigt, selbst fortzuschreiten, wenn er nicht als neue Dissonanz in der Consonanz der Auflösung, die an dem einen Tone erfolgt ist, fortbestehen will, wozu er aber auch, da er im Dissonanzverhältnisse nicht berücksichtigt worden, grösseres Verlangen zeigen wird, als zur Fortbewegung. So wird die Auflösung des Accordes e-G-h-D, wenn sie an der Terz G geschieht, gern den neuen Septimenaccord e-G-h-C, anstatt des Dreiklanges e-G-C, und die Auflösung an der Quint h, den Septimenaccord F-G-h-D, anstatt des Dreiklanges F-h-D resultiren lassen. Es wird eben bei dieser Dissonanzvermittlung, an dem einen oder anderen Mittelgliede des Septimenaccordes, die Dreiklangszweiheit noch nicht aufgehoben, wie sie es in der vorher gezeigten Auflösung des Septimenaccordes wurde; daher dort, wie am Vorhaltsaccorde, die entschiedenere Consonanzherstellung erfolgen konnte.

140. Ausser dieser zweiten Auflösungsweise, in welcher einer der mittleren Töne des Septimenaccordes liegen bleibt, indem an ihm die Fortschreitung sich bestimmt, der andere aber mit der fortschreitenden Stimme in ein und denselben Auflösungston treten muss, wenn er nicht verharrend zu neuer Dissonanz werden soll, ist nun noch der dritten Art zu gedenken, welche nicht an e i n e m der beiden mittleren Töne, sondern an b e i d e n zugleich, als bleibendem und die Bedeutung ändernden Intervalle vor sich geht, indem dieses aus der zweifachen Bedeutung, zu der es in der Dissonanz bestimmt ist, durch melodische Fortbewegung der dissonirenden Stimmen zu einer einfachen gelangt.

141. Es ist dies diejenige Auflösung, bei der das Intervall der kleinen Septime durch Fortbewegung beider Stimmen sich zur Octav erweitert, zu welcher das bleibende mittlere Intervall in consonantem Verhältnisse stehen muss, z. B. *G-h-D-F...fis-h-D-fis* ; oder *G-b-Des-F ... Ges-b-Des-Ges*. Diese Auflösung kann eben nur bei Dissonanzaccorden mit kleiner Septime, an denen der verminderte Dreiklang Theil hat, vorkommen, indem diese nur die Bedingungen der Auflösung erfüllen können. Zudem ist auch noch zu bemerken, dass die Auflösung hier in eine andere Tonart führt, indem sie nur durch chromatische Fortschreitung einer der beiden Stimmen geschehen kann; chromatisch verschiedene Töne aber nie innerhalb derselben Tonart liegen.

142. Im obigen ersten Beispiele geschieht die Auflösung in dem Sinne, dass das mittlere Intervall, *h-D*, welches durch *G* und durch *F* zu verschiedener Accordbedeutung bestimmt ist, in der Fortschreitung beider gegeneinander dissonirenden Stimmen, nach der Octav *fis—fis*, eine einfache Bestimmung erhält; eben so verhält es sich im zweiten mit dem mittleren Intervalle *B-des*, welches in *g-B-des-F* zweifache, in *Ges-b-Des-Ges* nicht als Intervall an sich, sondern nur in der Accordbedeutung verschieden. Verschieden als Intervall würde von *B-des*, oder von *b-Des* erst *B|Des* sich erweisen, wie es aus dem früher Gesagten verständlich sein wird.

143. Wiewohl diese Auflösungsart in praktischer Ausübung weit seltener angewendet erscheint, als jede andere, (denn man wird die aus dem nach der Oberdominantseite übergreifenden h-Molltonartsysteme herkommende Accordfolge. *g-H-d-eus...Fis H d Fis*, nicht mit jener: *G h D F... fis-h-D-fis* verwechseln wollen) so war sie doch hier sogleich mit anzuführen, um die möglichen Formen zur Uebersicht zusammenfassen zu können; und es ergibt sich nun, dass das dissonirende Intervall zur Auflösung in jedes der drei Intervalle des Dreiklanges übergehen kann.

1) In die **Terz**; wenn eine der beiden als Secund dissonirenden Stimmen sich auflösend von der anderen bewegt: die Septime abwärts **oder** der Grundton aufwärts tritt.

2) In die **Quint**; wenn beide als Septime dissonirende Stimmen sich auflösend gegen einander bewegen: die Septime abwärts **und** der Grundton aufwärts tritt.

3) In die **Octav**; wenn beide als Septime dissonirende Stimmen sich auflösend von einander bewegen: die Septime chromatisch aufwärts, der Grundton diatonisch abwärts, oder der Grundton chromatisch abwärts und die Septime diatonisch aufwärts tritt.

144. Sonach wird jede Art der melodischen (nicht sprungweisen) Fortbewegung in den dissonirenden Stimmen, die sie von einander oder zu einander in eins der drei Dreiklangsintervalle führt, die Möglichkeit einer Auflösung des Septimenaccordes enthalten, und die Auflösung kann vermittelt sein:

1) durch einen neu eintretenden Ton,
2) durch einen der beiden mittleren Töne,
3) durch beide.

145. Das Allgemeine der Dissonanzauflösung, wie es bisher besprochen ist, wird schematisch in der folgenden Darstellung zusammengefasst werden können. Wir sehen aber dabei von der Verschiedenheit der combinirten Dreiklänge ab, insofern sie nämlich harte, weiche, oder verminderte sind, und bezeichnen nur die Combination selbst. Dass nicht zwei Dreiklänge derselben Art verbunden erscheinen können, ergibt sich aus dem organischen Zusammenhange der Accorde und aus der Natur des Tonartsystemes von selbst.

Die verminderten Dreiklänge haben aber hier volle Berechtigung, als organische Accordbildung mit einzutreten. Die Septimenaccorde *G-h-D|F*, *h-D|F-a*, *D|F-a-C*, wiewohl sie die Trennung der Bestandtheile aus Ober- und Unterdominantaccord an sich haben, sind nicht weni-

ger als Dreiklangscombinationen begründet. Der Accord
G-h-$D|F$ kann nicht als eine Verbindung des Oberdominantdreiklanges mit dem Unterdominantgrundtone, der Accord
$D|F$-a-C nicht als Verbindung der Oberdominantquint
mit dem Unterdominantdreiklange organische Bedeutung
haben. Es kann nur verbunden werden, was von gleicher Begriffsgattung ist: mit dem Dreiklange kann nur
der Dreiklang, nicht das einzelne Accordmoment, der
abgesonderte Ton, in Verbindung treten. Jener erstere
Septimenaccord enthält die Verbindung des Dreiklan-
ges G-h-D mit dem Dreiklange h-$D|F$, der letztere die
Verbindung des Dreiklanges $D|F$-a mit dem Dreiklange
F-a-C. Das Trennungsintervall $D|F$ behält deshalb nicht
weniger seine Bedeutung und wird diejenigen Septimenaccorde, an denen es Theil hat, von den übrigen immer
wesentlich unterscheiden; das Besondere an ihnen schliesst
sie aber nicht von den allgemeinen Bestimmungen aus, die
sie als Septimenaccorde überhaupt mit den anderen gemein
haben.

146. Die Dissonanz als V o r h a l t wird in allgemeiner Be-

zeichnung sein: entweder a) $\begin{Bmatrix} \text{I - II} \\ \text{I - II} \end{Bmatrix}$ oder b) $\begin{Bmatrix} \text{III - II} \\ \text{I - II} \end{Bmatrix}$

Zu a) kann die Auflösung auf zwei verschiedene Arten

geschehen; nämlich, dass die Doppelbedeutung in $\begin{Bmatrix} \text{II} \\ \text{I} \end{Bmatrix}$ sich

zu I, oder zu II bestimme.

Zu b) ist nur eine Art der Auflösung möglich: die,

dass $\begin{Bmatrix} \text{II} \\ \text{I} \end{Bmatrix}$ die Bedeutung der I aufgebe; indem für die Be-

deutung II schon die im Zusammenklange enthaltene Terz
(III) spricht, welche selbst nicht melodisch fortschreiten
kann, ohne gegen den mittleren Ton in ein dissonantes
Verhältniss zu gerathen. Die Auflösung zu a) wird sonach
sein:

$$\alpha) \quad \begin{cases} \text{I - II} \\ \quad \text{I - II} \\ \text{III — I - II,} \end{cases} \qquad \beta) \quad \begin{cases} \text{I - II} \\ \quad \text{I - II} \\ \text{I - II — III,} \end{cases}$$

die Auflösung zu *b*) $\begin{cases} \text{III - II} \\ \quad \text{I — II} \\ \text{III - II - I.} \end{cases}$

147. Die erste Form $\begin{cases} \text{I - II} \\ \quad \text{I - II} \end{cases}$ ergibt den sogenannten Quart-Quint-Accord, in welchem die Quart als Vorhalt der Terz enthalten ist. (Auflösung α.) Der Grund, weshalb die Auflösung β, in welcher die Quint als Vorhalt der Sext betrachtet werden müsste, nicht zu normaler Geltung kommt, ist schon früher (126) erwähnt.

Die zweite Form $\begin{cases} \text{III - II} \\ \quad \text{I — II} \end{cases}$ ergibt den Vorhalt vor dem Grundtone: die Septime als Vorhalt der Sext im Terz-Sext-Accorde. Ein Vorhalt vor der Quint wird als Dissonanz erst beim Septimenaccorde vorhanden sein können; im Dreiklange ist er als Sext weder gegen den Grundton, noch gegen die Terz dissonant: die Sext zu Grundton und Terz bildet nur einen versetzten Dreiklang, zu welchem sie selbst Grundton, die Terz Quint und der Grundton Terz ist. Beim Septimenaccorde aber ist der Sextvorhalt eben wieder ein Quartvorhalt im oberen Dreiklange.

148. Die Dissonanz des Septimenaccordes ist allgemein auszudrücken in der Form:

$$\begin{cases} \text{I - III - II} \\ \quad \text{I - III - II.} \end{cases}$$

Die Auflösung des Septimenaccordes haben wir aber in zwei wesentlich verschiedenen Arten kennen lernen. Die erste ist, dass für das innere Intervall des Accordes ein die beiden dissonirenden Töne in sich vermittelnder Ton eintrete, an welchem sodann die Auflösung wie im Vorhaltsaccorde erfolgen kann:

$$\begin{cases} \text{I} - \text{III} - \text{II} \\ \text{I} - \text{III} - \text{II} \end{cases}$$

$$\begin{cases} \text{II} - \text{I} \\ \text{II} - \text{I}. \end{cases}$$

Die z w e i t e ist, dass im Inhalte des Septimenaccordes selbst die Vermittlung der Dissonanz gefunden werde, und zwar, *a*, in dem einen (*α*) oder dem anderen (*β*) der beiden mittleren Töne:

α) $\begin{cases} \text{I} - \text{III} - \text{II} \\ \text{I} - \text{III} - \text{II} \end{cases}$ *β*) $\begin{cases} \text{I} - \text{III} - \text{II} \\ \text{I} - \text{III} - \text{II} \end{cases}$

$\begin{cases} \text{I} - \text{III} \\ \text{I} - \text{II}. \end{cases}$ $\begin{cases} \text{I} - \text{II} \\ \text{III} - \text{II}. \end{cases}$

Bei *α* kommt der Accord wieder in die Vorhaltsbedeutung; die Auflösung ist hier:

$$\begin{cases} \text{I} - \text{III} \\ \text{I} - \text{II} \end{cases}$$
$$\text{III} - \text{II} - \text{I},$$

die Auflösung bei *β* ist:

$$\begin{cases} \text{I} - \text{II} \\ \text{III} - \text{II} \end{cases}$$
$$\text{II} - \text{I} - \text{III}.$$

Wenn, *b*, die Auflösung an beiden mittleren Tönen zugleich, als Intervall genommen, sich bestimmen soll, so dass dasselbe im Auflösungsaccorde fortbesteht und consonant in ihm wird, so kann sie, nach der Beschaffenheit der im Septimenaccorde combinirten Dreiklänge, wieder auf zweierlei Weise geschehen:

α) $\begin{cases} \text{I} - \text{III} - \text{II} \\ \text{I} - \text{III} - \text{II} \end{cases}$ *β*) $\begin{cases} \text{I} - \text{III} - \text{II} \\ \text{I} - \text{III} - \text{II} \end{cases}$

$\text{II} - \text{I} - \text{III} - \text{II}.$ $\text{I} - \text{III} - \text{II} - \text{I}.$

Bei *α* schreitet die Septime chromatisch aufwärts, bei *β* der Grundton chromatisch abwärts. Hier hat das mittlere

Intervall im Septimenaccorde die Doppelbedeutung $\left\{\begin{array}{l}\text{III - II}\\\text{I - III}\end{array}\right.$;
bei der ersten Auflösung entscheidet es sich für I - III, bei
der zweiten für III - II.

Wie bei der letzten Auflösungsart des Septimenaccordes eine chromatische Fortschreitung erfordert und damit
ein Tonartwechsel herbeigeführt wird, so werden noch andere Weisen der Auflösung aufzuführen sein, bei denen
chromatische Veränderungen eintreten. Sie finden aber ihre
passende Stelle erst später; da sie eine Verbindung unmittelbar aufeinanderfolgender Septimenaccorde entstehen lassen, eine Folge, die in ihrem organischen Werden zuvor an
sich zu betrachten ist.

Stimmen-Fortschreitung für die Septimenharmonie.

149. Die Septimenfortschreitung in Bezug auf die Entstehung der Septimenharmonie kann nicht eine andere sein,
als sie es in Bezug auf die Dreiklangsfolge an sich ist; denn
die Septimenharmonie ist eben nichts anderes, als eine
solche zum Accord zusammengefasste Folge selbst, und zwar
kann sie, wie wir schon gesehen haben, allezeit nur zwei
unmittelbar verbundene, zwei ineinanderliegende Dreiklänge enthalten.

Im Uebergange von C-e-G nach G-h-D, wird h nur als
fortgeschrittenes C, D nur als fortgeschrittenes e verständliche Bedeutung haben können, D aber nicht aus C herzuleiten sein: das würde einen unmittelbaren Uebergang
aus C—G nach G—D aussprechen, wie die Tonleiterbildung ihn entstehen lässt; der Accordübergang aus C-e-G
nach G-h-D kann aber nur durch e-G-h vermittelt geschehen:
C-e-G...h-e-G...h-D-G; und die daraus hervorgehende Septimenharmonie wird eben nur die Folge h-e-G...h-D-G verbunden enthalten können, als h-D-e-G, in derselben Lage
und nach der Stimmenfortschreitung, wie sie durch die
Dreiklangsfolge gegeben ist.

150. Es wird daher die Septime, wo sie zu dem schon vorhandenen Grundtone eintritt, d. h. wo der über-liegende Dreiklang dem zunächst unter-liegenden verbunden wird, allezeit nur aus dem Grundtone des unter-liegenden hervorgehen können, denn es kann keine andere Stimme melodisch nach der Quint des über-liegenden Dreiklanges führen, wie überhaupt zu direct verständlichem Uebergange keine andere Fortschreitung geschehen kann, als die melodisch gefasste, d. h. secundweise aus dem Grundtone des unteren Dreiklanges in die Quint des oberen, oder umgekehrt; indem in dieser Differenz der Accordwechsel allein besteht. Wo noch andere Fortschreitungen geschehen, oder wo der übergegangene Ton im neuen Accorde in anderer Bedeutung eintritt, da sind eben combinirte Folgen vorhanden: solche, in denen eine doppelte Fortschreitung, ein zweifacher Wechsel geschehen ist. So z. B. in der Folge *C-e-G...G-h-D* in die Lage *h-D-G*, wo zuerst der Grundton *C* nach der Quint *h* des Dreiklanges *e-G-h*, und dann der Grundton *e* dieses letzteren nach der Quint *D* des Dreiklanges *G-h-D* fortgeschritten ist. Als Septimenformation ist dann der erste und zweite, oder der zweite und dritte Dreiklang in der Aufeinanderfolge zu verbinden, als *h-C-e-G* oder *h-D-e-G*.

Wenn sonach die unvorbereitete Septime nur absteigend aus dem Grundtone selbst (oder der Octav) eintreten kann, indem die Accordverbindung es nicht anders entstehen lässt, so wird jedes aufsteigende Herantreten der Septime zu dem Grundtone dem naturgemässen Uebergange entgegen sein müssen.

151. Betrachten wir nun die entgegengesetzte Folge, die nach der Unterdominantseite, d. h. aus einem über-liegenden Dreiklange nach einem unter-liegenden führende, so wird hier die Quint des ersteren nach dem Grundtone des zweiten ihm nächstverbundenen fortschreiten. In der Dreiklangsfolge von *G-h-D* nach *e-G-h*, welche in die Lage *G-h-e* führt, wird *D* nach *e* fortgeschritten sein. Die Septi-

menharmonie dieser Folge erscheint in der Lage *G-h-D-e*.
Hier ist der dem Ausgangsdreiklange hinzutretende Ton der
Grundton des Septimenaccordes, wie er in der Folge
nach der Oberdominantseite die **Septime** desselben, als
solche aber die **Quint** des oberen Dreiklanges war, ihrer
Natur nach ein **Zweites**, Etwas, das keinen Anfang bilden, das nur in Folge eines Vorausgesetzten eintreten
kann. Die unvorbereitete Septime wird daher nicht anders, als aus dem Grundtone oder der Octav nachschlagend,
und eben deshalb, beiläufig gesagt, vorzugsweise auch
auf dem metrisch ihr entsprechenden **zweiten** oder
sogenannten »**schlechten**« Takttheile erscheinen wollen.
Der **Grundton** des Septimenaccordes dagegen, welcher
auch Grundton des unteren Dreiklanges ist, hat die Natur
des Anfanges; er ist seinem Wesen nach ein **Erstes**,
das einem Anderen vortreten kann. Die unvorbereitete
Septime, wie in der Folge *C-e-G...h-C-e-G* nachschlagend, wird immer als eine fortgeschrittene Stimme gehört werden; zu der vorbereiteten Septime übt der eintretende Grundton vielmehr die Wirkung einer neu hinzu-
kommenden Stimme. Der Septimenaccord mit vorbereiteter
Septime findet auch die ihm angemessene Stelle auf dem
ersten metrischen, dem sogenannten »**guten**« Takttheile.

152. So ist auch, ganz allgemein genommen, zu jedem
liegenden Tone der nächste darüber liegende anzuschlagen,
aber nicht der zunächst darunter liegende. Jener ist allezeit
ein Positives, Erstes, ein **Grundton**; dieser ein Relatives,
ein Zweites, eine **Quint**. Daher unter allen Umständen die
Form ⸺ eine richtige, die entgegengesetzte
⸺ nur unter besonderen Bedingungen eine
zulässige sein wird. Der Zusammenklang zweier neben-
einanderliegender Töne wird, wenn der tiefere nach dem
höheren folgt, besondere Vorkommenheiten ausgenommen,
nur in der Form ⸺ erscheinen können.

153. Hieraus wird sich erweisen, warum von den früher (123) zu Septimenaccorden construirten Folgen, aus einem Dreiklange in einen anderen ihm nicht verbundenen, nur diejenigen, welche nach der Unterdominantseite führen, richtig klingen; die nach der Oberdominantseite aber, mit Ausnahme der ersten (*C-e-G-...h-D-F-G*), widrig, unvermittelt und quinthaft. Die Folge aus dem Dreiklange *C-e-G* nach dem Dreiklange *D|F-a*, welche als Septimenaccord dort in der Form *C-D-F-a* sich ergibt, klingt nicht quinthaft, weil keine Nothwendigkeit vorhanden ist, den Ton *D* aus *C* herzuleiten, oder ihn als fortgeschrittenes *C* zu hören; als Grundton des Septimenaccordes kann er eben sowohl aus dem *e* des C-Durdreiklanges hergeleitet werden, wenn eine natürliche Fortschreitung ihn auf diesem Wege einführen sollte. Setzen wir aber den Dreiklang *D|F-a* als ersten und lassen *C-e-G* folgen, woraus als Septimenaccord die Lage *C-e-G-a* hervorgeht, so ist hier die Septime *G* entweder aus dem fortgeschrittenen *a* entstanden, wonach die Dreiklänge *D|F-a*, *C-e-G* in der Quintlage, unvermittelt, also eben nicht als Folge neben einander stehen würden; oder es wird in *C-e-G-a* der Ton *G* als ein fortgeschrittenes *F*, als eine nicht aus dem Grundtone des a-Molldreiklanges hergeleitete, unvermittelt eintretende Septime vernommen, was, wie im Vorstehenden gezeigt, als unorganisch, wieder unrichtig klingen muss. Somit sind für alle Fälle die Septimenformationen in abwärts, d. h. nach der Unterdominantseite liegende unverbundene Dreiklänge, wie:

$$C - e - G \ldots C - D - F - a$$
$$D \mid F - a \ldots D - e - G - h$$
$$e - G - h \ldots e - F - a - C$$

u. s. w.

in dieser Form richtig klingend; die in aufwärts, nach der Oberdominantseite liegende unverbundene Dreiklänge, wie:

$$C - e - G \ldots h - D - F - G$$
$$h - D \mid F \ldots a - C - e - F$$
$$a - C - e \ldots G - h - D - e$$

u. s. w.

mit Ausnahme der ersteren, *C–e–G…h–D–F–G*, quinthaft, oder unvermittelt, mit einem Worte falsch klingend.

154. Es ist aber damit, dass wir bei der nachschlagenden Septime nur allein die aus dem Grundtone melodisch abwärtstretende Bewegung, nicht aber die aufsteigend zu ihm herantretende der natürlichen Folge gemäss gefunden haben, bei der vorbereiteten aber das Hinzutreten des Grundtones auf beide Weisen in der Ordnung finden, die Erklärung jener Folgen, wo der Grundton des unteren Dreiklanges nicht aus der Quint des oberen hergeleitet sein kann, ihrem inneren Vorgange nach noch immer nicht gegeben: wir meinen diejenigen, welche, wie *C–e–G…C–D–F–a*, ein äusserliches Nebeneinanderstehen zweier primärer Dreiklänge enthalten, ohne doch die Wirkung einer Quintfolge empfinden zu lassen. Wir haben zwar gefunden, dass hier der Ton *D* in Bezug auf die Dissonanzbildung ebensowohl aus der Terz *e*, wie aus dem Grundtone *C* hergeführt werden könne; es ist aber auch gesagt worden, dass die Stimmenfortschreitung für die Septimenharmonie keine andere sein könne, als die der Dreiklangsfolge. Wenn wir aber die Entstehung des Septimenaccordes in der Folge zu dem unverbundenen Dreiklange geschehen lassen, wie die Septimenaccorde im Uebergange zu verbundenen Dreiklängen entstanden sind, den obigen, *C–D–F–a*, mithin in der Folge:

$$C - e - G \ldots C - e - a \ldots C - F - a \ldots D - F - a = C - D - F - a,$$

so ist keineswegs der Ton *D* aus dem *e* melodisch hervorgegangen; es ist nicht einmal die Möglichkeit vorhanden, dass er daraus hervorgehen könne, indem die Septimenharmonie nur aus der Verbindung der beiden letzten Dreiklänge dieser dreifachen Folge, *C-F-a* und *D|F-a*, entsteht, mit dem Dreiklange *C-F-a* aber das *e*, die·Terz des C-Dur-dreiklanges, welches nur in *C-e-a*, als Quint des a-Moll-dreiklanges noch fortbestehen konnte, schon aufgehoben ist. Auch wenn wir aus dem a-Molldreiklange dieser Folge, aus *C-e-a*, die Septimenharmonie *C-D-F-a*, nach der Weise der Accordverbindungen des zweiten Verwandtschaftsgrades (94) herleiten wollten, würde *C* nach *D*, *e* nach *F* fortzu-schreiten haben. Es darf aber eine äussere Nöthigung, *e* nach *D* zu führen, ein absichtliches Verfahren zu vorge-setztem Zweck hierbei so wenig eintreten, als wir jetzt nicht von freier Kunstbildung, sondern nur von der natürlichen Formation sprechen, wie sie, ohne Hinzutritt eines beson-ders bestimmten Willens, von selbst hervorgeht. Demnach wird die Folge *C-e-G...C-D-F-a*, wenn sie dem Gehöre sich rechtfertigt, aus einer anderen Verbindung zu erklären sein müssen, als der oben verzeichneten: *C-e-G...C-e-a...* *C-F-a ... D-F-a* = *C-D-F-a*, denn diese enthält vom ersten zum letzten Accorde die Quintfortschreitung *C-G... D-a.*

Folge von Septimenaccorden.

155. In der zweiten Art der Septimenauflösung (138) ist das Motiv enthalten zu einer fortgesetzten Reihe verbun-dener Septimenaccorde. Diese Auflösung geschieht durch die Vermittlung eines der beiden Töne des mittleren Ac-cordintervalles. Im Septimenaccorde *e-G-h-D* z. B. kann die Dissonanz als Doppelbedeutung in *G*, als:

$$I - II$$
$$e \quad G \quad D$$
$$III - II,$$

oder in *h*, als :

$$I - III$$
$$e \quad h \quad D$$
$$I — II$$

gefunden werden, und die Auflösung wird im ersten Falle

$$. \; e \quad G \quad C$$
$$III - II - I,$$

im anderen

$$F \quad h \quad D$$
$$II - I - III$$

sein. In jenem wird die Fortschreitung nach der Unter-, in diesem nach der Oberdominantseite führen; denn es ist im ersten die Terz des unteren Dreiklanges, im letzten die Terz des oberen der zur Auflösung bestimmende Ton. Indem aber hier in beiden Bestimmungen nicht das ganze mittlere Intervall bei der Auflösung berücksichtigt ist, sondern nur der eine oder der andere Ton desselben, so ist, wie früher schon berührt wurde, der nicht beachtete auch mehr geneigt in seiner Stelle zu beharren, als zu Herstellung der Consonanz sich fortzubewegen. Er wird an der Auflösung keinen Antheil nehmen wollen. Dann entsteht aber eine neue Dissonanz, indem der auflösend sich bewegende Ton dissonant an den verharrenden, und zwar als Grundton, oder als Septime eines neuen Septimenaccordes, herantritt: denn es wird bei dem obigen Septimenaccorde *e-G-h-D*, die Vermittlung in *G* gesetzt, die Auflösung *e-G-h-C*, mit der Vermittlung in *h*, die Auflösung *F-G-h-D* erfolgen, wenn im ersten Falle *h*, im zweiten. *G* in seiner Stelle bleibt. Es ist hiermit eine Septimenharmonie in eine andere übergegangen. Wenn wir diese Folge in eben der Weise sich weiter fortsetzen lassen, so werden, vom Dreiklange der Tonica ausgehend, folgende Reihen entstehen:

1) Nach der Unterdominantseite, wenn in den Septimenaccorden der untere Ton des mittleren Intervalles die Auflösung bestimmt:

C-e-G...C-c-G-a...C-e-F-a...C-D-F-a...h-D-F-a....

2) Nach der Oberdominantseite, wenn in den Septimenaccorden der obere Ton des mittleren Intervalles die Auflösung bestimmt:

C-e-G...h-C-e-G...h-D-e-G...h-D-F-G...h-D-F-a....

In der ersten Reihe findet sich jetzt, was aus der Dreiklangsfortschreitung allein nicht hervorgehen konnte, vom ersten zum vierten Gliede die vermittelte Folge *C-e-G...C-D-F-a*, in welcher der Grundton des Dreiklanges *D|F-a* nicht aus dem fortgeschrittenen *C*, sondern aus dem abwärtsgetretenen *e*, welches als Septime von *F* sich nach *D* aufzulösen hatte, hervorgegangen ist.

156. Wie diese Reihe aber in jedem ihrer Glieder gegen das Vorangegangene eine folgerechte Dissonanzbildung enthält, so erweist dagegen die andere schon in der Folge vom zweiten zum dritten Gliede, *h-C-e-G...h-D-e-G*, sich unzulässig, indem hier die Septime aufsteigend zu dem Grundtone herantritt, die, wo sie nicht vorbereitet ist, nur aus diesem selbst hervorgehen kann. Es wird somit, wenn die Folge *C-e-G...h-D-F-G* sich dem Gehöre als eine vollkommen richtige ergibt, die Bildung derselben nicht aus obiger zweiten Reihe zu erklären sein, wie es die Bildung der Folge *C-e-G...C-D-F-a* aus der ersten ist, in welcher jedes Glied gegen das vorhergehende sowohl, wie gegen das folgende sich folgerecht verhält; ihr Bildungsprocess wird ein anderer sein müssen. Wir kommen bei Betrachtung des Dominantseptimenaccordes darauf zurück.

157. Jede andere Folge aus einem Dreiklange in den unverbundenen der Oberdominantseite, als jene, welche aus dem tonischen Dreiklange in den oberen verminderten

führt, wird die Unzulässigkeit, die wir in der Dissonanzbildung hier gefunden haben, auch sogleich in der Wir-
kung empfinden lassen. Wie z. B. $D|F\text{-}a\ldots C\text{-}e\text{-}G\text{-}a$, $e\text{-}G\text{-}h\ldots$
$D\text{-}F\text{-}a\text{-}h$, $F\text{-}a\text{-}C\ldots e\text{-}G\text{-}h\text{-}C$ u. s. w. Hier werden wir immer
nur die Wahl haben, zwei Dreiklänge in primärer Lage
fortgeschritten neben einander zu vernehmen, oder die
Septime aufsteigend zu dem Grundtone treten zu sehen.
Das Eine ist aber wie das Andere gegen die Natur des vermittelten Fortganges.

158. Der Uebergang $C\text{-}e\text{-}G\ldots C\text{-}D\text{-}F\text{-}a$, in obiger
Unterdominantreihe, steht durch seine Zwischenglieder
$C\text{-}e\text{-}G\text{-}a$ und $C\text{-}e\text{-}F\text{-}a$ in verständlicher Folge. Wie aber
diese Folge durch zwei dem $C\text{-}D\text{-}F\text{-}a$ vorangehende Septimenaccorde führt, und so den dritten Septimenaccord mit
dem ersten successiv verbindet, so wird auch eine Septi-
menreihe, welche durch das erste, dritte, fünfte, siebente
Glied der obigen fortschreitet, eine verständlich vermittelte
sein müssen; denn es wiederholt sich vom dritten zum
fünften, vom fünften zum siebenten nur dieselbe Beziehung
des ersten zum dritten.

159. Wenn die e r s t e Reihe eine Fortschreitung
T e r z - verwandter Dreiklänge in Septimenharmonieen zusammenfasst, so erhalten wir in dieser z w e i t e n, welche
jedesmal ein Glied der ersteren ohne Aufenthalt durchgeht,
eine Fortschreitung Q u i n t - verwandter Dreiklänge als
Septimenfolge. Dasselbe wird erfolgen, wenn wir durch
das zweite, vierte, sechste, achte Glied fortschreiten. Eine
d r i t t e Reihe, durch das erste, vierte, siebente, zehnte
Glied geführt, wird, indem hier die Zusammenziehung
von drei Fortschreitungen in der Folge von einem Gliede
zu dem anderen enthalten ist, nach dem ersten vom
Dreiklange ausgehenden Schritte, nicht mehr stetig folgerecht erscheinen können: denn eine solche Progression
bringt die gleichzeitige secundweise Fortbewegung dreier
Stimmen mit sich, nämlich den fortgesetzten Uebergang in
unverbundene Dreiklänge. Dieser ist durch vermittelnde

Dreiklänge zwar folgerichtig herzustellen (90), der dadurch bedingte Stimmengang kommt aber mit dem, den hier die aufzulösende Septime erfordert, in Widerspruch, und zwar ganz entschieden bei der Folge des vierten, fünften und sechsten Gliedes dieser Reihe, so wie in den periodisch mit dieser Stelle correspondirenden, in welchen zweimal Dreiklänge in primärer Lage neben einander stehen. Daher werden nur diejenigen Folgen dieser Reihe, welche dem vermittelten Uebergange der unverbundenen Dreiklänge mit den Dissonanzforderungen gleichzeitig entsprechen, sich dem Gehöre als richtige ergeben.

160. Es ist die erste Reihe verbundener Septimenharmonie, nach der Unterdominantseite in Terz-verwandten Dreiklängen fortschreitend:

1.	2.	3.	4.
C - e - G ...	C - e - G - a ...	C - e - F - a ...	C - D - F - a ...
C	a_7	F_7	D_7^0

5.	6.	7.	8.
h - D - F - a ...	h - D - F - G ...	h - D - e - G ...	h - C - e - G ....
h_7^0	G_7	e_7	C_7

Die zweite, in Quint-verwandten Dreiklängen fortschreitend:

1.	2.	3.	4.
C - e - G ...	C - e - F - a ...	h - D - F - a ...	h - D - e - G ...
C	F_7	h_7^0	e_7

5.	6.	7.	8.
a - C - e - G ...	a - C - D - F ...	G - h - D - F ...	G - h - C - e ....
a_7	D_7^0	G_7	C_7

Die dritte, in Dreiklängen ohne directe Verwandtschaft fortschreitend:

1.	2.	3.	4.
C - e - G ...	C - D - F - a ...	h - D - e - G ...	a - C - e - F ...
C	D_7^0	e7	F⅂

5.	6.	7.	8.
G - h - D - F ...	G - a - C - c ...	F - a - h - D ...	e - G - h - C ....
G7	a7	h_7^0	C⅂

letztere in der Folge 4—5 und 5—6 gegen die Dreiklangsvermittlung sich erweisend.

161. Zu übersichtlicher Anschauung mögen auch die
entsprechenden Reihen verbundener Septimenharmonieen
nach der Oberdominantseite hier Platz finden; die Folge-
widrigkeit derselben ist schon besprochen.

Es ist die erste, in Terz-verwandten Dreiklängen
fortschreitend:

1.	2.	3.	4.
C - e - G ...	h - C - e - G ...	h - D - e - G ...	h - D - F - G ...
C	C⅂	e7	G7

5.	6.	7.	8.
h - D - F - a ...	C - D - F - a ...	C - e - F - a ...	C - e - G - a ....
h_7^0	D_7^0	F⅂	a7

Die zweite, in Quint-verwandten Dreiklängen fortschreitend:

1.	2.	3.	4.
C - e - G ...	h - D - e - G ...	h - D - F - a ...	C - e - F - a ...
C	e7	h_7^0	F⅂

5.	6.	7.	8.
C - e - G - h ...	D - F - G - h ...	D - F - a - C ...	e - G - a - C ....
C⅂	G7	D_7^0	a7

Die dritte, in Dreiklängen ohne directe Verwandtschaft fortschreitend:

1.	2.	3.	4.

$$C-e-G\ldots h-D-F-G\ldots C-e-F-a\ldots D-c-G-h\ldots$$
$$C \qquad\qquad G_7 \qquad\qquad F\mathord{\uparrow} \qquad\qquad e_7$$

5.	6.	7.	8.

$$D-F-a-C\ldots e-G-h-C\ldots F-a-h-D\ldots G-a-C-e\ldots$$
$$D_7^0 \qquad\qquad C\mathord{\uparrow} \qquad\qquad h_7^0 \qquad\qquad a_7$$

Die ersten zwei Reihen enthalten schon in dem aufsteigenden Eintritte der Septime ihre Unzulässigkeit. In der dritten kommt dazu noch die folgewidrige Fortschreitung der unverbundenen Dreiklänge, welche in der Progression nach der Unterdominantseite die Reihe schon nicht ohne periodische Unterbrechung konnte bestehen lassen.

162. Es kann demnach eine Progression in Septimenharmonieen sich überhaupt nur nach der Unterdominantseite bilden, indem nur in dieser Richtung den organisch-gesetzlichen Forderungen der Folge entsprochen wird, und zwar wird sie hier in der ersten und zweiten Reihe ununterbrochen sich fortsetzen können, in der dritten wird sie von den periodisch sich einstellenden Quintfolgen unterbrochen.

163. Die Progression in Septimenharmonieen nach der Oberdominantseite ist aber eine sich selbst widersprechende. Diese Reihe ist eben eine verkehrte. Sie würde in entgegengesetzter Richtung, wenn die Fortschreitung vom dritten zum zweiten, vom vierten zum dritten Gliede geschähe, ganz folgerichtig erscheinen; indem sie dann eben zu einer Unterdominantreihe wird, oder zu einer Reihe, in welcher die Terz des u n t e r e n Dreiklanges als Dissonanzvermittlung gesetzt ist, da in der Oberdominantreihe es die Terz des o b e r e n Dreiklanges ist, an welcher die Auflösung erfolgt. So würde hier auch die Fortschreitung vom vierten zum zweiten, vom fünften zum dritten Gliede u. s. f. ganz folgerecht sein.

164. Die Septimenformation wird, wenn sie nach der Oberdominantseite geführt wird, nur in der Dreiklangsverbindung selbst bestehen können und nicht in verketteten

Septimenaccorden, wie sie in der Richtung nach der Unterdominantseite sich zulässig ergibt. Daher auf der Oberdominantseite nur der Uebergang nach den in der Terz und in
der Quint verwandten Dreiklängen als Septimenaccord zu-
sammenzufassen ist, nicht aber der Uebergang in den unverbundenen Dreiklang. Nach der Unterdominantseite ist auch
dieser ein vermittelter, und zwar eben durch die Verbindung der Septimenaccorde.

165. Es ist damit die Möglichkeit der Dissonanzbildung
nach dem unverbundenen Dreiklange der Oberdominantseite nicht unbedingt geläugnet; nur kann diese Combination durch die Vermittlung, wie sie aus dieser Reihe
direct hervorgeht, nicht erlangt werden. Die Folge a-C-e...
G-h-D-e, die aus der primären Lage des ersten Dreiklanges unzulässig ist, wird aus der Terz-sextlage desselben: C-e-a...h-D-e-G, vollkommen richtig erscheinen,
weil hier die Accorde C-e-a und h-D-G folgerecht zu einander stehen, und die Septime D aus dem e hervorgegangen ist. Eben so würde auch die Quart-sextlage des
ersten Dreiklanges eine zulässige Fortschreitung entstehen
lassen.

166. Wenn die Folge C-e-G...h-D-F-G sich aber dem
Gefühle als eine richtige ergibt, und sie doch nicht durch
die Reihe C-e-G...h-C-e-G...h-D-e-G...h-D-F-G vermittelt
sein kann, wie die Folge C-e-G...C-D-F-a durch die Reihe
C-e-G...C-e-G-a...C-e-F-a...C-D-F-a vermittelt ist, wenn
ferner in dieser Unterdominantreihe jeder Uebergang zu
unverbundenem Dreiklange, wie D|F-a...D-e-G-h, e-G-h...
e-F-a-C, F-a-C...F-G-h-D in gleicher Weise wie der erste
richtig, in der Oberdominantreihe aber, ausser jenem er-
sten, jeder andere, wie: D|F-a...C-e-G-a, e-G-h...D-F-a-h,
F-a-C...e-G-h-C, unrichtig erscheint, so wird die Zulässigkeit der Folge C-e-G...h-D-F-G überhaupt in etwas Anderem als dieser successiven Vermittlung ihren Grund haben
müssen. Durch die Dreiklangsvermittlung wird hier nur
die Verbindung des Mollaccordes mit dem Dominantaccorde

erlangt. Von dem daraus entstandenen Septimenaccorde
h-D-e-G ist aber zu der Verbindung des Dominantaccordes
mit dem verminderten, *h-D-F-G*, eine Fortschreitung des *e*
nach *F* erforderlich, und diese lässt die Septime aufsteigend zu dem Grundtone treten. Dies ist es auch,
was wir in der Folge *C-e-G ... h-D-F-G* vernehmen, und
zwar ohne dass in diesem Falle der aufsteigende Eintritt
der Septime etwas Folgewidriges für das Gefühl enthält.
Es beruht dies auf der Natur des Dominantseptimenaccordes, welchen wir in der Verbindung dieser beiden Dreiklänge erhalten, und den wir als den ersten
der drei Septimenaccorde, in welchen die Grenzen des
Tonartsystemes verbunden erscheinen, jetzt näher zu betrachten haben.

Septimenaccorde des in sich übergehenden Tonartsystemes.

I. Dominant-Septimenaccord.

167. Das Wesen der harmonischen Dissonanz haben
wir in einem Widerspruche gefunden, in einer Doppelbestimmung, die durch den Zusammenklang zweier gegen
einander dissonirender Töne in einem dritten entstanden
ist. Es ist die gleichzeitige Bestimmung eines Tones zu
Grundton und Quint, zu Grundton und Terz, oder zu Terz
und Quint. Entschieden ist aber der Gegensatz nur in der
ersten Bestimmung enthalten; denn die Terz ist, indem
sie ihrem Begriffe nach Grundton und Quint in sich verbindet, nicht Gegensatz des einen oder anderen dieser beiden Dreiklangsmomente in ihrer Trennung, sondern viel
mehr nur Gegensatz ihrer Trennung selbst. Daher war die
vollständig befriedigende Auflösung des Septimenaccordes
auch nicht durch einen der im Accorde enthaltenen Töne
zu erlangen, in denen nur der unvollkommene Gegensatz
der Terz mit dem einen oder anderen der anderen beiden

Momente besteht, sondern es musste für das mittlere Intervall der Ton eintreten, in welchem beide dissonirende Töne die Doppelbestimmung von Grundton und Quint hervorrufen.

168. Diese Doppelbestimmung entschiedenen Gegensatzes wird in der Grundeinheit der Tonart selbst gesetzt, wenn ihre beiden Dominanten zugleich erklingen; denn es ist dann die Tonica zugleich Quint der Unterdominant und Grundton der Oberdominant.

$$\begin{array}{ccc} \text{I} & - & \text{II} \\ \text{F} & \text{C} & \text{G.} \\ \text{I} & - & \text{II} \end{array}$$

Dies ist die Quintbeziehung dieser beiden Töne, welche sie im Grundtone haben, und die Spaltung dieses Grundtones in entgegengesetzte Bedeutung. Die Terzbeziehung, den Accordzusammenhang, finden die dissonirenden Töne aber in der gleichzeitigen Verbindung des Oberdominantdreiklanges mit dem verminderten Dreiklange der Oberdominantseite, *G-h-D—h-D-F*, als Dominantseptimenaccord,

$$\begin{array}{cccc} \text{I} & - \text{III} & - \text{II} \\ \text{G} & \text{h} & \text{D} & \text{F,} \\ \text{I} & - \text{III} & - \text{II} \end{array}$$

der zu seiner Auflösung eben jene Quintbeziehung der Töne *F* und *G* im Grundtone *C* erst fordert.

169. Diesem Septimenaccorde kommt als Dissonanz in der Tonart die Bedeutung zu, welche der tonische Dreiklang als Consonanz in ihr hat. Er bezieht sich unzweideutig auf diesen; denn es ist eben der Grundton des tonischen Dreiklanges selbst, welcher hier durch die beiden Dissonanztöne in sich entzweit, und dessen Einheit durch die Auflösung wieder hergestellt wird. Daher führt dieser Septimenaccord auch zu vollkommenem Schlusse.

170. — Characteristisch ist im Dominantseptimenaccorde, wie in dem nachher ausführlicher zu besprechen-

den Septimenaccorde der Oberdominantterz, das Intervall der verminderten Quint, welches in dieser Harmonie zwischen der Terz des Oberdominantaccordes und dem Grundtone des Unterdominantaccordes enthalten ist. Wenn in der C-Dur- oder C-Molltonart die Töne *h* und *F* zusammentreten, so wird *h* nach *C*, *F* nach *e*, in der Molltonart nach *es* sich bewegen wollen. Eine Dreiklangs-Einheit ist zwischen *h* und *F* nicht vorhanden; eine solche auf nächstem Wege im Zusammenklange herzustellen, ist die Forderung in beiden Tönen. Jeder von ihnen sucht aber sich selbst geltend zu machen, und so ist es der Ton *F*, welcher *h* nöthigt nach *C* zu treten, und der Ton *h* ist es, welcher *F* nach *e* sich zu bewegen drängt, und in der Molltonart nach *es* nöthigen wird, indem auch *h* und *es* durch den übermässigen Dreiklang *es-G-h* in näherer Accordbeziehung stehen, als die den getrennten Dominantdreiklängen entnommenen Töne *h* und *F*. Denn wenn auch die Grenzen des Tonartsystemes, bei dem Uebergange desselben in sich selbst, sich äusserlich verbinden, so wird die innerliche Trennung, die Zweiheit der Basis, aus einer solchen Verbindung doch eine Einheit des Dreiklanges nicht können hervorgehen lassen, wie wir sie im Begriffe des Dur- oder Mollaccordes gefasst haben. Der verminderte Dreiklang *D|F-a*, enthält zwar in *F-a* das Terzintervall, aber in *D—a* kein Quintintervall; der verminderte Dreiklang *h-D|F* weder Quint- noch Terzintervall. Eben so ist in den beiden verminderten Dreiklängen der Molltonart *D|F-as*, *h-D|F*, keines von beiden enthalten, wie, in Betreff der Quint, bei unserer Bezeichnung es schon der Unterschied der grossen und kleinen Buchstaben in die Augen treten lässt. Zwar ist in dem sogenannten übermässigen Dreiklange,

$$\text{III} - \text{I}$$
$$\text{es} \quad \text{G} \quad \text{h,}$$
$$\text{I} - \text{III}$$

auch die Quintbeziehung der äusseren Töne nicht vorhanden, sie sind aber beide im Terzverhältnisse an den mittleren gebunden. Die verminderten Dreiklänge dagegen enthalten nur ein directes Verhältniss zwischen zwei Tönen: $D|F\text{-}a$, $h\text{-}D|F$, während der dritte zu keinem von beiden in einer Dreiklangsbeziehung steht. So wird der dissonante übermässige Dreiklang noch immer gegen den verminderten eine Einheitsbedeutung in Anspruch nehmen, und das Intervall h—es, gegen h—F, als eine verbindende Annäherung, der Natur der Molltonart gemäss, gelten können. —

171. Wiewohl die Entzweiung des Hauptdreiklanges sich am Entschiedensten in dem Zusammenklange der Oberdominantterz mit dem Grundtone des Unterdominantdreiklanges äussert, so ist sie doch in derselben Bedeutung auch in dem Zusammenklange der Quint des Oberdominantdreiklanges mit dem letztgenannten Tone enthalten; nur ist die Dissonanz dieser beiden Töne weniger deutlich fühlbar, indem wir die Quint der Oberdominant mit der Unterterz der Unterdominant zu verwechseln versucht sein können. In der C-Durtonart z. B. D mit d; daher der Accord $D|F\text{-}a$, wo er nicht durch die Umgebung bestimmt wird, leicht für den d-Molldreiklang, $d\text{-}F\text{-}a$, zu nehmen ist, und an sich weniger wie der Accord $h\text{-}D|F$, als ein verminderter erscheint. In der Molltonart kann diese Verwechslung nicht stattfinden, indem hier der Unterschied von $D|F\text{-}as$ und $des\text{-}F\text{-}as$, welcher dem von $D|F\text{-}a$ und $d\text{-}F\text{-}a$ in der Durtonart correlativ ist, genugsam in das Gehör fällt.

172. In dem Zusammenklange der Terz und Quint der Oberdominant mit dem Unterdominantgrundtone und dessen Terz, in $h\text{-}D|F\text{-}a$, sind die Grenzintervalle des Tonartsystemes zusammengetreten. Wir müssen uns in dieser Verbindung $h\text{-}D|F\text{-}a$ den Begriff des in sich selbst verwendeten Tonartsystemes denken. Die Grenze verbunden als Mitte gesetzt, wird die Mitte getrennt als Grenze heraustreten lassen.

F   a   C   e   G   h   D
(e)   G - h - D|F - a - C   (e)

Hier bezieht sich die Mitte *h-D|F-a*, als Septimenac-
cord, in ihrer Dissonanz *h—a* auf die Mitte des unverwendeten Systemes, auf *e*, die **Terz** des tonischen Dreiklanges,
welches durch *h* und *a* aus der verbindenden Terzbedeutung

$$I - III - II$$
$$C \quad e \quad G$$

in die widersprechende, gleichzeitig Grundton und Quint
zu sein,

$$I — II$$
$$a \quad e \quad h$$
$$I — II$$

bestimmt wird.

173. Dasselbe findet Anwendung auf das Molltonart-
system in Bezug auf den Septimenaccord *h-D|F-as* und die
tonische Terz *es*:

F   as   C   es   G   h   D
(es)   G - h - D|F - as - C   (es).

174. Den Bezug auf den **Grundton**, *C*, hat aber, in
der Dissonanz *G—F*, der Septimenaccord *G-h-D|F*, sowohl
in der Dur-, wie in der Molltonart; weshalb nicht der erst-
genannte, sondern dieser letztere die Bedeutung als **Haupt-
septimenharmonie** in Anspruch zu nehmen berechtigt
ist. Auf die **Quint** des tonischen Dreiklanges bezieht sich
sodann der dem Hauptseptimenaccorde entgegenstehende:
D|F-a-C (D|F-as-C). Diese drei in ihrer Dissonanz zu den
Tönen des tonischen Dreiklanges in gegensätzlicher Beziehung stehenden Septimenaccorde enthalten das Intervall
der verbundenen Grenzen, *D|F*, sie gehören dem **verwen-
deten** Tonartsysteme an. Die übrigen auf die Töne ausser
dem tonischen Dreiklange sich beziehenden Septimenaccorde
sind im **unverwendeten** Systeme enthalten.

175. Das ganze System der Septimenharmonieen ist:

A) In der Dur-Tonart.

h - D | F - a

e

G - h - D | F D | F - a - C

C   G

e - G - h - D   F - a - C - e

a   h

C - e - G - h   a - C - e - G.

F   D

B) In der Moll-Tonart.

h - D | F - as

es

G - h - D | F   D | F - as - C

C   G

es - G - h - D   F - as - C - es

as   h

C - es - G - h   as - C - es - G.

F   D

176. Es wird aber im Septimenaccorde, den wir bisher noch immer nur als eine Verbindung von zwei ineinanderliegenden Dreiklängen betrachtet haben, ohne Rücksicht auf die besondere Beschaffenheit dieser verbundenen Dreiklänge, nun auch diese zu unterscheiden und in ihrer Bedeutung für den Character der Septimenharmonie zu beachten sein.

177. Die Septimenharmonieen des unverwendeten Systemes:

II-III-I	II-III-I	II-III-I	II-III-I
F a C e,	a C e G,	C e G h,	e G h D,
I-III-II	I-III-II	I-III-II	I-III-II

bestehen in der Verbindung je eines Dur- und eines Molldreiklanges. Die Töne des mittleren Intervalles der Septimenharmonie sind in beiden Dreiklängen organisch enthalten, in jedem nach anderer Bestimmung; so dass im
ersten und dritten Septimenaccorde für dasselbe:

$$\begin{cases} \text{II - III} \\ \text{III - II} \end{cases}$$
$$\begin{array}{cc} a & C \\ e & G \end{array}$$

zu setzen ist; im zweiten und vierten:

$$\begin{cases} \text{III - I} \\ \text{I - III} \end{cases}$$
$$\begin{array}{cc} C & e \\ G & h. \end{array}$$

Hier ist ein Zugleichbestehen zweier wirklicher Dreiklänge als harmonische Verbindung gegeben, die in ihren
äusseren Gliedern dissonirt, indem diese keines der drei
Dreiklangsintervalle bilden. Ausser dieser Dissonanz ist
keine andere in dem Zusammenklange enthalten.

178. Die Septimenaccorde aber, welche die äussers-
ten Töne des unverwendeten Systemes, *D* und *F*, verbunden enthalten:

$$G - h - D \mid F, \quad h - D \mid F - a, \quad D \mid F - a - C,$$

und darin eben das verwendete System bezeichnen, diese
sind anderer Natur und Beschaffenheit, als jene aus dem
unverwendeten Systeme. Hier besteht die Dissonanz nicht
so schlechthin in einer Zweideutigkeit des mittleren Intervalles, auch äussert sie sich nicht allein in dem Zusammenklange der äusseren Töne des Septimenaccordes; wie überhaupt ein Verbundensein wirklicher Dreiklänge in diesen
Accorden gar nicht stattfindet.

Wenn wir die Septimenharmonie allgemein nur im
Begriffe einer Dreiklangs-Zweiheit fassen können und die
Dissonanzdreiklänge in diesem Begriffe organische Existenz

haben, gleich den Consonanzdreiklängen, so haben sie dieselbe doch eben nur als dissonante, als in ihrer Natur entzweite Accorde, die in ihren Bestandtheilen sich nicht in sich zusammenschliessen. Im ersten der obigen drei Septimenaccorde, in *G-h-D|F*, der in der Verbindung der Dreiklänge *G-h-D* und *h-D|F* besteht, wird der verminderte Dreiklang *h-D|F* den Bestandtheil des *G*-Durdreiklanges, *h-D*, an diesen, mit ihm verbunden, völlig abtreten: man vernimmt den Septimenaccord *G-h-D|F* als Zusammenklang des Oberdominantaccordes *G-h-D* mit dem Unterdominantgrundtone *F*. Der zweite Septimenaccord, *h-D|F-a*, aus den verminderten Dreiklängen *h-D|F* und *D|F-a* bestehend, wird sich als Zusammenklang von Terz und Quint der Ober-. dominant mit Grundton und Terz der Unterdominant vernehmen lassen. Der dritte, aus den Dreiklängen *D|F-a* und *F-a-C* bestehende Septimenaccord, *D|F-a-C*, lässt nur die Verbindung des Unterdominantdreiklanges *F-a-C* mit der Oberdominantquint *D* hören.

179. In der Dominantseptimenharmonie, *G-h-D|F*, steht die Septime getrennt und ausser aller wirklichen Dreiklangsbeziehung zu dem Accorde. In der Septimenharmonie der oberen Dominantquint, *D|F-a-C* (*D|F-as-C*) steht ebenso der Grundton getrennt, ausser Dreiklangsbeziehung. In der Septimenharmonie der oberen Dominantterz, *h-D|F-a* (*h-D|F-as*), ist die Trennung in der Mitte des Accordes vorhanden; er zerfällt in zwei Theile, von denen der untere dem Oberdominantdreiklange, der obere dem Unterdominantdreiklange angehört: wie eben alle drei Septimenharmonieen ihren Inhalt nur den beiden Dominantaccorden entnehmen, und nur im Mehr- und Mindergehalte aus dem einen oder anderen dieser beiden Dreiklänge unterschieden sind; indem der erste den Oberdominantdreiklang vollständig und den Grundton des Unterdominantdreiklanges, der zweite den Unterdominantdreiklang vollständig und die Quint des Oberdominantdreiklanges, der dritte Terz und Quint des oberen und Grundton und Terz des unteren zum Inhalte hat.

180. Da die Septime des Oberdominantaccordes aber keinem Tone des unter ihm liegenden Dreiklanges verbunden ist, da sie ferner entschieden Grundton ist (des Unterdominantaccordes), ein Primäres, an sich selbst Gültiges, nicht Quint, wie es die Septimen im unverwendeten Systeme sind, die als Secundäres ihre Herleitung aus dem Primären, aus dem Grundtone erhalten mussten, so wird dieses Intervall hier zu dem Dreiklange auch eben sowohl aufsteigend als absteigend, überhaupt frei hinzutreten können, wie der Grundton eines jeden Septimenaccordes in auf- oder absteigender Bewegung, oder als neu hinzukommende Stimme zu dem Dreiklange treten konnte. Zu dem Dreiklange G-h-D, als Oberdominantaccord, wird, abgesehen von einer besonderen Art melodischer Herleitung, F, der Grundton des Unterdominantaccordes, kommen können, eben wie zu demselben Dreiklange e, der Grundton des mit ihm Terzverwandten e-Molldreiklanges eintreten kann. Nicht aber würde zu G-h-D, als tonischem Dreiklange, die Quint des h-Molldreiklanges, fis, anders hinzukommen können, als aus dem Grundtone G hervorgehend, eben wie zu dem Dreiklange G|B-d, die Quint F des darin enthaltenen B als Septime auch nur aus dem Grundtone G herzuleiten ist.

181. Es wird also nach dem tonischen Dreiklange sowohl wie nach jedem anderen, der die Quint des tonischen Dreiklanges enthält, der Dominantseptimenaccord folgen, und die Septime eben so folgerichtig aufsteigend wie absteigend zu dem Grundtone treten können. Und so ist der Uebergang C-e-G . . . h-D-F-G, der dem Gehör sich als folgerechter ergibt, während andere ähnliche, wie z. B. D|F-a . . . C-e-G-a, e-G-h . . . D-F-a-h, unrichtig klingen, eben nur ein Uebergang aus C-e-G nach h D G, und die dem letzten Accorde beitretende Septime F, ist aufsteigend aus dem e hergeleitet: eine Fortschreitung, die bei den anderen Uebergängen dieser Form nicht vorkommen kann, indem hier die Septime absteigend eingeführt sein will; wodurch aber mit der tiefsten Stimme Quintparallele entsteht.

182. Was nun, in Betreff dieser Folge *C-e-G...h-D-F-G*, die tonische Terz *e* dazu bestimmen soll, sich gleichzeitig auf- und abwärts zu bewegen, das kann eben nur die Tendenz sein, die Tonart in ihren Grenzen zusammenzunehmen, sie als ein bestimmtes, abgeschlossenes Ganze fühlen zu lassen. Die Folge *C-e-G...h-D-G* enthält noch keine Bestimmung für die Tonart; eben so würde auch die Folge *C-e-G...C-F-a* die Tonart noch unbestimmt lassen. In der ersteren kann *C-e-G* oder *h-D-G*, in der letzteren *C-e-G* oder *C-F-a* tonischer Dreiklang sein, wir können *C-e-G* in jener als Unterdominantdreiklang, in dieser als Oberdominantdreiklang vernehmen, ebensowohl, wie als tonischen. Wenn eine Bestimmtheit der Tonart ausgesprochen, wenn *C-e-G* durch einen anderen Accord zu einer tonischen Mitte bestimmt werden soll, so wird die Bewegung nicht nach ei ner der Dominantseiten allein zu führen sein, sie wird nach bei den zugleich geführt werden müssen: Anfang und Ende zeitlich mit der Mitte zu verbinden, in unmittelbarer Folge, dies ist die Bedeutung der Doppelbewegung für die tonische Terz, wenn sie gleichzeitig nach dem Unterdominantgrundtone und der Oberdominantquint übergeht. Dies geschieht aber in der Accordfolge *C-e-G...h-D-F-G*. Die Fortschreitung *e..F* hat die Tendenz nach der Un ter dominantseite, die Fortschreitung *e..D*, nach der O b e r dominantseite. Sie kann aber wirksam sein nach beiden Seiten mit gleicher Energie, oder mit überwiegender für die eine oder andere. In der Fortschreitung aus dem tonischen nach dem Unterdominantdreiklange entsteht die Folge:

$$\text{I} \qquad\qquad \text{II}$$
$$\text{C - e - G ... C - F - a,}$$

in der nach dem Oberdominantdreiklange, die Folge:

$$\text{II} \qquad\qquad \text{I}$$
$$\text{C - e - G ... h - D - G.}$$

Die erste ist am Grundtone, die zweite an der Quint des tonischen Dreiklanges bestimmt; indem jener dort aus der

Grundtonsbedeutung in die Quintbedeutung, diese hier aus der Quintbedeutung in die Grundtonsbedeutung übergeht.

183. Die melodische Fortschreitung in diesen Folgen geschieht aber so, dass *e* nach *F* und *D*, *G* nach *a*, *C* nach *h* übergeht.

184. Wenn die Bewegung sich nach beiden Seiten mit gleicher Energie wendet, so wird in dem Uebergange der tonische Dreiklang selbst ganz aufgelöst:

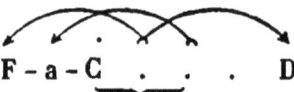

Es geht *C-e-G* über in *h-D-F-a*.

185. Strebt sie überwiegend nach der Unterdominantseite, so wird aus dem tonischen Dreiklange der Grundton, als Quint des Unterdominantdreiklanges, unbewegt bleiben; er wird Septime des entstehenden Septimenaccordes:

Es geht *C-e-G* in *C-D-F-a* über.

186. Ist die Hinneigung überwiegend nach der Oberdominantseite gerichtet, so wird aus dem tonischen Dreiklange die Quint, als Grundton des Oberdominantdreiklanges, ihre Stelle behalten; sie wird Grundton des entstehenden Septimenaccordes:

Es geht *C-e-G* über in *h-D-F-G*.

187. Derselbe Vorgang auf das System der Molltonart bezogen, ergibt das in Folgendem Dargestellte:

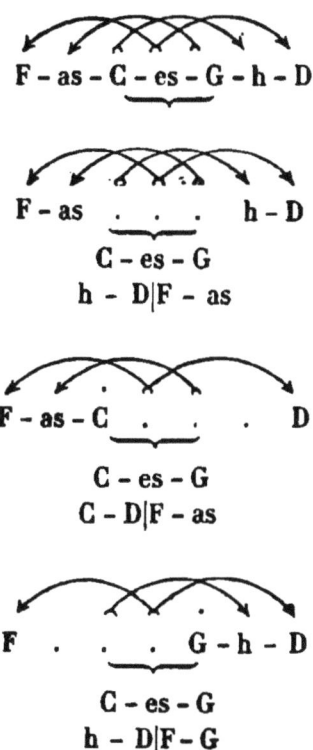

188. Die drei Dissonanzbestimmungen, welche aus der getrennten tonischen Terz entstehen und die beiden Dominantseiten verbinden, werden als naheverwandte in jeder Folge leicht verständlich in einander übergehen können.

189. Es sind alle Fälle der Aufeinanderfolge dieser drei Septimenharmonieen enthalten

I. **für die Durtonart**, in der Reihe:

h - D | F - a ... C - D - F - a ... h - D - F - G ... C - D - F - a ...
  1   —   2   —   3   —   2   —

h - D | F - a ... h - D - F - G ... h - D | F - a,
  1   —   3   —   1

II. für die **Molltonart**, in der Reihe:

h - D | F - as . . . C - D - F - as . . . h - D - F - G . . . C - D - F - as . . .
 1 — 2 — 3 — 2 —

h - D | F - as . . . h - D - F - G . . . h - D | F - as.
 1 — 3 — 1

Indem diese Accorde zwei Töne, *D* und *F*, immer gemeinschaftlich enthalten, so werden in jedem Uebergange sich nur eine oder zwei Stimmen, und wo sie zusammen fortschreiten, in Sext- oder Terzparallele zu bewegen haben; die Stimmenfortschreitung an sich kann mithin der Folge nicht entgegen sein. Das aufsteigende Hinzutreten der Septime an den Grundton, wie es in den Folgen 1—2, 3—2 und 3—1 vorkommt, würde hinsichtlich dessen, was über den Eintritt der Septime sich erwiesen hat, theoretisches Bedenken erregen können; die Wirkung dieser Folgen, wiewohl in 1—2 und 3—2 der Durtonart etwas herb, lässt sie aber als richtige gelten, und es wird sich aus der Natur der verminderten Dreiklänge *D|F-a* und *D|F-as* auch ihre theoretische Rechtfertigung ergeben, wie der freie Hinzutritt der Dominantseptime sich aus der Natur des verminderten Dreiklanges *h-D|F* ergibt.

190. Bei der Folge 1—2 und 3—2 sehen wir in beiden Reihen *h* nach *C*, dissonant gegen *D*, sich bewegen; bei der Folge 3—1, in der ersten Reihe *G* nach *a*, in der zweiten nach *as* dissonant zu *h* treten.

191. Am Dominantseptimenaccorde *G-h-D|F* hat sich die Rechtfertigung derselben Fortschreitung darin gefunden, dass die **Septime** dieses Accordes, als ein dem unter ihm liegenden Oberdominantdreiklange nicht verbundener, nicht mit ihm verwachsener Ton, auch die Herleitung aus dem Grundtone dieses Dreiklanges nicht fordern könne.

192. Beim Septimenaccorde *D|F-a-C* ist aber ebenso der **Grundton** ein von dem über ihm liegenden Unterdominantdreiklange abgesonderter; er geht mit *F* und *a* keine

innere Verbindung ein. Der aus dem *h* aufsteigende Ton *C* findet in *D* kein Hinderniss, sich mit *F* und *a* zum F-Dur-dreiklange zu verbinden, wie ein aus *B* aufsteigendes *C* es in *d* finden muss, indem hier *F* und *a* schon dem Drei-klange *d-F-a* als Terz und Quint angehören, und der Ueber-gang in die andere Bedeutung, in *C-F-a*, nur durch die Fort-schreitung *d..C* erlangt werden könnte.

193. So werden die Folgen, *h-D|F-a...C-D-F-a* und *h-D-F-G...C-D-F-a*, dem Gehöre nicht als unvermittelte oder fehlerhafte erscheinen, während sie in das Gebiet der F-Durtonart gerückt, mit dem Dreiklange *d-F-a*, anstatt des verminderten *D|F-a*, in *B-d-F-a...C-d-F-a*; *B-D-F-G...* *C-d-F-a*, sich unzulässig erweisen.

194. Weit leichter ist noch in die Bedeutung dieser Folgen einzugehen, wo sie sich auf die Intervalle der Molltonart beziehen, wie in den Accorden *h-D|F-as...* *C-D-F-as, h-D-F-G...C-D-F-as*. Wiewohl das dissonirende Intervall *C-D* nach seiner äusseren Beschaffenheit in diesen Accorden ganz dasselbe ist wie in der Durtonart, so ist die Wirkung der Dissonanz hier doch eine weit weniger herbe oder harte. Wir finden hierin wieder bestätigt, dass diese Wirkung nicht in dem unmittelbaren Verhältnisse der dissonirenden Töne selbst liegt, sondern aus anderen Be-ziehungen hervorgeht und ihren Character erhält. Es liegt aber der Grund der leichteren Verständlichkeit dieser Ac-corde darin, dass der Zusammenklang *D|F-as* entschieden als ein Accord der Trennung vernommen wird, während *D|F-a*, in seiner Aehnlichkeit mit *d-F-a*, uns in Zweifel lassen kann, welcher von beiden Accorden in der Septimenhar-monie gelten solle. Nur in Verbindung mit der Oberdomi-nantterz *h*, ist *D* entschieden als Dominantquint be-stimmt; mit *F-a* allein verbunden, wird es leicht die zu diesem Intervalle consonirende Bedeutung annehmen; es wird als Terz von *B*, Grundton des Molldreiklanges *d-F-a* werden.

195. Wie aber die Beschaffenheit der Accorde *D|F-a-C*

und *D|F-as-C* den aufsteigenden Eintritt der Septime
statthaft erscheinen lässt, so wird dieser Eintritt für die
Septime *a*, im Accorde *h-D|F-a*, und *as*, im Accorde
h-D|F-as, aus der Natur dieser Dissonanzharmonieen und
ihrer Entstehung sich nicht als zulässig nur, sondern vielmehr als Folgegemäss natürlich-gegebener erweisen;
denn wie die beiden Dominantterzen, *a* und *h*, oder *as*
und *h* melodisch nicht unmittelbar in einander übergehen
können, so kann auch die Septime *a* oder *as* nicht absteigend aus *h*, sie muss demnach aufsteigend aus *G* geleitet
sein.

Wir haben das Eigenthümliche dieser Accorde in dem
Folgenden zn besprechen.

II. Septimenaccord auf der Ober-Dominant-Terz.

a) In der Dur-Tonart.

196. In dem Septimenaccorde *h-D|F-a* werden, wenn
die Septime nicht vorbereitet ist, die Töne *a* und *h* nicht
allein nicht in der Secundlage vorkommen dürfen, sondern
es darf überhaupt kein Ton des Accordes über der Septime
a liegen, wenn die Harmonie nicht von zweideutiger Wirkung sein soll. Im Secundintervalle liegt an sich, abgesehen
von der Weise, wie die Töne zusammengetreten sind, die
Bedeutung einer harmonisch-fixirten melodischen Fortschreitung. Nun wissen wir, dass *a* und *h*, als die Terzen der
unverbundenen Dominantdreiklänge, nicht anders melodisch
zu verbinden sind, als durch die Vermittlung der tonischen
Terz *e*:

$$I - II$$
$$a \quad e \quad h$$
$$I - II$$

Dieser Vermittlung ist aber durch den Zusammenklang *D|F*
eben entschieden widersprochen, und so ist auch in dem
Secundzusammenklange *a-h*, in Bezug auf die Harmonie

h-D|F-a, ein Widerspruch enthalten, indem die Terznegation *D|F* das vermittelnde *e* aufhebt und die Vermittlung des melodisch nebeneinanderstehenden *a* und *h* unmöglich macht. Aber nicht das Secundverhältniss dieser beiden Töne allein, wie es in den Lagen *D-F-a-h*, *F-a-h-D*, *a-h-D-F* enthalten ist, lautet ungehörig, sondern überhaupt jede Lage dieses Accordes, in welcher die Septime nicht oberste Stimme ist: denn es würde dann das Intervall zwischen der Septime und dem über ihr liegenden Accordtone die dazwischen liegenden harmonisch-verbindend voraussetzen; wie jede sogenannte zerstreute oder weite Harmonie für die Theorie nur eine unausgefüllte fortgesetzte enge sein kann. Das Intervall *a—D* wird sich in *a-h-D*, das Intervall *a—F* in *a-h-D-F* verketten; woraus hervorgeht, dass, wenn die Secund *a-h* in diesem Accorde nicht zulässig ist, auch die Quart *a—D* und die Sext *a—F* es nicht sein kann. Wie also die oben verzeichneten Accordlagen, welche *a-h* als Secund enthalten, so werden, wenn auch in geringerem Grade, andere Combinationen, in welchen die Septime *a* nicht höchste Stimme ist, wie *h—F-a—D*, *h-D—a—F*, im Sinne dieser Harmonie eine Unnatur empfinden lassen; und selbst da, wo eine solche Lage durch künstlerische Behandlung motivirt eingeführt ist, wird sie immer etwas auffälliges behalten.

197. Die Intervallenlage unterhalb der Septime ist keinen beschränkenden Bedingungen unterworfen; es stellt sich nur die eine Forderung heraus, dass die Septime oberste Stimme sei. Gleich der Lage *h-D-F-a*, werden auch die in den tieferen Stimmen versetzten, *D—h—F-a* und *F—h-D—a*, wohllautend und anwendbar sein; wiewohl auch hier die Intervalle *D—h* und *F—h* die Unterdominantterz *a* einschliessen. Es führt dies auf eine nicht unbedeutende Wahrnehmung, diese nämlich: dass alle harmonische Gestaltung sich aus der Tiefe nach der Höhe bildet, auch in versetzten Accorden, die nicht den Grundton als tiefste Stimme enthalten. In dem Accorde *D—h—F-a* ist für die

Sext *D—h* noch kein zwischenliegendes *a* ausgesprochen,
ebensowenig im Accorde *F—h-D—a* zwischen *F* und *h*;
diese Intervalle gehören so lange, bis die höhere, spä-
te re Stimme mit *a* auftritt, dem Accorde *h-D-F* ohne Septime an; und wenn dieses *a*, als Terz von *F*, hinzugekommen,
so ist es eben nur für seine Stelle und nach der Höhe
weiter bildend wirksam, aber nicht nach der Tiefe Inter-
vallenlücken auszufüllen. So wird die unterbrochene Lage
der Töne *D—h—F-a*, und ebenso eine noch weitere Trennung und andere Versetzung der drei tieferen Töne dieses
Accordes, denselben immer nur als *h-D-F-a* vernehmen
lassen, die Töne werden sich nach der Höhe verdichtet zur
engen Lage des Accordes und zu dessen Verständniss ver-
sammeln, nicht aber wird *F* zur Ausfüllung der Lücke zwischen dem tieferen *D* und *h*, und *a* zwischen *F* und *h* eine
Wirkung ausüben. Dagegen würde, wenn *D* oder *F* über
dem *a* hinzuträte, das tiefere *h* seine Octav zwischen *a—D*,
h und *D* seine Octav zwischen *a—F* ausfüllend einschalten,
wir vernehmen in der Lage *h-D—a—F* eine Wirkung, die
im Intervalle *a—F* Theil nimmt an der, welche aus der Lage
a-h-D-F hervorgeht, und wie diese das Secundintervall
a-h in sich enthält, wird auch jene das unvermittelte Nebeneinanderstehen der beiden Dominantterzen durchfühlen
lassen.

198. Wie nun die Töne *a* und *h* in der Secundlage
nur durch die tonische Mitte *e* zu vermitteln sind, diese
Vermittlung aber in einem Zusammenklange, der *D¦F* enthält, unmöglich gemacht ist, so sind die Accordlagen
D-F-a-h, F-a-h-D, a-h-D-F der Tonart

$$\text{I - III - II} \qquad \text{I - III - II}$$
$$\text{I - III - II}$$
$$\text{F} \quad \text{a} \quad \text{C} \quad \text{e} \quad \text{G} \quad \text{h} \quad \text{D}$$

in ihrer inneren Versetzung zu

$$\text{I - III - II} \quad \text{I - III - II}$$
$$\text{(e)} \quad \text{G} \quad \text{h} \quad \text{D} ¦ \text{F} \quad \text{a} \quad \text{C} \quad \text{(e)}$$

eben selbst fremd. Wenn das Intervall *a-h* in *e* eine Vermittlung finden soll, so kann es eben nur in einem Dreiklangssysteme geschehen, in welchem dieser Ton zur Vermittlung noch vorhanden ist, und dies ist hier das System der A-Molltonart

II - III - I   I - III - II

    II - III - I

   D   f   c   E gis H.

Der Accord ist dann nicht *h-D|F-a*, sondern *H|D-f-A*. Die Wirkung dieses letzteren erhalten wir aber auch jederzeit, wenn im Septimenaccorde *h-D|F-a* die Septime nicht höchste Stimme ist; er wandelt sich zu der Bedeutung *H|D-f-A* um und eignet sich damit der A-Molltonart an. Die Accordlagen *D-F-a-h*, *F-a-h-D*, *a-h-D-F* werden vernommen als *D-f-A-H*, *f-A-H-D*, *A-H-D-f* und begehren in den E-Durdreiklang aufgelöst zu werden. Auch widerstrebt die Septime in dieser Secundlage zu dem Grundtone unvorbereitet aufsteigend sich zu bewegen, wenn es in der C-Durtonart mit der Fortschreitung *G—a* geschehen soll: *D-F-G-h*... *D-F-a-h*, wogegen die Folge im A-Mollsysteme: *D-f-gis-H*... *D-f-A-H*, einen ganz fügsamen Uebergang bildet. Indem der Accord *H-D-f-A* aber in der Harmonie der C-Durtonart überhaupt nicht gemeint sein kann, so ist jede Lage des Septimenaccordes *h-D|F-a*, welche die Septime *a* nicht als höchste Stimme enthält, eine normal unberechtigte. Es handelt sich hier nur von der harmonischen Bildung, wie sie unter allen Umständen sich klar und deutlich aussprechen muss; denn unter besonderen Bedingungen verschiedener Stimmenqualität oder der Herleitung im Satze selbst und der Umgebung des Accordes, kann auch eine solche versetzte Lage dieses Accordes von unzweideutiger und bester Wirkung sein.

b) In der Moll-Tonart.

199. In der Molltonart steht an der Stelle des Septimenaccordes *h-D|F-a* der sogenannte **verminderte**

Septimenaccord, h-D|F-as. Er ist seiner organischen Beschaffenheit nach in Bezug auf das Mollsystem ganz dasselbe, was jener in Bezug auf das Dursystem. Der verminderte Septimenaccord ist aber einer zweifelhaften Deutung seiner Töne nicht ausgesetzt. Wie im Dominantseptimenaccorde, so ist auch im verminderten Septimenaccorde die eigenthümliche Natur bestimmt ausgesprochen. Von sogenannter enharmonischer Mehrdeutigkeit kann natürlich die Rede hier nicht sein. In diesem Accorde wird auch bei versetzter Lage, D-F-as-h, F-as-h-D, as-h-D-F, das Intervall der Secund as-h, nicht zu einer Missdeutung Anlass geben können, indem ein melodisches Verhältniss zwischen diesen Tönen, wie wir es schon bei der Entstehung der Molltonleiter gesehen, auf keine Weise herzustellen ist, und das Verlangen nach einer Uebergangsvermittlung auch eben gar nicht angeregt wird. Der Ton as kann melodisch nur aus dem G, der Ton h nur aus dem C hergeleitet werden; eine Vermittlung für den Uebergang des einen in den anderen ist im Mollsysteme, das eben von dem Begriffe der Trennung ausgeht und in seinem ganzen Wesen darauf beruht, nicht enthalten. Das Molltonart-system, indem es die Negation der Einheit zu seinem Principe hat, bietet für die Dissonanz eben in dieser Eigenschaft auch das Entschiedenste im Zusammenklange seiner beiden Dominantterzen: den verminderten Septimenacccord.

200. Wenn wir die Septimenharmonie überhaupt durch melodische Fortschreitung in einer Dreiklangsverbindung sich haben bilden sehen, so ist für die Entstehung des Septimenaccordes, welcher die beiden Dominantterzen als Dissonanz enthält, im Dur- wie im Mollsysteme, durch die harmonische Trennung dieser beiden Töne, ein Hinderniss gesetzt, sie melodisch in einander übergehen zu lassen. Für a..h sowohl, wie für as..h, fehlt das vermittelnde, den Uebergang verständigende Moment. Wenn wir es in der Durtonleiter bei der Secund a..h in e gefunden haben, so konnte doch diese Vermittlung bei der Harmonie h-D|F-a

nicht zur Geltung kommen; indem die tonische Terz durch den Zusammenklang $D|F$ aufgehoben ist, und Etwas nicht zugleich bejaht und verneint sein kann. Es wird also der Septimenaccord h-$D|F$-a, wenn die Fortschreitung $a..h$ hier nicht vermittelt ist, auch nicht aus einer Folge des Dreiklanges $D|F$-a nach dem Dreiklange h-$D|F$ hervorgegangen sein können, denn diese Folge kann eben nicht anders als mit der Fortschreitung $a..h$, oder aus h-$D|F$ nach $D|F$-a mit der Fortschreitung $h..a$ geschehen; die erste in der Form: $D|F$-$a \ldots D$-F-a-h, die andere h-$D|F \ldots a$-h-D-F. Beide Folgen werden das Gefühl für die A-Molltonart stimmen, in welcher der Vermittlung des Schrittes $A..H$, in E, durch die Harmonie $H|D$-f-A nicht widersprochen ist. In der C-Molltonart ist ebenso der Septimenaccord h-$D|F$-as nicht aus einer Uebergangsverbindung der Dreiklänge h-$D|F$ und $D|F$-as herzuleiten, die in der Form h-$D|F \ldots as$-h-D-F, und $D|F$-$as \ldots D$-F-as-h erscheinen müsste; und zwar ist die Trennung von as und h für die melodische Fortschreitung eine noch entschiedenere, als die von a und h, oder vielmehr eine ganz absolute, indem hier jede Vermittlung fehlt. Es ist also die Septimenharmonie h-$D|F$-a und h-$D|F$-as überhaupt nicht als ein fixirter Uebergang des einen verminderten Dreiklanges in den anderen anzusehen, sondern als ein Uebergang des tonischen gleichzeitig in die beiden Dominantdreiklänge: C-e-$G \ldots h$-$D|F$-a; C-es-$G \ldots h$-$D|F$-as. (182—187.)

201. Wenn ein anderer als dieser Septimenaccord unvorbereitet mit Grundton und Septime eingeführt werden sollte, so würde darin der Widerspruch liegen, dass der Dissonanzvermittelnde Ton zugleich mit entgegengesetzter Bedeutung aufträte. Dies ist aber an sich gegen den Sinn einer vernünftigen Wirklichkeit; diese kann nur darin bestehen, dass die eine Bedeutung im Uebergange zu der anderen mit dieser zugleich im vermittelnden Momente enthalten sei; die Entzweiung kann nicht ein Ausgangsmoment, sie kann nur ein Uebergangsmoment sein.

Das Verständniss des Septimenaccordes *h-D|F-a*, oder *h-D|F-as*, beruht aber gar nicht auf der Bestimmung, dass ein vermittelnder Ton gleichzeitig das Eine und das Andere sei, denn es ist im ersten Accorde das vermittelnde *e*, im anderen das *es* durch den Zusammenklang *D|F* als Einheit aufgehoben. Die Intervalle *h—a* und *h—as* sind hier nicht in der Bedeutung einer zweifach bestimmten Einheit dissonant, sondern in *D|F*, in der als Einheit gesetzten Zweiheit; und wie der dissonante Zusammenklang *D|F* in seiner Folge nach der tonischen Terz keine Vorbereitung haben kann, und keiner bedarf, indem er an sich unzweideutig den Sinn einer verständlichen Veränderung ausspricht, so wird auch das darauf beruhende Septimenintervall *h—a* und *h—as* unvorbereitet eintreten können: es wird auf den tonischen Durdreiklang *C-e-G* der Septimenaccord *h-D|F-a* und auf den Molldreiklang *G-es-G* der Septimenaccord *h-D|F-as* folgen können, ohne dass etwas Ungehöriges dabei empfunden wird, wie es bei jedem anderen Septimenaccorde, wenn er in dieser Weise eingeführt würde, der Fall sein müsste; denn wir würden die Folgen *D|F-a...* *C-e-G-h, e-G-h...D|F-a-C, F-a-C...e-G-h-D*; oder *D|F-as...* *C-es-G-h, es-G-h...D|F-as-C, F-as-C...es-G-h-D* nicht setzen können.

202. Ueber die bedingte Intervallenlage des Accordes *h-D|F-a* und den Grund, aus welchem die Bedingungen bei dem Accorde *h-D|F-as* wegfallen, ist schon gesprochen worden, und es wird nicht weiter zu erörtern nöthig sein, warum der Septimenaccord *h-D|F-a* nur aus einer Lage des tonischen Dreiklanges, welche die Quint desselben als oberste Stimme enthält, folgerichtig hervorgehen kann; dass aber der Septimenaccord *h-D|F-as* aus jeder Lage des tonischen Dreiklanges herzuleiten ist: so dass wir *es-G-C...D-F-as-h*, *G-C-es...as-h-D-F*, nicht aber *e-G-C...D-F-a-h*, *G-C-e...* *a-h-D-F* folgen lassen können.

III. *Septimenaccord auf der Ober-Dominant-Quint.*

203. Für den Septimenaccord $D|F\text{-}a\text{-}C$ der Durtonart, enthält die Molltonart den Accord $D|F\text{-}as\text{-}C$. Wenn jener mit dem Septimenaccorde $d\text{-}F\text{-}a\text{-}C$ zu verwechseln ist, die Dissonanzintervalle $D|F$ und D—a auch wirklich in die consonanten $d\text{-}F$ und d—a überzutreten geneigt sind, so ist im Septimenaccorde gleicher Stelle in der Molltonart, $D|F\text{-}as\text{-}C$, diese Zweideutigkeit nicht vorhanden; dagegen hat dieser eine äussere Aehnlichkeit mit dem Septimenaccorde $d\text{-}F|As\text{-}C$ der Es - Durtonart, entsprechend dem Accorde $h\text{-}D|F\text{-}a$ der C-Durtonart. Stellung und die der Dissonanz angemessene Behandlung werden den Unterschied der Accorde $D|F\text{-}as\text{-}C$ und $d\text{-}F|As\text{-}C$, so wie den der Accorde $D|F\text{-}a\text{-}C$ und $d\text{-}F\text{-}a\text{-}C$ immer leicht erkennen lassen.

. **204.** — Es ist hauptsächlich die Beschaffenheit unserer Clavierinstrumente, die zu Verwechslungen solcher Accorde führen, und überhaupt die Unklarheit des harmonischen Begriffes fortbestehen lassen kann; im Wesen der Sache selbst ist mit dem Ganzen auch jedes Einzelne unzweideutig bestimmt. Wenn man aber für das Clavier die Noten *his*, *fes*, *G* zu einem wohlklingenden Dreiklange zusammenschreiben kann, so ist eine natürliche systematische Nachweisung der harmonischen Gesetze an der Claviatur wohl nicht zu suchen. Wo der e n h a r m o n i s c h e Unterschied nicht zu erkennen ist, den die Notenschrift und Benennung noch bewahrt, da kann noch weniger die Verschiedenheit der mit gleichem Namen benannten Töne erkennbar sein. —

205. Dass die Grenzverbindungs-Dreiklänge und ebenso die Septimenaccorde, an welchen jene Theil haben, im Systeme der M o l l - D u r tonart dieselben sind, wie im Systeme der Molltonart, ist uns schon bekannt; es bedarf darum ihr Vorkommen in diesem Systeme keiner besonderen Besprechung. Der verminderte Septimenaccord bezieht sich hier auf einen tonischen D u r dreiklang, wie er im Mollsysteme auf einen tonischen M o l l dreiklang Bezug hat.

Verschiedenheit der Dissonanzwirkung.

206. Die Verschiedenheit dissonanter Wirkung des Septimenaccordes, wie auch des Vorhaltsaccordes, beruht hauptsächlich auf dem melodischen Verhältnisse der Dissonanztöne in ihrer Secundlage. Je entschiedener diese die melodische Fortschreitung in directer Accordverbindung enthalten, desto härter wird das Intervall, harmonisch auseinander gehalten, als Zusammenklang dissoniren müssen. In der Tonleiter haben wir die Secundfortschreitung durchgängig auf gleiche Weise vermittelt gefunden; in der Dreiklangsverbindung aber war sie eine durch gleichzeitige Bewegung mehrerer Stimmen bedingte. Wenn die einzelne Stimme in der gegebenen C-Durtonart sich in der Folge *C..D..e..F..G..a..h..C* auf- und abwärts bewegen konnte, so wird in der Accordverbindung, welche die Dreiklänge *C-e-G* und *G-h-D* nicht unmittelbar, sondern in *C-e-G..e-G-h..G-h-D* vermittelt, folgen lässt, schon die erste melodische Bewegung nicht *C..D*, sondern *C..h* sein, die zweite sodann *e..D*, und wenn auch beide gleichzeitig erfolgen, wie es in der Folge *C-e-G..h-D-G* geschieht, so bezieht sich doch immer, wie im successiven Uebergange, *C* melodisch auf *h*, nicht auf *D*; *D* aber auf *e*. In der Folge *C-e-G...C-F-a* aber, die aus der zusammengezogenen Fortschreitung *C-e-G...C-e-a...C-F-a* besteht, wird *e* nach *F*, *G* nach *a* fortgeschritten sein; *h* endlich, wird in der directen Verbindung *e-G-h...e-G-C* nur nach *C* fortschreiten können. Demnach sind die harmonisch melodischen Stufen in der C-Durtonart: *h..C*, *D..e*, *e..F*, *G..a*, und die Schritte *C..D*, *F..G*, *a..h* bleiben von der Stimmenfortschreitung in wirklichen Dreiklangsverbindungen ausgeschlossen. Diese werden erst in den Folgen *D|F-a...F-a-C*, *G-h-D...h-D|F*, *h-D|F...D|F-a*, d. h. bei Dreiklängen

des verwendeten Systemes vorkommen können als:
F-a-C...F-a-D, $D|F$-a...C-F-a; G-h-D...F-h-D, h-$D|F$...
h-D-G; $D|F$-a...D-F-h, h-$D|F$...a-D-F; somit also nur als
ausserhalb der wirklichen harmonischen Einheit zur Fort-
bewegung genöthigte. Die Stufentöne: C..D, F..G, a..h
sind in ihrer Septimenlage in den Accorden $D|F$-a-C,
G-h-$D|F$, h-$D|F$-a in dem Grade weniger hart dissonant,
als sie in ihrer Secundlage weniger Bestimmung haben,
melodisch in einander überzuführen. Am Entschiedensten
ist die melodische Trennung ausgesprochen im Mollsysteme
zwischen den beiden Dominantterzen, in C-Moll zwischen
as und h. Je weniger in der Secundlage dieser beiden Töne
eine Folgebeziehung angeregt wird, desto weniger hart ist
der Zusammenklang ihrer harmonischen Verbindung im
Septimenaccorde h-$D|F$-as, so wie auch dieser Accord,
wie der im Dursysteme ihm entsprechende h-$D|F$-a, aus
der primären Lage des tonischen Dreiklanges hergeleitet,
wieder in die primäre Lage beider in ihm enthaltenen ver-
minderten Dreiklänge, h-$D|F$ und $D|F$-a, also nicht mit der
Secundlage, sondern mit der Septimenlage seiner Dissonanztöne hervorgehen musste, während die übrigen Septimenaccorde, als Verbindungen Terz-verwandter Dreiklänge,
sich aus dem primären tonischen nur in versetzter Lage,
die Dissonanz als Secundintervall enthaltend, bilden können.

207. Wenn die verminderte Septime aus dem eben
angegebenen Grunde die mildeste Dissonanzwirkung ausübt, so wird dagegen die grosse Septime um so herber
dissoniren müssen, als ihre beiden Dissonanztöne die nächste
melodische Beziehung zu einander haben, am Entschiedensten die Bestimmung als Folge nacheinander zu kommen, nicht als Zusammenklang gleichzeitig verbunden
zu werden. In der C-Durtonart sind demnach die Septimenaccorde F-a-C-e und C-e-G-h die dissonantesten, indem sie die Fortschreitungen e..F und h..C, welche die
Dreiklangsverbindung entschieden zu melodischen bestimmt,
als Zusammenklang fixirt enthalten.

208. ·Weniger dissonant als diese Septimenaccorde, und dissonanter als die vorhergenannten, werden sich die Septimenaccorde *a-C-e-G* und *e-G-h-D* erweisen. Sie enthalten in *G-a* und *D-e* eine der directen Dreiklangsverbindung gehörige Fortschreitung als Dissonanzintervall: diese ist aber nicht in dem Grade eine melodisch dringende, wie es die Secunden *e-F* und *h-C* sind, und in so geringerem Grade werden auch diese Septimenaccorde hart dissoniren.

209. Die hier vorkommenden Verhältnisse der Secund-Dissonanz stellen sich, wenn vom geringeren Grade der Härte zu dem grösseren fortgeschritten wird, in dieser Ordnung dar:

$$
\begin{array}{rcl}
as : h & = & 64 : 75 \\
\left.\begin{array}{r} a : h \\ C : D \\ F : G \end{array}\right\} & = & 8 : 9 \\
\left.\begin{array}{r} D : e \\ G : a \end{array}\right\} & = & 9 : 10 \\
\left.\begin{array}{r} e : F \\ h : C \end{array}\right\} & = & 15 : 16
\end{array}
$$

210. Dasselbe, was hier von der Dissonanz des S e p t i m e n a c c o r d e s gesagt ist, wird auch auf die Dissonanz des V o r h a l t e s anzuwenden sein. Dass hier wie dort die Verschiedenheit der Wirkung nicht auf der Art des dissonanten Intervalles allein, sondern auf der ganzen Natur des Accordes beruhen muss, wird kaum zu bemerken nöthig sein; es würde aber eine Monographie des Vorhalts- und Septimenaccordes erfordern, wenn auf alle characteristischen Specialitäten der Dissonanz erklärend eingegangen werden sollte. Nur wenige Bemerkungen in diesem Bezuge mögen hier noch Platz finden.

Ausser der besonderen Beschaffenheit der im Septimenaccorde enthaltenen Dreiklangscombination, welche allein in der Durtonart aus Dur- und Mollaccord (*C-e-G-h*, *F-a-C-e*), aus Moll- und Duraccord (*a-C-e-G*, *e-G-h-D*), aus Dur- und vermindertem- (*G-h-D|F*), aus vermindertem und

Duraccord (*D|F-a-C*) und aus zwei verminderten (*h-D|F-a*)
sich bilden kann, zu welchen die Molltonart noch durch
ihren übermässigen Dreiklang (*es-G-h*) die an diesem theil-
nehmenden Septimenaccorde (*C-es-G-h, es-G-h-D*) und die
aus der Verbindung der Dur- und Mollgrenze hervorgehen-
den (*h-D|F-as, D-F|as-C*) sowie die später zu betrachtenden
aus der Verbindung der Grenzen des übergreifenden Systemes entstandenen hinzukommen lässt, — ausser der Verschiedenheit dieser Combinationsbedingungen, welche auch den
Accorden, die eine äusserlich gleiche Septimenentfernung
haben, verschiedene Dissonanzwirkung ertheilen muss, ist
noch das melodische Verhältniss der Dissonanztöne zu den
von ihrem Secundzusammenklange abgewendeten Neben-
tönen für die Wirkung der Dissonanz von Einfluss: die me-
lodisch-nähere Verwandtschaft zu diesen Nachbartönen, indem sie den Schritt zur Auflösung erleichtert, wird auch die
Dissonanz weniger hart erscheinen lassen, als ein weiterer
Abstand von ihnen.

So ist die Dissonanz des Septimenaccordes der Tonica,
C-e-G-h, eine härtere, als die des Septimenaccordes der
Unterdominant, *F-a-C-e*; wiewohl beide Septimenaccorde
an sich von ganz gleicher Beschaffenheit sind, und wird die
härteste sein im tonischen Septimenaccorde der Molltonart:
C-es-G-h; denn es ist die Auflösungsfortschreitung im ersten
h..a, 9 : 8; im zweiten *e..D*, 10 : 9, und würde im dritten
die melodisch ganz unvermittelte *h..as*, 75 : 64 sein müssen;
weshalb dieser Accord innerhalb der Tonart auch gar nicht
mit absteigender Septime aufzulösen ist. Aehnliche Septimenaccorde, wie *F-a-C-e, C-e-G-h*, oder: *a-C-e-G*,
e-G-h-D, sind auch dadurch wieder verschiedener Wirkung, dass sie bei der Auflösung zu verschiedener Art von
Dreiklängen führen:

$$F-a-C-e\ldots F-h-D, \quad C-e-G-h\ldots C-F-a;$$
$$F\gamma \qquad h^0 \qquad C\gamma \qquad F$$
$$a-C-e-G\ldots a-D-F, \quad e-G-h-D\ldots e-a-C;$$
$$a_7 \qquad D^0 \qquad e_7 \qquad a$$

so dass zu dem Dissonanzverhältnisse, zu der Art der auflösenden Stimmenfortschreitung auch diese Folgebedingung
den Septimenaccord zu characterisiren mit inbegriffen sein
wird.

211. — Die Untersuchung und Auseinandersetzung
eines Dissonanzzustandes, in sich und seinen zeitlichen Um-
gebungen, wird für jeden bestimmten einzelnen Fall sich
eben so bestimmt darlegen lassen, als es unmöglich sein
würde, für das Vorkommen aller möglichen Erscheinungen
etwas formell-Allgemeines oder schematisch-Uebersichtli-
ches aufzustellen. Die Mannigfaltigkeit der Formation ist
auch in den Grenzen des gesetzlich-Bestimmten eine unendliche. — Wie mannigfach der Septimenaccord schon innerhalb seiner Tonart vorzubereiten und aufzulösen ist, so gibt
noch die Mehrdeutigkeit des Accordes, sein Vorhandensein
in mehreren Tonarten, sowie die Modulation, welche während der Auflösung selbst geschehen kann, eine Vielheit
möglicher Entfaltungen, die in ihrer Verzweigung, auch
wenn eine Classification versucht würde, keine übersicht-
liche Anschauung gewähren könnte. Wenn wir aus der
Kenntniss des Körperbaues und der Muskelfunctionen jede
Bewegung der einzelnen Gliedmassen erklären können, so
werden wir uns dabei begnügen, und es wird uns nicht
in den Sinn kommen, für den Ausdruck einer Reihe
wechselnder Actionen eine Bewegungsformel finden zu
wollen.

Es sind immer nur Dreiklänge nächster Verwandtschaft, die in einander übergehen, oder sich auseinander
entwickeln: eine Dreiklangs-Metamorphose, nach denselben Begriffsmomenten, aus denen der Dreiklang selbst
hervorgegangen. Aber die Mannigfaltigkeit der möglichen
Entwickelung und Weiterbildung ist unerschöpflich, und
es wird, wenn wir nicht in das Unbestimmte gerathen
wollen, eben so erforderlich sein, die besondere Erscheinung auch in ihrer eigenthümlichen Existenz zu betrachten,
ihren Namen ihr zu geben oder zu lassen, als nur immer,

das Ganze, in welchem das Einzelne als Glied lebt, im
Auge haben zu wollen, das doch eben erst durch das Zusammenfassen seiner Theile wieder ein Ganzes ist; denn
wie das Glied im Ganzen, so lebt auch das Ganze in seinen
Gliedern. —

Chromatische Auflösung der Dissonanz.

212. Wenn die Auflösung der Dissonanz für die Fortschreitung der dissonanten Töne überhaupt darin besteht,
dass durch diatonisch-melodische Bewegung des einen
oder anderen derselben, oder beider ein consonantes Verhältniss, Terz, Quint oder Octav, in directer oder versetzter Lage der Intervalle erlangt werde, so sind wir schon
einer Auflösungsart begegnet, bei der die **chromatische**
Fortschreitung der einen oder anderen Stimme Theil hatte.
Es ist jene, wo das kleine Septimenintervall durch diatonische Bewegung der einen und chromatische der anderen
Stimme in die Octav übergeht (140). Es wird aber eine
chromatische Veränderung, die während der auflösenden
Fortschreitung des einen Intervalltones an dem anderen,
diatonisch nicht bewegten, vor sich geht, auch anderen
Auflösungsarten nicht entgegen sein können. Wie die Dissonanz *C-D* sich nach *C-e* löset, so wird sie eben auch in
cis-E ihre Lösung finden können; denn wie *C-e*, so ist
auch das Intervall *cis-E* ein consonantes, d. h. im Dreiklange bestehendes. Daher sich auch die Fortschreitung:
fis-A-C-D...G|A-cis-E als eine richtige und wohllautende
hören lässt. Ebenso wird die Dissonanz *C-D*, anstatt nach *h-D*
oder *b-D*, durch chromatische Fortschreitung des oberen
Tones auch in das Intervall *H-dis* oder *B-des* müssen übergehen können; worin dann Folgen, wie z. B. *fis-A-C-D...Fis-*
A-H-dis und *F-as-C|D...F-as-B|Des*, oder *F-as-B-des* Zuläs-
sigkeit und Grund finden. Es wird nicht schwer sein, aus
diesem Processe die nachbezeichneten Folgen zu erklären:

gis–H|D–f...G–b–cis–E...fis–A|C–es...F–as–h–D....

   a : vii⁰   d : vii⁰   g : vii⁰   c : vii⁰

gis–H|D–f... A–c–dis–Fis...ais–Cis|E–g...H–d–eïs–Gis....

   a : vii⁰   e : vii⁰   h : vii⁰   fis : vii⁰

In der ersten vertieft sich chromatisch der Grundton zu der abwärtsgehenden Septime, in der zweiten erhöht sich chromatisch die Septime zu dem aufsteigenden Grundtone. Es sind beide Folgen wesentlich keine anderen als jene, die wir früher bei den Fortschreitungen der Septimenharmonieen in das dritte Glied der ab- und aufsteigenden Reihe erhalten haben, die erste als:

G–h–D|F...G–h–C–e...F–a–C–e...F–a–h–D....

die zweite als:

G–h–D|F...a–C–D–F...a–C–e–G...h–D–e–G....

Diese letztere, welche nur in den Septimenaccorden des **verwendeten** Systemes zulässig erschien, indem die Septime nur in solchen zu dem Grundtone aufwärts treten kann, wird in der obigen Folge, die sich nur in verminderten Septimenaccorden fortbewegt, auch ununterbrochen Anwendung finden.

213. Das Gewaltsame, Gedrängte, was diese chromatischen Folgen enthalten, das in der zweiten namentlich sich ausspricht, liegt aber in dem fortwährenden Wechsel der Tonart. Eine chromatische Fortschreitung, in harmonischer Bedeutung, führt allezeit in ein neues Tonartsystem; und zwar leiten die obigen Folgen aus einer Molltonart in die andere, aus einem Isolirten in das andere; denn die Molltonarten sind, wie wir früher gesehen, nicht in der Weise verkettet, wie es die verwandten Durtonarten unter sich sind.

Sodann ist die Widerwilligkeit der Stimmenfortschreitung in diesen Folgen auch durch die Zusammenklänge selbst verursacht. Es wird im Accorde *gis–H|D–f* der ersten Reihe, *gis* in der Verbindung mit *D* und *f* weit mehr

Verlangen haben, nach *A* als nach *G* sich zu bewegen;
ebenso wird in der zweiten Reihe *f*, gegen *gis* und *H*, nach
E, und nicht nach *fis* fortschreiten wollen. Dieselbe Ge-
zwungenheit findet in der absteigenden Bewegung bei
H..b, in der aufsteigenden bei *D..dis* statt; so dass in diesen Harmoniefolgen von den vier Stimmen allezeit nur zwei
einen ungezwungenen Gang erhalten: in der ersten *D-f*
nach *cis-E*, in der zweiten *gis-H* nach *A-c*; die anderen
zwei aber ihrem Verlangen entgegen fortzuschreiten genöthigt werden. Den Grund, warum die zweite der obigen
Folgen noch weniger willfährig fortschreitet, als die erste,
werden wir bei Betrachtung der Modulation zu besprechen
Gelegenheit finden.

Wesentliche Verschiedenheit der Septimenharmonie des unverwendeten und des verwendeten Systemes in Bezug auf die Accordlage.

214. In der absteigenden Reihe verbundener Septimenharmonieen

$$C-e-G \ldots C-e-G-a \ldots C-e-F-a \ldots C-D-F-a \ldots$$

$$\begin{array}{cccc} & 6 & 6 & 6 \\ & 5 & 4 & 4 \\ & 3 & 3 & 2 \end{array}$$

$$h-D-F-a \ldots h-D-F-G \ldots h-D-e-G \ldots h-C-e-G \ldots$$

$$\begin{array}{cccc} 7 & 6 & 6 & 6 \\ 5 & 5 & 4 & 4 \\ 3 & 3 & 3 & 2 \end{array}$$

sehen wir die vier verschiedenen Lagen oder Versetzungen
des Accordes Folgebedingt und darum auch in ihrer Wirkung gerechtfertigt auseinander hervorgehen.

Während aber die erste aus Terz, Quint und Septime,
die zweite aus Terz, Quint und Sext, und die vierte aus
Secund, Quart und Sext bestehende Lage des Septimenaccordes bei gehöriger Vorbereitung des dissonirenden Intervalles auch ausser dieser strengen Folge sich in allen
Fällen anwendbar erweisen, so gestattet die dritte, die
Terz-quart-sextlage, auch mit der vorbereiteten Dis-

sonanz, nicht so unbedingte Anwendbarkeit: sie lässt bei den Septimenaccorden des unverwendeten Systemes etwas Verkehrtes, Grundloses, einen Mangel an B a s i s empfinden.

Es ist in dieser Versetzung die Q u i n t des Septimen-accordes, d. i. die Quint des unteren der beiden in diesem Accorde verbundenen Dreiklänge, tiefste oder B a s s stimme geworden; wir erhalten also darin die Q u a r t - s e x t l a g e dieses unteren Dreiklanges: eine Lage, die eben auch als Dreiklangsversetzung sich nur als eine durch die Folge be-,dingte einführen kann, indem die Quint eine der Basis des Accordes entgegengesetzte Bedeutung hat und fühlen lässt.

215. Diese Lage der Septimenharmonie wird aber auch ausser jener Verbindung oder Herleitung eintreten können bei den Septimenaccorden, die an dem Zusammenklange der Grenzen des Tonartsystemes Theil haben: beim Domi-nantseptimenaccorde und bei den Septimenaccorden der Oberdominantterz und Oberdominantquint; beim letzteren, wegen der Zweideutigkeit, welcher derselbe in der Durton-art unterliegt, entschiedener nur in der Molltonart. Somit werden die Septimenaccorde des v e r w e n d e t e n Syste-mes: *G-h-D|F, h-D|F-a, h-D|F-as, D|F-as-c*, in der Versetz-ung *D-F-G-h, F-h-D-a, F-as-h-D, as-C-D-F*, ohne Bindung der als Bass gesetzten Quint, die anderen aus dem u n v e r - w e n d e t e n Systeme: *F-a-C-e, a-C-e-G, C-e-G-h, e-G-h-D* und *F-as-C-es, as-C-es-G, C-es-G-h, es-G-h-D* (sofern die letzteren zwei überhaupt als Septimenharmonie sich einfüh-ren sollten), in dieser Terz-quart-sextlage nur mit gebun-denem Basstone erscheinen können.

216. Wenn wir aber fragen, aus welchem Grunde jene dem verwendeten Systeme eigenthümlich angehö-rigen Septimenaccorde eine Versetzung zulassen, welche für die Septimenaccorde des unverwendeten Systemes, wo sie nicht durch bedingte Folge entstanden ist, ungehörig erscheint, so ist er eben in dem Begriffe jener Verwendung (e) *G - h - D|F - a - C* (e) selbst zu suchen. Indem hier das ent-

schieden G e t r e n n t e verbunden als M i t t e , die E i n h e i t s -
M i t t e getrennt als G r e n z e auseinandergesetzt ist, das ganze
verwendete System in Allem, was sich auf seine Mitte bezieht, oder Theil an ihr nimmt, System der D i s s o n a n z ist,
so wird in dieser Zweiheitsnatur des Ganzen der Zusammen-
klang $D|F$ die E i n h e i t s b e d e u t u n g haben und behaup-
ten müssen, so dass die Septimenaccorde G-h-$D|F$, h-$D|F$-a,
$D|F$-a-C als D r e i k l ä n g e der a b s o l u t e n D i s s o n a n z :
G-h-B, h-B-a, B-a-C zu betrachten sind, in welchen D und
F nicht nur als ungetrennt, sondern auch als u n u n t e r -
s c h i e d e n für die Bedeutung des Accordes gelten müssen.
Es ist demnach die Quint D des ersten der obigen drei
Septimenaccorde in B zugleich Grundton F; die Quint des
zweiten, F, hat an sich Grundtonsbedeutung, und die Quint
des dritten, a, ist in B auch Terz von F (für die Wirkung
entschiedener n i c h t - Q u i n t in der Mollterz as). Diese Doppelbedeutung aber erhält die Quint in diesen Accorden nicht,
wie es in den übrigen Septimenharmonieen auch der Fall
sein würde, durch einen dem ersten verbundenen anderen
Dreiklang, sondern sie hat sie eben, der Natur dieser Septimenaccorde nach, in ihnen selbst, als eine ungetrennte und
ununterschiedene.

217. In den zwei letzteren der combinirten Dissonanzdreiklänge des verwendeten Systemes, h-B-a, B-a-C, würde
man, nachdem wir dem F des ersteren die Grundtonsbedeutung, und dem a des zweiten die Theilnahme an der Terzbedeutung zugesprochen haben, dem a des ersteren und dem
C des letzteren nun entschiedene Quintbedeutung zuschreiben müssen; diese aber haben die Töne a und C hier nicht
als Quint dieser absoluten Dissonanzdreiklänge erst zu erhalten, sie haben dieselbe als Septime schon an sich, indem dieses Intervall des Accordes jederzeit nur Quint des
oberen Dreiklanges sein kann. In ihrer Septimenbedeutung
ist ihnen aber die gebundene Herleitung in jeder Lage, also
auch wo sie als Basis erscheinen, ohnehin schon gesichert;
so dass die Secund-quart-sextlage des Septimenaccordes,

gleich der Septimen- und Quint-sextlage, in diesen Zweiheits-Accorden, wie in jedem anderen immer unbedingt anwendbar sein muss.

218. Der Septimenaccord der Oberdominantquint wird aber in der Durtonart seine Zweiheitsnatur immer schwer behaupten können: der Accord *D|F-a-C* ist zu sehr der Umdeutung in den die Einheit *e* nicht aufhebenden *d-F-a-C* ausgesetzt. Daher nur in der Molltonart, wo am Septimenaccorde dieser Stelle die Zweideutigkeit nicht vorhanden ist, derselbe sich in die Terz-quart-sextlage wird verwenden lassen, *D|F-as-C* in der Lage *as-C-D-F*, oder sonst in anderen Versetzungen, welche die relative Quint des Accordes, *as*, als Bass enthalten, wird erscheinen können; nicht aber *D|F-a-C* als *a-C-D-F*, ausser der Herleitung des Tones *a* aus dem *h*, wie in der Folge: *h-D-F...a-C-D-F*, oder seinem Gebundensein in *a-C-e...a-C-D-F*.

219. — Es wird für die Einsicht in das Wesen der Accordbildung und Umbildung vor allem der Gedanke einer fertigen, vorausbestimmten Tonreihe immer fern zu halten sein. Der Accord wird nicht durch gegebene Töne bestimmt, sondern diese gehen selbst erst als harmonisch-bestimmte aus dem lebendigen Weben und Wirken des Accordbegriffes hervor. Es ist der harmonische Gedanke selbst, der in diesen Intervallbestimmungen sich verkörpert, als die Seele, die sich den Leib in ihnen bildet. Was einen T e r z ton vom gleichnamigen Q u i n t tone, was *d* vom *D* unterscheidet, ist nicht die geringe Differenz der Klanghöhe beider Töne, sondern die ganz differente Generation des einen und anderen: dass *D* mit *G*, *d* mit *a* im Quintverhältnisse steht, der eine Ton der Oberdominantseite, der andere der Unterdominantseite zugehört, ist ihr wesentlicher Unterschied. Ebenso ist *a* von dem zu *D* Quint-bildenden *A* unterschieden, und kann sonach mit *D* keine Quintverbindung eingehen. Daher wir eine Folge wie *C-e—C—G...D-F—h—a*, bei welcher die Bedeutung des Tones *a* im zweiten Accorde deutlich ausgesprochen ist, nicht als Q u i n t p a r a l l e l e

hören; die entgegengesetzte D-F—h—a…C-e—C—G aber, indem sie in den äusseren Stimmen, D—a..C—G, den Uebergang gleicher Bewegung aus dem Intervalle D—a in die Quint C—G enthält, unzulässig finden werden. Der Unterschied von a und A würde auch fühlbar werden müssen, wenn wir die ersten vier Töne des Chorales ,,Ach Gott und Herr:'' C..|h..a..|$\widehat{G}$ erst mit der Grundharmonie C..|e..F..|$\widehat{C}$, und sodann mit der Harmonie C..|G..D..|$\widehat{G}$ begleiten wollten. In der letzten wird die Choralmelodie C..|h..a..|$\widehat{G}$ ihren Terzton a in den Quintton A verändern und die Intonation desselben wird für den Sänger eine anders bestimmte, höhere sein, als die Terzintonation des Tones a zu dem Dreiklange F-a-C.

Septimen-Accorde, welche durch die Grenzverbindung des übergreifenden Tonartsystemes entstehen, und Septimen-Accorde mit übermässigem Dreiklange.

220. Wir haben früher von einem Uebertreten, von einer Fortrückung des Tonartsystemes um ein Glied der Accordreihe gesprochen (54—62) und haben aus derselben nach der Oberdominantseite in der Durtonart sowohl, wie in der Molltonart, verständliche Grenzverbindungsdreiklänge hervorgehen sehen. Es veränderte sich dadurch das System der C-Durtonart:

$$F - a - C - e - G - h - D,$$

in die Formation:

$$a - C - e - G - h - D - fis;$$

und aus dem Systeme der C-Molltonart:

$$F - as - C - es - G - h - D,$$

entstand:

$$as - C - es - G - h - D - fis.$$

221. Die aus diesem nach der Oberdominantseite übergreifenden Systeme hervorgehenden Grenzverbindungsdreiklänge sind in der C-Durtonart: *D-fis|a*, *fis|a-C*; in der C-Molltonart: *D-fis|as*, *fis|as-C*.

In der Durtonart werden die Accorde *D-fis|a*, *fis|a-C* leicht zu erkennen und von den Accorden *D-fis-A*, *fis-A|C* zu unterscheiden sein, wenn in einer harmonischen Fortschreitung die Terz der Oberdominantquint, *fis*, chromatisch aus dem Unterdominantgrundtone *F* geführt wird. Wir werden durch dieses *fis*, wiewohl es nicht im Umfange des C-Durtonartsystemes enthalten ist, nicht zu dem Gefühle der G-Durtonart bestimmt, so lange die Unterdominantterz *a* ihm verbunden bleibt, wie z. B. in der Harmoniefolge:

a-C-F...a-C-fis...h-D-G,   F-a-D...fis-a-D...G-h-D;

denn es liegt in dieser Fortschreitung *F..fis* noch keine Nöthigung für die Terz *a*, in die Quint *A* überzutreten; somit haben die Accorde *a-C-fis* und *fis-a-D* noch Theil an der Unterdominantseite des C-Durtonartsystemes und lassen dieses noch fortbestehen.

222. Und so werden auch die Septimenaccorde, in welchen das Intervall dieser verbundenen Grenzen *fis|a* vorkommt, ohne Umwandlung des Terztones 80 in den Quintton 81, naturgemäss erscheinen; mit Ausnahme des Septimenaccordes *h-D-fis|a* (*h-D-fis|as*), von welchem später zu sprechen ist. Wir hören die Folge *F-a-C-D...fis-a-C-D...G-C-e*, ohne dass der Ton *a* im zweiten Accorde sein Verhältniss der kleinen Unterterz zu *C*, 5 : 6 aufzugeben nöthig hat.

223. Die auf die Molltonart und die Durtonart mit weicher Unterdominant bezogenen Accorde gleicher Stellung: *D-fis|as*, *fis|as-C*, haben wir aber in ihrer Eigenthümlichkeit besonders zu betrachten, an sich sowohl, wie in ihrer Theilnahme an der Septimenharmonie.

224. Wie in der Verbindung der Grenzen des geschlossenen Systemes, der Durtonart sowohl, wie der Molltonart, ein Intervall, $D|F$, entsteht, was nicht dem Verhältnisse der Mollterz 5 : 6 entspricht, sondern dem Verhältnisse 27 : 32, mit welchem diese Töne eben ausser directem Dreiklangsbezuge zu einander stehen, so ergibt die Verbindung der Grenzen des nach der Oberdominantseite übergreifenden Durtonartsystemes in dem Zusammenklange $fis|a$ eben dasselbe Intervall und Verhältniss 27 : 32. In den verbundenen Grenzen des nach der Oberdominantseite übergreifenden Systemes der Molltonart aber, und der in Hinsicht der Dominanten ihr gleichen Moll-Durtonart, erhalten wir das Intervall der sogenannten v e r m i n d e r t e n T e r z, $fis|as$. Ihr Schwingungsverhältniss, das wir aus zweimaliger Leitungsfortschreitung leicht erfahren können, ergibt sich als 225 : 256; denn es ist:

$$\begin{array}{rrrrr} \text{fis} : \text{G} & = & 15 & : & 16 \\ \text{G} : \text{as} & = & & 15 & : & 16 \\ \hline & 225 & : & (240) & : & 256 \\ & \text{fis} & : & (\text{G}) & : & \text{as.} \end{array}$$

In diesem Zusammenklange können beide Töne, fis und as, wenn wir nach ihrer melodischen Herleitung fragen, nur auf den Ton G bezogen werden, denn es kann in der Molltonart fis nicht aus dem darunter-liegenden es, as nicht aus dem darüber-liegenden h geleitet sein, da die übermässige Secund der Uebergangsvermittlung ermangelt.

225. Eben so wenig kann in der übergreifenden Moll-Durtonart:

$$\text{as} - \text{C} - \text{e} - \text{G} - \text{h} - \text{D} - \text{fis},$$

der Ton fis aus der tonischen Durterz e hervorgegangen sein. Zu diesem Schritte würde zwar in der Tonleiter, durch die Quinten

$$\begin{array}{ccc} \text{I} & — & \text{II} \\ \text{e} & \text{h} & \text{fis} \\ \text{I} & — & \text{II} \end{array}$$

sich eine Vermittlung in *h* herstellen, wie auf diese Weise
im geschlossenen Systeme sie vor der sechsten zu der siebenten Stufe durch die tonische Terz geschieht; in der harmonischen Fortschreitung aber, in der Accordfolge, die nur
in Terz-verwandten, nicht in Quint-verwandten Dreiklängen geboten ist, könnte die Accordverbindung für diesen
Fall nur in dem Ineinanderliegen von *fis|as-C-e* bestehen:
es gewährt aber hier weder *C* noch *as* eine Vermittlung zu
diesem Uebergange, die allezeit nur darin möglich ist, dass
ein Dreiklangsmoment an sich eine andere Accordbedeutung
annehme. *C* hat aber zu *fis*, wie *e* zu *as*, keine harmonische
Einheitsbedeutung.

226. Nun ist für die Fortschreitung *G..as* die Vermittlung in *C*, und für die Fortschreitung *G..fis* in *D* enthalten. *G* würde sich also für diese doppelte Fortschreitung
zugleich als Quint auf *C*, und als Grundton auf *D* beziehen
müssen: es müsste, um den Zusammenklang der vermin-
derten Terz *fis|as* entstehen zu lassen, gleichzeitig Ent-
gegengesetztes sein; und dieser Widerspruch ist es, der
sich in der Wirkung der verminderten Terz als harmonischem Intervalle ausspricht.

227. Wir haben schon früher einen Accord kennen
lernen, dessen Dissonanzintervall nur ausser der melodisch-
directen Beziehung seiner Töne eine naturgemässe Stellung
finden konnte: es ist dies der Septimenaccord der Ober-
dominantterz in der Durtonart: *h-D|F-a*, in welchem
allezeit die Septime oberste Stimme sein muss, wenn seine
Dissonanztöne *h—a* sich nicht in die Töne *H—A* der A-Molltonart umwandeln sollen (198). Etwas diesem Verwandtes
findet statt bei dem Intervalle der verminderten Terz *fis|as*:
diese steht hier in der melodischen Beziehung ihrer beiden
Töne auf den Ton *G*; sie spricht uns an als eine gleichzeitig
geschehene Fortschreitung von *G..as* und *G..fis*; als eine
solche aber enthält sie eben auch einen Widerspruch, wie
das nur durch die tonische Terz melodisch zu vermittelnde
Secundintervall *a-h* in einer Harmonie der C-Durtonart,

welche, indem sie die **Terz** *e* aufgehoben, diese Vermittlung nich gewähren kann. Wie aber hier die **Septimen-stellung** der Töne *h—a* eine direct-melodische Beziehung dieser Töne in der Reihe

$$\underbrace{h .. C .. D .. \underbrace{e .. F .. G}_{\overset{\displaystyle C}{}} .. a}_{G}$$

nicht anregt, *h* aus *C*, *a* aus *G* hergeleitet betrachten und damit das Intervall als ein in Grundton und Quint vermitteltes erscheinen lässt; — (in der Fortschreitung *C..h* durch *G*, in *G..a* durch *C*) ebenso wird nun bei jenem der verminderten Terz *fis|as*, die Stellung derselben Töne als **übermässige Sext** *as—fis*, in Bezug auf eine getrennte Herleitung:

$$\underbrace{G .. as}_{C} \quad\text{————}\quad \underbrace{fis .. G}_{D}$$

auch nicht mehr eine widersprechende sein, indem die melodische Führung beider Töne zwar immer nur aus dem Tone *G* geschehen ist, aber nicht aus dem Einklange desselben, sondern aus dessen Octavverdopplung, aus **e i n e m** und **a n d e r e m** *G*, davon das untere, das **f r ü h e r e**, als Quint auf *C*, das obere, **s p ä t e r e**, als Grundton auf *D* zu beziehen ist; — die dissonanten Töne *as—fis* aber dann nicht in einer melodisch sich zugewendeten, sondern in einer ausser melodische Beziehung gesetzten Lage sich befinden. In dem verminderten Terzintervalle *fis|as*, hören wir die Fortschreitung aus dem *G*, das **g l e i c h z e i t i g** Quint und Grundton sein soll, — in dem übermässigen Sextintervall *as—fis*, die Fortschreitung aus dem *G*, das erst Quint **w a r**, dann Grundton **g e w o r d e n** ist.

228. Es wird für die Accordlage auch hier wieder nur die eine Bedingung sich feststellen, dass in dem Zusammenklange, an welchem diese Grenztöne verbunden

Theil nehmen, dieselben allein in der Sext lage, nicht aber in enger oder weiter Terz lage erscheinen dürfen.

229. Die Septimenaccorde der Molltonart, in denen dieser Zusammenklang enthalten ist, werden auf der Oberdominantterz, Oberdominantquint, und auf dem an dieser Dominantseite hereingetretenen Tone selbst zu finden sein.

In der C-Molltonart:

h - D - fis | as, D - fis | as - C, fis | as - C - es.

Die beiden letzteren werden uns, mit der Sextlage ihres verminderten Terzintervalles, als bekannte Harmonieen ansprechen, der mittlere, *D-fis|as-C*, auch in der Moll-Durtonart auf der Oberdominantquint, der letztere als *fis|as-C-e* auf deren Terz seine Stelle finden; während der erste, der in einer eben so berechtigten Bildung als die anderen zu bestehen scheint, doch in keiner Versetzung seiner Töne als verständlicher Accord erklingt.

230. Der Zusammenklang *h-D-fis|as* enthält in *h* und *fis* zwei Leittöne zugleich; als solche ergeben sich beide, indem der eine und der andere in der Verbindung mit *as*, sich nur aufwärts bewegen kann: *h* kann nur nach *C*, *fis* nur nach *G* führen. Als Leitton kann aber *h* sich nur im Zusammenklange mit *F*, *fis* nur im Zusammenklange mit *C* behaupten: jener im Accorde *h-D|F*, dieser im Accorde *fis|as-C*. Die Septimenaccorde, an welchen diese Zusammenklänge Theil haben, sind dort *G-h-D|F*, *h-D|F-as*, hier *D-fis|as-C*, *fis|as-C-es*. Es schliesst sich also der Septimenaccord *h-D-fis|as*, als einen inneren Widerspruch enthaltend, von selbst aus.

Dasselbe findet aber auch volle Anwendung im Durtonartsysteme, denn auch hier können die Grenzverbindungen des übergreifenden Tonartsystemes nur die Septimenaccorde *D-fis|a-C* und *fis|a-C-e*, nicht aber den Accord *h-D-fis|a* entstehen lassen. In seinem Bezuge zu der C-Durtonart ist der Ton *fis* ebenfalls nur melodisch aus *G* herzuleiten, und es findet hier, im Zusammenklange *h-D-fis|a*,

ebendieselbe Leittonszweiheit statt, wie in dem Accorde
h-D-fis|as. Was dem Accorde *h-D-fis|a* den Schein der
Zulässigkeit ertheilt, kann nur die Verwechslung desselben
mit dem Septimenaccorde *h-D-fis-A* sein, wie die G-Durtonart ihn auf ihrer tonischen Terz enthält.

231. Von den drei Septimenaccorden, an denen das
verminderte Terzintervall Theil nimmt, bleiben sonach nur
zwei: jener auf der Oberdominantquint und der auf dem in
das System eingetretenen Tone: *D-fis|as-C* und *fis|as-C-es*,
(im Moll-Dursysteme *fis|as-C-e*) beide mit der Sextlage ihres
verminderten Terzintervalles, als wirklich mögliche und
somit verständliche übrig. Der erste hat seine wesentliche Dissonanz im Zusammenklange *C-D*, der zweite in
es-fis (*e-fis*); — beide enthalten aber im Zusammenklange
fis-as, noch ausserdem die Dissonanz der verbundenen
Grenztöne, wie sie schon in den Accorden der Zusammen-
klänge *D|F* und *fis|a* vorhanden, in diesem, als *fis|as*, aber
auf eine herbere Weise sich aussprechen muss, indem der
Ausdruck eines in sich entzweiten Tones entschiedener
darin enthalten ist.

232. Wenn der Septimenaccord der Oberdominantterz
im Durtonartsysteme, *h-D|F-a*, eine bedingte Lage seiner
Intervalle veranlasste, so liess diese Bedingung sich darauf
zurückführen, dass die Septime höchste Stimme des Accordes sein musste: die anderen Intervalle durften in allen
Versetzungen dabei angewendet werden. Die Accorde mit
vermindertem Terzintervalle erfordern die Sextlage dieses
Intervalles und werden ihre Eigenthümlichkeit hervortreten
lassen, am deutlichsten, wenn der tiefere Ton des Sextinter-
valles die tiefste Stimme ist; sie lassen aber noch einen
anderen Ton des Accordes als Basston zu, ohne unverständ-
lich zu werden, so lange das Trennungsintervall die Sextlage beibehält.

233. — Es wird auch hier wieder zu erinnern sein,
dass wir jetzt immer nur von den direct verständlichen harmonischen Bildungen, wie sie in ihrem natürlichen Vorkom-

men sich ergeben, zu sprechen haben. Wie aber das Dissonanzintervall, *h—a*, im Septimenaccorde der Oberdominantterz der Durtonart, *h-D|F-a*, die Septime als Oberstimme erheischt, wenn die Wirkung eine unzweideutige sein soll, unter besonderen Bedingungen aber doch auch andere Lagen dieses Accordes in guter Musik ganz vorzüglich wirken; so wird auch das Intervall der verminderten Terz oder Decime für die hier besprochenen Accorde unverwendet in Anwendung kommen können, wie wir es namentlich in neuer und neuester Musik sehr oft zu frappantem Effecte angewendet finden. —

Der übermässige Dreiklang und sein Vorkommen im Septimenaccorde.

234. In einem harmonisch-gegensätzlichen Verhältnisse zu dem Septimenaccorde der Oberdominantquint des übergreifenden Molltonartsystemes, in der C-Molltonart also zu dem Accorde *D-fis|as-C*, steht der sogenannte übermässige Dreiklang, *es-G-h*. In dem Systeme, aus dessen Grenzen dieser Septimenaccord sich verbindet, in

$$\text{as - C - es - G - h - D - fis.}$$

bildet die Oberdominant der Tonart (*G*) in ihrer gleichzeitig positiv und negativ bestimmten Grundtonsbedeutung (in *G-h* und *es-G*) die Mitte. Wie im geschlossenen Systeme:

$$\text{F - as - C - es - G - h - D,}$$

die tonische Terz *es* ihre Fortschreitung nach den Grenzen *D* und *F* erhält, so wird Dominant *G* sie dort nach *fis* und *as* finden müssen, und ebenso wird für den übermässigen Dreiklang die Fortschreitung des Grundtones *es* nur nach *D*, der Quint *h* nur nach *C* führen können; so dass die Folgebeziehung *es-G-h...D-fis|as-C* sich ergibt.

235. Die parallele Aufeinanderfolge zweier grosser Terzen, welche in der Fortschreitung einer grossen Secund,

in *F-a..G-h*, eine unvermittelte sein würde, zeigt sich hier
vermittelt: es bildet die Folge *G-h..as-C*, und *es-G..D-fis*
einen ganz zwanglosen Uebergang. Die Vermittlung geschieht dadurch, dass der Uebergang *G-h..as-C* als *G-h..
G-C..as-C*, der Uebergang *es-G..D-fis* als *es-G..D-G..D-fis*
verständlich wird, als eine zusammengezogene doppelte
Fortschreitung, in welcher die Folge *G-h..as-C* ihr Vermitt-
lungsmoment erst in *G*, dann in *C*, die Folge *es-G..D-fis* es
erst in *G*, dann in *D* findet. Ein solches könnte aber bei der
Fortschreitung *F-a..G-h*, als Folge von *F-a..F-h..G-h* in den
Tönen *F* und *h* nicht zu suchen sein, indem *h* zu *F* in keinem
Einheitsverhältnisse steht.

236. Der übermässige Dreiklang, den wir im Systeme
der Molltonart in der organischen Construction desselben auf
der tonischen Terz, in dem Systeme der Moll-Durtonart, in
F-as-C-e-G-h-D, auf der Unterdominantterz finden, wird
ausser diesem im Begriffe der Tonart bestehenden Vorkommen auf zweierlei Weise auch durch Uebergang entstehen
können. Die erste ist, wenn die Quint des Durdreiklanges
sich chromatisch erhöht, — z. B. *Es-g-B...es-G-h*, — was hier
einen Uebergang aus dem Gebiete der Es-Durtonart in das
der verwandten C-Molltonart bezeichnen wird; die zweite,
wenn der Grundton des Molldreiklanges sich chromatisch
vertieft, — z. B. *E-g-H...es-G-h*, — was hier einen Uebergang
aus dem Gebiete der E-Molltonart in das der verwandten
G-Durtonart mit weicher Unterdominant aussprechen würde.
Dass mit einer solchen chromatischen Fortschreitung eine
entschiedene Modulation in die andere Tonart noch nicht
bewirkt ist, wird man leicht empfinden können; es ist aber
momentan eine Anregung derselben in dem übermässigen
Dreiklange geschehen, denn dieser enthält eben den Zwei-
heitsbegriff:

aus welchem die Molltonart, sowie die Durtonart mit weicher Unterdominantterz nur hervorgehen kann.

237. An dem übermässigen Dreiklange nehmen als Septimenharmonieen Theil:

I. *a)* Der Septimenaccord auf dem Grundtone der Molltonart, in A-Moll z. B.

A - c - E - gis,

b) derselbe als Septimenaccord auf dem Unterdominantgrundtone der Moll-Durtonart; der eben bezeichnete z. B. in der Tonart:

A - c - E - gis - H - dis - Fis.

Und zwar wird sein Vorkommen in der letzteren sich leichter vermitteln können, indem hier die gegen *A* dissonirende Septime *gis* sich nach *Fis* auflösen kann, zwar immer nicht in der Accordvermittlung, welche in *Fis|A-c-E-gis* nicht besteht, aber doch in der melodisch an sich im Systeme vermittelten Fortschreitung; während sie im A-Mollsysteme nach dem *f* keine melodische Fortschreitung findet, wonach hier also nur die Lösung durch den aufwärtstretenden Grundton anzuwenden ist, die wir nicht als die hauptsächlich geltende sich haben bewähren sehen. Indess ist durch diese Lösung immer die Möglichkeit dieses Septimenaccordes im Mollsysteme gegeben.

II. *a)* Der Septimenaccord auf der tonischen Terz des Molltonartsystemes, z. B.

c - E - gis - H,

b) derselbe als Septimenaccord auf der Unterdominantterz der Moll-Durtonart; der eben bezeichnete z. B. in der Tonart:

A - c - E - gis - H - dis - Fis.

III. Der Septimenaccord auf der tonischen Terz des nach

der Unterdominantseite übergreifenden Systemes der Molltonart. In Bezug auf die A-Molltonart z. B.

$$c - E - gis \mid b,$$

aus dem Systeme:

$$b - D - f - A - c - E - gis.$$

Dieser wird, indem er das verminderte Terzintervall *gis|b* in der Grenzverbindung enthält, die ihm angemessene Lage wieder nur in der Umkehrung dieses Intervalles als übermässige Sext finden können.

Der Septimenaccord, den wir auf der tonischen Quint, oder dem Oberdominantgrundtone dieses Systemes erhalten, — *E-gis|b-D,* — ergibt sich gleichförmig dem Septimenaccorde auf der Oberdominantquint des nach der Oberdominantseite übergreifenden Molltonartsystemes, hier also des D-Mollsystemes mit der Terz der Oberdominantquint:

$$b - D - f - A - cis - E - gis;$$

daher nicht die Auflösung in den A-Molldreiklang, wie ihn jenes, sondern in den A-Durdreiklang, wie das letztere System sie erfordert, auf diesen Septimenaccord erwartet wird, und zwar aus dem Grunde, welcher das Uebergreifen des Molltonartsystemes nach der Unterdominantseite schon früher überhaupt als weniger zulässig hat erscheinen lassen (59). Auch bei dem unter III. angeführten Septimenaccorde *c-E-gis|b* verlässt uns das Gefühl der A-Molltonart fast gänzlich: wir vernehmen diesen Accord vielmehr, als der F-Durtonart angehörig, und zwar in *c-E-b* als *C-e-B*, den Dominantseptimenaccord derselben, in *gis*, wie der Sprachgebrauch es nennt, eine erhöhte Quint. Denn es ist das System

$$b - D - f - A - c - E - gis$$

ohne vollständigen Oberdominantdreiklang, den wir als das Positive der Molltonart erkannt haben, weit mehr geeignet, seine positiven Dreiklänge *B-d-F-a-C* als Hauptsächliches hervortreten zu lassen, als den Molldreiklang *A-c-E*. So lernen wir aber in diesem Zusammenklange einen Accord theoretisch kennen, der praktisch die häufigste Anwendung findet: den **Dominantseptimenaccord der Durtonart mit chromatisch erhöhter Quint**. Die in ihm enthaltene verminderte Terz unterwirft ihn einer bedingten Lage und verlangt allezeit die Umkehrung dieses Intervalles.

Die sogenannten Nonen-, Undecimen- und Terzdecimen-Accorde betreffend. Orgelpunct.

238. Wenn in einer Folge nur immer das Nächstverwandte unmittelbar ergriffen und gleichzeitig als Dissonanz zusammengefasst werden kann, wenn also immer nur zwei Dreiklänge, die ein gemeinschaftliches Intervall enthalten, als Septimenaccord verbunden erscheinen können, so ist überhaupt eine über die Septimenharmonie hinausgehende Combination als Dreiklangsverbindung nicht möglich. Der Uebergang aus *C-e-G* nach *G-h-D* kann, wie wir gesehen haben, sich nicht in einem Accorde des Inhaltes *C-e-G-h-D*, sondern nur in den Tönen *h-D-e-G*, in der Verbindung der Dreiklänge *e-G-h* und *G-h-D* darstellen. Ebenso haben wir die Uebergänge in die völlig getrennten Dreiklänge, z. B. aus *C-e-G* nach *h-D|F* und *D|F-a*, immer nur als Verbindungen nächstverwandter, den ersten als *h-D-F-G*, den zweiten als *C-D-F-a* hervorgehen sehen; daher die sogenannten **Nonen-, Undecimen- und Terzdecimen-Accorde** sich von selbst von der durch Dreiklangsverbindung entstehenden Dissonanzharmonie ausschliessen.

239. Zur Auflösung des Accordes *G-h-D-a*, oder *G-h-D-F-a*, lassen wir den Ton *a* nach *G* herabtreten. Dass hiermit aber eine Auflösung der Dissonanz *G-a* nicht geschehen sein kann, ist offenbar; diese könnte, den Zusammenklang *G-a* an sich betrachtet, innerhalb der *C*-Dur-

tonart nur in der Fortschreitung nach *F-a*, *G-h*, oder nach *F-h* bestehen. Es ist somit in dem Uebergange : *G-h-D-a*... *G-h-D-G* von dem tiefsten Tone des ersten Accordes bei der Auflösung gänzlich abgesehen, und nur die Dissonanz *h—a* in Betracht gezogen, für welche die Auflösung *h—G* sich ergibt. Eine direct-harmonische Beziehung zwischen den äusseren Stimmen ist bei diesem Nonenaccorde und seiner Auflösung ebensowenig in Anspruch genommen, als sie in der fortgesetzten Reihe, in der abwärtsgehenden Sequenz

$$\text{G-h-D-a} \ldots \text{G-h-D-G} \ldots \text{G-a-C-G} \ldots \text{G-a-C-F} \ldots$$

bei den mit den ersten correspondirenden Dissonanzaccorden und ihren Auflösungen es sein würde. Die None *a*, welche nach der Octav *G* fortschreitet, löset sich als Septime von *h* dahin auf, eben wie in der fortgesetzten Folge *G-a-C-G*... *G-a-C-F* das obere *G* nicht als Octav von *G*, sondern wieder als Septime von *a* nach *F* sich bewegen wird. Wenn man in dieser letzteren Folge unbezweifelt eine sogenannte O r g e l p u n c t s h a r m o n i e, eine Accordverbindung, der ein von ihr unabhängiger Ton untergelegt ist, erkennen muss, so ist die erstere auch durchaus nicht in einem anderen Sinne zu nehmen: nicht als eine Combination von zwei in der Quint verwandten Dreiklängen, die als nicht unmittelbare Folge auch nicht als Accord würden zusammentreten können, sondern als ein über einem Grundtone liegender selbstständiger Dissonanzaccord, dessen Auflösung in sich bestimmt und nicht auf äussere Basis zu beziehen ist.

So sind aber auch ·die anderen über die Septimenharmonie hinausgehenden Accorde, die man aus einem Uebereinanderbaue von Terzen construiren zu müssen glaubt, der U n d e c i m e n- und der T e r z d e c i m e n-Accorde, nicht als harmonische Bildung in diesem Sinne begründet. Der Undecimenaccord schliesst schon die Terz aus; der Terzdecimenaccord auch die Quint. Es hat mit dieser Terzenreihe ähnliche Bewandtniss, wie mit der arithmetischen Tonprogression, wenn man in ihr unsere Harmonie nachweisen will. Wie uns hier der harmonische Begriff leitet, aus der unendlichen Reihe Das herauszufinden, was ihm entspricht, Anderes auszuscheiden, so müssen wir auch an jenem Terzenaufbaue das harmonisch-Begriffsgemässe erst aufzusuchen wissen. — Diese mechanische Terzconstruction führt nicht in das Unendliche fort, wie die Tonprogression der arithmetischen Zahlenreihe; sie trifft im achten Gliede mit dem Ausgangstone, in der zweiten Octav des Grundtones, wieder zusammen:

$$\begin{array}{cccccccc} G & h & D & f & a & C & e & g, \\ 1 & 3 & 5 & 7 & 9 & 11 & 13 & 15 \end{array}$$

wir würden sonst ohne Zweifel, wie vom Terzdecimen-, auch vom Quintdecimen-, Septdecimen-Accorde u. s. w. Kunde erhalten. Es ist allerdings nicht schwer, in einer Reihe, die sämmtliche Töne der Tonart enthält, wenn man sich willkührliche Auslassungen dabei erlauben will, alle Accorde, die in dieser Tonart vorkommen können, zusammenzusetzen: nur wird damit noch keine harmonische Generation nachgewiesen. In neueren theoretischen Werken ist man von dieser Erklärungsweise gänzlich abgekommen, wie sie auch in ältesten nicht anzutreffen ist; sie gehört einer Mittelzeit an und wird nur von Lehrern, die ihre Bildung in dieser erhalten haben, noch zuweilen vernommen.

Nonenvorhalt vor dem Basstone.

240. Es kann nur die Quint und der Grundton der Tonart als Basis einer Orgelpunctsharmonie auftreten, indem diese beiden Töne nur einen Wechsel von Hauptaccorden über sich zulassen. Demnach wird nicht jeder Dissonanzaccord, in welchem ein dem Basstone einer anderen Stimme vorgehaltener Ton, d. h. eine None, sich in die Octav des Basstones auflöset, als Orgelpunctsaccord zu betrachten sein; denn ein solcher Vorhalt kann auf jeder

Stufe der Leiter vorkommen. Der Orgelpunctsaccord nimmt
vielmehr hier nur Theil an der Eigenschaft, in welcher der
tiefste Ton jeder Harmonie in anderer Stimme einen Vorhalt gestattet, so dass wir bei gehöriger Vorbereitung den
Accord e-G-C-F mit der Auflösung des F nach e zulässig
finden, in dieser wie in jeder anderen Vertheilung der über
dem Basstone liegenden Stimmen; was er nicht ist, wenn e
als Ober- oder Mittelstimme und gleichzeitig F als Vorhalt
dieses Tones im Accorde enthalten sein sollte. Der Dissonanzaccord G-C-F steht eben hier auch selbständig über
dem Basstone e, und die Auflösung seines dissonirenden
Intervalles, G-F...G-e, geschieht ohne an dem e der tiefsten Stimme ein Hinderniss zu finden, wie sie es an
demselben Tone, in eine andere Stimme gelegt, finden
würde.

241. Die über dem Basstone liegenden Accordstimmen
wirken gegen diesen als eine harmonische Gesammtheit.
Sie sind unter sich zu versetzen, ohne dass der Accord
wesentlich dadurch verändert wird; dagegen ist es für
die Wirkung von schlagendem Unterschiede, welcher Ton
des Accordes der Bassstimme zugetheilt wird, ob es der
Grundton, die Terz, die Quint oder die Septime ist, worü-
ber der Accord sich aufbauet, ob er Dreiklang, Sextaccord oder Quart - Sext - Accord, in der Septimenharmonie
Septimen-, Quint-Sext-, Terz-Quart- oder Secund-Accord
ist. Ebenso ist auch eine Wiederholung der fortschreitenden Bassstimme in der Höhe, die Octavbewegung mit dem
Basse, nicht zulässig, die zwischen den anderen Stimmen
als Verdopplung vorkommen kann, wie wir sie in der
Orchester- und Claviermusik häufig angewendet finden.
Der Basston, auch wenn er nicht Grundton des Dreiklanges
oder Septimenaccordes ist, bleibt immer die Basis für die
Lage des Accordes. Die Fortschreitung des Accordes in der
Höhe wiederholen zu wollen, die Basis in der Mitte der Harmonie oder über derselben nochmals erklingen lassen zu wol-
len, würde eben, als ein in die Luft gebautes Fundament,

etwas widersinniges, eine Verkehrtheit enthalten und aussprechen müssen.

242. Ein eben so Ungehöriges wird es aber auch sein, wenn die dem Basstone entgegenstehende Harmonie Widersprüche, d. h. unauflösliche Dissonanz in sich enthalten sollte, wenn ein Ton dieser Harmonie in einer anderen Stimme vorgehalten, sonach zugleich dasein und nicht dasein sollte, wie er im Basse vorhanden und in einer anderen Stimme, als gegen eine dritte aufzulösende Dissonanz vorgehalten sein kann.

243. Wenn der Vorhalt in der Bassstimme selbst enthalten ist, dann wird keiner der übrigen Stimmen der Auflösungston zugetheilt sein können. Hier tritt der Bass selbst in die Bedeutung der unter sich bedingten harmonischen Stimmen, er dissonirt gegen eine über ihm liegende und hat sich gegen diese aufzulösen. Es kann aber nicht zugleich der Auflösungston, der nur als t i e f s t e Stimme mit dem Vorhalte gleichzeitig vorhanden sein könnte, in der Harmonie selbst vorkommen. Diese Stellung würde auch wieder die Verkehrtheit eines über dem Basse liegenden Basses aussprechen; wie eben für alles Übel- oder Unrichtigklingende der Grund der Unzulässigkeit nicht in besonderen musikalisch-technischen Bedingungen, sondern im Widerspruche gegen ein ganz allgemein zu fassendes Wahre und Wirkliche zu suchen und zu finden ist.

Wir können jetzt auf die besonderen Vorkommenheiten wieder nicht eingehen, in denen das hier nur als Allgemeines Ausgesprochene Ausnahme findet, wo das hier für unzulässig Erklärte mit voller Berechtigung zulässig und zu bester Wirkung anwendbar wird. Es ist für unseren Zweck nur das direct- und allgemein-Gültige darzulegen.

Durchgangs-Töne.

a) *Diatonische.*

244. Wie im Orgelpuncte die Accorde selbständig sich über einem liegenden Basstone bewegen, so wird auch zu einem liegenden Accorde eine melodische Stimme andere Töne als die Intervalle dieses Accordes können hören lassen. Diese melodisch durchgehenden Töne sind deshalb nicht weniger allezeit nur harmonisch bestimmte, da eine andere Tonbestimmung nicht denkbar ist; sie haben aber ihre Intervallbestimmung für die melodische Fortschreitung unabhängig von der Harmonie des liegenden Accordes.

Wenn zu dem fortklingenden tonischen Dreiklange sich eine Stimme in der diatonischen Leiter melodisch bewegt, so sind ihre Stufen durch die verschiedenen Dreiklänge des Systemes der Tonart gegeben, wie wenn jeder der Leitertöne mit dem Dreiklange begleitet würde, dem er in der vermittelten Folge angehört; denn es kann eben kein melodischer Ton anders eine Bestimmtheit erhalten haben, als dass er als Grundton, Terz oder Quint eines Dreiklanges gefasst wurde.

b) *Chromatische.*

245. Ebenso wird die chromatische über dem liegenden Dreiklange sich bewegende Tonleiter sich nur durch eine von diesem Accorde unabhängige Verbindung construiren können, in welcher die chromatischen Töne ihre zusammenhängende Fortschreitung finden, und zwar in einer Weise, dass auch die mit den Stufen des liegenden Dreiklanges zusammentreffenden Töne ihre Bedeutung nicht aus diesem Accorde erhalten, sondern die, welche ihnen durch die Accorde des verbundenen Fortganges zukommt, die mit jener zusammenfallen, aber auch von ihr verschieden sein kann.

246. Die chromatische Tonleiter im Systeme der C-Dur-tonart bildet sich in der Reihe:

c..cis..d..dis..e..f..fis..g..gis..a..b..h..c

oder in der Reihe:

c..des..d..es..e..f..fis..g..as..a..b..h..c.

Es bleibt bei dieser Bezeichnung der Töne, ohne den Un-terschied kleiner und grosser Buchstaben, noch unentschie-den, in welcher Geltung sie als Accordintervalle auftreten. Ein chromatisch erhöheter Ton wird aber zunächst nur die Bedeutung einer Oberdominantterz, d. h. des Leittones einer Dur- oder Molltonart haben können und mit dem dar-auf folgenden einen Schluss bilden. Diese beiden Töne stehen unter sich in dem unveränderlichen Verhältnisse 15 : 16, während die chromatische Fortschreitung nach dem Verhältnisse der diatonischen Stufen, 8 : 9 und 9 : 10, auch zwischen den Verhältnissen 128 : 135 und 24 : 25 wechseln wird. Dem ersten, 128:135, entsprechen in der C-Dur-tonart die chromatischen Fortschreitungen *C..cis*, *F..fis*, *B..h*; dem anderen, 24 : 25, die Fortschreitungen *D..dis*, *G..gis*.

Wir erhalten sonach die erste der oben verzeichneten chromatischen Scalen, in folgender Bedeutung:

cis..D, dis..E, F..fis, G..gis, a..B, h..C,
15 : 16, 15 : 16, (128:135) 24:25, 15 : 16, 15 : 16,
(128 : 135) 24 : 25, 15 : 16, 15 : 16, 15 : 16, (128:135)
C..cis, D..dis, e..F, fis..G, gis..A, B..h,

bei welcher, wie ersichtlich ist, nur der Grundton in der Accordbedeutung des tonischen Dreiklanges seine Stelle behält. Die Terz *e* und die Quint *G* erscheinen in Folge der ihnen vorausgegangenen Leittöne *dis* und *fis*, in Grundtons-bedeutung, erhalten mithin als melodisch-harmonisch be-stimmte eine für sich bestehende, vom liegenden Accorde unabhängige Existenz; wie sie auch jeder leiterfremde, sowie im Allgemeinen jeder sogenannte durchgehende Ton einer zu liegender Harmonie melodisch bewegten Stimme erhalten wird.

247. In der durch chromatisch vertiefte Stufen aufsteigenden Leiter:

Des..d, Es..e, F..fis, G..as, a..B, h..C,
(128:135) 24:25, (128:135) 15:16, 15:16, 15:16.
15:16, 15:16, 15:16, 15:16, 24:25, (128:135)
C..des, D..es, e..F, fis..G, As..a, B..h,

erscheinen die tonischen Momente C und G, aus der Grundtons- und Quintbedeutung in die Terzbedeutung versetzt, selbst als Leittöne. Die tonische Terz e, welche in der Fortschreitung mit chromatischer Erhöhung Grundtonsbedeutung erhält, bewahrt hier die Terzbedeutung.

Es kann aber die eine und andere Weise chromatischer Fortschreitung auf- und absteigend in Anwendung kommen, und es ist eine irrige Meinung, dass die chromatisch erhöhten Stufen der aufsteigenden, die vertieften der absteigenden Bewegung ausschliesslich gehörten.

248. Eine direct bestimmte Fortschreitung ist in beiden Arten der chromatischen Tonleiter nur enthalten:

1) In dem Verhältnisse eines Leittones zu seinem darüberliegenden, 15:16; sei der erstere nun ein leitereigener, oder durch chromatische Erhöhung gewonnener, der letztere ein leitereigener oder ein chromatisch vertiefter:

c..Des, cis..D, d..Es, dis..E, fis..G, g..As, gis..A, a..B.

2) In der chromatischen Veränderung, welche den Durdreiklang in den Molldreiklang, oder umgekehrt, den Molldreiklang in den Durdreiklang umwandelt: durch chromatische Erhöhung e-G-h...e-Gis-h, h-D-fis...h-Dis-fis; durch chromatische Vertiefung F-a-C...F-as-C, C-e-G...C-es-G. Dies ist die Fortschreitung, welche wir mit dem Verhältnisse 24:25 bezeichnet haben. Sie ist durch eine fassliche Bestimmung gegeben, sofern sie in einer verständlichen Aen-

derung, einem Anderswerden derselben Sache besteht: nämlich darin, dass die Quintbeziehung zweier bleibenden Töne aus der positiven in die negative Bedeutung übergeht oder umgekehrt.

249. Die andere mit dem Verhältnisse 128 : 135 bezeichnete chromatische Fortschreitung, wie sie in der durch chromatische Erhöhung entstehenden Leiter bei den Stufen *C..cis*, *F..fis*, *B..h*, in der vertieften, ausser den beiden letzten auch hier vorkommenden Schritten, noch bei *des..D* eintritt, ist keine an sich fassliche oder direct verständliche. Wenn das nach dem *C* folgende *cis* sich zu der Dominantquint *D* als L e i t t o n verhalten soll, wie gefordert wird, so ist dieses *cis* nicht auf das im Systeme enthaltene Quintintervall *a—e* zu beziehen, nicht als einer Umwandlung des a-Molldreiklanges in den A-Durdreiklang gehörig zu betrachten; denn hier könnte *cis* nur nach dem unterhalb des Systemes liegenden *d*, nicht nach der Oberdominantquint *D* führen. — Auf den wesentlichen Unterschied dieser beiden Töne nochmals erklärend zurückzukommen, wird hier nicht mehr nöthig sein. — Um den Leitton von *D* zu gewinnen, ist nach dem Grundtone *C* nicht die Terz von *a*, sondern von *A*, die Terz des A-Durdreiklanges in der Accordreihe *C-e-G-h-D-fis-A-cis-E* zu ergreifen, eine Fortschreitung, die für sich, nach dem Begriffe v e r s t ä n d l i c h e r Folge, jeder Vermittlung entbehrt. Ein gleiches Verhalten würde sich bei den chromatischen Schritten *F..fis*, *B..h*, *Des..d* herausstellen. Wir haben dasselbe mit 128 : 135 bezeichnet, indem die Terz der dritten Quint $(3^3 \times 5 = 135)$ zu dem in ihrer Nähe erhobenen Grundtone $(2^7 = 128)$ in diesem Schwingungszahlverhältnisse auftreten wird. Der Schritt *C..cis* in der chromatischen C-Durtonleiter, so wie die anderen, gleichem Verhältnisse entsprechenden, werden also an sich unbestimmte bleiben. Der chromatisch erhöhte Ton ist hier nur in seinem Verhältnisse als Leitton zu dem darauf folgenden, und von diesem aus bestimmt, zu fassen. Dagegen die Uebergänge *D..dis*, *G..gis*, wie alle Fortschrei-

tungen des Verhältnisses 24 : 25, das sich innerhalb
der bestehenden Quint 20 : 30, als Unterschied des Dur-
accordes, 20 : 25 : 30 = 4 : 5 : 6, und des Mollaccordes,
20 : 24 : 30 = 10 : 12 : 15, ergibt, eine Bestimmung in sich selbst enthalten und deshalb auch, wie es
eine aufmerksame Prüfung bei der freien Intonation dieser
verschiedenen chromatischen Stufen bestätigen wird,
leichter zu intoniren sind, als jene im Verhältnisse 128 : 135
stehenden, in welchen nur das Leittonsverhältniss zu
dem folgenden Tone, nicht aber eine Bestimmung des
chromatischen in Bezug auf den Ausgangston vorhanden ist.

250. Durch die verschiedenartige und stets wech-
selnde Bedeutung, welche die bestimmenden Töne in der
chromatischen Fortschreitung anzunehmen haben, wird
diese eine complicirtere und für die freie Intonation schwerere als die diatonische Fortschreitung, in welcher die
Stufenfolge, wie früher gezeigt worden, sich an den Momenten des tonischen Dreiklanges bestimmt, ohne einen
Wechsel der Bedeutung für eine und dieselbe Stufe nöthig
werden zu lassen, wenn wir den Schritt von der sechsten
zu der siebenten Stufe ausnehmen, bei welchem die sechste
zuerst in der Terzbedeutung der Unterdominant erscheint,
dann in die Grundtonsbedeutung des Molldreiklanges der
Unterterz übergeht. In der chromatischen Leiter aber wird,
ausser diesem Wechsel der Intervallbedeutung, auf jedem
der bestimmenden Töne auch ein Tonartwechsel eintreten;
und indem hier nie drei aufeinanderfolgende Stufen innerhalb derselben Tonart enthalten sind, wird die innere
Construction der ganzen Folge eine so gedrängt zusammengesetzte, dass wir uns nicht verwundern dürfen, wenn eine
vollkommen reine Intonation chromatischer Fortschreitungen
dem harmonisch nicht durchgebildeten Sänger, der sich im
Diatonischen noch mit Sicherheit bewegen kann, in vielen
Fällen nicht gelingt, so dass oft das äusserlich Nächste,
weil es an einer inneren bewussten oder sicher gefühlten

Bestimmung dafür fehlt, von ihm nicht mit Sicherheit ergriffen zu werden vermag.

251. Die chromatische Tonleiter, die in erhöheten Tönen sowohl, wie die in vertieften fortschreitende, enthält sieben Stufen des Verhältnisses 15 : 16, drei im Verhältnisse 128 : 135 und zwei im Verhältnisse 24 : 25. Das Verhältniss 15 : 16 ist aber nicht ein chromatisches, sondern ein diatonisches; es entspricht der Fortschreitung des Leittones zu der Octav des Grundtones 3 und 4; in der Molltonart auch dem Unterschiede der zweiten und dritten Leiterstufe.

Wo nur ein Nächstes anzuschliessen ist, da wird es immer eine solche kleine d i a t o n i s c h e Stufe sein; denn die c h r o m a t i s c h e Fortschreitung bewirkt einen weiterführenden L e i t t o n, einen aufwärts leitenden in der erhöheten, einen abwärts leitenden in der vertieften Stufe. Wiewohl wir in den beiden oben bezeichneten chromatischen Scalen kein *ges* und kein *ais*, keine vertiefte Quint und keine erhöhete Sext, sondern auch in der durch erhöhete Fortschreitung sich bewegenden die vertiefte siebente Stufe *B*, in der durch vertiefte, die erhöhete vierte Stufe *fis* antreffen, — indem wohl *B* und *fis*, nicht *ais* und *ges* als Accordtöne im Systeme der C-Durtonart ein bestimmendes Moment finden —, so würde doch die melodische Bewegung *F..fis..F*, und *h..B..h* sich dem Gefühle nicht rechtfertigen können. Es sind in der Folge *F..fis..G* nur die Stufen *F..G* und *fis..G* für sich bestimmte, wie in der Folge *B..h..C* es nur die Stufen *B..C* und *h..C* sind; daher die Folgen *F..fis..F* und *h..B..h* einer verständlichen Begründung ermangeln. *F* kann sich auch hier nur als Leitton zu einer über ihm liegenden Stufe *ges*, *h* nur auf einen unter ihm liegenden Leitton *ais* beziehen, und es treten hier das unterhalb des C-Dursystemes liegende *B* und das oberhalb liegende *fis* für die Schritte *F..ges..F* und *h..ais..h* als vermittelnde Töne ein; wie wir schon in der diatonisch aufsteigenden Molltonleiter die erhöhete sechste, und in der absteigenden die vertiefte siebente Stufe, durch die Grenztöne vermittelt, ausserhalb des geschlossenen Systemes gefunden haben.

252. Wenn aber die chromatischen Stellen zwischen *F* und *G* und zwischen *a* und *h*, in der fortlaufenden Ordnung nur zu *fis* und *B* bestimmt, für den Anschluss der ersten an *F*, der zweiten an *h* dennoch *ges* und *ais* sein werden, so ergibt sich bei allen übrigen Stellen der chromatischen Leiter, die eine zweifache, eine Fortschreitung durch erhöhete und durch vertiefte diatonische Stufen an sich schon gewähren, jedenfalls immer das Leittonsverhältniss 15 : 16, und nicht das chromatische 128 : 135 oder 24 : 25 für den Unterschied zweier Töne, die sich zusammenschliessen, die in einander übergehen wollen, als natürliche Forderung von selbst und es werden die eigentlich chromatischen Stufen nur bei einer weiterschreitenden Bewegung eintreten können z. B.

$$C..des..C..h..C..\begin{cases} \text{oder} \\ \text{cis}..D..\text{es}..D..\text{cis}..D..\begin{cases} \text{es} \\ \text{dis}..e..F..e..dis..e.. \end{cases} \end{cases}$$

$$F..ges..F..e..F..fis..G..as..G..fis..G..\begin{cases} \text{as} \\ \text{gis}..a..B..a..gis..a..B.. \end{cases}$$

$$h..C..h..ais..h.$$

253. Es ist offenbar die Entfernung der diatonischen Stufe 15 : 16 eine grössere, als die der beiden chromatischen 128 : 135 und 24 : 25; dennoch wird uns das als Leitton intonirte *cis* in der Folge *C..cis..D* höher scheinen, als die Secund *des* in der Folge *C..des..C*; das chromatische Intervall *C..cis* sonach grösser, als das diatonische *C..des*. Bei Instrumenten mit festbestimmten, mithin temperirten Klangstufen, kann dies allerdings nur auf einer akustischen Täuschung beruhen, da hier für *cis* und *des* dieselbe Tonhöhe besteht. Die freie Intonation wird aber in der That den Leitton geschärft oder erhöht zu nehmen Bedürfniss fühlen, so wie sie die zurückleitende kleine

Secund in kleinerer Entfernung hören lässt, als ihr nach
dem Verhältnisse 15 : 16 zukommt. Es ist dies ein Bestreben, den Ton in seiner Intervallbedeutung zu characterisiren, die Intonation zu beleben, zu beseelen. Auch die
nicht temperirte, die mathematisch reine Intonation, würde
immer noch eine musikalisch unbelebte sein und für den
Ausdruck ungenügend bleiben, wie eine streng in metro-
nomischem Tacte sich bewegende Rhythmik. Eben wie
hier dem lebendigen Vortrage der Tactschlag des Metronoms
bald zu zögern bald zu eilen scheinen wird, weil er in seiner mechanischen Strenge der belebten rhythmischen Nü-
ancirung nicht entsprechen kann, so will sich auch die Intonation characteristischer Klangstufen nicht an die mathematisch bestimmte Tonhöhe binden lassen, und wird oft, auf-
oder abwärts drängend, von ihr abweichen können und
abweichen müssen, wenn die Intonation nicht selbst eine
nur mechanisch bestimmte, characterlose bleiben soll, wie
sie es bei den festen Stufen der Clavierinstrumente ist.
Diese Alteration der mathematischen Reinheit kann aber
immer nur das Terzintervall betreffen, das Intervall, was
allein ein veränderliches ist: nicht in dem Sinne, dass es
sich vergrössern und verkleinern könnte, aber in dem, dass
es durch chromatische Verrückung aus seinem Verhältnisse
zu dem Grundtone in das zu der Quint übertreten kann,
wodurch eben der Durdreiklang sich in den Molldreiklang
umwandelt z. B.

$$C-e-G \ldots C-es-G.$$
$$I-III \qquad III-I$$

Dieser Uebergang sowohl, wie der Unterschied der einen
und anderen Bestimmung überhaupt, wo er eine characteristische Bedeutung erhält, will sich durch gesteigerten
Ausdruck gern hervorheben, und dies geschieht in der
erhöheten Intonation der Durterz, in der vertieften der Mollterz. Diese Terzbedeutung aber ist es allemal, die zu einer
Alteration der mathematisch reinen Intonation allein Anlass

geben kann; das Quintintervall, als ein invariables, wird immer in vollkommener Reinheit intonirt sein wollen. Ebenso ist es aber auch nur immer ein Uebergangsbestreben, was diese Alteration der Terz bewirken kann; in der ruhenden Selbständigkeit des Accordes wird auch dieses Intervall nach seiner akustischen Bestimmung intonirt werden.

254. Die Erörterung der chromatischen Fortschreitungen hat uns etwas länger aufgehalten, als es die Veranlassung, den Gegenstand zu berühren, eben hier zu erfordern schien. Es bot sich aber damit die Gelegenheit, den Unterschied der chromatischen Verhältnisse 24 : 25 und 128 : 135, die directe Bedeutung des ersteren und die indirecte des letzteren zur Sprache zu bringen, ein Unterschied, der theoretisch sowohl wie praktisch zu beachten ist und nicht immer beachtet wird. Der Sänger, welcher nicht nach weisen und schwarzen Tasten, sondern nur nach harmonischen Intervallbestimmungen intonirt, wird auch das scheinbar Nächste, die chromatische Stufe, nicht mit Sicherheit zu fassen vermögen, wenn ihm das Gefühl der harmonischen Bedeutung des Tones fehlt. In der diatonischen Fortschreitung ist die Vermittlung der Töne so einfach und, bis auf den Schritt der sechsten zu der siebenten Stufe, so unzweideutig, dass der Fortgang keine Schwierigkeit bietet; in der chromatischen aber, wo die Bestimmungen complicirt sind und oft wechseln, wo der Sänger an manchen Stellen in Zweifel sein kann, ob er eine Fortschreitung in der Bedeutung des Verhältnisses 15 : 16, oder 24 : 25, oder 128 : 135 zu nehmen hat, da ist die Intonation weniger gesichert und wird den Schwankungen ausgesetzt sein, die eine chromatische Gesangmusik in der Ausführung so oft zu erfahren hat. Die Schuld ist aber nicht immer dem Sänger beizumessen, weit öfter trifft sie den Componisten, der »nichts Unverständiges, nichts unverständig« von dem Sänger verlangen soll.

Modulation.

255. Durch veränderte Bedeutung des **Tones** wird das andere **Intervall**, durch veränderte Bedeutung des **Intervalles** der andere **Accord** bestimmt; ebenso wird die veränderte Bedeutung des **Accordes** die andere **Tonart** bestimmen.

Wenn aber die Bedeutung des **Tones** nicht im Tone an sich, sondern erst durch seinen Zusammenklang mit einem anderen Tone, im **Intervalle**, die Bedeutung des **Intervalles** erst durch seinen Zusammenklang mit einem anderen Intervalle, im **Accorde** ausgesprochen sein kann, so wird auch die Bedeutung des **Accordes** nicht im Accorde an sich, sondern erst durch seine Stellung zu anderen Accorden in der **Tonart** ihre Bestimmtheit erhalten können, und so ist wieder zu objectiver Erkennbarkeit die **Tonart** für die Bedeutung des **Accordes**, der **Accord** für die Bedeutung des **Intervalles**, das **Intervall** für die Bedeutung des **Tones** das Bestimmende.

256. Der C-Durdreiklang, welcher in der C-Durtonart **tonischer** Accord ist, ist in der F-Dur- und F-Molltonart **Oberdominantaccord**; in der G-Durtonart **Unterdominantaccord**, in der E-Molltonart Accord der sechsten Stufe, oder der Mollterz des Unterdominantdreiklanges. So wird allgemein jeder der drei Durdreiklänge der Durtonart und der zwei Durdreiklänge der Molltonart auch an drei Durtonarten und zwei Molltonarten Theil nehmen; wie auch jeder der zwei Molldreiklänge der Molltonart und der zwei Molldreiklänge der Durtonart in zwei Moll- und zwei Durtonarten enthalten sein muss.

257. Es hat demnach der Durdreiklang in Bezug auf die drei Dur- und zwei Molltonarten, denen er angehören kann, fünffache Bedeutung; der Molldreiklang in Bezug auf die zwei Moll- und zwei Durtonarten, an welchen er Theil nimmt, vierfache Bedeutung.

258. Der verminderte Dreiklang der siebenten Stufe
bildet nur ein Verwandtschaftsmoment für die gleichnamige
Dur- und Molltonart, sowie für die Moll-Durtonart desselben
Namens. Der verminderte Dreiklang der zweiten Stufe der
Molltonart ist nur in der gleichnamigen Moll-Durtonart wie-
der enthalten. In der Durtonart kann der verminderte
Dreiklang dieser Stelle seiner Beschaffenheit nach nur in
e i n e m Systeme Platz finden.

259. In der mehrfachen Bedeutung der Accorde liegt
die Möglichkeit des Ueberganges aus einer Tonart in die
andere, die sich aber erst verwirklichen kann, wenn die
veränderte Bedeutung durch Folge und Zusammenklang
deutlich hervorgetreten und die neu zu ergreifende Tonart
in dem, wodurch sie von der ersten sich unterscheidet,
bezeichnet ist. So wird der Uebergang aus der C-Durtonart
nach der G-Durtonart, welcher in

$$F - a - C - e - G - h - D$$
$$C - e - G - h - D - fis - A$$

durch die Dreiklänge *C-e-G-h-D* vermittelt ist, nur durch
das Auftreten der Oberdominantterz der letzteren, durch
fis; der Uebergang nach der F-Durtonart, in

$$F - a - C - e - G - h - D$$
$$B - d - F - a - C - e - G$$

durch die Dreiklänge *F-a-C-e-G* vermittelt, nur durch die
Einführung des Unterdominantgrundtones, *B*; der Uebergang nach der A-Molltonart, in

$$F - a - C - e - G - h - D$$
$$D - f - A - c - E - gis - H$$

durch die Dreiklänge *F-a-C-e* vermittelt, nur durch *gis*, die
Oberdominantterz der neuen Tonart, und der Uebergang
nach der E-Molltonart, in

$$F - a - C - e - G - h - D$$
$$A - c - E - g - H - dis - Fis$$

durch die Dreiklänge *a-C-e-G-h* vermittelt, nur durch *dis* geschehen können.

260. Wenn wir demnach den Oberdominantdreiklang der C-Durtonart, *G-h-D*, welcher auch tonischer der G-Durtonart ist, aus der ersten in diese letztere Bedeutung wollen übergehen lassen, so kann es nur durch eine Verbindung des G-Durdreiklanges, durch eine Zusammenstellung desselben mit dem D-Durdreiklange geschehen:

$$
\begin{array}{l}
\text{c : I} \quad\rule{1cm}{0.4pt}\quad \text{v} \\
\text{C - e - G ... h - D - G ... A - D - fis.} \\
\qquad \text{G : I} \quad\rule{1cm}{0.4pt}\quad \text{v}
\end{array}
$$

Ebenso wird der Unterdominantdreiklang der C-Durtonart, *F-a-C*, in die Bedeutung des tonischen in der F-Durtonart zu stehen kommen, wenn wir den Unterdominantdreiklang dieser Tonart mit ihm in Verbindung bringen:

$$
\begin{array}{l}
\text{c : I} \quad\rule{1cm}{0.4pt}\quad \text{IV} \\
\text{C - e - G ... C - F - a ... d - F - B.} \\
\qquad \text{F : I} \quad\rule{1cm}{0.4pt}\quad \text{IV}
\end{array}
$$

Der als Molldreiklang der Oberdominantseite in der C-Durtonart enthaltene e-Molldreiklang wird zum tonischen der E-Molltonart durch seine Stellung zu dem Oberdominantaccorde dieser Tonart:

$$
\begin{array}{l}
\text{c : I} \quad\rule{1cm}{0.4pt}\quad \text{III} \\
\text{C - e - G ... h - e - G ... H - dis - Fis.} \\
\qquad \text{e : I} \quad\rule{1cm}{0.4pt}\quad \text{v}
\end{array}
$$

Der auf der Unterdominantseite liegende a-Molldreiklang wird zum tonischen der A-Molltonart, durch seine Stellung zu dem Oberdominantaccorde dieser letzteren:

$$
\begin{array}{l}
\text{c : I} \quad\rule{1cm}{0.4pt}\quad \text{VI} \\
\text{C - e - G ... C - e - a ... H - E - gis.} \\
\qquad \text{a : I} \quad\rule{1cm}{0.4pt}\quad \text{v}
\end{array}
$$

261. Dass aber durch diese Folgen eine befriedigende, sicherstellende Modulation in die neue Tonart geschehen sei, wird man nicht zugeben können. Diese ist hier, wiewohl ein Accord aus ihrem Bereiche eingetreten, eben selbst noch ohne bestimmten Abschluss in ihren Grenzen, und man fühlt fast nur die Seite, die Richtung aufgeschlossen, nach welcher die Modulation sich wenden will, nicht aber die Feststellung einer neuen Tonart.

262. Unter den Septimenharmonieen haben wir eine kennen lernen, welche ganz geeignet ist, eine Tonart in ihren Hauptmomenten zu bestimmen, indem sie in ihrer Dissonanz die beiden Dominanten, in ihrer Auflösung den Grundton zum wesentlichen Inhalte hat, und so das Hauptsächliche des ganzen Systemes in sich und ihrer Folge zuzammenfasst.

Es ist dies der D o m i n a n t s e p t i m e n a c c o r d, auch die H a u p t s e p t i m e n h a r m o n i e genannt. In seiner Eigenschaft, die Grenzen des Tonartsystemes verbunden hören zu lassen und in seiner Auflösung den tonischen Dreiklang als Mitte desselben festzustellen, wird er, durch natürliche Vermittlung herbeigeführt, die neue Tonart auf entschiedene Weise ankündigen und als eine sicher bestimmte können eintreten lassen.

263. Es wird demnach in den obigen beiden ersten Uebergängen *C-e-G...h-D-G...A-D-fis* und *C-e-G...C-F-a... d-F-B*, wenn der erste die Umwandlung des Oberdominantaccordes, die zweite die Umwandlung des Unterdominantaccordes zum tonischen enthält und jene damit eine Modulation in die Oberdominant-, diese in die Unterdominanttonart zwar anregt, aber noch nicht vollständig bewirkt, dieser Uebergang entschiedener durch die Dominantseptimenharmonie dieser beiden Tonarten geschehen können.

264. Bei der Betrachtung der Septimenharmonieen haben wir gefunden, dass der Dominantseptimenaccord, der in der Verbindung des Oberdominantdreiklanges mit dem verminderten Dreiklange der Oberdominantterz be-

steht, ebensowohl vom tonischen, wie vom den beiden Dominantdreiklängen ausgehend vermittelt zu ergreifen ist (181). Wir werden demnach dem tonischen Dreiklange C-e-G, ihn als Unterdominantdreiklang der G-Durtonart, oder als Oberdominantdreiklang der F-Durtonart setzend, unmittelbar den Dominantseptimenaccord der einen oder anderen Tonart folgen lassen können, wodurch nach der Auflösung dieses Accordes die neue Tonart nicht nur eingeleitet sein, sondern sogleich in ihrem Umfange zusammengefasst und festgestellt erscheinen wird. Die Folge bildet sich dann in dieser Gestalt :

A) Nach der Oberdominantseite :

$$
\begin{array}{lcccc}
\text{c : I} & & & & \\
\text{C - e - G} & \ldots & \text{C - D - fis - A} & \ldots & \text{h - D - G,} \\
\text{G : IV} & \text{———} & \text{V}_7 & \text{———} & \text{I}
\end{array}
$$

B) Nach der Unterdominantseite :

$$
\begin{array}{lcccc}
\text{c : I} & & & & \\
\text{C - e - G} & \ldots & \text{B - C - e - G} & \ldots & \text{a - C - F.} \\
\text{F : V} & \text{———} & \text{V}_7 & \text{———} & \text{I}
\end{array}
$$

Der gewonnene tonische Dreiklang der neuen Tonart wieder in die eine oder andere Dominantbedeutung versetzt, kann sodann nach demselben Verfahren in die vorige Tonart zurück-, oder in der angebahnten Richtung der Modulation um einen Tonartgrad weiterführen.

A. 1) Zurückführend :

$$
\begin{array}{llllllll}
\text{c : I} & & & & \text{c : V} & \text{———} & \text{V}_7 & \text{———} & \text{I} \\
\text{C - e - G} & \ldots & \text{C - D - fis - A} & \ldots & \text{h - D - G} & \ldots & \text{h - D - F - G} & \ldots & \text{C - e - G.} \\
\text{G : IV} & & \text{V}_7 & & \text{——} & \text{I} & &
\end{array}
$$

2) Weiterführend :

$$
\begin{array}{llllllll}
\text{c : I} & & & & & & & \\
\text{C - e - G} & \ldots & \text{C - D - fis - A} & \ldots & \text{h - D - G} & \ldots & \text{A - cis - E - G} & \ldots & \text{A - D - fis.} \\
\text{G : IV} & \text{———} & \text{V}_7 & \text{———} & \text{I} & & & \\
& & & & \text{D : IV} & \text{———} & \text{V}_7 & \text{———} & \text{I}
\end{array}
$$

B. 1) Zurückführend :

c : I c : IV ——— v₇ ——— I

$$C - e - G \ldots B - C - e - G \ldots a - C - F \ldots G - h - D - F \ldots G - C - e.$$

F : V ——— v₇ ——— I

2) Weiterführend :

c : I

$$C - e - G \ldots B - C - e - G \ldots a - C - F \ldots a - C - Es - F \ldots B - d - F.$$

F : V ——— v₇ ——— I

B : V ——— v₇ ——— I

265. Die Folgen A. 2) und B. 2) würden nun, in gleicher Weise weiter fortgesetzt, nach den beiden Dominantseiten in die jedesmal nächstverwandten Tonarten leiten: die erste, welche den tonischen Dreiklang in der Unterdominantbedeutung ergreift, nach der Oberdominantseite; die andere, welche ihn als Oberdominant setzt, nach der Unterdominantseite.

266. Wir haben aber zwei Arten der Modulation nach entfernteren Tonarten zu unterscheiden: die eine, welche von einer Tonart zu der anderen fortgeht, den Sitz der ersten gänzlich verlassen und sich in der Region der anderen festsetzend; die andere, welche die Tonart innerhalb ihrer Grenzen zu einer anderen umwandelt.

267. Wenn wir auf die oben angegebene Weise in eine Tonart des dritten Verwandtschaftsgrades, aus C-Dur nach A- oder Es-Dur moduliren, so sind wir eben in der Dreiklangsverkettung:

$$\overbrace{As - c - Es}^{Es} - g - B - d - \underbrace{F - a - C}_{C} - e - G - h - \overbrace{D - fis - A}^{A} - cis - E - gis - H$$

nach der einen oder anderen Richtung zu der neuen Tonart fortgeschritten; der Zusammenhang mit der Tonart des Ausganges besteht hier nur in der ununterbrochenen Folge verwandter Tonarten, welche zu der letzten geführt hat.

Es sind aber die Töne *c*, *g*, *d*, der Es-Durtonart nicht mehr
die gleichnamigen der C-Durtonart: *C*, *G*, *D*; ebensowenig
sind die der A-Durtonart *A*, *E*, *H*, entsprechend den gleichnamigen jener: *a*, *e*, *h*. Dass in der Es- und C-Durtonart
der Ton *F*, als Oberdominantquint der ersteren und Unterdominantgrundton der letzteren, beiden gemeinschaftlich ist,
ebenso der Ton *D*, Oberdominantquint der C-Durtonart, als
Unterdominantgrundton der A-Durtonart beiden gemeinschaftlich angehört, kann eine Tonartverwandtschaft nicht
begründen, denn für die Tonart, als eine Dreiklangsverbindung, kann eben nur der Dreiklang, nicht der einzelne Ton
ein organisches Verwandtschaftsmoment sein. Der einzelne
Ton ist es nur für das Intervall, wie es das Intervall für den
Accord ist.

268. Nach dieser Forderung innerer Verwandtschaft:
dass die gleichnamigen Töne in den beiden verschiedenen
Tonarten dieselben seien in umgewandelter Accordbedeutung, würde aber durch die Dreiklangsverkettung nur in die
nächstliegende Tonart zu gelangen sein, d. i. nach der
Unter- und Oberdominanttonart. Wenn auch hier schon die
Oberdominantquint (*A*) der Oberdominanttonart verschieden
von der Unterdominantterz (*a*) der Ausgangstonart, ebenso
die Unterdominantterz (*d*) der Unterdominanttonart, verschieden von der Oberdominantquint (*D*) der Ausgangstonart
sich zeigt, so kann die Forderung der Identität sich auf diese
Töne nicht erstrecken, da sie hier aus einer neu eintretenden
Quintbestimmung hervorgehen. Die Töne *a* und *D* im
Systeme der C-Durtonart stehen in einem Quintverhältnisse,
es kann daher die Quint *D—A* der G-Durtonart nicht die
Unterdominantterz *a* des C-Dursystemes beibehalten wollen.
Ebensowenig wird die Oberdominantquint *D* der C-Durtonart für die Unterdominantterz *d* der F-Durtonart gesetzt
sein wollen, indem diese wieder zu der Oberdominantterz
a der C-Durtonart, im Quintverhältnisse stehen soll, von *D*
also verschieden sein muss. Sonach würde auch der Unterschied zwischen *a* und *A*, wie der zwischen *D* und *d* eine

Uebergangsbestimmung aus der C-Dur- nach der G-Durtonart und aus der C-Dur- nach der F-Durtonart abgeben können, eben wie wir sie für die erste in dem Unterschiede von *F* und *fis*, für die zweite im Unterschiede von *h* und *B* gefunden haben; es ist aber diese Verschiedenheit des Terztones von dem gleichnamigen Grund- oder Quinttone, wie sie von unserer Notenschrift ignorirt wird, auch für die praktische Ausübung eine zu geringe, um einen Accordwechsel durch sie kenntlich machen zu können: ohne Hinzutritt von *fis*, wird *a* nicht in die Bedeutung *A*, ohne Hinzutritt von *B*, *D* nicht in die Bedeutung *d* übergehen wollen.

269. Die Tonarten der Unter- und Oberquint sind nicht allein durch grössere Quantität gleichen Materiales mit der als tonisch gesetzten am nächsten verwandt; sie sind es vielmehr wesentlich in dem Sinne, dass der tonische Dreiklang der tonischen als ein Dominantdreiklang in der einen und anderen Dominanttonart, und ebenso der tonische Dreiklang der Dominanttonarten als Dominantdreiklang in der tonischen enthalten ist: dass demnach die Verwandtschaft, der Gegensatz des Verschieden- und Gleichseins, hier in der Hauptsache, im tonischen Dreiklange selbst, zu finden ist.

270. Mit beiden in der fortgehenden Reihe folgenden Tonarten, mit B-Dur und D-Dur, ist die C-Durtonart nur in einem Dominantaccorde verwandt: die Tonarten von *C* und *B*, durch den F-Durdreiklang; die Tonarten von *C* und *D*, durch den G-Durdreiklang. Im tonischen Dreiklange, in der Hauptsache, bleiben diese Tonarten sich fremd, sie sind also hauptsächlich eben nicht verwandt.

Bei den hierauf folgenden, um ein Quintintervall weiter entfernten Tonarten wird auch diese nebensächliche Verwandtschaft erlöschen müssen, und es hört damit der gegenseitige Bezug solcher Tonarten, wenn man sie nur in dieser Reihe betrachtet, gänzlich auf. Die oben eingeleitete Uebergangsweise kann zwar zu den entferntesten Tonarten fortführen, allein wir sind schon bei der dritten in einem völlig fremden Gebiete, ausser allem inneren Zusammenhange mit der ersten.

271. Dieser Modulationsweise steht nun eben jene andere gegenüber, die nicht in dem Fortgange nach einer anderen Tonart durch die dazwischen liegenden besteht, sondern darin, dass sie das den beiden zu verbindenden Tonarten Gemeinschaftliche, aus der Bedeutung, die es in der ersten hat, in die Bedeutung versetzt, die ihm in der anderen zukommt; so dass die neue Tonart aus der Mitte der ersten selbst hervorgeht.

272. Wenn wir die Tonartverwandtschaft hauptsächlich am tonischen Dreiklange zu suchen haben, und wenn sie bei den Dominanttonarten darin besteht, dass der Grundton jenes Dreiklanges Quint, oder dessen Quint Grundton des neuen tonischen werden kann, so wird auch eine Verwandtschaft darin enthalten sein können, dass der Grundton oder die Quint des tonischen Dreiklanges Terz, dessen Terz aber Grundton oder Quint eines neuen tonischen werde. Es treten dadurch wieder Verwandtschaftsmomente mit entfernteren Tonarten am tonischen Dreiklange hervor, die uns im Fortgange zu diesen schon bei der dritten verlassen hatten; denn wir erhalten

1) den Grundton in die Terzbedeutung gesetzt:

$$\text{I}$$
$$\text{F - a - \underset{\smile}{C - e - G} - h - D,}$$
$$\text{III}$$
$$\text{Des - f - \underset{\smile}{As - c - Es} - g - B,}$$

die Identität der Töne *F—C—G* und *f—c—g* in den Tonarten C - Dur und As - Dur;

2) Die Terz in der Grundtonsbedeutung:

$$\text{III}$$
$$\text{F - a - \underset{\smile}{C - e - G} - h - D,}$$
$$\text{I}$$
$$\text{A - cis - \underset{\smile}{E - gis - H} - dis - Fis,}$$

die Identität der Töne *a—e—h* und *A—E—H* in den Tonarten C - D u r und E - D u r ;

3) Die Q u i n t in der T e r z bedeutung :

$$\text{II}$$
$$\text{F - a - C - e - G - h - D,}$$

$$\text{III}$$
$$\text{As - c - Es - g - B - d - F,}$$

die Identität der Töne *C—G—D* und *c—g—d* in den Tonarten C - D u r und E s - D u r ;

4) Die T e r z in der Q u i n t bedeutung :

$$\text{III}$$
$$\text{F - a - C - e - G - h - D,}$$

$$\text{II}$$
$$\text{D - fis - A - cis - E - gis - H,}$$

die Identität der Töne *a—e—h* und *A—E—H* in den Tonarten C - D u r und A - D u r.

273. Hiernach tritt zwischen Tonarten des vierten und dritten Grades der Verwandtschaft wieder eine nähere gegenseitige Beziehung ein, als sie die des zweiten Verwandtschaftsgrades gewähren, die wir, sofern sie im tonischen Dreiklange ohne Gemeinschaft sind, als hauptsächlich getrennte sich erweisen sahen.

274. Es wird aber, wenn die Verwandtschaft unter diesen Tonarten in den gleichnamigen Tönen bestehen soll, der Uebergang auch der Art sein müssen, dass diese Töne in den beiden zu verbindenden Tonarten in der That dieselben bleiben und an ihnen eben die aufeinanderfolgenden Tonarten ihre Einheit, ihr Bestehendes in veränderter Bedeutung wirklich enthalten; so dass wir z. B. in der Folge der C-Dur- und As-Durtonart die Identität des hier als Grundton und Terz sich entgegengesetzten *C* und *c* wirklich bewahrt sehen, und nicht, wie es durch den successiven

Uebergang in der Reihenfolge der verbundenen Tonarten geschieht,

C̱-e-G...B-C-e-G...a-C-F...a-C-Es-F...B-d-F...As-B-d-F .. g-B-Es...g-B-Des-Es...As-c̈-E s
C :ı
F:v —— v₇ —— ı
    B:v —— v₇ —— ı
       Es:v —— v₇ —— ı
          As.v —— v₇ —— ı

die Terz *c* des tonischen As-Durdreiklanges als einen von dem Grundtone des tonischen C-Durdreiklanges in der Differenz 80 : 81 verschiedenen Ton erhalten.

275. Wenn wir anstatt des eben bezeichneten Ueberganges den folgenden hören lassen:

C̱-e-G...B-C-e-G...as-C-F...As-Des-f...As-B-Des-f. .g-B-Des-Es ..As-c̈-Es
C :ı
f:v —— v₇ —— ı
    As:vı —— ıv —— ıı₇ —— v₇ —— ı

der sich allerdings, ohne Verlust an Deutlichkeit, noch sehr würde zusammenziehen lassen, so wird hier die Identität des Tones C im ersten und *c* im letzten Accorde sich dem Gefühle leicht ergeben. Der Grundton der C-Durtonart ist hier Terz des tonischen As-Durdreiklanges geworden, die C-Durtonart in die As-Durtonart übergegangen, ohne die Intervalle zu verlassen und aufzuheben, welche beiden Tonarten gemeinschaftlich bleiben konnten, in denen ihre innere Verwandtschaft enthalten ist. Wenn der Uebergang nach dem mit der C-Durtonart in dieser Weise verwandten Es-Dur durch die folgende Reihe geschieht:

C-e-G...B-C-e-G...as-C-F...As-B-d-F...g-B-Es,

so wird man bei der Fortschreitung des dritten zum vierten Accorde eine Veränderung in dem Tone *F* empfinden, den Uebergang des Terztones in den Quintton; denn es ist die Umwandlung der Tonarten in dem vorliegenden Falle diese:

F - a - C - e - G - h - D
B - des - F - as - C - c - G
(f) - As - c - Es - g - B - d - F.

Das Bleibende, Bindende ist hier das Quintintervall *C—G*, welches in der ersten Tonart dem tonischen, in der zweiten dem Oberdominantdreiklange, in der letzten, indem es seine positive Bedeutung mit der negativen vertauscht, dem Molldreiklange der Unterdominantseite angehört. Da nach diesem Bestehenden sich aber die übrigen Intervalle der Tonarten bilden, nach der Voraussetzung, dass der Es-Dur-dreiklang die Quint des C-Durdreiklanges als Terz enthalte, so ist die Oberdominantquint (*F*), der Es-Durtonart, ein von dem Grundtone der F-Molltonart und sonach auch von dem Unterdominantgrundtone der C-Durtonart verschiedener Ton. Es könnte allerdings, nach dem was wir von dem Uebergreifen des Tonartsystemes früher gesagt haben, der versetzte Accord im Modulationsgange auch mit dem Grundtone der F-Molltonart als *As-B-d-f* bestehen, ohne seine Dominantseptimengeltung zu verlieren, die genugsam in *As-B-d* ausgesprochen ist; der Ton *f* wird sich aber gegen *B-d* als nicht-Quint schwer behaupten können, und immer geneigt sein in die Quintbedeutung (aus 80 nach 81) einzurücken.

276. Diese modulatorischen Gänge beginnen damit, dass der tonische Dreiklang einer Durtonart als Oberdominantdreiklang einer Molltonart gesetzt wird. Wir gewinnen durch diese Umdeutung unmittelbar eine nach der Unterdominantseite liegende Region, die in dem successiven Modulationsgange erst in der Fortschreitung durch drei Tonarten erreicht werden würde. Es werden daher überhaupt die nach dieser Seite liegenden ferneren Tonarten auf diesem Wege leicht zugänglich zu erlangen sein; denn wenn wir uns mit dem C-Durdreiklange schon in der F-Molltonart befinden, so wird der Uebergang in die verwandten dieser Tonart durch vermittelte und vermittelnde Dominantseptimenaccorde in engster Verbindung geschehen können. Es sollte hier aber nur vom Uebergange nach der As- und Es-Durtonart die Rede sein.

277. Wenn die Tonarten As- und Es-Dur im Grund-

tone und in der Quint des tonischen Dreiklanges der C-Durtonart mit dieser eine Verwandtschaft enthalten, so fanden
wir die E-Dur- und A-Durtonart in der Terz mit jener
verwandt. Dort geschieht die Umdeutung des Grundtones
oder der Quint des tonischen Dreiklanges einer Tonart in
die Terz des tonischen einer anderen, hier umgekehrt, die
Umdeutung der tonischen Terz der einen in Grundton oder
Quint des tonischen Dreiklanges einer anderen. Der Uebergang in die entfernteren Tonarten der Unterdominantseite ergibt sich, wenn der Dominantaccord einer verwandten Durtonart auf die gleichnamige Molltonart bezogen
wird; zu den entfernteren Tonarten der Oberdominantseite wird es führen, wenn wir den Dominantaccord einer
verwandten Molltonart auf die gleichnamige Durtonart
beziehen.

So wird der tonische E-Durdreiklang auf den Dominantaccord der E-Molltonart, der tonische A-Durdreiklang
auf den Dominantaccord der A-Molltonart folgen können:

$$C\text{-}e\text{-}G, \quad C\text{-}e\text{-}a, \quad H\text{-}dis\text{-}Fis\,|\,A, \quad H\text{-}E\text{-}gis,$$

$$C:I \; \underline{\qquad} \; VI$$
$$e:IV \; \underline{\qquad} \; V_7$$
$$E:V_7 \; \underline{\qquad} \; I$$

$$C\text{-}e\text{-}G, \quad a\text{-}d\text{-}F, \quad gis\text{-}H\text{-}D\text{-}E, \quad A\text{-}cis\text{-}E.$$
$$C:I$$
$$F:V \; \underline{\qquad} \; VI$$
$$a:IV \; \underline{\qquad} \; V_7$$
$$A:V_7 . \; \underline{\qquad} \; I$$

278. Es ist aber wahrzunehmen, dass die Uebergänge
nach den Tonarten der Oberdominantseite sich allezeit weniger willig ergeben, als jene nach der Unterdominantseite;
wie wir dies auch schon bei den nächsten Ausweichungen
in die anliegenden Dominanttonarten bemerken.

Die Tonarten können zuerst betrachtet werden als
Glieder einer Kette, in der unendlichen Dreiklangsfortbild-
ung, und dann in dem für sich Bestehen einer jeden ein-

zelnen. Dort ist jede Tonart verbindendes Mittelglied für zwei andere ihr nach den beiden Seiten anliegende; hier ist sie nicht in Anderes, somit in nicht-Anderes d. i. in sich selbst übergehend. Wir haben dieses Uebergehen in sich selbst, ausgesprochen gefunden in den Accorden, welche die Grenzen des einzelnen Tonartsystemes verbunden enthalten. Die abgeschlossene Tonart hat ihren Schwerpunct in ihrer Mitte. In der Tonartverkettung ruhet jede Tonart auf der ihr vorausgegangenen. Diese ist aber die Unterdominanttonart: denn die positive Production hat als eine Kraftwirkung ihre Richtung nach der Oberdominantseite, nach der Höhe. Sie erhebt ein Secundäres, die Quint, zu einem Primären, zum Grundtone; sie setzt nicht das Primäre zum Secundären herab. Die Oberdominanttonart ist eine aus der tonischen erst zu producirende; es erfordert eine productive Thätigkeit, bedarf einer Anspannung sie aus der tonischen hervorgehen zu lassen. Die Unterdominanttonart dagegen ist eine der tonischen vorausgegangene, zu welcher, als einem schon Vorhandengewesenen, Bestimmten, die Modulation leicht zurückführen wird. Daher ist aber auch eine Tonart in ihrer tonischen Qualität durch die Oberdominant weit weniger gefährdet, als durch die Unterdominant; denn wenn die Modulation sich schon so leicht nach der Unterdominantseite wendet, so wird sie noch williger aus der Oberdominant nach der Tonica zurückkehren und diese nach einer Ausweichung in die Oberdominant wieder als Haupttonart festsetzen können; während eine Modulation nach der Unterdominant den tonischen Character sogleich auf diese fallen lässt, und erst eine neue Spannung erfordert wird, ihn für die Tonica wieder zu gewinnen.

Es wird nach einem längeren Verweilen in der Unterdominanttonart fast Bedürfniss sein, die Oberdominant erst wieder zu berühren, um aus dieser auf die Tonica zurückkehrend, diese ganz in ihrer tonischen Bedeutung fühlen zu lassen.

So ist die regelmässige modulatorische Form unserer Musikstücke der Durtonart, dass sie in der Mitte nach der Oberdominant übergehen, eben blos die vernünftig-naturgemässe. Es ist der Fortgang überhaupt, der vom Anfang aus kein Rückgang sein, also nicht nach der Unterdominant führen kann. Das Zurückgehen aus der Oberdominant nach der Tonica aber ist die Heimkehr. In der Molltonart wird die Modulation regelmässig nicht nach der Quint, sondern nach der verwandten Durtonart geführt. Die Molltonart hat keinen Fortgang, sie ist in sich selbst eingeschlossen und wird zuerst sich der beschränkenden Fesseln entledigen müssen im nächstverwandten Durtonartsysteme, um zu einer Freiheit und Verwandtschaft mit Anderem zu gelangen.

279. — Nach der vorhergegangenen Betrachtung wird aber überhaupt jede Tonart, welche gegen eine andere chromatisch erhöhete Töne enthält, sich zu dieser als eine gesteigerte, gespanntere verhalten; eine Tonart, die sich durch chromatisch vertiefte Töne von einer anderen unterscheidet, gegen diese auch selbst als eine vertiefte, ruhigere, weniger gespannte erscheinen. Hierin ist auch allein der vielbesprochene C h a r a c t e r der Tonarten zu suchen, der allerdings vorhanden ist, aber eben nur ein r e l a t i v e r, kein a b s o l u t e r für die einzelne Tonart sein kann, indem an sich eine jede besondere Tonart in ihrem Organismus ganz auf denselben Bedingungen wie die übrigen beruht. Da es eine absolute Tonhöhe nicht gibt, so kann auch ebensowenig in dieser eine Bestimmung für den Character der Tonarten liegen. Ein Gesang in der C-Durtonart ist vollkommen gleich demselben Gesange in der Des-Durtonart, wenn letztere in der Tonhöhe der ersteren intonirt wird; denn es ist in ihrem Wesen die eine vollkommen gleich der anderen. In ihrem Verhältnisse zu einander liegt aber die characteristische Bestimmung, dass die Des-Durtonart den Grundton der G-Durtonart als Oberdominantterz, als Leitton, den Unterdominantgrundton dieser als tonische

Terz enthält; dass durch die Umwandlung der Grundtöne in die Terzbedeutung alle anderen Momente der C-Durtonart nach der Unterdominantseite chromatisch vertieft sich wenden, nach einer Region, aus deren Standpunct die C-Durtonart selbst als eine gesteigerte, gespannte erscheinen muss. Denselben Character des Unterschiedes zwischen der Des-Durtonart und der C-Durtonart wird aber auch in die D-Durtonart gegen die Cis-Durtonart hervortreten lassen, — ebenso die Es-Durtonart gegen die D-Durtonart — keine aber einen positiven Character für sich in Anspruch nehmen können. Eine eigenthümliche Färbung können die einzelnen Tonarten zwar in der Orchesterwirkung, in den Saiten- und Blasinstrumenten noch erhalten, die aber, indem sie dann nur auf mechanischer Beschaffenheit und besonderen akustischen Bedingungen der verschiedenen Instrumente beruhet, und nicht in der Natur der Tonarten selbst begründet ist, hier nicht als wesentlich betrachtet werden kann. In der reinen Vocalmusik wird man der einzelnen Tonart einen besonderen Character nicht zuschreiben wollen; hier kann das Characteristische allein in ihrer Zusammenstellung mit anderen Tonarten, in den verwandtschaftlichen Beziehungen, und sofern solche durch die Modulation hervortreten, zu finden sein. —

280. Die Aufeinanderfolge der Tonarten kann, eben wie die einzelne Tonfolge und die Accordfolge, nie auf andere als vermittelte Weise geschehen. Es kann einer Tonart die entfernteste folgen, aber nur insofern der Accord, aus welchem die Fortschreitung nach der neuen Tonart geschieht, entweder in dieser selbst auch schon vorhanden ist, oder doch einer nächstverwandten dieser neuen mit angehört.

281. Der Uebergang aus dem tonischen C-Durdreiklange nach dem Des-Durdreiklange ist nur durch die Umdeutung des ersteren zum Oberdominantaccorde der F-Molltonart zu verständigen, wonach der Des-Durdreiklang als Accord der sechsten Stufe dieser Tonart eintritt.

12*

282. Wenn dem tonischen C-Durdreiklange der H-Durdreiklang folgt, so geschieht im ersten eine Umdeutung zum Dreiklange der Unterdominantterz der E-Molltonart, in welcher der zweite Oberdominantaccord ist; der aber, wie wir wissen, als Durdreiklang an sich, ausser dieser noch vier andere Bedeutungen haben kann; denn wie er hier der E-Molltonart angehört, ebenso ist er auch in der E-Dur-, H-Dur- und Fis-Durtonart und in der Dis-Molltonart enthalten: in der ersten als V, in der zweiten als I, in der dritten als IV, in der vierten als VI; und wie der tonische C-Durdreiklang sich zum Dreiklange der sechsten Stufe der E-Molltonart bestimmte, um den H-Durdreiklang folgen zu lassen, so wird nun der H-Durdreiklang, der in Folge des vorigen als Oberdominant der E-Molltonart auftritt, diese Bestimmung auch wieder mit einer anderen vertauschen und der neugewählten gemäss seine Fortschreitung nehmen können.

283. Ebenso stehen bei der erstgenannten Aufeinanderfolge der Dreiklänge C-Dur und Des-Dur, dem letzteren, ausser der obigen als *f*: VI, noch die Bedeutungen *Des*: I, *Ges*: V, *ges*: V und *As*: IV zu Gebot; so dass die weitere Folge sich eben auf die Tonarten F-Moll, Des-Dur, Ges-Dur, Ges-Moll und As-Dur beziehen kann.

284. Wie dem Ausgangsaccorde, als Durdreiklang, hier auch eine fünffache Deutung zu geben sein würde, so kommt einem Molldreiklange die vierfache zu. Ebenso einem verminderten die verschiedene, die wir früher nachgewiesen; wie auch dieselben Septimenaccorde in verschiedenen Tonarten anders bedeutet wieder erscheinen und dadurch zu modulatorisch verschiedenen Uebergängen führen.

So ist schon innerhalb der Bedingung, dass die beiden Accorde unmittelbarer Folge zu derselben Tonart gehören sollen, eine unendliche Mannigfaltigkeit des Tonartwechsels möglich.

285. Es wird aber auch ein Uebergang stattfinden

können zwischen Accorden, die nicht derselben, die aber nächstverwandten Tonarten angehören. Wenn auf den C-Durdreiklang der E-Dur-, A-Dur- oder Es-Durdreiklang unmittelbar folgt, so sind in diesen Folgen die beiden nebeneinanderstehenden Accorde nicht in einer Tonart enthalten; wie in allen Fällen, wo eine chromatische Fortschreitung geschieht, auch das Gebiet einer anderen Tonart betreten wird. In der ersten Folge *C-e-G...H-E-gis*, wird die Terz des tonischen C-Durdreiklanges Grundton des Oberdominantaccordes der A-Molltonart. In der zweiten: *C-e-G...cis-E-A*, wird sie Quint des Oberdominantaccordes der D-Molltonart. In der dritten: *C-e-G...B-Es-g*, ist zuerst das positive Quintverhältniss von *C-e-G* in das negative *C-es-G* übergegangen, sodann hat das negative Terzverhältniss *es-G* die positive Bedeutung *Es-g* angenommen. Im zweiten Momente dieser zusammengesetzten Folge *C-e-G... C-es-G...B-Es-g*, in *C-es-G* nämlich, würde für den C-Mollaccord noch keine Tonart bestimmt sein, es bleibt noch unentschieden, ob er der C-Moll-, G-Moll-, Es-Dur- oder der As-Durtonart angehört; wiewohl für die erste Bedeutung die Fortschreitung *e..es*, welche nach *D* weiter strebt und zu *h-D-G* führen möchte, am Meisten, für die letzte am Wenigsten spricht. Die umgekehrte Folge *C-es-G... C-e-G* würde ziemlich entschieden den zweiten Accord als Oberdominantdreiklang der F-Molltonart erscheinen lassen.

286. Man wird schon mit dem Gefühle allein leicht wahrnehmen können, dass die erste der obigen chromatischen Fortschreitungen: *e-G...E-gis*, eine weit willigere, geschmeidigere ist, als die andere: *C-e...cis-E*. In der ersten wird *gis* durch das vorhandene *e* als Terz bestimmt; in der anderen: *C-e...cis-E*, ist für *cis* durch *e* keine Bestimmung gegeben. Die erste ist entschieden die chromatische Differenz 24 : 25, in der zweiten ist es unentschieden, ob *cis* sich auf *d*, oder *D* wird als Leitton beziehen sollen: ob der Schritt im Verhältnisse 24 : 25, oder 128 : 135 ein-

treten solle (250). Es ist zwar in dem Verhältnisse 24 : 25 an sich ebensowenig eine Bestimmung für die Intonation der chromatischen Fortschreitung enthalten, als in 128 : 135; jene drückt aber den Unterschied der kleinen und grossen Terz aus, und die Intonation der grossen Terz ist eine direct bestimmte, sicher zu fassende, während die andere Fortschreitung: 128 : 135 erst den Ton, zu welchem der chromatische sich als Leitton verhalten soll, vorauszusetzen hat, dieser Leitton selbst aber in den Tönen des gegebenen Intervalles keine Bestimmung findet. Daher wird die Quint des Durdreiklanges allezeit leichter chromatisch zu erhöhen sein, als der Grundton, und somit der Uebergang:

$$C - e - G \ldots H - D - E - gis \ldots A - c - E - A$$

sich williger erweisen, als der Uebergang:

$$C - e - G \ldots cis - E - G - a \ldots D - f - A.$$

Auch kann man bemerken, dass in diesem letzteren der Ton E, welcher hier dem e gleichbleiben und mit G das Intervall 5 : 6 beibehalten müsste, durch das chromatisch aufsteigende cis sich etwas zu erhöhen, nämlich in das E der Quintreihe C—G—D—A—E, das im Dominantseptimenaccorde A-cis-E|G mit G das Intervall 27 : 32 bildet, einzustimmen gedrängt wird. Da in dem Dreiklange C-e-G an sich hier die Bestimmung nicht liegt, ihn, wie es zum Uebergange nach der D-Molltonart erforderlich ist, als Oberdominantaccord der F-Durtonart zu denken, so wird die chromatische Fortschreitung C—cis sich nur auf das im Systeme der C-Durtonart enthaltene D beziehen wollen, womit die Terz des in der Quintreihe stehenden A-Durdreiklanges ergriffen wird, die für das in der Tonart gegebene a und e zu hoch, diese selbst, um die Consonanz in A-cis-E herzustellen, erhöhen muss.

Wenn wir zwischen die beiden ersten Accorde den F-Durdreiklang einschalten, für die Folge C-e-G...cis-e-G-A...

D-f-A die Folge : *C-e-G...C-F-a...cis-E-G-A...D-f-A* setzen,
so geht dem Gehöre der Septimenaccord *A-cis-E|G* willig
und in vollkommener Reinheit hervor, weil jetzt in der Terz
des F-Durdreiklanges eine Bestimmung für die Intonation
des Schrittes *C..cis* gegeben ist. Dann haben wir aber eben
jene erste Folge, in welcher die Q u i n t chromatisch fortschreitet, erhalten.

Und so wird auch der Uebergang nach der Oberdomi-
nanttonart nicht durch chromatische Fortschreitung des
Unterdominantgrundtones der Ausgangstonart nach der
Oberdominantterz der neuen zu bewirken sein z. B.

$$\text{F - a - C ... fis - A - C - D,}$$
$$\text{c : IV} \qquad \text{G : v}_7$$

sondern der Dominantseptimenaccord der letzteren ist von
dem tonischen oder von dem Oberdominantdreiklange der
Ausgangstonart zu ergreifen :

$$\text{C - e - G ... C - D - fis - A,}$$
$$\text{c : I}$$
$$\text{G : IV} \quad\text{------}\quad \text{v}_7$$

oder :

$$\text{C - e - G ... h - D - G ... A - C - D - fis.}$$
$$\text{c : I} \quad\text{------}\quad \text{v}$$
$$\text{G : I} \quad\text{------}\quad \text{v}$$

Jener erste Uebergang würde immer im Intervalle *fis-A*,
das *a* der C-Durtonart erst zur Dominantquint *A* der G-Durtonart alteriren müssen, dagegen in den beiden letzteren
die Stufe sogleich in dieser Bedeutung intonirt werden kann.

In solchen äusserlich kleinen, innerlich aber bedeu-
tenden Differenzen ist der Grund zu suchen, warum manche
natürlich scheinende Modulationen in naheliegende Tonarten etwas Hartes, Gezwungenes behalten und in der
Vocalmusik nicht zu befriedigender Reinheit gedeihen wollen, während oft andere, in die entferntesten Tonarten
führende, sich fügsam und leicht übergehend erweisen.

287. Die innere Tonartverwandtschaft wird, wie schon gesagt ist, sich hauptsächlich immer nur am tonischen Dreiklange selbst bestimmen können, indem dieser entweder in seiner Ganzheit, oder in Grundton und Quint, in Grundton und Terz, oder in Terz und Quint, oder endlich nur in einem dieser drei Accordmomente allein eine Beziehung zu anderer Tonart aufsucht, so dass sein Positives relative, oder ein Relatives in ihm die positive Bedeutung in der anderen Tonart erhält; zuletzt, dass ein Relatives wieder relative Bedeutung im neuen Tone annimmt. Dies Letztere aber ist eine unwesentlichere Verwandtschaftsbestimmung; denn dass ein Anderes anders werde, dies kann für das Eine nur eine indirecte Bedeutung haben. Daher jene Tonartsbeziehungen, welche zwar am tonischen Dreiklange Theil haben, in denen aber die Umdeutung aus einem secundären Momente in ein anderes secundäres geschieht — Quint zu Terz, oder Terz zu Quint sich umwandelt — einen geringeren Grad von Verwandtschaft fühlen lassen als solche, in welchen das primäre Moment in die Bedeutung eines secundären in positivem oder negativem Sinne, oder ein secundäres in die positiv- oder negativ-primäre Bedeutung übergeht. Von den in Umdeutung einzelner Momente begründeten Verwandtschaften haben die Tonarten A-Dur, Es-Dur und E-Moll einen weniger directen Bezug der C-Durtonart, als die Tonarten E-Dur, As-Dur und A-Moll. Dort wird die Terz *e* als Quint,

$$\text{III}$$
$$\text{C - e - G}$$
$$\text{A - cis - E,}$$
$$\text{II}$$

die Quint *G* als Terz,

$$\text{II}$$
$$\text{C - e - G}$$
$$\text{Es - g - B,}$$
$$\text{III}$$

die Terz als negative Quint und die Quint als negative Terz
gesetzt —

```
        III II
    C - e - G
        e - G - h;
        II III
```

hier aber erscheint die Terz als Grundton, der Grundton
als Terz, Grundton und Terz negativ als Terz und Grundton:

```
    III                I                  I III
 C - e - G          C - e - G          C - e - G
    E - gis - H,    As - c - Es,        a - C - e.
    I                  III               III I
```

Die Umwandlung geht dort an Relativem vor und führt in
Relatives. Hier geschieht sie aus Positivem in Relatives oder
aus Relativem in Positives; womit in dem einen und anderen Falle immer ein Positives, als Bestimmendes oder als
Bestimmtes, real vorhanden ist.

288. Die Verwandtschaften in der Molltonart werden
sich nicht am positiv vorausgesetzten Dreiklange derselben,
sondern nur an seiner Negation, am tonischen Molldreiklange selbst bestimmen können; denn hier ist eben die
Negation das hauptsächlich Bedeutete. Wo diese Negation
aber nicht die hauptsächliche Bedeutung hat, wo der Durdreiklang tonischer, der Molldreiklang nur Unterdominantaccord ist, im Systeme der Moll-Durtonart, da werden
die Verwandtschaften eben wieder nur am tonischen Durdreiklange sich bestimmen. Durch Umdeutung am tonischen
Molldreiklange der C-Molltonart ergeben sich die Verwandtschaften —

```
            II  III  I
        C - es - G
                I  III
            Es - g - B
        III  II
    As - c - Es
                        II
                G - b - D
            I
    F - as - C
```

der Tonarten Es-Dur, As-Dur, G-Moll und F-Moll. Die G-Durtonart ist zu der C-Molltonart keine verwandte. Der G-Durdreiklang ist an sich schon positiver, und primäre Bestimmung. Wo diese aber als solche bestätigt wird, da ist der Begriff der C-Molltonart aufgehoben; denn das Negativ-setzen dieses positiv voraus Gesetzten ist eben der wesentliche Inhalt jenes Begriffes. Mit der C-Molltonart würde nur die G-Durtonart mit kleiner Sext, unsere als Moll-Durtonart bezeichnete, verwandt erscheinen können; wie auch zu dieser, als Haupttonart gesetzt, wieder die C-Molltonart verwandt ist, die zu der G-Durtonart nicht in Verwandtschaft steht.

Zu jedem Tonartsysteme wird immer das gleichnamig entgegengesetzte in naher Verwandtschaft stehen; die Molltonart zu gleichnamiger Durtonart, die Moll-Durtonart zu gleichnamiger Moll- oder Durtonart und ebenso auch entgegengesetzt: denn die Umwandlung geschieht hier am tonischen Quintintervalle, das aus positiver in negative, oder aus negativer in positive Bedeutung übergeht, in beiden Bestimmungen aber immer das Positive der einen und anderen zugleich enthält.

$$I - II$$
$$II - I.$$

Enharmonische Verwechslung.

289. Derjenigen Uebergänge, die sich auf die sogenannte enharmonische Verwechslung gründen, können wir hier nur vorübergehend gedenken, da sie dem temperirten, nicht dem reinen Tonsysteme angehören. Soweit sie auf das letztere zurückzuführen sein würden, sind sie auch in dem Bisherigen schon mit enthalten. Sie beruhen zum grössten Theile darauf, die verminderte Septime gleichzusetzen der grossen Sext, die übermässige Secund gleich der kleinen Terz. Z. B.

h - D - F - as = H - D - f - gis = H - D - eïs - Gis = ces - d - F - As.

c : VII $^0_7$ a : VII $^0_7$ fis : VII $^0_7$ es : VII $^0_7$

Unter dieser Annahme befindet man sich mit jedem verminderten Septimenaccorde in vier verschiedenen, weit
auseinanderliegenden Tonarten. Drei solcher Accorde werden, jeder mit seinen vier verschiedenen Deutungen aufzustellen sein:

h-D | F-as,   fis-A | C-es,   cis-E | G-b;

wonach, wenn der geeignete Septimenaccord ergriffen wird,
der Uebergang nach den zwölf Tonarten des temperirten
Quintzirkels, und zwar den Durtonarten sowohl wie den
Molltonarten, offensteht; denn wir wissen, dass der verminderte Septimenaccord sich ebensowohl auf einen tonischen
Durdreiklang, wie auf den Molldreiklang beziehen kann,
dass demnach sowohl die Auflösung *h-D|F-as...C-e-G*, wie
die andere *h-D|F-as...C-es-G* stattfindet (43). Ausser diesen
kennen wir auch das Zulässige der Auflösungen *h-D|F-as...*
C-F-as und *h-D|F-as...C-F-a* (212). In den letzteren wird
die Quart-sextlage des Auflösungsaccordes dessen Fortschreitung nach dem Dreiklange *C-e-G*, als Dominantaccord nach
sich ziehen und den Schluss nach der F-Moll- oder F-Durtonart bewirken können, der sonach ebensowohl aus dem
Septimenaccorde *e-G|B-des*, wie aus dem Accorde *h-D|F-as*
zu erlangen ist.

Es ist aber jeder verminderte Septimenaccord in irgend
einer der enharmonisch verschiedenen Deutungen unvorbereitet immer aus einem der drei Hauptdreiklänge einer jeden
Tonart zu fassen, daher der Uebergang in jede beliebige
Dur- oder Molltonart mit diesem Verfahren leicht auszuüben
sein wird.

290. Sofern diese Modulationsweise aber innerlich ganz
Verschiedenes und Verwandtschaftsloses, um seiner äusser-
lichen Nähe willen, für Gleiches anzunehmen sich befugt
glaubt, trägt sie etwas Unwahres in sich, und wir können
die Bildungen, welche in solchen enharmonischen Verwechslungen erst ihre Erklärung suchen müssen, denen, die auf
einer organischen Verbindung beruhen, nicht beizählen.
Sie haben kein natürliches Leben und existiren eben nur im

trüben Elemente der Ungenauigkeit temperirter Intonation.
Wenn wir aber schon wahrgenommen haben, wie für die
Harmonie der Unterschied gleichnamiger Terz- und Quinttöne sich als ein wesentlicher ergibt, die bei den Accord-
bildungen zwar in Collision kommen können, nie aber einer
gleichgültig für den anderen stehen kann, so wird der
Unterschied der enharmonisch verschiedenen Töne, *his—C*,
cis—Des, ein Gleichsetzen derselben im theoretischen Begriffe
noch weniger zulassen: nicht wegen des grösseren Klang-
abstandes, sondern weil in der organischen Generation,
aus welcher die Tonbestimmungen hervorgehen, eine
Möglichkeit des Verwechselns solcher differenten Stufen gar
nicht vorhanden ist. Wenn wir auch bei der positiven
Dreiklangsreihe

C..e..G..h..D..fis..A..cis..E..gis..H..dis..Fis..ais..Cis..eis..Gis..his..Dis

nicht stehen bleiben, in welcher der enharmonisch differente Ton erst im neunten Gliede erscheint, sondern das
nächstmögliche Herantreten desselben aufsuchen, wie es
die Reihe

C..es..G..b..D..fis..A..cis..E..gis..H..dis..Fis

gewährt, so wird auch hier der innere Abstand enharmonisch verschiedener Stufen noch immer weit über das hinausgreifen, was harmonisch oder melodisch zu einander in
Beziehung treten kann.

291. Es sind aber auch bei Weitem nicht alle enharmonischen Substitutionen in der Notenschrift für Umdeutungen in dem obigen Sinne zu nehmen; öfter wird vom
Componisten zu Erleichterung der praktischen Ausführung,
zu bequemerer Applicatur, zuweilen wohl auch aus Ueber-
eilung oder aus Mangel gründlicher Kenntniss der Harmonie, bewusst oder unbewusst das Eine für das Andere
gesetzt, ohne dass harmonisch eine veränderte Bedeutung
damit gemeint sei.

In der Vocalmusik wird es aber in keinem Falle statthaft sein, für den richtigen einen enharmonisch verschiedenen Ton zu vermeintlicher Erleichterung der Intonation zu notiren. Wenn eine Fortschreitung mit der richtigen Notation für den Sänger nicht zu intoniren ist, so fehlt ihr eben die harmonische Vermittlung. Das Schwerzutreffende aber kann für den Gesang durch falsche Notation nicht erleichtert werden. Die kleine Sext ist als Intervall an sich ein leicht zu intonirendes, die übermässige Quint ein sehr unbequemes; wo aber die letztere in der Disposition der Harmonie gegeben ist, würde der Componist nicht das Leichtere für das Schwerere schreiben dürfen, wenn er nicht in den Fall kommen will, dem Sänger vielleicht das Unmögliche zuzumuthen.

292. In theoretischem Betracht ist es natürlicherweise von der grössten Verschiedenheit, ob aus der C-Durtonart nach der Tonart Fis-Dur oder Ges-Dur modulirt wird, denn diese beiden verhalten sich zu jener eben ganz entgegengesetzt: *Ges* zu *C*, wie *C* zu *Fis*. In der Praxis, in Clavier- und Orchestermusik, kommt es jedoch öfter vor, dass eine der extremen Tonarten mit der anderen vertauscht wird, was nicht immer eine Modulation auf enharmonischem Wege zu nennen ist, denn es kann hier die enharmonische Umdeutung auch vor oder nach der Modulation geschehen. Dabei wird es sich aber zutragen können, dass ein längeres Musikstück, mit solchen enharmonischen Umdeutungen, in C-Dur beginnt und, der inneren Tonverbindung nach, in His- oder Desdes-Dur schliesst, wenn auch die Notenschrift nicht eine von diesen, sondern die Ausgangstonart besagt. Wie geschickt die Führung des Ganzen dann auch übrigens sein möchte, in Bezug auf die Tonart wird es immer eine Unwahrheit enthalten.

293. — Dass die Musik in der Production zeitlich an dem Hörer vorübergeht, dass wir im Fortgange immer nur das unmittelbar aneinanderhängende sinnlich vor uns haben, lässt manches Mangelhafte in Form und Führung eines Ton-

stückes übersehen, was in einer zusammenfassenden, wenn
wir so sagen dürfen, in einer architectonischen Vorstellung
des Ganzen für den inneren Sinn sich nicht würde verber-
gen können. Wie das Schiefe, das Unsymmetrische und
Verhältnisswidrige in sichtbaren Gegenständen, die auf
Regelmässigkeit Anspruch machen, dem gesunden Auge
sogleich störend entgegentritt, so würde auch, gleich den
Fehlern in der unmittelbaren Accordfolge, das Ungehörige
in der modulatorischen Disposition, wie in metrischen
Satzverhältnissen, leicht wahrgenommen werden, wenn der
Ueberblick eines grösseren Zeitganzen in seiner Gliederung
nicht an sich schon eine schwerere Aufgabe wäre als die,
ein räumlich Gegliedertes in seinen Verhältnissen zu über-
schauen. Es ist aber in der Musik eine solche Architecto-
nik, die hauptsächlich in der regelmässig metrischen und
modulatorischen Beschaffenheit des Tonstückes besteht, ein
so wesentliches Erforderniss, dass eine musikalische Composition uns als Kunst überhaupt ohne sie gar nicht ansprechen kann. Für die erste Wirkung scheinen diese Bedingungen weniger von bestimmendem Einflusse zu sein, indem wir auch gestaltlose, phrasenhafte Productionen, ohne
verständigen Periodenbau, ohne organische Einheit des Mannigfaltigen, nicht selten einen glänzenden Success erringen
sehen. In einer dauernden Gunst haben aber immer nur
solche Werke sich erhalten können, die, abgesehen von
characteristischen Eigenthümlichkeiten, von melodischem
und harmonischem Reize, eine rhythmisch-metrische und
modulatorische Ordnung bewahren; d. h. solche, die ihre
Schönheiten in der Schönheit des Ganzen, in der Wahrheit
und vernünftigen Gesetzmässigkeit der an sich künstlerisch
gültigen Form tragen. —

294. Eine Unterweisung zu dem praktischen Verfahren
bei modulatorischen Uebergängen zu geben, ist hier so
wenig beabsichtigt, als bei den früheren Untersuchungen
harmonischer Combinationen ihre technische Anwendung
zur Sprache gekommen ist, die auch bei einer Darstellung

der Accorde in ausschliesslich engster Intervalllage, und
in Fortschreitungen, wie sie ohne Wahl und Willen, nur
aus den nächsten Forderungen genöthigt hervorgehen, gar
nicht in Anspruch genommen sein kann.

295. Wenn für den modulatorischen Organismus eines
Tonstückes Bestimmungen gegeben werden sollten, so
könnten es hier eben auch nur ganz allgemeine sein. Die
besondere Form bestimmt sich durch den besonderen Inhalt; nur in den weitesten Umrissen und in der engsten
Einzelheit wird sie allgemein gültiger Gesetzlichkeit unterliegen. Das Besondere im Allgemeinen, wie das Allgemeine
im Besonderen, das Individuelle, ist aber eben erst die
Wirklichkeit, die sich in ihrem concreten Dasein vernünftig
ausspricht, die aber verständig nur in abstracter Allge-
meinheit oder in abstracter Besonderheit zu fassen sein
kann.

296. Dass Etwas aus der Einheit in Gegensatz mit sich
selbst trete und dieser Gegensatz wieder aufgehoben und
in die Einigkeit vermittelt werde, das ist der Begriff alles
wirklichen Werdens und aller vernünftigen Formation und
eben auch der Begriff zu ihrem Verständniss.

Die harmonische Folge der Dreiklänge $C...G...C$, oder
die drei ersten Töne der melodischen Leiter $C..D..e$, die
auf dieser Folge basirt sind, enthalten im engsten Umfange,
was normal auch der weitesten Formation zu Grunde liegt.
Was hier innerhalb der Tonart als Accordfolge gegeben ist,
kann sich nur in demselben Sinne wiederholen, wenn die
Tonart selbst als concretes Einheitsmoment ergriffen wird,
und von diesem aus die Fortbildung geschieht. Wie dort
das secundäre Dreiklangsmoment durch das Auftreten eines
anderen Dreiklanges seine Bedeutung in die primäre umwandelt, oder wie eben die Umdeutung einen anderen
Dreiklang entstehen lässt und dann die abermalige Umdeutung, — der Widerspruch des ersten Widerspruches —
den ersten, zuerst absolut bestehenden Dreiklang in diesem
dritten Momente als einen gewordenen in seinem Werden

darstellt, so wird auch die Tonart, wenn nicht das Dreiklangsmoment, sondern der Dreiklang selbst als Tonartsmoment diese Umwandlung erfährt, indem derselbe zuerst als tonischer gegeben, durch die Dominantbedeutung hindurchgehend, wieder zu der tonischen eingehet, sich als eine aus dem Gegensatze vermittelte einführen, die erst als eine unmittelbar gesetzte auftrat.

297. Wiewohl es Tonstücke gibt, die einen anderen modulatorischen Gang nehmen, die nicht in der Dominanttonart ihren Hauptabschnitt, ihres ersten Theiles Abschluss enthalten, so dürfen wir doch jetzt jede abweichende Form beiseite setzen als abnorme. Die entschieden a n d e r e, den G e g e n s a t z bildende Tonart, in welche das Musikstück in seiner Mitte überzugehen hat, ist die der Dominant, und zwar der O b e r d o m i n a n t; denn es wird vom Anfange her ein Fortgang, nicht ein Rückgang geschehen sollen, mit diesem letzteren würde der Anfang nur auf einen früheren Anfang kommen können und würde dann selbst nicht mehr Anfang sein. Wenn die Modulation von vornherein nach der Unterdominant führt, dann erscheint die Haupttonart selbst als Oberdominant, sie verliert den tonischen Character. Durch die Oberdominanttonart wird dieser nicht allein nicht gefährdet sein, vielmehr wird er durch dieselbe eben erst festgesetzt. Die Haupttonart wird nach der Oberdominanttonart sich sogleich als t o n i s c h e wieder fühlen lassen: nach einem Oberdominantabschlusse wird der tonische Anfang immer vollkommen in seinem Rechte wieder eintreten können.

298. Es bilden sich aber kleinere Tonstücke auch innerhalb derselben Tonart. Dann haben sie ihren harmonischen Gegensatz eben nicht in der Tonart, sondern nur im Accorde und es gilt in diesem Falle vom Dreiklange, was eben von der Tonart gesagt worden ist.

299. Wie ein Tonstück modulatorisch sich aus tonischer und Oberdominanttonart bilden kann, nicht aber wohl aus tonischer und Unterdominanttonart, ebenso wird

es ohne Modulation auch geschehen können mit dem tonischen und dem Oberdominantdreiklange, auf keine natürliche Weise aber mit dem tonischen und dem Unterdominantdreiklange; dort würde die Haupttonart, hier der Haupt-
dreiklang durch die Unterdominant selbst Oberdominant-,
nicht Ausgangs-, sondern Fortgangs-Bedeutung annehmen,
den Character des Positiven mit dem des Relativen vertauschen.

300. Wenn aber die tonische Tonart, wie der tonische
Dreiklang, zunächst die positive Qualität zu behaupten
hat, so wird diess Positive doch eben nicht ein absolut und
unmittelbar-Gegebenes bleiben dürfen; es würde ihm
dann noch die Wirklichkeitsbedingung, auch Vermitteltes
zu sein, abgehen. Wie der tonische Dreiklang nur mit
seinem Unter- und Oberdominantdreiklange die volle Bedeutung als Vermitteltes und Vermittelndes erhält, indem
der Unterdominantaccord nur eine positive, der Oberdominantaccord nur eine relative, der tonische aber gegen den
ersten die relative, gegen den anderen die positive Bedeutung hat, somit beide Bestimmungen in sich zusammenfasst,
nicht wie jene nur ein einseitig-, sondern eben ein zwei-
seitig-Bestimmtes ist, — gleich dem Begriffe der Gegenwart, welche zwischen Vergangenheit und Zukunft zu
ersterer selbst eine Zukunft, zur anderen selbst eine Vergangenheit und so zugleich Zukunft und Vergangenheit ist
und in diesem verbundenen in Einem enthaltenen Gegensatze eben wieder das allein wirklich Daseiende der Zeit
ist — so wird zu vollständiger Bestimmung tonischer Qualität eben auch die Unterdominantseite mit in Anregung
zu bringen sein. Die Folge des C-Dur- und G-Durdreiklanges enthält noch keine unzweifelhafte Festsetzung des
ersteren zu einem tonischen; er könnte damit noch ebensowohl ein Unterdominantdreiklang sein. Der in Folge des
C-Durdreiklanges gesetzte Dominantseptimenaccord $G\text{-}h\text{-}D|F$
wird aber keinen Zweifel über die Tonart mehr zulassen;
denn es ist im Dominantseptimenaccorde Ober- und Unter-

dominant verbunden enthalten und der in der Dissonanz geforderte Auflösungsaccord *C-e-G* tritt dann entschieden als ein tonischer ein. Eine noch ausführlicher auseinandergesetzte Bestimmung für tonische Qualität wird die dem Schlusse vorangehende Aufeinanderfolge des Unter- und des Oberdominantdreiklanges, oder die Folge des Septimenaccordes der Oberdominantquint und des Dominantseptimenaccordes entstehen lassen, z. B. (nach der Grundharmonie bezeichnet) $C\ldots F\ldots G_7\ldots C$ oder $C\ldots D_7^?\ldots G_7\ldots C$.

304. Diese Folgen setzen den **A c c o r d** als tonischen fest. In Bezug auf die **T o n a r t** scheint die Bedingung weniger dringend, sie als eine nach beiden Seiten vermittelte festzustellen, wie wir innerhalb derselben das Bedürfniss haben, die Unterdominant, die Septime zu dem Oberdominantdreiklange zu vernehmen. Ein länger ausgeführtes Tonstück würde aber doch auch einen Mangel modulatorischer Vollständigkeit empfinden lassen, wenn in ihm nicht auch u n t e r h a l b der Haupttonart liegende Tonarten zu Gehör gebracht würden, wenn sich nur chromatische E r h ö h u n g e n , nicht auch chromatische V e r t i e f u n g e n einfinden sollten; denn in diesem Unterschiede wird, allgemein gesetzt, das Eine und das Andere, die Ober- und die Unterdominantseite sich im Satze der Durtonart äussern müssen. Wie aber der erste Theil eines Musikstückes, auch wenn dasselbe von grösserem Umfange ist, sich überhaupt nicht zu modulatorischer Mannigfaltigkeit bestimmen kann, indem er nur die Exposition eines Inhaltes und zwar einer Zweiheit von einem Hauptsatze und einem Nebensatze, des ersten in der Tonica, des zweiten in der Dominant, darzulegen hat, so werden andere Tonarten, und so eben auch die der Unterdominantseite, namentlich die Unterdominanttonart selbst, erst in der weiteren Führung, nachdem das Positive der tonischen Tonart durch ihre Oberdominant erst festgestellt ist, ihren Platz finden können.

302. Es fällt in der allgemein gültigen, in der Normalform des musikalischen Baues, sofern überhaupt eine Mannigfaltigkeit der Tonarten darin waltet, Alles von modulatorisch entfernterem Bezuge, sowie namentlich das nach der Unterdominantseite gerichtete nur in den zweiten Theil des Ganzen und zwar vor den Wiedereintritt der Haupttonart, in welcher sodann der Haupt- und der Nebensatz, im ersten Theile durch die Quint-Trennung auseinandergehalten, tonisch verbunden zusammentreten.

303. Wiewohl das Gesetzliche in der Modulationsordnung ein ganz allgemeines ist und auf jede musikalische Form anzuwenden sein wird, so ist hier, wo von einer Folge von Haupt- und Nebensatz, von ihrer Quint-Trennung im ersten und ihrer tonischen Vereinigung im zweiten Theile die Rede ist, doch hauptsächlich diejenige Fassung eines Musikstückes in Betracht gezogen, wie sie als die Sonatenform uns bekannt ist, die wesentlich im homophonischen Satze, mit unterschiedenen Perioden besteht, entgegengesetzt der Fugenform, die, polyphonisch gewebt, eine Scheidung der Perioden, und ebenso auch eine abstracte Bestimmung der modulatorischen Folge weniger zulässt, wie überhaupt, aus hier nicht zu erörternden Gründen, ein modulatorischer Reichthum sich in ihr nicht entfalten kann.

304. Abweichende Modulationsordnungen würden nur darin bestehen können, wenn die Haupttonart, anstatt nach der Oberdominant überzugehen, eine der anderen Verwandtschaften aufsuchte, wie wir sie früher besprochen haben, von denen nur immer die der Unterdominant ausgeschlossen bleiben wird. So sehen wir bei Beethoven einigemal in Dursätzen den Hauptton nach einer Terz-verwandten Dur- oder Molltonart sich wenden und den ersten Abschnitt in dieser abgeschlossen.

305. Die Molltonart hat ihre hauptsächliche Verwandtschaft in der Durtonart ihrer tonischen Terz, indem diese aus der negativen Terzbedeutung in die positive Grundtons-

bedeutung übergeht, der negative Grundton die positive Terzbedeutung annimmt (A-Moll, C-Dur). Sie ist die am Meisten gegensätzlich begründete und erscheint darum am Allgemeinsten angewendet. Eine fast ebenso entschieden gegensätzliche Verwandtschaft findet die Molltonart auch in der Durtonart ihrer Unterdominantterz: wenn die negative tonische Terz positive Quintbedeutung, die negative Quint positive Terzbedeutung erhält (A-Moll, F-Dur). Auch dieses Verhältniss gewährt eine wohlzulässige modulatorische Form für die erste Abtheilung eines Tonstückes: — denn von dieser ersten Abtheilung kann allein hier die Rede sein, da nur in ihr ein bestimmteres Entgegenstehen verwandter Tonarten und die Festsetzung einer zweiten gegen eine erste stattfindet. Für die weitere modulatorische Führung bis zu dem Wiedereintritte der Haupttonart ist eine schematische Formbestimmung nicht zu geben; sie könnte nur in allgemein modulatorischer Gesetzlichkeit und in ästhetischen Bedingungen ausgesprochen sein, sowie in der negativen Bestimmung, dass völlig verwandtschaftslose Tonarten, die im Uebergange berührt werden können, zu einer tonischen Feststellung nicht gelangen dürfen.

306. Die Mollsätze der früheren Zeit pflegen aus der tonischen in die Molltonart der Quint überzugehen, — eine Verwandtschaft, welche mehr in der Beschaffenheit der besonderen sogenannten »Kirchentonarten« begründet ist, als in der Natur unseres allgemeineren Tonsystemes, wie sie auch von der polyphonischen Satzweise vorzüglich in Anspruch genommen wird, in welcher ein durchzuführendes Thema der Molltonart wohl in andere Molltonarten, nicht aber in eine Durtonart zu vesetzen ist, ohne selbst ein anderes zu werden.

Schluss.

307. Die Ueberschrift dieses Abschnittes kann auf einen Abschluss der Harmonielehre deuten lassen; dieser ist nicht damit gemeint. Nur einen Aufschluss zu erlangen,

über das Naturgesetzliche der Harmonie, ist im Gange des Bisherigen Zweck und Ziel gewesen. Zum Abschlusse der Lehre gelangen wir nicht. Das Ende bleibt ein unerreichbares, wenn wir es nicht darin suchen, in Allem und Jedem wieder auf den Anfang zurückzukommen.

Wenn in dem Vorhergehenden die hauptsächlichen Erscheinungen harmonischer Combination, des Vorganges bei der Bildung und Umbildung in Zusammenklang und Folge und zusammenklingender Folge zur Sprache gebracht sind, so würde doch unendlich Vieles noch zu besprechen sich darbieten, was für die theoretische Erkenntniss von Interesse sein kann. Wie aber diese Unendlichkeit doch nicht zu erschöpfen ist, so kann überall nur der Weg gezeigt werden, wie er nach jeder Richtung weiterführend, auch für die Untersuchung des Einzelfalles, für die besondere Vorkommenheit einzuschlagen sein würde. Er wird aber im Gange des dargelegten Productionsprocesses sich immer finden lassen, wenn wir die Bildungsbedingungen in ihrer einfachen abstracten Bedeutung, in ihrer allgemeinen Wesenheit festzuhalten suchen ; wenn wir Zusammengesetztes trennen, um es als Verbundenes in seinen Theilen und ihrer Verbindung kennen zu lernen.

Was hier mit der Aufschrift bezeichnet wird, ist der musikalische Schluss, d i e C a d e n z.

Die sehr wesentlichen m e t r i s c h e n Bedingungen, welche bei der Bildung des Schlusses eingreifen, müssen jetzt noch unerörtert bleiben; wir haben es hier nur mit den h a r m o n i s c h e n allein zu thun.

308. Wie der Ausdruck den Sinn enthält, dass Etwas z u s a m m e n g e s c h l o s s e n werden soll, so setzt der S c h l u s s eben Getrenntes voraus. Hauptsächlich v e r - b u n d e n e Accorde werden in ihrer Aufeinanderfolge keinen Schluss bilden können. — Der tonische Dreiklang der Durtonart kann mit den beiden Molldreiklängen des Systemes sich nicht zum Schlusse verbinden: es ist solcher Verbindung eine zu nahe Verwandtschaft entgegen. Im

Uebergange von *C-e-G* nach *a-C-e*, wie von *C-e-G* nach *e-G-h* geschieht keine entschieden gegensätzliche Umdeutung an den bleibenden Tönen *C-e* oder *e-G*. Denn dass die Terz Grundton oder Quint werde, ist nicht der Uebergang in das Entgegengesetzte, in das entschieden Andere; dieser kann nur darin bestehen, dass der Grundton Quint oder die Quint Grundton werde. Die Terz ist an sich schon Grundton und Quint; wenn sie Grundton oder Quint wird, so gibt sie nur die eine oder andere der in ihr verbunden enthaltenen Bestimmungen auf, und tritt in die einzelne zurück; ein entschieden Gegensätzliches aber findet sie in keiner von beiden: dieses besteht nur darin, wenn das Eine als ein Anderes, was es vorher entschieden nicht war, auftritt. An der Terz kann darum eine Schluss-bewirkende Umdeutung nicht geschehen; sie muss an Grundton oder Quint erfolgen. — Es sind sonach zuerst Quint-verwandte Dreiklänge, die ineinander übergehend, Schluss bilden können:

$$C\text{-}e\text{-}G...h\text{-}D\text{-}G,\quad G\text{-}h\text{-}D...G\text{-}C\text{-}e;\quad C\text{-}e\text{-}G...C\text{-}F\text{-}a,$$
$$F\text{-}a\text{-}C...e\text{-}G\text{-}C.$$

309. Sodann werden aber auch völlig getrennte Dreiklänge sich zum Schlusse verbinden können, sofern sie die Vermittlung des zwischenliegenden Dreiklanges erhalten, mit dem der Ausgangsdreiklang in zwei Tönen verbunden ist. Dieser vermittelnde Dreiklang steht mit dem Dreiklange, in welchen die Folge führen soll, im Schlussverhältnisse der Quintverwandtschaft, und wie der Uebergang eben nur aus dem für den Ausgangsdreiklang gesetzten vermittelnden Dreiklange geschehen kann, so gewährt auch diese Folge den Schluss Quint-verwandter Dreiklänge. So wird die Schlussbedeutung bei der Folge *G-h-D...a-C-F*, welche direct in der Folge *h-D|F...a-C-F* besteht, sein, dass die Quint *F* des ersten Dreiklanges, *h-D|F*, im zweiten, *a-C-F*, Grundtonsbedeutung erhält. In der Folge *F-a-C...D-G-h*, welche direct die Folge *D|F-a...*

D-G-h ist, wird die Schlussbedeutung sein, dass der Grundton *D* des Accordes *D|F-a* im zweiten, *D-G-h*, Quintbedeutung erhält.

— Ueber die relative Dreiklangsgültigkeit, welche die Grenzverbindungsaccorde für ihre Tonart haben, ist schon früher (145) gesprochen worden. —

In den Folgen Quint-verwandter Dreiklänge erfolgt diese Umwandlung zu Entgegengesetztem in dem gemeinschaftlichen Tone selbst:

$$\begin{array}{cc} \text{II} \quad - \quad \text{I} & \text{I} \quad - \quad \text{II} \\ \text{C-e-G...h-D-G,} & \text{G-h-D...G-C-e.} \end{array}$$

Es bleiben von den drei möglichen Arten der Dreiklangsfolge somit nur die der T e r z - v e r w a n d t e n Dreiklänge von den Schluss-bildenden ausgeschlossen. Die Folgen

$$\begin{array}{cc} \text{III} \quad - \quad \text{II} & \text{III} \quad - \quad \text{I} \\ \text{C-e-G...C-e-a,} & \text{C-e-G...h-e-G} \end{array}$$

haben keine Schlussbedeutung, sie schliessen nicht wesentlich Getrenntes, entschieden Gegensätzliches zusammen. Der tonische Durdreiklang hat die Möglichkeit eines gleichzeitigen Molldreiklanges, nicht aber eines gleichzeitigen Dominantoder verminderten Dreiklanges.

Jede andere Dreiklangsfortschreitung als die innerhalb Terz-verwandter Dreiklänge, ebenso jede Auflösung des Septimenaccordes wird einen Schluss bilden, denn in dieser letzteren wird der auflösende Accord immer zu einem der beiden im Septimenaccorde verbundenen Quint-verwandter, oder von ihm getrennter sein.

310. Wir haben aber eine doppelte Bedeutung des Wortes S c h l u s s zu unterscheiden: den Z u s a m m e n s c h l u s s und den A b s c h l u s s. Der erstere ist eben überall vorhanden, wo in Grundton oder Quint verbundene, oder wo direct unverbundene Dreiklänge aufeinander folgen.

Der Abschluss ist wieder zweifach zu betrachten: als

völlig schliessender, und als solcher , der noch einen Nachsatz erwarten lässt. Jener wird immer nur aus einem Dominantaccorde in den tonischen Dreiklang, und zwar in
dessen Dreiklangslage führend, den Sinn ganz erfüllen
können: dass der Anfang als Ende erscheine, dass Erstes
und Letztes in einander aufgebe. Eine andere als die Grund-
gestalt des tonischen Dreiklanges, eine Uebergangs- oder
Folgegestalt desselben, würde, wie sie nicht absolut Anfang
sein kann, darum auch nicht Schlussaccord sein können. Es
führt aber allein die Schlussverbindung mit einem Dominantaccorde, der Wechsel mit Tonica und Ober- oder Unterdominantdreiklange in die Grundlage des tonischen
Dreiklanges zurück :

$$\left(\tfrac{5}{3}\right) \qquad\qquad \left(\tfrac{5}{3}\right) \quad \left(\tfrac{5}{3}\right) \qquad\qquad \left(\tfrac{5}{3}\right)$$
$$\text{D-e-G...h-D-G...C-e-G, \quad C-e-G...C-F-a...C-e-G.}$$

Die beiden verminderten Dreiklänge, die ausser den
Dominantdreiklängen noch Schluss-bildend mit dem tonischen zu verbinden sind, leiten ihrer Vermittlung zu Folge
in eine versetzte Lage des letzteren :

$$\left(\tfrac{5}{3}\right) \qquad\qquad \left(\tfrac{6}{3}\right) \quad \left(\tfrac{6}{3}\right) \qquad\qquad \left(\tfrac{6}{4}\right)$$
$$\text{C-e-G} \qquad\qquad\qquad \text{C-e-G}$$
$$\text{(e-G-h)...D-F-h...e-G-C, \quad (a-C-e)...a-D-F...G-C-e ;}$$

der verminderte Dreiklang der Oberdominantseite nach
der Terz-sextlage, der verminderte Dreiklang der Unterdominantseite nach der Quart-sextlage des tonischen
Schlussaccordes.

341. Zu tonisch völliger Feststellung gelangt aber der
Schlussaccord erst, wenn seine Beziehung nicht nur zu
einer, sondern zu beiden Dominantseiten zum Ausdrucke gelangt :

$$\text{C-e-G...C-F-a...C-e-G...h-D-G...C-e-G,}$$
odor
$$\text{C-e-G...C-F-a...h-D-G...C-e-G.}$$

Dass hier die Unterdominant der Oberdominant vorangeht, ist eben, wie jene in der harmonischen Generation das Frühere ist, nur das direct Folgegemässe; darum ist diese Schlussform eben die allgemeinste, alltäglichste, die im grössten wie im kleinsten, im erhabensten wie im trivialen Musikstücke wiedergefunden wird; denn im Absonderlichen haben die genialen Componisten immer am wenigsten das Originelle gesucht.

312. Es ist aber auch die Form:

$$C\text{-}e\text{-}G\ldots h\text{-}D\text{-}G\ldots C\text{-}e\text{-}G\ldots C\text{-}F\text{-}a\ldots C\text{-}e\text{-}G,$$

in welcher die Unterdominantbeziehung zuletzt steht, eine nicht weniger richtige und namentlich in der älteren Musik eine häufig angewandte, wie sie dort auch durch die Beschaffenheit einiger der sogenannten Kirchentonarten natürlich bedingt und herbeigeführt wird. Wir nennen diese Art zu schliessen den Plagalschluss.

313. Wenn unter der Bezeichnung:

$$C\text{-}e\text{-}G\ldots h\text{-}D\text{-}G\ldots C\text{-}e\text{-}G,$$
$$C\text{-}e\text{-}G\ldots C\text{-}F\text{-}a\ldots C\text{-}e\text{-}G,$$

nicht eine Schlussform allein, sondern auch der Begriff des modulatorischen Fortganges und in sich Zurückkehrens, wie er im Ganzen eines Musikstückes besteht, zu fassen sein sollte, so geschieht nach modulatorischer Forderung der erste Uebergang nicht nach der Unterdominant, sondern nach der Oberdominant, und erst nachdem die Tonica von dieser Seite festgesetzt ist, wird auch die Unterdominant angeregt sein wollen.

Daher kann die allgemeine Form:

$$I - IV - V - I,$$

welche die Unterdominant vor die Oberdominant setzt, eben nur für den Schluss gelten: nicht als modulatorisches Schema, nicht als Tonartfolge, nur als schliessende Accordfolge innerhalb der Tonart.

314. Wie in der Aufeinanderfolge der beiden Dominantaccorde,

$$F-a-C\ldots D-G-h,$$

ein liegender, die harmonische Bedeutung wechselnder Ton nicht vorhanden ist, so sucht die Verbindung sich dadurch herzustellen, dass mit dem Unterdominantaccorde der vermittelnde verminderte Dreiklang $D\,|\,F\text{-}a$ zugleich auftritt, aus welchem der Grundton D im Oberdominantaccorde zur Quint wird:

$$I \quad - \quad II$$
$$F-a-C-D\ldots G-h-D,$$

oder dass der Grundton des Unterdominantaccordes als Quint des verminderten Dreiklanges $h\text{-}D\,|\,F$ zu dem Oberdominantaccorde fortbesteht:

$$I \quad - \quad II$$
$$F-a-C\ldots D-F-G-h,$$

und mit ihm den zu entschiedenem Schlusse führenden Dominantseptimenaccord bildet. Im Zusammenklange der Oberdominantterz mit dem Unterdominantgrundtone ist sodann auch die Nöthigung für jene erstere enthalten, in den tonischen Grundton zu treten. Daher auch in der ersten Form, $F\text{-}a\text{-}C\text{-}D\ldots G\text{-}h\text{-}D$, in welcher F und a in G zusammentreten würden, der Ton F, welcher hier als liegender im Oberdominantdreiklange nicht vorhanden ist, als nachschlagende Septime sich dem Accorde wird verbinden wollen, um den Leitton aufwärts zu nöthigen; so dass diese Schlussform auch in vierstimmiger Harmonie lieber die Quint des Schlussaccordes, als die Septime des Oberdominantaccordes aufgibt.

315. Es ist früher schon (238), wenn auch nur andeutend, des Orgelpunctes gedacht worden; auch hier ist eine ausführliche Besprechung desselben nicht zu unternehmen, sie gehört in das technische Lehrbuch. Sofern der Orgelpunct aber Beziehung zum Schlusse hat, wird noch einiges Allgemeine davon zu sagen sein.

316. Der Orgelpunct kann sich auf zwei Tönen des Tonartsystemes festsetzen: auf der Oberdominant und auf der Tonica. Diese beiden sind Angeln, auf denen sich ein Wechsel von Hauptaccorden bewegt: auf der tonischen Quint wechselt der Oberdominantdreiklang mit dem tonischen, auf der Tonica der tonische Dreiklang mit dem Unterdominantaccorde. Es ist zwar keineswegs dieser Wechsel allein von Dreiklang und Quartsextaccord auf den beiden Tönen das, was man unter dem Ausdrucke Orgelpunct begreift; vielmehr kann das mannigfaltigste Harmoniegewebe über einem solchen liegenden Tone entstehen: jene beiden Accorde sind aber die festen Puncte für die Uebergangsharmonieen, die auf der Dominant v o r dem Schlusse, auf der Tonica n a c h dem Schlusse, dort ihn aufhaltend, hier zu dessen Fort- und Nachklang sich verweben. Der Orgelpunct auf der Tonica, indem er nur n a c h dem Schlusse sich bilden kann, ist allezeit als ein Anhang, als eine *Coda* des Stückes, oder geschlossenen Absatzes zu betrachten, und wir werden hier das E n d e immer vom S c h l u s s e zu unterscheiden haben.

Die neuere Musik ist im Abschliessen, in der Anhäufung von Schlussansätzen viel erschöpfender als die ältere; wenn bei dieser mit dem Schlussaccorde meistentheils auch das Stück zu Ende ist, so wird der Schluss im modernen Musikstücke oft sehr weit vor dem Ende zu suchen sein. — Bei dem älteren Schlusse, ohne Coda, ist es fast immer Bedürfniss, ein Retardiren vor dem Ende eintreten zu lassen, das Aufhören vorzubereiten, da er sonst das Tonstück abgebrochen und unbefriedigend schliessend erscheinen lässt.

317. In der melodischen Fortschreitung sehen wir die Stimmen, wenn ein Schluss herbeigeführt werden soll, nicht den Gang nehmen, der ihnen nach den Bedingungen der Accordverbindung zukommt. Die Folge *G-h-D...G-C-e* lässt die Quint (*D*) des ersten Dreiklanges in die Terz (*e*) des zweiten treten, wie eben die Dreiklangsvermittlung

für die beiden nur in der Quint verbundenen Accorde diese
Fortschreitung von selbst herbeiführt:

$$G - h - D \ldots G - h - c \ldots G - C - c.$$

Schlussbedürfniss ist aber für diese Stimme, nicht
nach der tonischen Terz, sondern nach dem Grundtone
überzugehen, um auf diesem die Ruhe zu finden, die auf
der Terz nicht gewährt ist. In wesentlich melodischen
Sätzen ist es nun vornehmlich diese Oberdominantquint,
die in der melodieführenden Stimme dem Schlusstone vorangeht. So haben die Schlüsse der Choräle und der Volks-
lieder in weit überwiegender Mehrzahl diese Form, die
Melodie schliesst nicht aus dem Leittone, sondern aus der
Oberdominantquint nach dem Grundtone. Im harmonischen Schlusse wird aber eine andere Stimme zu dieser
Oberdominantquint die Oberdominantterz enthalten und
mit derselben nothwendig auch in den Grundton treten,
eine dritte Stimme wird den Oberdominantgrundton als
tonische Quint unbewegt liegen lassen, und so bleibt mit
diesen Fortschreitungen der tonische Dreiklang ohne Terz;
denn es führt, wenn die Oberdominantquint nicht ihre
Fortschreitung dahin nimmt, kein anderes Intervall des
Dominantaccordes in diesen Ton. Daher schliesst die polyphonische Musik der alten Zeit, die durchgängig mehr eine
melodisch combinirte, weniger eine Folge von Accorden,
als ein Accord von Folgen, ein Zusammenklang von Melodieen ist, oft ohne tonische Terz. Die Dominantseptime,
welche bei uns in die tonische Terz leitet, ist jener Zeit
noch fremd, wenigstens ungewöhnlich und selten vorkommend; — wie die Septimenharmonie überhaupt —
die Dissonanz des alten Tonsatzes ist regelmässig der Vorhalt. Wo die obere Stimme die Leittonsfortschreitung hat,
da wird eine Mittelstimme aus der Oberdominantquint
gern nach der tonischen Terz fortschreiten. Bei dieser Melodie
der Oberstimme fehlt auch im alten Vocalsatze die Terz
nicht, wenn der Tenor nicht durch den *Cantus firmus*, den

er in vielen Fällen zu führen hat, bestimmt wird, mit dem
Grundtone zu schliessen. In der Molltonart tritt noch ein
anderes Motiv ein, auch die Mittelstimme nicht mit der Terz
schliessen zu lassen. Es besteht nämlich zwischen der Oberdominantquint und der tonischen Mollterz ein Leittonsverhältniss; in der C-Molltonart z. B. würde zu den Accorden
G...c eine solche Mittelstimme die Melodie *D..es* erhalten,
die, an sich genommen, nicht einen Schluss in der C-Molltonart, sondern in die Es-Durtonart, in die Tonart der
Terz, ausdrückt. Um diesen zu vermeiden, wird die Mittelstimme auch hier lieber in den Grundton treten; oder sie
ergreift anstatt der Mollterz die tonische D u r terz. — So
sehen wir den Schluss in den Mollsätzen alter Musik, wenn
er nicht o h n e Terz geschieht, immer mit dem Durdreiklange
geschehen. Der Grund ist aber nicht darin zu suchen, dass
der Molldreiklang zu wenig consonant für einen Schlussaccord gehalten worden sei; er wollte sich nur eben, wenn
die melodische Selbständigkeit der Stimme gewahrt sein
soll, auf natürliche Weise nicht einführen.

348. Wenn im Dursatze die Oberdominantquint zu
melodischer Schlussbestimmung nach dem tonischen Grundtone übergehen soll, in der Accordverbindung aber nach
der tonischen Terz fortschreiten möchte, so kommt sie
mit diesen beiden Forderungen in Zwiespalt. Sie kann
nicht Beides zugleich thun: sie thut es aber nacheinander:
sie lässt die Terz hören, vor- oder nachschlagend, ehe sie
nach dem Grundtone geht. Sie wiederholt auch die
nachschlagende Terz, und es entsteht damit der T r i l l e r
auf der Oberdominantquint, diese durch so lange Zeit gebräuchlich gewesene Endverzierung der alten Arien und
Solostücke jeder Art, die eben nicht ein willkührlicher
Schmuck und eine Zeitmode allein, sondern mit der Art des
Schlusses gegeben und in dieser eine natürliche Bedingung
war. Wie der Triller auf diesem Tone seinen Ursprung und
eigentlichen Sitz hat, so wird er zwar auch auf anderen
Tönen vorkommen können; naturgemäss aber doch immer

nur auf solchen, die eine doppelte melodische Fortschreitung auf- und abwärts zulassen. Der Vorschlagston enthält
die erste, der zum Triller gehörende sogenannte Nachschlag
die zweite. Die sechste und siebente Stufe des Molltonartsystemes werden den Triller nur dann zulassen, wenn
beide die Uebergangsbeziehungen ausser den Grenzen des
geschlossenen Molltonartsystemes aufsuchen, wie wir sie
aus der Octav zu der kleinen Sext abwärts in der kleinen
Septime, aus der Quint zu der grossen Septime aufwärts
in der grossen Sext gefunden haben, die aber in einer
Harmonie, welche beide Stufen nach ihrer Systemsbestim-
mung verbunden enthält, nicht ohne Zwang in Anspruch
zu nehmen ist. — So wird beim verminderten Septimenaccorde ein Triller so wenig auf dessen Grundtone,
wie auf dessen Septime sich natürlich erweisen; jenem
fehlt der Nachschlag, dieser der Vorschlag, jener hat
die übermässige Secund unter sich, diese hat dieselbe über
sich.

349. Dem Schlusse aus einem der Dominantdreiklänge
auf den tonischen, steht der Schluss aus der Tonica auf
einen der Dominantdreiklänge entgegen. Mit jenem wird
ein Ganzes oder der Hauptabschnitt des Ganzen, der für
sich eine der Haupttonart verwandte festgesetzt hat, abgeschlossen; dieser bezeichnet nur den Vordersatz eines
Nachsatzes: nicht einen Abschnitt, nur einen Einschnitt.
Wie aber ein solcher Einschnitt nicht einen Schlussaccord herbeizuführen hat, der Dominantaccord dabei
bezüglich seiner Herleitung auch in einer Uebergangsge-
stalt erscheinen kann, so wird hier auch die Bedingung,
welche den vollkommenen Schluss nur aus einem der Dominantdreiklänge herleiten liess, wegfallen: der Dominantdreiklang kann hier aus jeder Schlussfall-mässigen Folge
hervorgehen. Wenn bei dem vollkommenen Schlusse nur
die beiden Cadenzen V...I, IV...I: *G...C*, *F...C* sich
verwirklichen konnten, so stehen dagegen für den Ein-
schnittsschluss nach den Dominanten, ausser den beiden

jenen entgegengesetzten Cadenzen : I...V, I...IV ; ***C...G,
C...F,*** auch diese zu Gebote :

II⁰...V, IV...V, vɪ...V ; D|F-a...h-D-G, F-a-C...D-G-h,
a-C-e...h-D-G, und

vɪɪ⁰...IV, V...IV, ɪɪɪ...IV ; h-D|F...a-C-F, G-h-D...a-C-F,
e-G-h...C-F-a.

Ebenso würde dieser Schluss aus den Grenzverbind-
ungsdreiklängen des übergreifenden Tonartsystemes, in die
Oberquint: *fis*|*a-C . . . D-G-h*, in die Unterquint: *e-G*|*B . . .
C-F-a*, seine Herleitung erhalten können.

320. Wir haben noch der Schlussform zu gedenken,
die nach dem Oberdominantaccorde an der Stelle des zu er-
wartenden tonischen Dreiklanges einen anderen Accord folgen lässt: man nennt bekanntlich eine solche Folge einen
Trugschluss. Innerhalb der Tonart wird diese Folge
nur der Gesetzlichkeit unterworfen sein, in welcher die
Schlussbedingungen überhaupt bestehen; — sie wird nicht
in Terz-verwandte Accorde führen können — dem Oberdominantdreiklange *G-h-D* bleiben dann ausser dem ver-
miedenen tonischen, *C-e-G*, noch die Dreiklänge *a-C-e*,
F-a-C, *D*|*F-a* zu Schlussfall-mässigem Uebergange übrig,
in den Folgen :

V — vɪ   V — IV   V — II⁰
G-h-D...e-a-C, G-h-D...a-C-F, G-h-D...F-a-D ;

wobei wir immer nur die enge dreistimmige Dreiklangsfortschreitung bezeichnen, und von einer basirenden Stimme
absehen, die in vielen Fällen auch eine der Folgebeding-
ten Fortschreitungen selbst übernehmen wird.

Ausser diesen innerhalb der Tonart sich ergeben-
den Trugschlüssen, wird aber eine grössere Zahl sich darbieten, wenn der Schlussaccord einer anderen Tonart angehören darf. Hier steht jeder Weg offen, den die Modulationsordnung zulässt. Wie wir dem Dominantaccorde noch
vier andere Tonartsbedeutungen zusprechen können, so

kann er diesen gemäss die mannigfaltigsten Fortschreitungen nehmen. Diese werden aber hier sowohl, wie für die Trugschlüsse innerhalb der Tonart eingeschränkt, wenn der zum Schlusse leitende Accord nicht Dominantdreiklang allein, sondern Dominantseptimenaccord ist, indem dann die Fortschreitung in der Septimenauflösung Bestimmungen erhält, durch die manche der ausserdem möglichen Folgen ausgeschlossen werden. Dafür treten für den Septimenaccord wieder Schlussfall-mässige Folgen ein, die es für den Dominantaccord allein nicht sein würden: diejenigen nämlich, die es gegen den oberen der im Septimenaccorde verbundenen beiden Dreiklänge sind. Aber auch ein solcher Trugschluss in andere Tonart wird immer nur auf eines der drei Hauptmomente, auf die Tonica, Unter- oder Oberdominant derselben fallen wollen, nach der Accordverbindung aus dem Dominantaccorde mit oder ohne Septime, wie sie den Folgegesetzen überhaupt angemessen ist. Vornehmlich wird der Eintritt eines neuen Dominantseptimenaccordes, wenn er im vorigen vorbereitet sein kann, zu Bestimmung der neuen Tonart geeignet sein, indem der neue Leitton dann entschieden in seiner Eigenschaft als Oberdominantterz hervortritt.

II

METRIK.

.

Metrum und Rhythmus.

1. Metrum wollen wir das stetige Maass nennen, wonach die Zeitmessung geschieht. Rhythmus, die Art der Bewegung in diesem Maasse.

2. Das Maass wird sich seiner äusseren Beschaffenheit nach ergeben als eine zwei-, drei- oder viertheilige Einheit; die Bewegung in diesem Maasse, die von unendlicher Mannigfaltigkeit der Gestaltung an sich sein kann, wird als gemessene doch auch nur in den Bestimmungen ihre Verständlichkeit finden, welche aus dem metrischen Begriffe hervorgehen.

3. Wir werden aber hier denselben Begriffsmomenten wieder begegnen, die uns das Wesen des Dreiklanges erklärt haben, nämlich dem der Octav, der Quint und der Terz, diese Intervalle in ihrer abstracten Bedeutung genommen, d. i. dem der Einheit, des Gegensatzes und des geeinten Gegensatzes.

Metrum.

I. Zweizeitiges. (Octav.)

4. Als Anfang der metrischen Bestimmung ist ein zuvörderst noch ungetheiltes Zeitintervall zu setzen. Zwei aufeinanderfolgende hörbare Schläge, die wir eine Zeitsecunde auseinander annehmen wollen, mögen uns ein solches Zeitintervall versinnlichen.

5. Diese zwei Schläge schliessen nur einen Zeitraum ein. Wir erhalten aber mit den zwei Schlägen nicht eine, sondern zwei Zeiten bestimmt. Es wird mit dem zweiten Schlage, dem Ende des eingeschlossenen Zeitraumes, zugleich der Anfang eines zweiten gegeben, dem ersten an Dauer gleich. Am Ende dieses zweiten können wir einen neuen Schlag erwarten, der aber nicht früher als in diesem Zeitpuncte erfolgen dürfte, wenn er nicht eine Unterbrechung, eine Kürzung der Zeit, die uns durch die zwei Schläge bestimmt ist, verursachen soll. — Das reale, von den beiden Schlägen begrenzte Zeitintervall ist es nicht, was durch einen späteren, unzeitig erfolgenden Schlag beeinträchtigt wird, denn dieses kann an sich durch Etwas, das nach seinem Verlauf erst eintritt, keine Störung erfahren; und doch fühlen wir durch einen Schlag, der vor Ablauf des zweiten Zeitraumes geschieht, die durch zwe Schläge gegebene metrische Bestimmung gestört. Es ist also nicht das eingeschlossene Zeitintervall allein, sondern dieses mit seinem folgenden zusammengenommen die metrische Einheit.

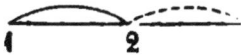

6. Wenn ein Schlag noch keinen Zeitraum, keine Zeitgrösse bestimmen, sondern vielmehr nur einen Anfang ohne Ende bezeichnen kann, so erhalten wir mit zwei nacheinanderfolgenden Schlägen ein zeitlich bestimmtes Ganze, von welchem der durch die beiden Schläge eingeschlossene Zeitraum die Hälfte ist. Die erste metrische Bestimmung ist nicht die eines einfachen, sondern die eines zweifachen, eines wiederholten Zeitintervalles.

7. Eine einfache Zeit ist keine metrische Einheit, kann als metrisches Ganze nicht vorkommen. Das Einzelne hat in metrischer Bestimmung allezeit nur als Theil des Ganzen, als erster oder zweiter, seine Bedeutung; denn das metrische Ganze ist von seiner ersten Bestimmung an ein ungetrennt-Doppeltes, eine Zwei-Einheit.

8. Diese erste metrische Bestimmung ist das, was die Octav als harmonisches Intervall ist, die auch real

nur eine Hälfte, in dieser Bedeutung aber eben das ist, was sich selbst — als andere Hälfte — sich entgegensetzt, und mit diesem, seinem ausser-sich-gesetzten Anderen zusammengenommen, erst dem Begriffe seiner selbst, als Hälfte eines Ganzen, entsprechen kann.

II. *Dreizeitiges.* (*Quint.*)

9. Wie zwei Schläge einen Zeitraum einschliessen, einen zweiten bestimmen und dem ersten verbinden, so werden drei Schläge, die real nur zwei Zeiträume begrenzen, einen dritten als Nachklang des zweiten folgen lassen. Indem aber dieser dritte Theil des nun zusammenzufassenden dreitheiligen Ganzen nicht zu den zwei vorangegangenen Theilen, sondern nur zu dem zweiten in einem Gleichheitsverhältnisse steht, und eben nur aus diesem als Nachklang entstanden ist, wie der zweite zuvor aus dem ersten entstanden war; so erhält dieses zweite Glied der dreitheiligen Einheit die doppelte Bedeutung, das Zweite eines Ersten, und das Erste eines Zweiten zu sein. In dieser letzten Bedeutung aber, indem es Erstes eines Zweiten wird, entzieht es sich der Verbindung mit dem ersten Gliede und lässt dieses verlassen, vereinzelt stehen: es tritt in das erste Paar die Trennung der Einheit. Die Zwei-Einheit wird Zweiheit. Dieses, und der Widerspruch der Doppelbedeutung im zweiten Momente, ist das, was wir früher als das Wesen der Quint nachgewiesen haben.

10. Das zeitlich Dreitheilige ist nicht als eine Folge von drei aneinandergereiheten Gliedern metrisch bestimmt und verständlich, — als eine solche Gliederkette würde es ebenso jede andere Quantität, das Fünf-, Sieben-, Elffache sein können — sondern es ist sein metrisch-verständlicher Sinn das Ineinandergreifen der Zweiheit des ersten und zweiten Gliedes, als erstem Paare, mit dem Zweiten und dritten, als zweitem Paare; eine Formation, in welcher das mittlere Glied des dreitheiligen Ganzen die Bestimmung

hat, beiden Paaren anzugehören und, in sich entgegengesetzt, Anfang oder Ende zu sein.

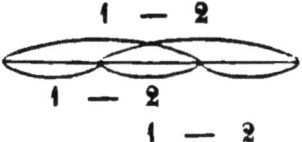

11. Soll zu einem Ersten ein Zweites kommen, so
kann dies nur ein Gleiches sein, denn Ungleiches ist nicht
zusammen zu zählen. — Im dreitheiligen Ganzen würde
dem ersten einzelnen Theile ein Doppeltes, oder den ersten
zwei zur Einheit zusammengefassten Theilen ein Einzelnes
als anderer Theil entgegenstehen. In Beidem ist dem Begriffe der Gleichheit im Gegensatze nicht entsprochen. Es
kann das Einzelne nur das andere Einzelne, das Paar nur
das andere Paar zu seinem Anderen oder Zweiten haben.
So kann, wenn in der dreitheiligen Einheit eine verständige
Gliederung enthalten sein soll, nur das Paar des ersten und
zweiten Zeittheiles mit dem Paare des zweiten und dritten
in Gegensatz treten.

12. In einer Folge von drei gleichen Zeitmomenten
a, b, c:

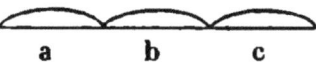

wird, wenn als das Erste, der Theil a, als Einzelnes gesetzt würde, das Zweite, b-c, als Doppeltes, dem Ersten
ungleich, mithin nicht ein Zweites zu diesem a sein;

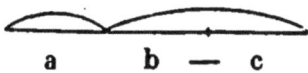

ebensowenig wird, wenn die Verbindung a-b Erstes sein
soll, c, als Einzelnes, Zweites zu diesem Ersten sein
können.

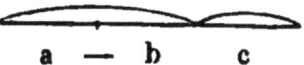

Als Erstes und Zweites können sich hier eben nur die Doppelzeiten $a-b$ und $b-c$, als A und B entgegenstehen.

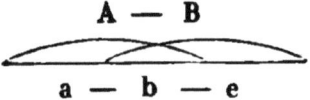

III. Vierzeitiges. (Terz.)

13. Ein vierter, nach Ablauf des dritten Zeitraumes erfolgender Schlag wird nun auch einen vierten Zeittheil nachfolgen lassen, als Nachklang des dritten, der, erst selbst nachfolgender, jetzt ein vorangehender, ein erster zu dem vierten, als seinem zweiten, geworden ist.

14. Diese letzte metrische Formation ist als viergliedrige eine zweimal-zweigliedrige, ist in diesem Sinne Terz; im Verlauf ihres successiven Entstehens aber, — und sie kann als zeitliche Gestaltung eben nur in diesem Processe des Werdens und Gewordenseins ihre Natur und Wirklichkeit haben, — ist sie im Momente ihrer ersten Bestimmung eine zweigliedrige, Octav; wird dann dreigliedrig, Quint, und zuletzt viergliedrig, d. i. zweimal-zweigliedrig, Terz. Anders aber, als indem die Gestaltung die ersten beiden Bestimmungen durchgegangen hat, kann sie nicht zu der letzten gelangen, und so ist sie mit dieser letzten eine successive, eine zeitliche Verbindung von Octav, Quint und Terz: der metrische Dreiklang.

15. Der erste Schlag gibt uns den für die Zeitdauer noch unbestimmten Grundton. Der zweite die bestimmte Zeit, als Octav; das Zeitintervall mit seinem Abbilde verbunden, als metrisch-bestimmte Einheit. Mit dem dritten erhalten wir des zweiten Zeitraumes Abbild, des zweiten, als ersten gesetzt; somit die ersten zwei zusammengehörigen Zeiten wieder getrennt, dem Ganzen seine Hälfte entzogen, ebenso den Widerspruch in diesem zweiten, Zweites und Erstes, Ende und Anfang entgegengesetzt in sich zu sein: die metrische Quint. Der vierte Schlag lässt

das Abbild des dritten Momentes entstehen, das Dritte aus
einem Zweiten ein Erstes werden; dadurch ist das Zweite,
das in seinem Verhältnisse zu dem Dritten der Verbindung
mit dem Ersten entzogen war, diesem wiedergegeben, ist
wieder Eins mit ihm geworden, und es ist nun das Erste
und Zweite in dem gewordenen — in dem vermittelten,
nicht mehr blos unmittelbar gegebenen Einheitszustande
auch selbst ein Erstes geworden, das in der gleichen Doppeleinheit des Dritten und Vierten sein Abbild als Zweites
erhält: es ist, im Begriffe der **Terz**, das Ganze auch Theil
geworden.

16. Diese innige Vermittlung des Getrennt-Verbunde-
nen und Verbunden-Getrennten, die vollendete Negation
jedes negirenden, ausschliessenden Momentes, ist **das**, was
als Wesen des Dreiklanges uns hier in metrischer Bestimmung, wie im Zusammenklange von Tönen, als harmonische
Vollendung, überhaupt aber in jeder Weise der Erscheinung
als vollendeter Begriff bestimmter Wirklichkeit ansprechen
muss.

17. Nun ist aber bei den Vorgängen der metrischen
Formation als eine wesentliche Bedingung zu ihrem richtigen Verständnisse in's Auge zu fassen, dass es immer
eine und dieselbe Einheit ist, an welcher die Aenderungen
erfolgen, — anders würde eben auch eine Aenderung,
ein Anderswerden, keinen verständlichen Sinn haben können. Nur insofern durch die späteren metrischen Momente
an dem ersten eine Bestimmung erfolgt, haben sie zu diesem eine Einheitsbedeutung. Die mit dem ersten Schlage
noch unbestimmte, mit dem zweiten Schlage bestimmt
gegebene Einheit geht durch den dritten Schlag in Zweiheit auseinander, durch den vierten aus der Zweiheit in
die Einheit der Zweiheit über. Es ist der Uebergang aus
dem Gefühle des unmittelbar-Ganzen, durch die verständig sondernde Wahrnehmung seiner Glieder, zu dem ge-
fühlt-verständigen, d. i. vernünftigen Begriffe des Ganzen,
in seiner Gliederung.

18. Das Viertheilige ist nun auch als musikalisches Zeitmaass das in sich selbst vollständig bestimmte, selbständige Metrum, welches, alle Momente des Begriffes eines gegliedert-Ganzen in sich enthaltend, keines andern Hinzutretenden zu seiner Einheitsergänzung bedarf. — Denn die Einheiten des metrisch Zweitheiligen und des Dreitheiligen sind allein genommen noch mangelhaft in ihren inneren Gliederungsbestimmungen. In der ersten fehlt noch das Trennungsmoment, in der letzteren das Wiederverbindungsmoment. Beide verlangen die Wiederholung ihrer selbst, um als Theil, als Hälfte im Einheitsbegriffe eines Ganzen höherer Ordnung ihre Bestimmung finden zu können.

Unterschied des doppel-zweizeitigen und des vierzeitigen Metrums.

19. Es wird aber das Wiederholt-Zweitheilige sich immer leicht unterscheiden von dem wesentlich Viertheiligen: der wiederholte $^2/_4$ Tact z. B. vom $^4/_4$ Tacte. Der erstere setzt sich eben nur als Ganzes sich selbst entgegen:

wonach zwischen der zweiten und dritten Zeit keine Folgeverbindung besteht. Diese ist nur in den Paaren selbst und in den Gliedern jedes einzelnen Paares für sich enthalten. Im viertheiligen Metrum aber, welches erst durch das dreitheilige hindurchgehend zu seinem Begriffsganzen in der Viertheiligkeit gelangt,

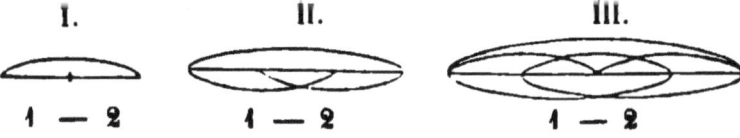

ist das dritte Glied nicht eine Wiederholung des ersten allein, als Anfang im zweiten Paare; es ist zuvor, im dreitheiligen, auch nachfolgendes des zweiten Gliedes gewesen und gibt das Verhältniss zu diesem erst mit dem Eintritte des vierten Gliedes wieder auf, d. h. es gibt das zweite Glied seinem ersten wieder zurück und lässt es mit diesem sich verbinden, nachdem es zuerst Eins mit ihm, dann getrennt von ihm war.

20. Wie nun die Bestimmungen der metrischen Formation ihren wesentlichen Bezug zwar immer nur auf das erste Gliederpaar haben, so stellt sich der Unterschied der zwei-, drei- und viertheiligen, sowie der Unterschied der viertheiligen und der wiederholt-zweitheiligen Gliederung doch eben auch in den Zeitfiguren, wie wir sie eben gezeichnet haben, selbst dar; sie gewähren, als der Leib der Seele, als die Aeusserung des Inneren, die Anschauung des geringeren oder höheren Grades der Entwickelung des zuerst gesetzten Einheitsbegriffes. So tritt der Unterschied des wiederholt-zweitheiligen und des wesentlich viertheiligen Metrums, dieser beiden, dem äusseren Umfange nach gleichen Formationen, deutlich hervor, wenn wir die beiden nachstehenden Figuren betrachten und mit einander vergleichen,

wo die letztere als eine in ihrer Mitte ungetrennte, organisch reicher-bestimmte und ineinander verwachsenere gegen die erste sich augenscheinlich kundgibt.

Fünf- und siebenzeitige Formation, als zusammengesetzte, unorganische.

21. Wenn die metrisch-dreitheilige Einheit ihrer formellen Beschaffenheit nach in einem übereinandergreifenden Doppelpaare besteht,

indem die Zwei-Einheit hier zur Hälfte aus sich herausgetreten, ihr zweites Moment wieder als erstes ergriffen hat, — die viertheilige mit dem dritten Gliede ein neues Paar beginnt, ohne die Verbindung des zweiten und dritten Gliedes als eine dagewesene verläugnen zu können,

die aber jetzt vor der Entgegensetzung der verbundenen ganzen Paare zurücktreten muss : — so könnte man wohl versucht sein, eine Weiterbildung in der Weise der dreigliedrigen Formation durch ineinanderliegende Paare zulässig finden zu wollen, um durch fortgesetzte Hälftenverkettung auch metrische Einheiten von mehr als vier Zeiten entstehen zu lassen.

Wir haben aber gesehen, dass mit dem Eintritte des vierten Gliedes die Trennung des ersten Paares, die im dritten Zeitmomente entstanden war, wieder aufgehoben worden ist: das Paar ist wieder G a n z e s geworden, das also nun auch nur in dem ganz aus sich herausgestellten anderen Paare sein Z w e i t e s, seinen Gegensatz finden kann; so dass eine solche Hälftengliederung eben nur d r e i zeitig sich metrisch verbindet, mit der vierten Zeit aber die Bestimmung des Ganzen in seinen Theilen geschlossen ist, und zu einer weiteren Formation das Ganze nun selbst in die Bedeutung des Theiles treten müsste.

22. Es wird somit von selbst einleuchten, dass Etwas, das über das vierte Glied, über das Ende des zweiten Paares hinausreicht, indem es auf das Innere des ersten Paares einen Einfluss nicht mehr ausüben kann, mit diesem als solchem auch nicht mehr in einem organischen Einheitsverhältnisse wird stehen können, dass also eine weitere, als die viertheilige metrische Formation ausser dem Begriffe der Einheit liegt, mithin in Zweiheit zerfällt. Ein metrisch-F ü n f theiliges kann nicht anders als aus Z w e i - und D r e i -

theiligem zusammengesetzt verstanden werden, als 2 + 3 oder 3 + 2.

Ebenso würde das Siebentheilige nur als Zusammensetzung von Drei- und Viertheiligem, oder von Zwei-, Drei- und Zweitheiligem metrisch-verständlich werden können, als 4 + 3, 3 + 4 und 2 + 3 + 2.

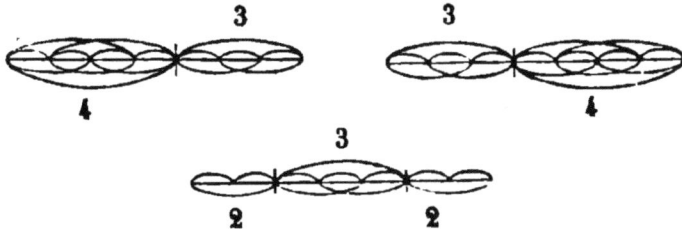

Auf keine Weise werden aber solche Formationen sich, wie die zwei-, drei- und viertheilige, zu metrischer Einheit gestalten können; sie werden, wie sie nicht aus organischer Bestimmung entstanden sind, auch immer nur als zusammengesetzte erscheinen. Es folgt hier dem Einen nicht ein Anderes gleicher Qualität, d. h. ein Zweites, als das Erste in seinem Gegensatze; sondern eben ein anderes Erste, eine neue Bestimmung, die nur wieder einen Anfang, nicht aber eine Folge zu dem Vorhergegangenen bilden kann.

In der Accordverbindung schliesst die unmittelbare Aufeinanderfolge zweier Quinten sich von selbst aus. Es würde in einer rationalen Harmonielehre keines besonderen Verbotes für diese Fortschreitung bedürfen, denn sie kann eben unter verbundenen Dreiklängen nicht vorkommen; sie bezeichnet vielmehr das unvermittelte Nebeneinanderstehen zweier Dreiklänge in primärer Lage, zweier nebeneinanderstehender Anfänge; und eben dieser Mangel an Verbindung ist es, was in der Quintparallele sich anstössig erweisen muss. Ebenso wird aber auch eine metrische Formation, die zwei- und dreigliedrige Einheiten abwechselnd nacheinander setzt, den wiederholten Anstoss des neuen Anhebens, das sie bei jedem Wechsel anstatt des stetigen Fortganges entstehen lässt, rhythmischwidrig empfinden lassen.

23. Wie aber Etwas an sich irreguläres, regulär sich entgegengesetzt, auch ein symmetrisch-reguläres Ganze wird bilden können, — wie wir es an den kaleidoscopischen Figuren sehen, die ein ganz zufälliges Zusammentreten der verschiedenartigsten Gegenstände in einer centralsymmetrischen Wiederholung als regelmässigen Stern zeigen, — so werden auch solche metrische Formationen, wie die fünf- und siebentheiligen, einen Grad von Zulässigkeit erlangen, wenn sie in eine metrische Formation höherer Ordnung als Glied aufgenommen, sich selbst wiederholen, d. h. die Evolution von ihnen, als einer gegebenen Qualität, ausgehend geschieht. Sie lassen aber auch in dieser Anwendung das Einheitsgefühl nicht zur Befriedigung kommen; weniger noch wird dies geschehen, wenn das Zwei- oder Viertheilige dem Dreitheiligen voransteht,

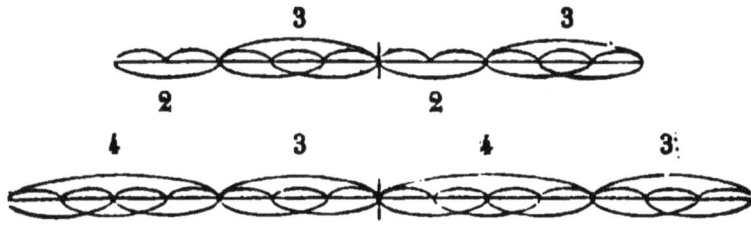

als wenn es ihm nachfolgt.

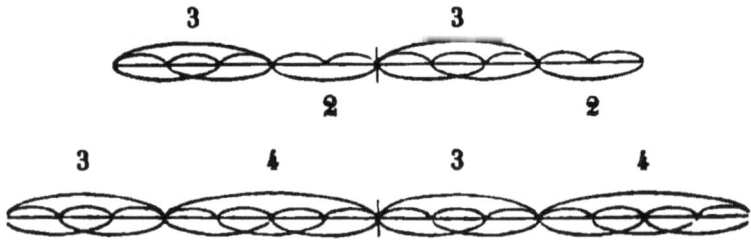

Die letztere Form kann nach dem zweitheiligen oder viertheiligen Ausgange des ersten Gliedes leichter das zweite Glied wieder dreitheilig beginnen lassen, als die erste Form den zweitheiligen oder viertheiligen Anfang dem dreitheiligen Ende willig anschliessen wird. Das fünf- oder siebentheilige Glied ergibt sich eben an sich williger, wenn das Ungerade dem Geraden vorangeht. Jenes, das Dreitheilige, enthält das Dissonanzmoment, welches in dem Geraden, in dem Zwei- oder Viertheiligen seine Auflösung findet. Solche Bestimmung ist jedoch zu abstract, als dass jeder Fall der concreten Ausführung darin sollte aufgehen können. Eine metrisch-gesunde Natur werden derartige Formationen, die nicht in einer stetig fortgehenden, nur in einer stetig gestörten, regelmässig unregelmässigen Evolution ihre Entstehung haben, nie offenbaren können und sich zu fortgesetzter Zeitmessung eines ganzen Tonstückes so wenig eignen, als die Harmonie eines solchen in verminderten und übermässigen Dreiklängen fortzuführen sein würde. Die Versuche, zusammengesetzte Tactarten in der Musik anzuwenden, lassen in der Regel auch immer vielmehr die absonderliche Eigenwilligkeit eines Componisten, als eine metrisch-naturwüchsige Beschaffenheit der Composition empfinden; wie denn solche Metra in ihrer Fünf- oder Siebentheiligkeit sich andauernd auch nicht halten können, und bald in das zwei-, drei- oder viertheilige Maass wieder überzugehen pflegen, um in einer an sich verständlichen Bestimmung sich aufzulösen, in ihr zur Stetigkeit, zu ruhigem Fortgange zu kommen.

Combinirtes Metrum.

24. Wie wenig nun eine solche äussere Aneinandersetzung, d. h. die Addition verschiedener metrischer Formationen eine metrische Einheit bildet, so wird dagegen die Multiplication derselben, die Combina-

tion, in welcher das Zwei-, Drei- oder Vierfache wieder
zwei-, drei- oder vierfach genommen wird, wo die zwei-,
drei- oder viergliedrige Einheit selbst wieder zum Gliede
einer zwei-, drei- oder viergliedrigen Einheit höherer Ordnung wird, immer nur naturgemässe, leichtfassliche Metra
resultiren lassen.

Bei der Multiplication der Quantitäten metrischer Bestimmung wird die Quantität des Multiplicanden als Einheit gesetzt und in dieser Qualität metrisch doppelt, drei-
oder vierfach zu einem Ganzen zusammengenommen. Dann
hat jedes einzelne Moment einer solchen combinirten Formation, als Glied im Gliede seine vom Ganzen ihm bestimmte Geltung zu diesem Ganzen und steht zu jedem anderen Gliede in einem bestimmten Wechselverhältnisse.

25. In einem durch Addition des Geraden und Ungeraden zusammengesetzten Metrum, im fünftheiligen z. B.,
hat der einzelne Theil nur entweder als Hälfte des Zweitheiligen, oder als Dritttheil des Dreitheiligen seine me-
trisch-organische Bestimmung; er gehört dem Ganzen nicht
in derselben Qualität an, ist in dem einen Gliede der Zusammensetzung ein Anderes als in dem anderen. In dem
durch Multiplication des Geraden und Ungeraden entstandenen Metrum, in dem aus zweimal-Drei, oder dreimal-
Zwei gewordenen Sechstheiligen, hat jedes Sechstheil seine
Bestimmung als Dritttheil der Hälfte, oder als Hälfte des
Drittheiles des Ganzen, — wenn wir es so ausdrücken
dürfen: als Quint der Octav, oder als Octav der Quint des
Grundtones der metrisch-sechsgliedrigen Einheit, und
bleibt in jeder Stelle zu dem Ganzen Dasselbe. Im Fünftheiligen ist der einzelne Theil Octav des Zweitheiligen,
Quint des Dreitheiligen; er ist von zweierlei Grundtönen
anders bestimmt und bleibt verschieden an sich, unauf-
gelöste Dissonanz.

26. So werden also, ausser den einfach zwei-, drei-
und viertheiligen, weitere metrisch-verständliche Formationen sich bilden können, indem das Zwei-, Drei- oder

Vierfache wieder als Einheit im Zwei-, Drei- oder Vierfachen gesetzt wird, nämlich:

$$2 \times 2, \; 2 \times 3, \; 2 \times 4.$$
$$3 \times 2, \; 3 \times 3, \; 3 \times 4.$$
$$4 \times 2, \; 4 \times 3, \; 4 \times 4.$$

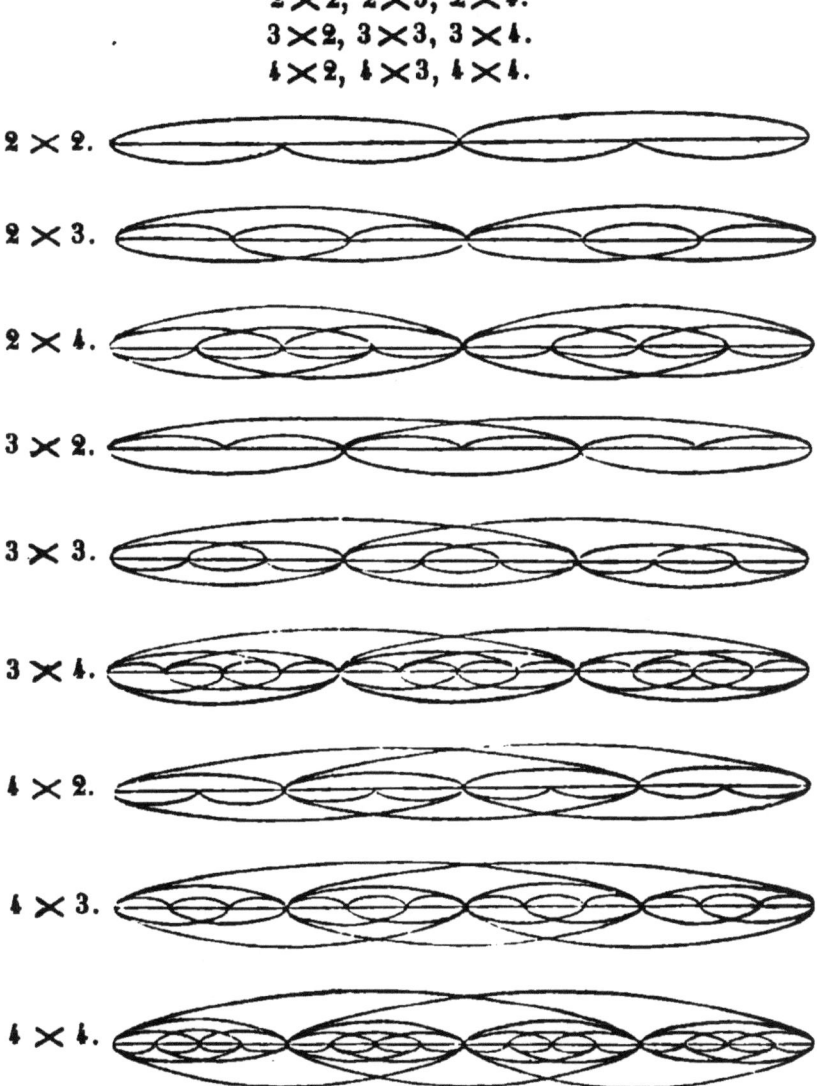

In diesen Formen wird aber nothwendig Alles enthalten sein, was als metrische Bildung sich in den Einheits-

begriff zusammenfassen lässt. Es ist damit einem weiteren Umfange des Ganzen der Formation und der engeren
Gliederung des Theiles derselben auf keine Weise eine
Schranke gesetzt: denn wir können ebensowohl jede
dieser metrisch-combinirten Einheitsformen wieder als
Theil, als Glied zu neuer Gestaltung höherer Ordnung, in
einer einfachen oder wieder combinirten Form betrachten,
wie wir den Theil eines jeden Ganzen wieder selbst als
ein Ganzes, d. h. als metrisch zu gliedernde Einheit uns
denken können.

27. Aus dem bisher Gesagten ergibt sich wohl von
selbst, dass eine metrische Gliederung nicht in der Theilung eines vorausgesetzten Ganzen besteht, ebensowenig
darf man sich das Ganze als eine Zusammensetzung von
Einheiten zu einer Mehrheit vorstellen: die metrische
Formation ist allezeit nur das Product, das aus der Evolution einer als Anfang gesetzten ersten Zeit entstanden,
und alle mannigfaltige Bildung kann hier zunächst nur aus
der einfachen Entgegensetzung des als Einfachem gesetzten, d. h. aus dessen Verdopplung, hervorgehen. In zwei-
gliedriger Formation geschieht diese Entgegensetzung pro-
ductiv nach Aussen; die dreigliedrige hebt diese Production wieder auf, sie negirt die Bestimmung des ersten
Gliedes, indem sie das zweite selbst zu einem ersten
deutet, es damit dem ersten, aus dem es hervorgegangen
war, entzieht, und die Doppelbedeutung im zweiten entstehen lässt: das Eine und das Andere, Zweites und Erstes
im Widerspruche mit sich selbst, oder Verschiedenes an
sich zu sein. Wenn wir in dieser Eigenschaft schon dem
Wesen des Quintbegriffes begegnet sind, so hat dieser
sich früher auch schon dem Dissonanzbegriffe correlativ
erwiesen (I. 113), sofern nämlich in der harmonischen
Verbindung des vorbereitenden, des dissonirenden und
des auflösenden Accordes der mittlere eben auch das Moment der Doppelbedeutung, der Entzweiung mit sich, wie
die Quint enthält.

28. So ist bei dem Uebergange aus dem C-Durdreiklange in den G-Durdreiklang in der durch *C* vorbereiteten Dissonanz *C-D*, die sich nach *h-D* auflöset, der vermittelnde Ton *G* in der Vorbereitung Quint; in der Dissonanz Quint und Grundton; in der Auflösung Grundton:

$$II — I$$
$$II — I.$$

Beim Uebergange aus dem G-Durdreiklange in den C-Durdreiklang ist in der durch *D* vorbereiteten Dissonanz *D-e*, die sich nach *C-e* auflöset, der vermittelnde Ton *G* in der Vorbereitung Grundton; in der Dissonanz Grundton und Quint; in der Auflösung Quint:

$$I — II$$
$$I — II.$$

In beiden Fällen ist das mittlere Moment in eben dem Sinne entgegengesetzt bestimmt, wie in der metrisch-dreigliedrigen Einheit:

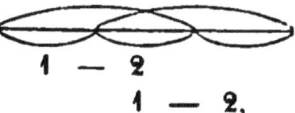

die, wie wir bald sehen werden, eben auch in der Bedeutung des ersten Falles:

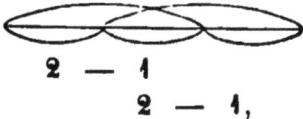

wird erscheinen können.

29. Wie das dritte Evolutionsmoment in der Vierzeitigkeit die Trennung des ersten und zweiten Gliedes wieder aufhebt, für deren erstes unmittelbare Eins-sein aber jetzt die vermittelte Einheit im Verbunden-sein, für die

Octav-Einheit derselben die Terz-Einheit herbeiführt; dies ist im Vorhergehenden ausführlich nachgewiesen, es wird dem etwas zuzusetzen hier nicht mehr nöthig sein.

30. So wenig uns nun zugemuthet werden soll, im dreitheilig-gegliederten Metrum eine Klangquint, in der Quint eine Dissonanz nach dem speciell musikalischen Begriffe zu vernehmen; ebenso in dem die Dissonanz vorbereitenden Consonanzaccorde und im zweigliedrigen Metrum eine Octav, im auflösenden Accorde und im viergliedrigen Metrum eine Terz; — so ist eben bei solchen Gleichsetzungen das Wesentliche des Begriffes dieser Momente, in den qualitativ verschiedenen Erscheinungen derselben, um so allgemeiner zu fassen und fest zu halten. So können wir eben auch dieselben Bestimmungen in noch weit mehr abliegend scheinendem Objecte zur Begriffseinheit verbunden wieder aufsuchen; wie z. B. in der Gliederung des Begriffes regulärer Körperlichkeit, oder der Räumlichkeit überhaupt: wenn wir ihre verticale Direction, die Höhe, als Einheit, die horizontal-bilaterale Direction, nach jeder Richtung sich selbst entgegengesetzt, die Breite, als Zweiheit, und Beides verbunden, als das Eine im Anderen, in welchem Dritten eben jedes Zweiheitsmoment an der Einheit Theil nimmt und in ihr aufgeht, als Einheit der Zweiheit, mithin als die Begriffs-vollendende Terz der Verbindung der Höheneinheit oder Octav mit der Breitenzweiheit oder Quint, als den Schluss der Raumbestimmung betrachten. Da also, wie in dem Begriffe der abgeschlossenen Räumlichkeit eine ferner hinzukommende Bestimmung nicht mehr stattfinden kann, wie etwas Consonantes dem Dreiklange nicht mehr zuzufügen ist, ebenso auch die metrische Einheit nicht über ein viertes Zeitmoment hinaus wird gehen können, ohne in sich selbst wieder Zweiheit zu werden, wie wir es an dem in Zwei und Drei zerfallenden Fünffachen der metrischen Formation gesehen haben.

Accent.

31. Ein erstes Zeitmoment, wie es metrisch allezeit nur das erste eines zweiten, ihm gleichen sein kann, ist für sein zweites das Bestimmende, dieses zweite ist das Bestimmte. Es hat ein Erstes gegen sein Zweites die Energie des Anfanges und damit den metrischen Accent.

Gliedaccent.

a) *Im zweizeitigen Metrum.*

32. Im zweizeitigen Metrum ist das erste Glied das accentuirte, das zweite ist accentlos:

b) *Im dreizeitigen Metrum.*

33. Im dreizeitigen Metrum wird, wie wir bis jetzt seine Bedeutung noch betrachten, das erste und zweite Glied accentuirt, das letzte accentlos sein.

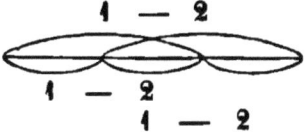

c) *Im vierzeitigen Metrum.*

34. Das vierzeitige Metrum wird die Verbindung des zweiten und dritten Gliedes, die im dritten Zeittheile bestand, indem dieser das zweite zu einem ersten bestimmte, immer nicht verläugnen dürfen und können, wiewohl diese Bestimmung mit dem Eintritte des vierten Gliedes wieder aufgegeben worden ist. Das zweite Glied muss daher hier eine andere Bedeutung erhalten, als die, welche ihm in der zweizeitigen Formation zukommt; es kann

nicht ein schlechthin accentloses sein, was es auch in der wiederholt-zweizeitigen sein würde: denn von dem doppel-zweizeitigen Metrum unterscheidet sich das vierzeitige eben dadurch wesentlich, dass dieses durch die Bestimmung des dritten Momentes hindurchgegangen ist und mit diesem Momente seines Werdens die beiden Hälften des Ganzen nicht nur als das zu verbindende Erste und Zweite, sondern als ein an sich schon Einiges, in sich Verwachsenes enthält. Wenn demnach der Accent des doppel-zweizeitigen Metrums nur das erste und dritte Glied hervorheben kann, das zweite aber wie das vierte unbedingt fallen lässt, so wird er im vierzeitigen das zweite Glied gegen das erste und dritte nicht in dem Grade können zurücktreten lassen, wie das vierte zurücktritt: er wird die Geltung müssen empfinden lassen, die] diesem zweiten in seinem Verhältnisse zu dem dritten, bevor das letzte hinzutrat, zugekommen ist:

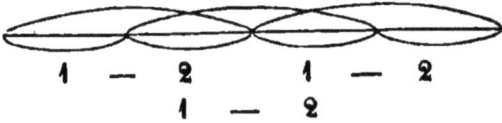

35. Sonach werden hier drei accentuirte Glieder nacheinander folgen; indem, wie das erste zu dem zweiten, auch das zweite zu dem dritten, und das dritte zu dem vierten im Gliederpaare als primäres voransteht.

Combinirte Accente.

36. Zu dieser Accentbestimmung, welche nur die Glieder in der Bedeutung zu ihrem Paare betrifft, tritt aber in der Verbindung von Paaren eine andere, höherer Ordnung hinzu, nämlich die für die Paare selbst. Wie alles, was in den Begriff einer einheitlichen Folge zusammengefasst werden soll, nicht einen wiederholten, einen mehrmaligen, sondern eben nur einen Anfang, ein Erstes haben kann, so wird in jeder Ordnung der Formation ein

Glied das erste, das folgende gleiche das andere sein; und wenn die Formation weiter geführt werden soll, so können nur diese beiden verbunden wieder ein erstes Glied zu einem folgenden gleichen bilden.

a) *Zweifach, im dreizeitigen Metrum.*

37. Ohne Combination mehrerer übereinander bestehenden Ordnungen ist aber nur das einfach-zweizeitige Metrum. Das dreizeitige enthält schon ein Erstes und Zweites höherer Ordnung, ein erstes und zweites Gliederpaar als Glieder, die hier nur noch nicht, wie im vierzeitigen, völlig auseinandergetreten sind. Es hat aber das zweite in der Mitte des ersten beginnende Paar gegen dieses erste die secundäre Bedeutung, wie das zweite im doppel-zweizeitigen Metrum; und wie hier das zweite gegen das erste accentlos ist, so fehlt auch dem in der Mitte des ersten beginnenden zweiten Gliede höherer Ordnung der Accent dieser Ordnung. Somit erhält das zweite Drittheil des dreitheiligen Metrums nur den Accent, der ihm als erster Zeit im Gliederpaare der niederen Ordnung zukommt. Diesen hat es an sich in gleicher Stärke wie das erste Drittheil. Das erste Drittheil trägt aber den Accent der höheren Ordnung: den des ersten der Paare; und dieser ist es, welcher die erste Zeit des dreitheiligen Metrums vor der zweiten als die hauptsächlich betonte hervortreten lässt.

So ist im dreizeitigen Metrum die erste Zeit das Starke im Starken; die zweite das Schwache im Starken, und das Starke im Schwachen: die dritte das Schwache im Schwachen.

b) *Dreifach, im vierzeitigen Metrum.*

38. Die Accente des vierzeitigen Metrums, insofern sie die Glieder dieser Formation in ihren Paaren betreffen,

sind schon nachgewiesen: die drei ersten Zeiten sind in dieser Bedeutung accentuirt, die vierte ist accentlos. In der höheren Ordnung haben wir bei dem dreizeitigen Metrum auf der ersten Zeit den Accent des ersten Paares, mit dem Accente des ersten Gliedes in diesem Paare verbunden, auf der zweiten nur den Accent des ersten Gliedes im accentlosen zweiten Paare, die dritte accentlos gefunden.

Wenn das Dreizeitige zu dem Vierzeitigen fortschreitet, wenn das Vierzeitige als aus dem Dreizeitigen entstanden, als Folge von diesem gefasst werden soll, so kann das begriffsgemässe Eine und Andere der letzten Form eben nur wieder in der Entgegensetzung des Dreizeitigen mit sich selbst gesucht werden.

39. Wie das Dreizeitige ein Erstes und Zweites der Zweizeitigkeit enthält, so wird das Vierzeitige, in Folge des Dreizeitigen, in einem Ersten und Zweiten der Dreizeitigkeit bestehen müssen.

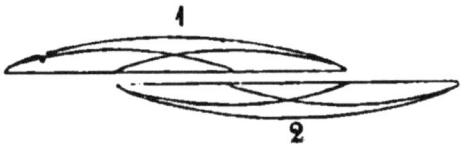

40. Es ist diese Seite der organischen Beschaffenheit des vierzeitigen Metrums nicht das, was in der Wirkung als die Hauptgliederung desselben hervortritt; vielmehr ist es der eben auch darin enthaltene Gegensatz der ersten und zweiten Hälfte des Ganzen: das Zweimal-Zwei, wie im doppel-zweizeitigen Metrum. Man fühlt aber leicht die engere Vermittlung dieser beiden Glieder im vierzeitigen, die aus dem Momente der Dreizeitigkeit und der Verbindung dieser mit sich selbst, herrührt, und die vierzeitige von der doppel-zweizeitigen Formation eben wesentlich unterscheidet.

41. Was nun den Accent höherer Ordnung im vierzeitigen Metrum betrifft, so wird auch dieser sich von dem

des doppel-zweizeitigen verschieden ergeben. In diesem
letzteren ist das zweite Paar gegen das erste das schlechthin accentlose; das dritte Glied erhält daher nur eben den
Accent als erstes in seinem **Paare**, an sich gleich dem
Accente des ersten Gliedes in Bezug auf das Paar; denn
der Gliedaccent ist unabhängig von der Bedeutung des
Paares: er ist in s e i n e r Ordnung derselbe im accentuirten
wie im accentlosen Paare, da er nur in der Bestimmung
beruht, ein Erstes vor einem Zweiten d e r s e l b e n Ordnung auszuzeichnen.

42. Das vierzeitige Metrum besteht in seiner Herkunft
vom dreizeitigen aus drei ineinanderliegenden Paaren,

deren zweites gegen das erste ein accentloses ist, das dritte
aber gegen das zweite wieder ein accentuirtes wird sein
müssen: denn was auf ein Letztes folgen soll, kann nur
wieder ein Erstes sein.

Diese umgekehrte Folge wird demnächst zur ausführ-
licheren Besprechung kommen, auf welche wir hier ver-
weisen müssen.

Von den beiden dreizeitigen Einheiten, welche in der
vierzeitigen ineinander verbunden bestehen, ist die erste
wieder die accentuirte, die zweite accentlos:

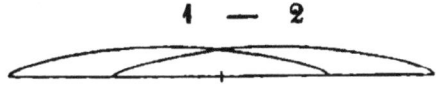

In der ersten dreizeitigen Einheit ist nun das erste
der darin verbundenen Paare accentuirt, das zweite accentlos; in der zweiten, welche accentlos beginnt, ist das zweite
accentuirt:

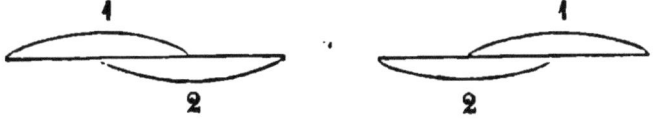

und es erhält nach dieser Bestimmung das dritte, wie das erste der ineinanderliegenden Paare, den Accent dieser Ordnung:

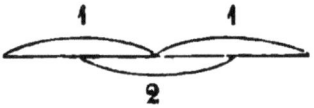

Diesem Accente wird sich aber auf dem ersten Paare der Accent der ersten dreizeitigen Einheit verbinden und ihn damit vor dem zweiten gleicher Ordnung hervorheben; so dass das erste Paar hier, wie in der doppel-zweizeitigen Formation, als das accentuirte erscheint, unbeschadet der primären Geltung, welche auch die zweite Hälfte des Ganzen als accentuirtes Paar in der zweiten dreizeitigen Einheit erhalten hat.

43. Wenn wir diese im vierzeitigen Metrum combinirten Bestimmungen des Dreifach-zweizeitigen und des Zweifach-dreizeitigen zusammenfassen, so wird das erste Glied ausser dem Gliedaccente, der ihm, wie in gleichem Maasse dem zweiten und dritten, zukommt, noch den Accent des zweizeitig- und den des dreizeitig-ersten Gliedes erhalten. Das zweite Glied hat allein den Accent als erstes im zweiten accentlosen Paare. Das dritte Glied erhält ausser dem Accente im Paare noch den des Paares selbst, als eines accentuirten. Das vierte wird, da es für keine Bestimmung mehr als erstes stehen kann, accentlos bleiben. So wird der stärkere Accent des ersten Gliedes dieses vor dem dritten, d. h. die erste Hälfte des Ganzen vor der zweiten hervorheben, und das zweite Glied mit seinem Gliedaccente sich als ein erstes seiner Ordnung bemerkbar machen, dessen zweites in die zweite Hälfte des Ganzen fällt, wodurch beide Hälften in innerlich verbundener Einheit, und nicht blos, wie in der Doppelzweiheit, als aneinandergekettete Ganze erscheinen.

Dieser Accent des zweiten Gliedes ist das characteristische Moment für die Unterscheidung des vierzeitigen von dem doppel-zweizeitigen Metrum: des $^4/_4$ Tactes z. B. von dem wiederholten $^2/_4$ Tacte; des $^{12}/_8$ Tactes von dem wiederholten $^6/_8$ Tacte u. s. w.

44. Da eine weitere als die vierzeitige Formation nicht mehr metrische Einheit sein kann, so ist mit dieser auch die Accentbestimmung geschlossen. Combinirte Metra, wie das doppel-zweifache, das doppel-dreifache, das dreifach-doppelte und das dreifach-dreifache, und ebenso die Combination des zwei- und dreifachen mit dem vierfachen und des letzteren mit sich selbst, werden in jeder der in ihnen ineinander bestehenden Ordnungen wieder den Accentbestimmungen folgen, die für sie als allein bestehende gelten würden. Der Gliedaccent wird aber immer in dem des darüberstehenden Gliederpaares aufgehen, so dass dieser letztere für die Hauptgliederung bestimmend ist, und der Gliedaccent in der combinirten Formation nur da hervortreten kann, wo das Gliederpaar selbst keinen Accent hat; wie wir es bei dem zweiten Gliede des dreizeitigen und des vierzeitigen Metrums gefunden haben.

45. Diese Darstellung der inneren und äusseren metrischen Verhältnisse kann vielleicht gesucht und künstlich erscheinen, Bedeutungen und Subtilitäten in die Sache tragend, die nicht darin liegen, einer vorgesetzten Theorie zu Liebe. — Wenn wir aber die Resultate betrachten, die aus diesen zu verwickelt scheinenden Proceduren hervorgehen, so ergeben sie doch nur, was uns rhythmisch ganz gefühlsgemäss und natürlich erscheint, was sich metrisch-natürlich eben »von selbst« macht. — Und das ist auch ganz allein der Zweck dieser Untersuchungen, darüber zur Klarheit zu kommen, auf welche Art und Weise sich das macht, »was sich von selbst macht« — im Einfachsten wie im Complicirtesten — was sich so macht, wie wir in künstlerischer Anwendung es natürlich finden. Es wird auch nur des Künstlers Bestreben sein können, Etwas so zu machen, dass es sich von selbst gemacht zu haben scheine. Dazu müssen aber die darstellenden Mittel allge-

mein-verständliche, d. h. natürlich-gegebene sein; der
gute Musiker wird sich so wenig bemühen, neue Accorde
und neue Tactarten aufzusuchen, als es dem Maler in den
Sinn kommt eine neue Menschengestalt erfinden, oder ihr
andere Gliederung geben zu wollen, als die sie von Gott
erhalten.

Dur- und Moll-Begriff als metrische Bestimmung.

46. Was in der Harmonie den Gegensatz des D u r -
und M o l l begriffes begründet, das bestimmt in der Metrik
die Betonung des e r s t e n oder des z w e i t e n Gliedes im
Paare.

Im Durdreiklange ist das Einheitsmoment im G r u n d -
t o n e des Accordes gesetzt: in C-e-G ist C—G Quint, C-e
Terz; beide Intervalle sind durch C zu ihrer Bedeutung
bestimmt und finden in ihm ihren Zusammenklang. Im
Molldreiklange beziehen beide Intervalle sich auf den Ton
der Q u i n t. In a-C-e ist a—e Quint, C-e Terz; hier ist der
Ton e das Einheitsmoment des Accordes, in welchem das
Quint- und Terzintervall seinen Zusammenklang findet. Der
Mollaccord a-C-e hat sein Einheitsmoment in dem von a zur
Quint, von C zur Terz bestimmten e. Da beide positive
Bestimmungen in diesem Tone zusammenkommen, so konnten wir auch sagen, dass sie als negative von ihm ausgehen
(I. 34). In diesem Sinne haben wir früher schon den Mollaccord als negativen Dreiklang bezeichnet: II-III-I. Dieses
Hervorheben oder Primär-setzen des zweiten Dreiklangsmo-
mentes und das Secundär-setzen des ersten, wird in metrischem Sinne sich darin aussprechen, dass nicht das erste,
sondern das zweite Glied des metrischen Paares primäre
oder p o s i t i v e Bestimmung erhält; das erste die secundäre
oder r e l a t i v e, d. h. dass nicht das erste, sondern das
zweite Glied accentuirt wird.

Dann wird aber, wie im harmonischen, so auch im
metrischen Mollbegriffe, die Z w e i h e i t der E i n h e i t

ausgesprochen sein, wie der Durbegriff die Einheit der Zweiheit ausspricht; denn es wird mit der Betonung des zweiten Gliedes dieses als ein positiver Anfang bezeichnet, — wie jedes accentuirte Moment eben allezeit nur das positiv Erste eines Zweiten sein kann, indem es nur als solches den Accent erhält —, und wenn die metrische Zwei-Einheit des Durbegriffes ein Erstes und Zweites als ein Ganzes enthält, so wird dieselbe im Mollbegriffe ein Zweites und Erstes zusammenfassen; in ihrer Mitte aber, da sie einen betonten metrisch-positiven Anfang auf die zweite Hälfte setzt, als ein Getrennt-Verbundenes erscheinen müssen.

Accente, die aus dieser doppelten Bestimmung hervorgehen.

a) *Im zweizeitigen Metrum.*

47. In der metrisch-positiven oder Dur-Einheit folgt dem Ersten ein Zweites,

$$\overset{\frown}{1 - 2}$$

in der metrisch-negativen oder Moll-Einheit folgt dem Zweiten ein Erstes;

$$\overset{\frown}{2 - 1}$$

dort tritt der Anfang, hier das Ende als die Hauptsache hervor. Man sieht, dass die erste Form das Einige, die zweite das Getrennt-Verbundene zum Inhalte hat.

b) *Im doppel-zweizeitigen Metrum.*

48. Nun kann aber im combinirten Metrum, in welchem das Ganze einer niederen Ordnung als Theil einer höheren enthalten ist, ein solches Paar der einen wie der anderen Gattung wieder zum Gliede in einem Paare höherer Ordnung der einen oder anderen Gattung werden, und zwar

das positive der niederen im positiven oder negativen der
höheren, und ebenso das negative der niederen im negativen oder positiven der höheren. Dadurch entsteht, wenn
wir das Zweizeitige als Glied im zweizeitigen Metrum
setzen, eine vierfach verschiedene Bildung:

    A. *a)* das Positive im Positiven;
       b) das Negative im Positiven;
    B. *a)* das Positive im Negativen;
       b) das Negative im Negativen.

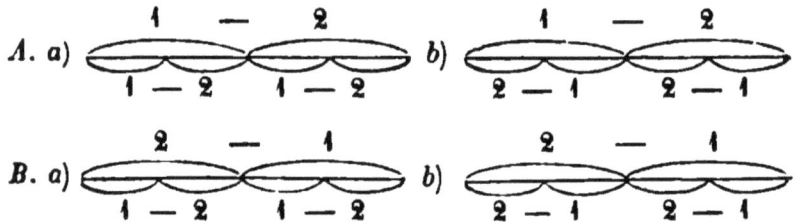

Der Hauptaccent wird, indem er das positiv am
höchsten potenzirte Moment bezeichnen muss, bei solchen
combinirten Formationen allezeit auf das accentuirte Glied
der niederen Ordnung im accentuirten Gliede der höheren
Ordnung fallen: in *A.* *a)* auf die erste Zeit; in *A.* *b)* auf
die zweite Zeit; in *B.* *a)* auf die dritte Zeit; in *B.* *b)* auf
die vierte Zeit. Der Nebenaccent gehört dem accentuirten
Gliede der niederen Ordnung im accentlosen Gliede der
höheren Ordnung. Es ist dies eben der niedere Gliederaccent an sich, der hier hervortritt. Er fällt in *A.* *a)* auf die
dritte; in *A.* *b)* auf die vierte; in *B.* *a)* auf die erste; in
B. *b)* auf die zweite Zeit.

Die musikalische Bezeichnung fasst die metrisch zwei-,
drei-, oder viertheilige Einheit in den Umfang eines Tactes
zusammen. Bei combinirten metrischen Formationen ist
der Multiplicator das Bestimmende für die Hauptgliederung
des Tactes. Der $^6/_8$ Tact, als zweimal-dreitheiliger, ist
in oberster Ordnung ein zweitheiliger: der $^{12}/_8$ Tact, als
viermal-dreitheiliger, ein viertheiliger. Den Tactanfang
bestimmt allezeit ein accentuirtes Moment. Es wird aber

nicht jedesmal das höchstbetonte nothwendig Tactanfang sein müssen; wir lernen auch metrische Formationen kennen, in welchen der Hauptaccent auf ein anderes als das erste Tactglied fällt.

49. Die früher betrachteten metrischen Formen, bevor von dem metrischen Mollbegriffe, von der Folge 2—1, die Rede war, beginnen durchgängig mit dem Tactanfange; indem in einer nur in positiven Bestimmungen bestehenden Combination mehrerer Ordnungen der Accent aller auf das erste Glied fallen muss.

Im metrischen Durbegriffe ist das Erste und Zweite als positive Einheit, musikalisch bezeichnet:

Im metrischen Mollbegriffe ist das Zweite und Erste, als negative Einheit, musikalisch bezeichnet:

Man nennt diesen Anfang mit accentlosem Gliede **Auf-tact**.

50. Die vorstehenden vier metrischen Formationen, — welche wir nicht als vierzeitige, sondern nur als doppel-zweizeitige betrachten dürfen, nach dem Unterschiede, der sich früher zwischen beiden Bestimmungen herausgestellt, denn sie enthalten nur das Zweizeitige im Zweizeitigen, ohne durch das Dreizeitige zu dem Vierzeitigen hindurch zu gehen: ihr Vierfaches ist nur die Wiederholung des ganzen Paares, dessen Trennung dabei nicht angeregt ist; — diese vier Formationen also, die aus der positiven und der negativen Bedeutung des Paares niederer Ordnung mit der positiven und der negativen Bedeutung im Paare höherer Ordnung combinirt sind, werden nach der Bestimmung, dass der Hauptaccent (ʌ) auf das accentuirte Glied im accentuirten Paare, der Nebenaccent (ʌ oder .)

auf das accentuirte Glied im accentlosen Paare fallen muss, nach musikalisch-metrischer Bezeichnung sich in folgender Weise ergeben:

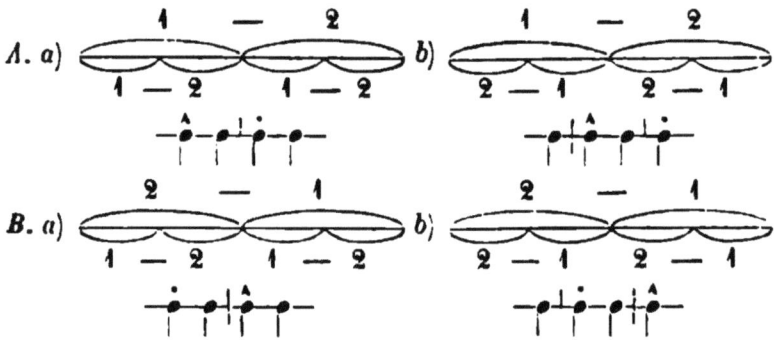

denn wir finden das Zusammentreffen des accentuirten Momentes beider Ordnungen, d. h. den Gliederaccent im accentuirten Paare in *A. a)* auf der ersten, in *A. b)* auf der zweiten, in *B. a)* auf der dritten, in *B. b)* auf der vierten Zeit.

c) *Im dreizeiligen Metrum, auf das doppel-zweizeitige bezogen.*

51. Das dreizeitige Metrum ist an sich schon eine in zwei verbundenen Ordnungen bestehende Formation. Es enthält ein Paar von Paaren, dessen zweites in der Mitte des ersten beginnt:

Damit hat es eben doppelte Accentbestimmung: die eine, für die einzelnen Glieder in den Paaren, und die andere für die Paare selbst. Die Paare können hier in der positiven Folge, als erstes und zweites, oder in der negativen, als zweites und erstes, nebeneinander, oder vielmehr ineinander liegen:

Die Glieder werden ebenso in positiver oder negativer Folge sich zu einander verhalten können:

Aus diesen verschiedenen Bestimmungen für die Glieder beider Ordnungen ergeben sich, in Bezug auf den Accent, wieder vier verschiedene Arten der Betonung im dreizeitigen Metrum.

52. Es wird aber jede Accentbestimmung des dreizeitigen Metrums, ihre Herleitung immer in einer Accentbestimmung des doppel-zweizeitigen finden können; denn das dreizeitige Metrum ist eben nur ein zusammengezogenes, oder vielmehr ein noch nicht völlig auseinandergetretenes doppel-zweizeitiges.

Wenn die doppel-zweizeitige positive Accentbestimmung:

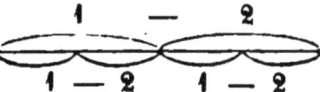

sich dreizeitig ineinander bestehend in dieser Gestalt darstellt:

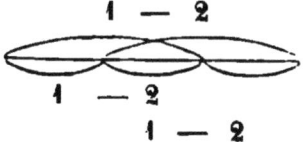

indem das accentuirte Glied des zweiten Paares mit dem accentlosen des ersten zusammenfällt; so überträgt auch jede andere Accentform des doppel-zweizeitigen Metrums sich in das dreizeitige in gleichem Sinne, und es müssen die im Folgenden als doppel-zweizeitig und dreizeitig sich gegenübergestellten Accentcombinationen einander gegenseitig entsprechen:

A. a) das Positive der niederen Ordnung im Positiven der höheren :

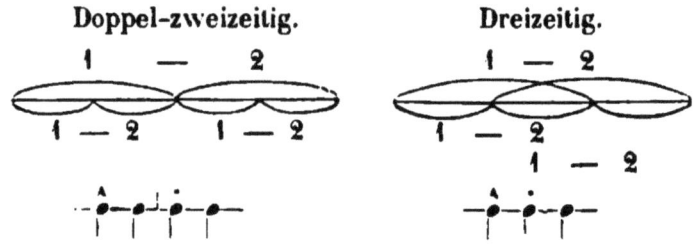

Doppel-zweizeitig.   Dreizeitig.

b) das Negative der niederen Ordnung im Positiven der höheren :

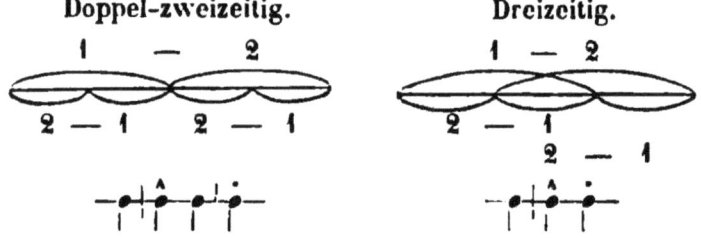

Doppel-zweizeitig.   Dreizeitig.

B. a) das Positive der niederen Ordnung im Negativen der höheren :

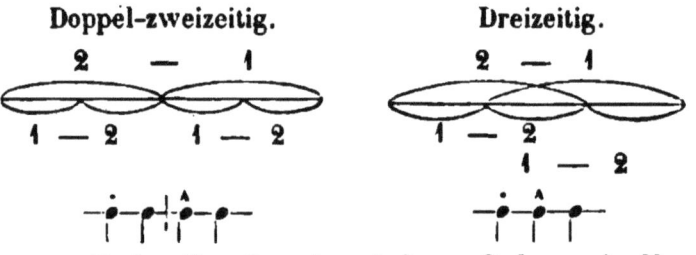

Doppel-zweizeitig.   Dreizeitig.

b) das Negative der niederen Ordnung im Negativen der höheren :

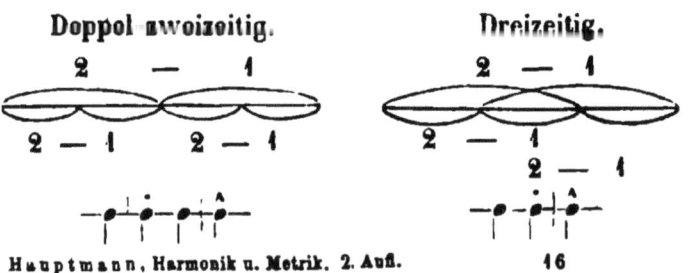

Doppol zweizeitig.   Dreizeitig.

53. Die dritte dieser Accentbestimmungen des dreizeitigen Metrums (*B. a.*) erhält wie die zweite (*A. b.*) den
Hauptaccent auf dem mittleren Gliede; sie hat aber den
Gliedaccent des accentlosen Paares zum Anfang und kann
daher nicht wie die zweite mit dem Auftacte beginnen.
Hier wird der erste Tacttheil den Nebenaccent, der zweite
den Hauptaccent erhalten. Es ist dies eine Betonung, die
metrisch gesetzlich herbeigeführt, sich auch in der Ausübung nicht widernatürlich wird erweisen können. Bei
längerer Fortsetzung dieser metrischen Figur, wenn dieselbe als Glied in eine Formation höherer Ordnung eintritt,
vermag sie aber, als eine auf der zweiten Zeit des Tactes
accentuirte, sich doch nicht unzweideutig zu erhalten: das
accentuirte Glied wird sich bald als erstes im Tacte wollen
vernehmen lassen; es wird selbst den Tactanfang bestimmen wollen: man wird bei der Betonung

die zu vernehmen glauben, in welcher das erste Glied den
Hauptaccent, das Auftactsglied den Nebenaccent trägt:

54. Wir finden hier ein Analoges mit d e m, was früher
(I. 38) vom Molldreiklange, in Bezug auf die Bildung der
Molltonart, gesagt worden ist: dass nämlich aus einer
Reihe von Mollaccorden allein sich eine Molltonart nicht
werde bestimmen können, wie in der Reihe verbundener
Duraccorde die Durtonart sich bestimmt. In der Kette von
Molldreiklängen

$$\text{G - b - D - f - A - c - E - g - H - d - Fis}$$
$$\text{II} \ — \ \text{I} \qquad \text{II} \ — \ \text{I}$$
$$\text{II} \ — \ \text{I} \qquad \text{II} \ — \ \text{I} \qquad \text{II} \ — \ \text{I}$$

wird immer das Positive

$$\text{g - B - d - F - a - C - e - G - h - D - fis}$$
$$\text{I} \ — \ \text{II} \qquad \text{I} \ — \ \text{II}$$
$$\text{I} \ — \ \text{II} \qquad \text{I} \ — \ \text{II}$$

hervortreten wollen, so lange es dem Negativen, das zur Hauptbestimmung werden soll, an seinem positiv Vorausgesetzten fehlt. Da im Molldreiklange

$$II - III - I$$
$$A \quad c \quad E,$$

die negative Terz *c-E* eben auch positive Terz *C-e* ist, der Ton *c* seine positive Quint in *g* findet und ebenso jeder Terzton der Mollreihe seine positiven Bestimmungen sich in derselben aneignen kann, so wird eben das Positive überhaupt sich in der Reihe geltend machen und die Reihe selbst als eine positive erscheinen lassen. Der E-Durdreiklang erst wird den A-Molldreiklang zu einem tonischen Hauptmomente, der H-Durdreiklang den E-Molldreiklang zu einem solchen bestimmen können.

So wird eben auch der Rhythmus

erst in Verbindung mit einem der anderen Rhythmen, welche das erste Tactglied betonen:

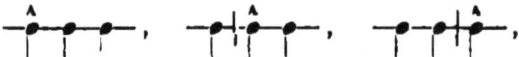

seine metrische Bedeutung in längerer Folge durchzusetzen vermögen. Es ist hier eben nur von einer längeren fortgesetzten Betonung des zweiten Momentes die Rede. So wenig der einzelne Molldreiklang, z. B. *a-C-e*, die anliegenden Durdreiklänge *F-a-C* und *C-e-G* anregen, oder durch diese seine Selbständigkeit verlieren würde, ebensowenig wird auch die einzelne auf dem zweiten Gliede mit dem Hauptaccente betonte metrische Einheit die Bestimmung des Auftactes sogleich hervorrufen; sie wird auch in mehreren Wiederholungen unzweideutig bestehen können, nur lässt sie sich eben nicht so ununterbrochen fortführen, wie jene auf dem ersten Tactgliede betonten Rhythmen. Die Betonung der zweiten Zeit im dreizeitigen Metrum ist in manchen Tanzrhythmen, z. B. in der *Ma-*

zurka, characteristisch, sie setzt sich aber auch hier nicht stetig fort, sondern wechselt mit anderen Betonungsarten.

55. Zu den vierfach bestimmten Accentformen des dreizeitigen Metrums, welche aus denen des doppel-zweizeitigen hervorgehen, werden aber noch vier andere treten, deren Bestimmung zwar auch auf eine doppel-zweizeitig metrische Formation zu beziehen ist, die aber doppelzweizeitig nicht zur Erscheinung kommen kann, indem sie an sich schon in die Dreizeitigkeit übergeht. Es sind diess diejenigen Accentformen, die aus der Verbindung von Paaren entgegengesetzter Gattung entstehen, und zwar von entgegengesetzten Paaren innerhalb derselben metrischen Ordnung; denn bisher war die Entgegensetzung positiver und negativer Bestimmung nur in den verschiedenen ineinander bestehenden Ordnungen enthalten: das positive Paar der oberen Ordnung konnte Negatives der niederen Ordnung zum Inhalte haben; oder umgekehrt, das negative Paar der oberen mit Positivem der niederen erfüllt sein.

56. Wenn aber die niedere Ordnung selbst einem positiven Paare ein negatives, oder einem negativen ein positives folgen lässt:

$$1 - 2 \quad 2 - 1, \qquad 2 - 1 \quad 1 - 2,$$

so entsteht in der Mitte solcher Formationen ein Widerspruch gegen die Folgebedingung: — sie setzen Gleiches nacheinander:

$$2 - 2, \quad 1 - 1.$$

Das Nacheinander erfordert seinem Begriffe wie seinem Wortausdrucke gemäss, nach Einem, Anderes: nach einem Zweiten ein Erstes, nach einem Ersten ein Zweites. Die in der Mitte obiger Formationen zusammentreffenden Momente: 2—2, 1—1, haben, insofern sie als dieselben Momente verschiedenen Paaren angehören, in dieser

Bedeutung allerdings ihre Verschiedenheit; an sich aber sind sie gleich, sie sind nicht E i n und A n d e r e s, sondern sind eben nur E i n und D a s s e l b e und können eben auch nur einunddieselbe Stelle einnehmen wollen. In diesem Sinne gestalten diese Formationen sich schon an sich selbst zu dreizeitigem Metrum:

$$1 - 2$$
$$2 - 1,$$
$$2 - 1$$
$$1 - 2;$$

denn das zweite Glied des ersten Paares ist vom ersten Gliede des zweiten Paares nicht verschieden; es stellt sich in beiden nur dasselbe metrische Moment dar: ein Relatives oder ein Positives. Eine Folge, eine Trennung und daraus möglich werdende Verbindung würde hier erst entstehen können, wenn diese Stellen Relatives und Positives nacheinander enthielten.

57. Wie zwei und drei Gliedaccente unmittelbar aufeinander folgen können, lehrt uns das positiv-dreizeitige und vierzeitige Metrum. Die Accentmomente erhalten sodann eine Verschiedenheit unter sich durch die Accentuirung der Glieder höherer Ordnungen. Dieser Accentunterschied kann aber an accentlosen Gliedern nicht zum Ausdrucke kommen, auch ergibt keine der früher betrachteten Arten metrischer Combination die Aufeinanderfolge von mehreren accentlosen Momenten. Wenn die obigen metrisch doppelzweizeitigen Formationen mit entgegengesetzten Paaren sich viergliedrig äussern wollen, so kann es eben nur in der Weise geschehen, dass die erstere: 1—2—2—1, die metrische Gestalt:

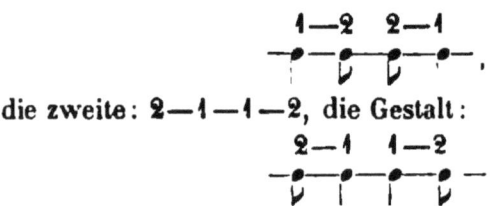

die zweite: 2—1—1—2, die Gestalt:

annehme. Dann ist in jener das zweite Moment relatives zu dem ersten, das dritte relatives zu dem vierten und es stellt sich zugleich zwischen dem zweiten und dritten eine Relation her: denn es wird dieses zweite, unbeschadet seiner Relativität zu dem ersten, ein Positives zu dem dritten. In der zweiten Form: 2—1—1—2, welche hier zwar nur zwei positive und verschieden accentuirte Momente in Folge setzt, würde bei Fortsetzung des Metrums auch die erste rhythmische Figur zum Vorschein kommen; da dieselbe Folge der accentlosen Momente an den Grenzen der Glieder höherer Ordnung wieder eintritt:

$$2—1—1—\overbrace{2\,|\,2}—1—1—2.$$

Sonach gehen diese rhythmisch-viergliedrigen Bestimmungen eben von selbst in das dreizeitige Metrum über. Die hier gesetzte Unterscheidung der zusammentreffenden relativen Momente verschwindet aber in der dreizeitigen Form dieses Metrums mit entgegengesetzten Paaren, damit auch der geringe Accent, der das erste der contrahirten Glieder gegen das zweite betont, und es entstehen für das dreizeitige Metrum wieder vier von den früheren verschiedene Accentbestimmungen.

A. a) das Positiv-negative der niederen Ordnung im Positiven der höheren:

Doppel-zweizeitig.   Dreizeitig.

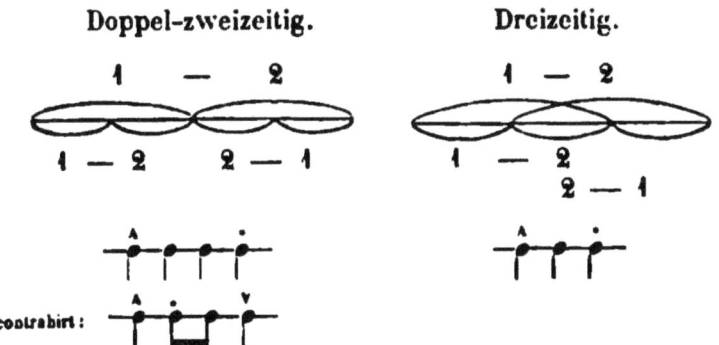

b) das Negativ-positive der niederen Ordnung im Positiven der höheren:

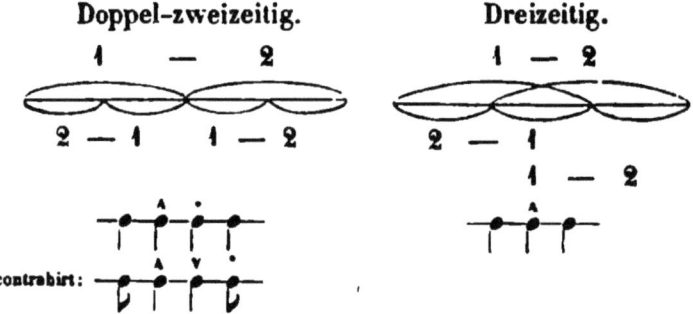

B. *a*) das Positiv-negative der niederen Ordnung im Negativen der höheren:

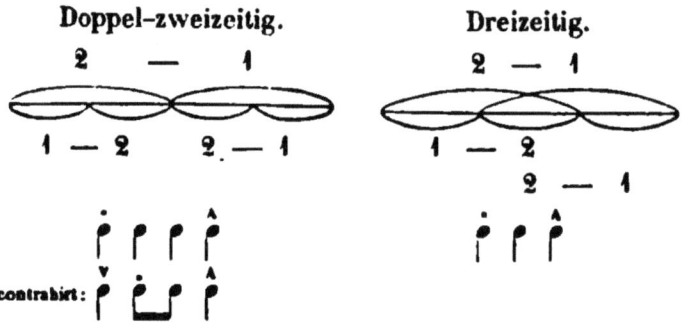

b) das Negativ-positive der niederen Ordnung im Negativen der höheren:

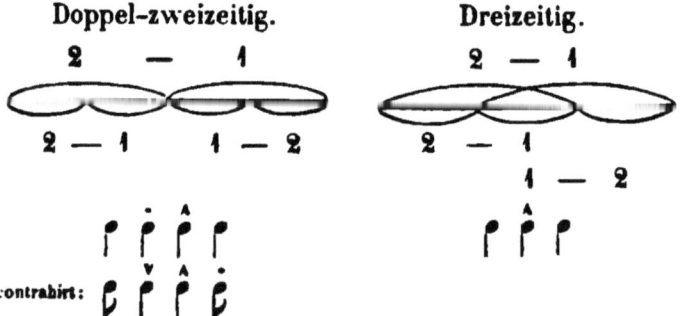

Der Unterschied, welcher in der doppel-zweizeitigen Betonung des Metrums *A. b)* und *B. b)* vorhanden ist, hebt sich in den auf diese beiden sich beziehenden dreizeitigen metrischen Formen auf; indem hier die zwei verschieden betonten positiven Momente in Eins zusammengetreten sind. Es ist also für den Accent dieses Metrums gleichgültig, ob die Ordnung der oberen Glieder positiver oder negativer Beschaffenheit sei.

58. Indem für das dreizeitige Metrum durch die Bestimmung der entgegengesetzt-ineinanderliegenden Paare Betonungsarten resultiren, die unter den früheren noch nicht enthalten sind, — nämlich die des accentlosen Gliedes zwischen verschieden accentuirten, und die des accentuirten zwischen völlig accentlosen, — so erscheint die letztere als eine leicht eingängliche; wir kennen sie als den nur in einem Momente betonten Tripeltact, der dem accentuirten Momente ein accentloses vorausgehen und ein eben solches nachfolgen lässt.

Weit weniger wird aber die Betonungsart, welche das accentlose Moment in der Mitte enthält:

sich dem rhythmischen Gefühle als eine zwanglose ergeben wollen; das accentuirte Ende dieser Formation ist nicht willig, wieder einen accentuirten Anfang folgen zu lassen und man empfindet den doppelten Anstoss eines wiederholten Anfanges. Es beziehen sich hier zwei primäre Momente auf dasselbe secundäre, zwei positive auf dasselbe relative.

Wir haben auch für diesen Fall wieder die Verwandtschaft der metrischen Bestimmung mit der harmonischen aufzusuchen und darzulegen.

Eine Reihe von D u r accorden :

$$F - a - C - c - G - h - D,$$
$$I — II$$
$$I — II \quad I — II$$

wird gleichzusetzen sein der metrisch-po s i t i v e n Bildung:

$$1 — 2$$
$$1 — 2 \quad 1 — 2.$$

Eine Reihe von M o l l accorden :

$$D - f - A - c - E - g - H,$$
$$II — I \quad II — I$$
$$II — I$$

entspricht der metrisch - n e g a t i v e n Bildung:

$$2 — 1 \quad 2 — 1.$$
$$2 — 1$$

Hier findet immer eine sich stetig fortsetzende Umwandlung des relativen Momentes in ein positives statt.

In welcher Weise ein harmonisches Moment zugleich in doppelter Einheitsbestimmung bestehen kann, sehen wir im Systeme der Molltonart, welches den Durdreiklang der Oberdominant mit dem tonischen Molldreiklange durch den Grundton des ersteren verbunden und zwar eben beide Dreiklangsbestimmungen als von diesem Tone ausgehend enthält. Im A-Molltonartsysteme z. B.

$$A - c - E - gis - H,$$
$$I — II$$
$$II — I$$

ist der Ton *E* zugleich positiver und negativer Grundton: er ist Grundton nach beiden entgegengesetzten Seiten.

Metrisch entspricht dieser Doppelbestimmung die Form: .

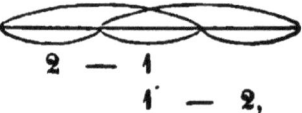

$$2 — 1$$
$$1 — 2,$$

nämlich die Betonung der zweiten Zeit, ohne Nebenaccent auf der ersten und dritten; denn die Formation enthält nur eine (verschieden bestimmte) positive, und zwei relative, accentlose Stellen.

Wie aber in der Dreiklangsbildung wohl ein gemeinschaftliches Moment als positiver und negativer Grundton, nicht aber als positive und negative Quint vorkommt, so wird auch in metrischer Bildung, die ein positiv- und negativ-Erstes in Einem zulässt, ein positiv- und negativ-Zweites dieselbe Stelle nicht einnehmen können.

Dieses metrisch zu begründen, möge im Folgenden versucht sein.

59. Wir können den metrischen Durbegriff uns als eine Beziehung des Gegenwärtigen zu einem Zukünftigen, den metrischen Mollbegriff als eine Beziehung des Gegenwärtigen zu einem Vergangenen vorstellen.

Die Gegenwart ist in Beidem das Positive (I), Vergangenheit und Zukunft das Relative (II).

Die metrisch-positive Folge, 1—2, verbindet ein Heut und Morgen; die metrisch-negative Folge, 2—1, verbindet ein Heut und Gestern. Sie geht nicht von Heut nach Gestern, sie geht von Gestern nach Heut; damit geht sie aber nicht vom Positiven aus, sondern vom Relativen: sie geht von einem der positiven Gegenwart Vorausgesetzten (dem Auftacte) aus, und gelangt erst in ihrem zweiten Momente auf diese. Dass diese Folge das als Anfang setzt, was positiv nicht Anfang ist, was für die positive Gegenwart ein Relatives ist, und das Positive selbst relativ setzt; das ist ihr Negatives, ihr Wesen als Mollbegriff.

Im harmonischen Mollbegriffe, der ebendenselben Inhalt hat, kann das Negative sich nicht am einzelnen Intervalle an sich aussprechen, denn dieses ist real sich gleich im positiven wie im negativen Sinne: erst dadurch, dass die Terz im Quintintervalle sich nicht dem Grundtone, sondern der Quint anschliesst — negativ von ihr ausgeht — wird auch der Grundton als negative Quint zu der Quint als negativem Grundtone erscheinen.

Ebenso werden die zwei Schläge, welche wir am Anfange zu Bezeichnung einer ersten metrischen Bestimmung angenommen haben, wenn sie von gleicher Stärke sind, wenn nicht der eine gegen den anderen als accentuirter hervortritt, es unentschieden lassen, ob ihr gegenseitiges Verhältniss ein metrisch-positives oder negatives sein solle. Denn wir können in die Aufeinanderfolge zweier gleich starken Schläge uns ebensowohl die eine Bedeutung:

wie die andere:

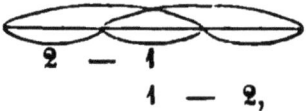

denken; erst der Accent kann den einen oder anderen zu metrisch erster, positiver Geltung entschieden festsetzen.

60. Nun ist die metrische Bestimmung:

$$2 - 1$$
$$1 - 2,$$

eine durchaus natürliche und folgeverständliche: sie setzt das Heut als Mitte, auf welches ein Gestern und ein Morgen sich bezieht; und ist, wie schon gesagt, in jeder Beziehung der harmonischen Bestimmung:

$$A - c - E - gis - H$$
$$I \quad - \quad II$$
$$II \quad - \quad I$$

gleichzusetzen.

Die andere aber:

$$1 - 2$$
$$2 - 1,$$

setzt ein Morgen als Gestern; das erste zu einem vorausgegangenen, das andere zu einem zukünftigen Heut. Es ist dies derselbe Widerspruch, dem wir im Quint- oder Entzweiungsmomente der Tonartbildung schon begegnet sind, wenn der Dreiklang, in sich entgegengesetzt, zu Ober- und Unter-Dominantaccord bestimmt wird:

$$F - a - C - e - G, \qquad C - e - G - h - D,$$
$$I \; - \; V \qquad\qquad IV \; - \; I$$

ein Widerspruch, der sich im Terzmomente darin löste, dass dieser Dreiklang aus einem zweiseitig bestimmten, ein zweiseitig bestimmender, dass er tonischer Dreiklang wurde.

Die Form:

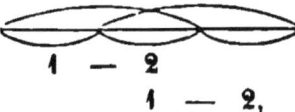

$$1 - 2$$
$$1 - 2,$$

drückt einen natürlichen Zeitbegriff aus; ebenso die entgegengesetzte:

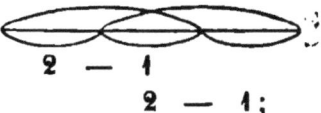

$$2 - 1$$
$$2 - 1;$$

die erste setzt Morgen als Heut zu einem anderen Morgen: dem Uebermorgen; — die zweite setzt Gestern als Heut zu einem anderen Gestern: dem Vorgestern. Erstere beginnt mit dem Positiven (Heut), und wandelt ihr Relatives (Morgen) wieder um zu Positivem (Heut). — Letztere beginnt mit dem Relativen (Gestern), und macht ihr Positives (Heut) wieder zu Relativem (Gestern).

In beiden Bestimmungen ist kein Widerspruch enthalten; in beiden ist das mittlere Moment nach einer von beiden Seiten ein Positives, ein Heut zu einem Morgen oder Gestern.

In der negativ-positiven Folge :

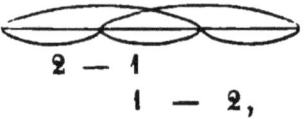

$$2 - 1$$
$$1 - 2,$$

ist es ein Heut zu einem Morgen u n d Gestern.

In jedem dieser drei Fälle ist die Umdeutung des mittleren Momentes eine folgeverständliche.

In der Form :

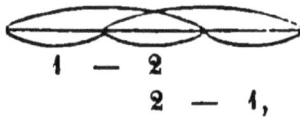

$$1 - 2$$
$$2 - 1,$$

würde aber das mittlere Moment aus einem Z u k ü n f t i g e n unmittelbar V e r g a n g e n e s werden müssen. — Das kann es nicht, ohne im Uebergange ein G e g e n w ä r t i g e s ge-worden zu sein, — wie es der tonische Dreiklang im Tonartsysteme wird, wenn er aus der Oberdominantbe-deutung, die er zu dem Unterdominantdreiklange hat, in die Unterdominantbedeutung übergehen will, die er zu dem Oberdominantdreiklange erhält. Diese metrisch folge-widrige, die Vermittlung überschlagende Umwandlung ist die U n w a h r h e i t, und daher, in diesem directen Sinne, auch die U n m ö g l i c h k e i t dieser rhythmischen Form; wie sie auch harmonisch, auf die Dreiklangsverbindung bezogen, sich unwahr zeigt, wenn wir die Quint eines Durdreiklanges als Grundton eines Molldreiklanges setzen, d. h. die positive Quint zu negativer umwandeln wollen : ·

$$C - e - G - b - D,$$
$$I - II$$
$$II - I$$

was sogleich ein organisch-Unmögliches hervorgehen lässt : den G-Molldreiklang in einer Tonart, welche den C-Dur-dreiklang enthält; — denn in der F-Durtonart würde der Dreiklang für den Grundton *G* nicht *G-b-D*, sondern *G|B-d,* mithin nicht ein **Molldreiklang**, sondern ein verminderter sein.

61. Die Form:

$$1 - 2$$
$$2 - 1,$$

indem sie zwei positive Momente enthält, die in dem dazwischenliegenden relativen den Widerspruch, Vergangenes und Zukünftiges zu sein, entstehen lassen, muss die Verbindung ihrer Glieder zu der ihr Mittelmoment in-Eins-setzenden unmittelbaren Dreizeitigkeit aufgeben: es kann das mittlere Glied in seiner relativen Bedeutung nur dem einen oder anderen positiven zugewendet sein; entweder dem ersten $1-2|1$, oder dem zweiten $1|2-1$. Dort bleibt aber das zweite, hier das erste positive Moment vereinzelt stehen. Im ersten Falle wird nun das zweite eine Relation nach der Zukunft suchen, im zweiten Falle das erste eine Relation aus der Vergangenheit; in beiden wird aber doppel-zweizeitige Bildung entstehen, ein auseinandergesetztes Paar von Paaren, positiver oder negativer Natur:

$$1 - 2$$
$$2 - 1$$

$1 - 2 | 1$ ergänzt sich in $1 - 2 | 1 - 2$;

$$1 - 2$$
$$2 - 1$$

$1 | 2 - 1$ ergänzt sich in $2 - 1 | 2 - 1$.

Wir fühlen auch deutlich, dass bei Accentuirung der ersten und dritten Zeit, und absoluter Accentlosigkeit der mittleren, auf die dritte nicht wieder eine accentuirte erste folgen kann; sondern dass eine accentlose, als letzte, die Form beschliessen, oder als erste beginnen muss.

62. Hier tritt aber eben jene folgevermittelnde Trennung des Mittelmomentes in ein und anderes Relative ein,

$$1 - 2$$
$$1 - 2 - 1,$$

durch welche in diesem selbst wieder ein positiv-relatives Beziehungsverhältniss sich bilden kann. Sofern die Mittelzeit nun aber eine getrennt-verbundene wird, ist sie nicht mehr absolut accentlos; ihre erste Hälfte erhält den Accent, der in dieser niederen Ordnung ihr zufallen muss:

damit ist dieser dreizeitige Rhythmus wieder zu dem Puncte zurückgekehrt, von welchem er ausgegangen, und zeigt sich eben auch hier als zusammengezogener vierzeitiger.

63. Dass auch ein vierzeitiges Metrum mit der Betonung der ersten und vierten Zeit angewendet erscheinen kann, darf so wenig mit dem hier Dargelegten in Widerspruch gefunden werden, als es überhaupt daraus erklärt sein will. Die Erklärung solcher Rhythmen ergibt sich später bei der Betrachtung der Syncope. Es ist aber auch bei dieser Accentuirung

die dritte Zeit keineswegs eine völlig accentlose; als solche könnte sie im doppel-zweizeitigen Metrum nicht eine erste Stelle einnehmen: ihr Accent niederer Ordnung wird nur von dem syncopischen Accente in Schatten gestellt.

Wenn wir nun später die metrische Bildung:

$$1 - 2$$
$$2 - 1,$$

dreizeitig mit aufführen, so geschieht es, in Betreff der organischen Beschaffenheit und der Betonung derselben, allezeit mit Bezugnahme auf die hier gegebene Erklärung dieses Metrums.

d) *Im vierzeitigen Metrum.*

64. Das wesentlich vierzeitige Metrum, d. h. dasjenige, welches nicht nur in einer Wiederholung des zwei-

zeitigen besteht, sondern in einer durch das dreizeitige hindurchgegangenen Formation, wird, als accentuirtes, auch die Bedingungen seines Werdens und Gewordenseins an sich müssen wahrnehmen lassen, und durch diese eben sich von dem doppel-zweizeitigen unterscheiden.

Die doppel-zweizeitige Formation besteht eben nur in einem Paare von Paaren:

sie trägt, wenn wir durchaus positive Natur der Gliederung annehmen, den Gliedaccent auf der ersten und dritten Zeit, den Accent des Paares auf der ersten.

Die vierzeitige Formation ist noch etwas Anderes als ein Paar von Paaren, und wenn wir sie, ihrer extensiven Beschaffenheit nach, als eine doppel-zweizeitige betrachten können, so ist eine wesentliche Verschiedenheit dieser Formation gegen die vorige, die doppel-zweizeitige, schon darin enthalten, dass in der vierzeitigen die zweite Hälfte des Ganzen nicht ein Glied entgegengesetzter Qualität zu der ersten ist, wenigstens nicht nothwendig zu sein braucht; es gehen vielmehr diejenigen Accentbestimmungen, welche dem Metrum die natürlichsten sind, die keine auffallenden Betonungen enthalten, aus der Formation:

hervor, und wenn wir auch im Folgenden die Formen:

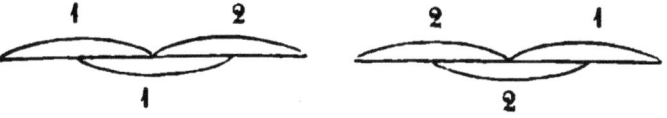

sich werden als zulässige behaupten sehen, so bilden sich aus ihnen doch eben nur die Accente, mit welchen das in der natürlichen Ordnung Accentlose, der sogenannte *schlechte* Tacttheil betont wird.

65. Die beiden Hälften des Ganzen stehen im vierzeitigen Metrum nicht in unmittelbarer Folge zu einander: der oberste Gegensatz ist hier der eines Ersten und Zweiten der Dreizeitigkeit.

In diesem Zweimal-dreizeitigen ist aber das dritte zweizeitige Glied, d. h. die zweite Hälfte des Ganzen, direct nur auf das zweite zu beziehen und wird sich zu dem ersten indirect als 1—1, 1—2, 2—1, 2—2 verhalten können, während es im doppel-zweizeitigen Metrum nur im Verhältnisse 1 - 2 oder 2—1 zu ihm stehen kann.

Ist nun die Folge die oben zuerst angeführte:

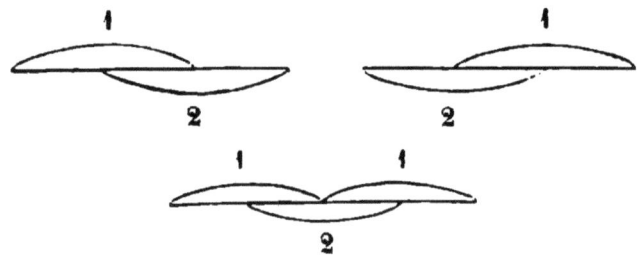

so erhält die zweite Hälfte, (das dritte zweizeitige Glied,) wie die erste, den Accent des Paares; das zweite Glied, als erstes im zweiten Paare, wie das erste und dritte den Gliedaccent; das erste Glied aber noch den Accent höchster Ordnung, den des ersten der beiden dreizeitig ineinanderliegenden Theile.

66. Wollten wir den Accent des dreizeitigen Theiles mit 3, den des Paares mit 2, den Gliedaccent mit 1 bezeichnen, ohne jedoch hiermit eine bestimmende Angabe für die specifische Stärke dieser verschiedenen Accente zu beabsichtigen, so würden auf das erste Glied des vierzeitigen Metrums die Accente 3, 2 und 1, auf das zweite der Accent 1, auf das dritte die Accente 2 und 1 fallen,

das vierte ohne Accent bleiben: und wenn wir die niederen in den höheren aufgehen lassen, wird die Accentuirung
des vierzeitigen Metrums sein:

In selbiger Weise bezeichnet, erhält das dreizeitige
Metrum die Accente:

das doppel-zweizeitige:

Die gleiche Bestimmung ergibt sich, wenn wir die
Accente jeder Ordnung für sich bezeichnen und sie auf den
betreffenden Stellen sich summiren lassen.

Im vierzeitigen Metrum:

Im dreizeitigen Metrum:

Im doppel-zweizeitigen Metrum:

Dies ist die Accentbestimmung des vierzeitigen Metrums, wie sie für die in jeder Ordnung als 1—2, d. h.
in positiver Fortschreitung gesetzten Folge sich ergibt. Es
ist nun zu untersuchen, in welcher Weise die Accente hier
hervortreten werden, wenn das Positive einer Ordnung
sich mit dem Negativen einer anderen combinirt, oder wenn
die Folge in jeder Ordnung negativ wird.

67. Das zweizeitige Metrum lässt nur eine zweifache Form der Betonung zu: es kann in positiver oder
negativer Folge seiner Glieder bestehen:

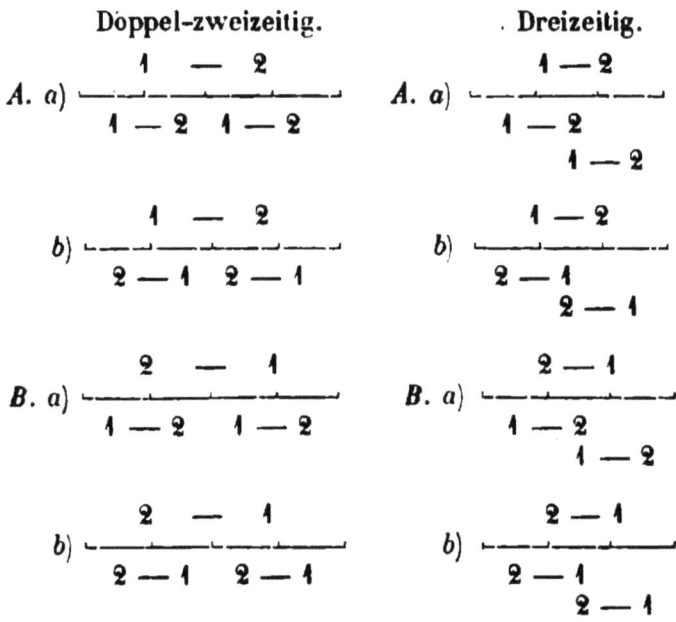

68. Das dreizeitige wird, wie das doppel-zweizeitige, sofern es in seinen Paaren sich eben auf dieses
beziehen lässt, zuerst, wie dies letztere vierfache Form
erhalten können:

69. Das vierzeitige Metrum, wie es in oberster Ordnung aus zwei ineinanderliegenden dreigliedrigen Theilen besteht, wird die Anzahl der Formationen
des dreizeitigen Metrums doppelt enthalten; indem die
Aufeinanderfolge dieser beiden dreigliedrigen Theile eine
positive oder negative sein kann. Daraus entstehen acht
verschiedene Bestimmungen für die Betonung des vierzeitigen Metrums.

17 *

70. Es kommen aber zu den Accentbestimmungen des dreizeitigen, ausser denen, die es den doppel-zweizeitigen entsprechend annimmt, noch diejenigen, welche aus der Combination entgegengesetzter Paare entstehen; die in positiv-negativer oder negativ-positiver Folge der Paare in der niederen Ordnung, mit positivem oder negativem Paare der höheren verbunden, wieder vier andere Bestimmungen, wie sie früher aufgeführt sind, sich bilden lassen.

Diese werden sich nun auch in das vierzeitige Metrum, und zwar in doppelter Zahl, übertragen; indem sie in diesem sich wieder in positiver oder negativer Folge des dreizeitigen Gliedes werden setzen können, und es resultiren daraus acht neue Accentbestimmungen für das vierzeitige Metrum.

Durch die Verbindung entgegengesetzter Paare:

$$
\begin{array}{cc}
\underline{1 - 2 \quad 1 - 2} & \underline{2 - 1 \quad 2 - 1} \\
2 - 1 & 1 - 2
\end{array}
$$

hebt sich aber die Doppelbestimmung des zweiten Gliedes, welche das vierzeitige vom doppel-zweizeitigen Metrum unterschieden hat, wieder auf, und diese zwei Formationen fallen ihren Accenten nach in die Bedeutung der doppel-zweizeitigen zurück, denn sie können eben nur als solche erscheinen:

$$
\begin{array}{cc}
\overline{1 - 2 \quad 1 - 2} & \overline{2 - 1 \quad 2 - 1}
\end{array}
$$

71. Ferner ist für die Vierzeitigkeit noch die Bestimmung heranzuziehen, nach welcher ihre dreimal-zweizeitige Bildung in durchaus positiver, oder durchaus negativer Folge ineinanderliegt.

In der positiven Gestalt aller drei Ordnungen sehen wir daraus die stufenweis abnehmenden Accente

$$3 \quad 2 \quad 1 \quad 0$$

hervorgehen; in der durchaus negativen sind die Accente stufenweis zunehmend:

$$0 \quad 1 \quad 2 \quad 3$$

72. Bei der zuletzt noch möglichen Bestimmung, dass die Paare im Ganzen in gleicher Folge, in ihren Gliedern aber entgegengesetzt sich zu einander verhalten, woraus abermals acht von den früheren verschiedene Accentuationen hervorgehen, wird die Betonung sich ebenfalls, wie in der vorletzt besprochenen Bildung, nur als eine doppel-zweizeitige ergeben können; denn es entbehrt hier wie dort das zweite Glied der Doppelbestimmung.

73. Dass wir aber im vierzeitigen Metrum sechszehn verschiedene Accentbestimmungen erhalten sollen, welche mit denen des doppel-zweizeitigen zusammenfallen, während dieses selbst doch nur vier verschiedene Formen derselben aufzuweisen hat, darf nicht als ein Widerspruch erscheinen: jene sechszehn Formen können im Resultate diesen vier Formen gleich, der inneren Bedingung ihres Werdens nach aber doch wieder vierfach verschieden sein. Im doppel-zweizeitigen Metrum werden, wie im vierzeitigen, mit entgegengesetzt ineinanderliegenden Paaren, die Accente auf das erste und dritte, oder zweite und vierte Glied fallen, die dazwischenliegenden Glieder ohne Accent bleiben; das eine der accentuirten Glieder wird den Hauptaccent, das andere den Nebenaccent erhalten. Dies ist in den beiden metrischen Gattungen das Gleiche. Die Bedingungen aber, aus denen diese Aeusserungen als gleiche hervorgehen, sind im doppel-zweizeitigen Metrum vierfach, im vierzeitigen sechszehnfach verschieden. Durch negirende Momente reducirt sich das sechszehnfach Verschiedene auf das Vierfache. Die Bedingungen der Negation gehören aber hier nicht weniger zu der organischen Bestimmung im vierzeitigen Metrum, wie die positiv in die Aeusserung übergehenden. Demnach sind eben auch diese mit den

doppel-zweizeitigen übereinstimmenden Accentformen der Vierzeitigkeit vollständig in der folgenden Darstellung mit aufzuführen.

Zusammenfassende Darstellung aller Accentbestimmungen im zweizeitigen, doppel-zweizeitigen, drei- und vierzeitigen Metrum.

74. Es ergeben sich, nach dem bisher Gesagten
für das zweizeitige Metrum . . . . zwei,
„ „ doppel-zweizeitige . . . vier,
„ „ dreizeitige . . . . acht,
„ „ vierzeitige . . . . zweiunddreissig
verschiedene Accentbestimmungen, von welchen letzteren die Hälfte der Anzahl mit denen der doppel-zweizeitigen zusammenfällt und in ihnen aufgeht, wonach sechszehn der Vierzeitigkeit eigenthümlich angehörende übrig bleiben. Somit stehen die Accentformen für die vier genannten Metra ihrer Zahl nach im Verhältnisse von $2 : 4 : 8 : 16$; oder $2^1 : 2^2 : 2^3 : 2^4$. Wir wollen sie für eine zusammenfassende systematische Uebersicht, nach metrischer und musikalischer Bezeichnung im Zusammenhange vollständig hier aufführen. Die Bemerkungen, welche zu besonderen rhythmischen Vorkommenheiten sich nöthig zeigen dürften, mögen, um die tabellarische Form der Darstellung nicht zu unterbrechen, am Ende derselben, auf die betreffenden Stellen verweisend, Platz finden.

I. Accente des zweizeitigen Metrums.

II. Accente des doppel-zweizeitigen Metrums.

III. Accente des dreizeitigen Metrums.

IV. Accente des vierzeitigen Metrums.

B. a-b, α)

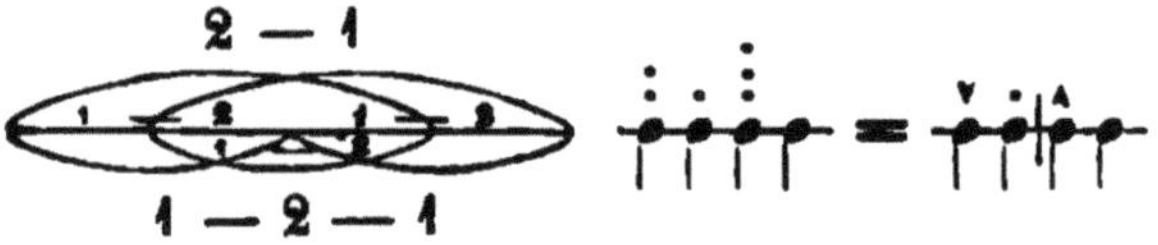

β)

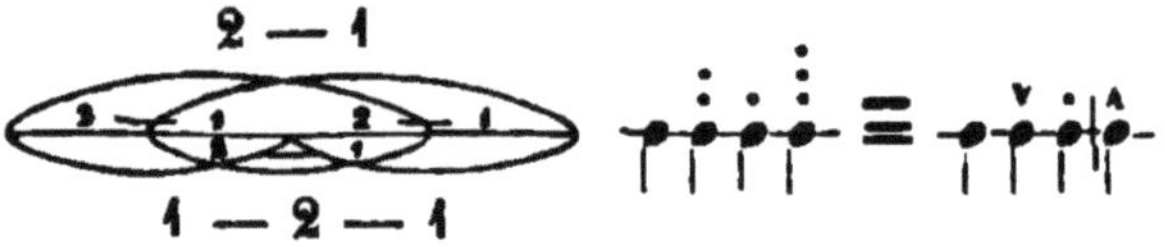

b-a, α)

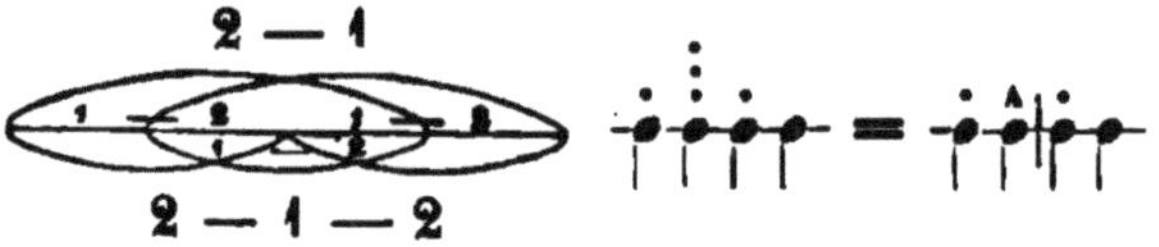

β)

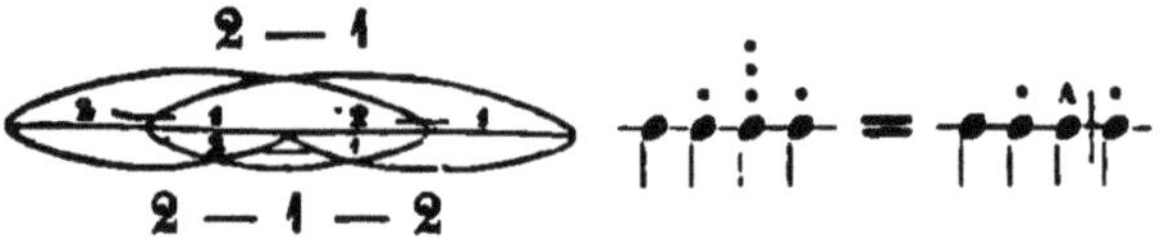

A. a-b, α-β)

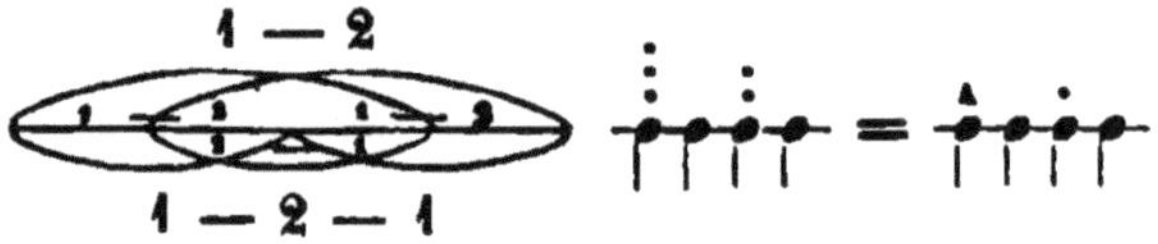

β-α)

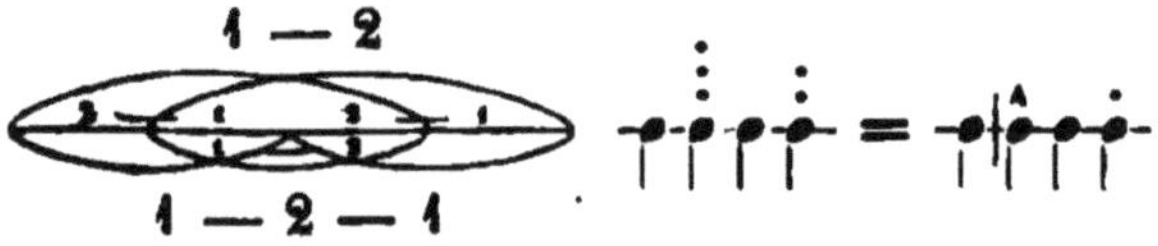

b-a, α-β)

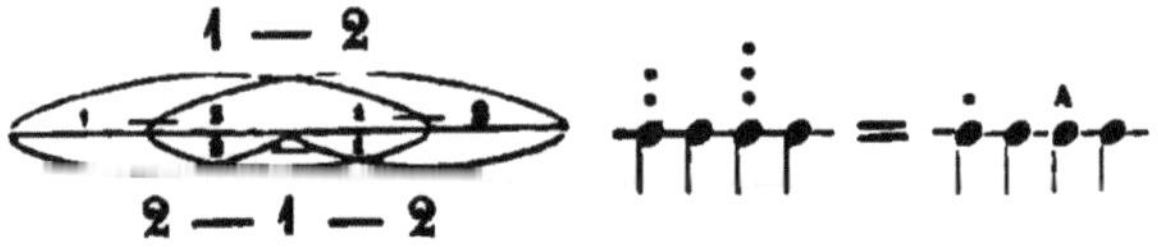

β-α)

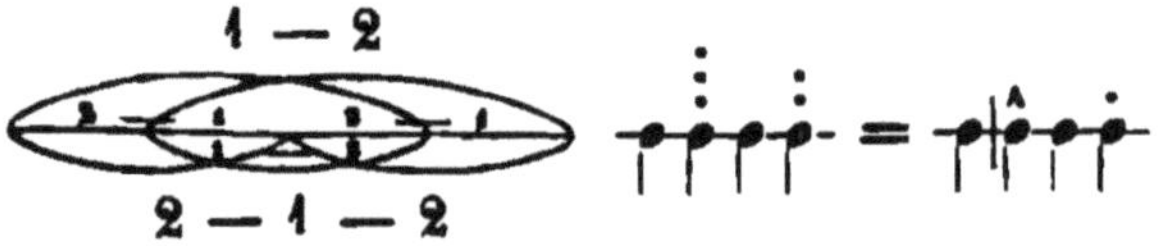

B. a–b, α–β)

2 — 1

1 — 2 — 1

β–α)

2 — 1

1 — 2 — 1

b–a, α–β)

2 — 1

2 — 1 — 2

β–α)

2 — 1

2 — 1 — 2

A. a, α)

1 — 2

1 — 2

1 — 2

β)

1 — 2

1 — 2

1 — 2

b, a)

1 — 2

2 — 1

2 — 1

β)

1 — 2

2 — 1

2 — 1.

B. a, α) 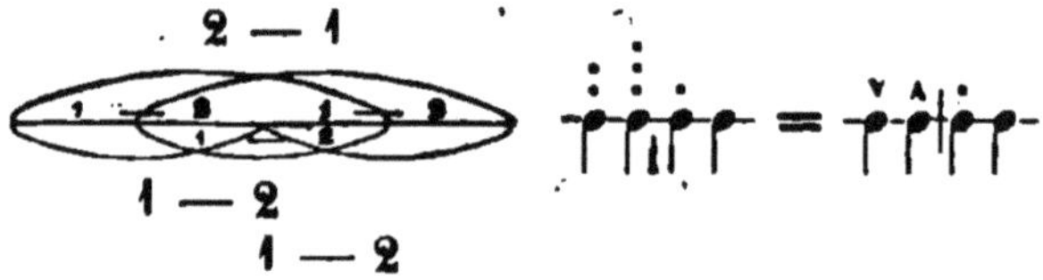

β) 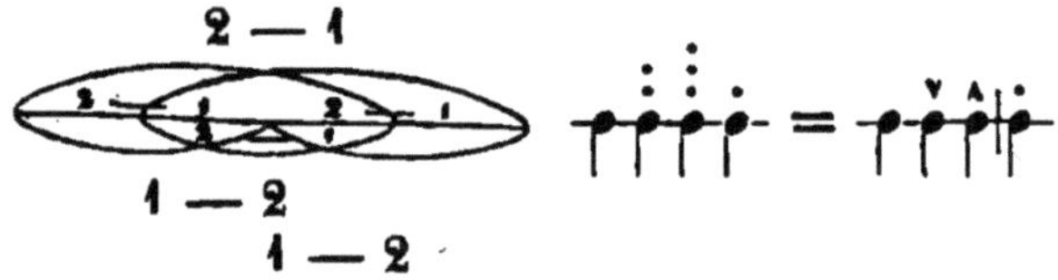

b, α) 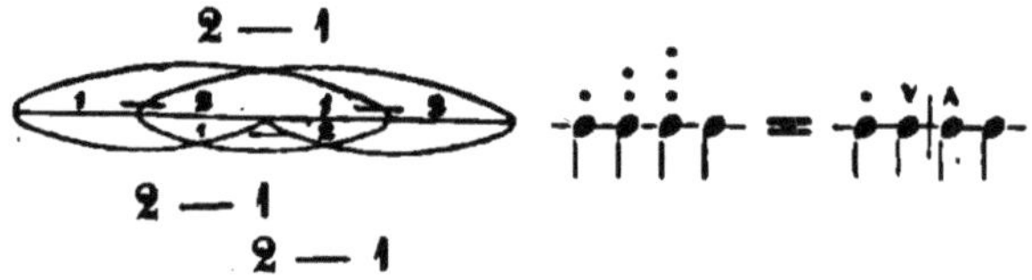

β) 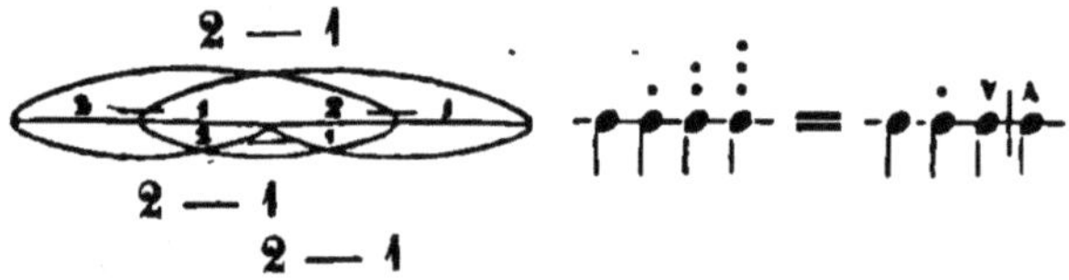

A. a, α-β) 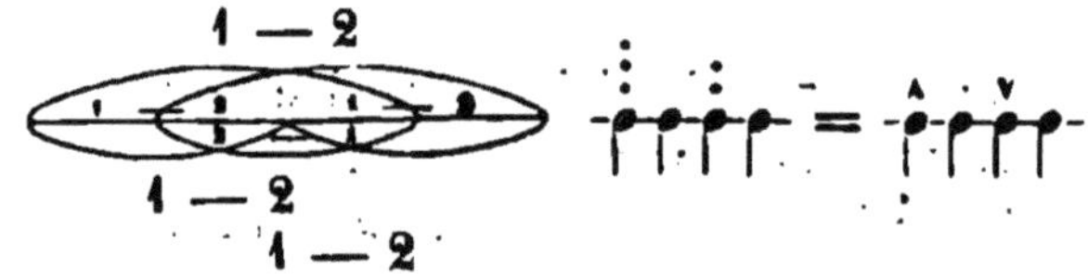

β-α) 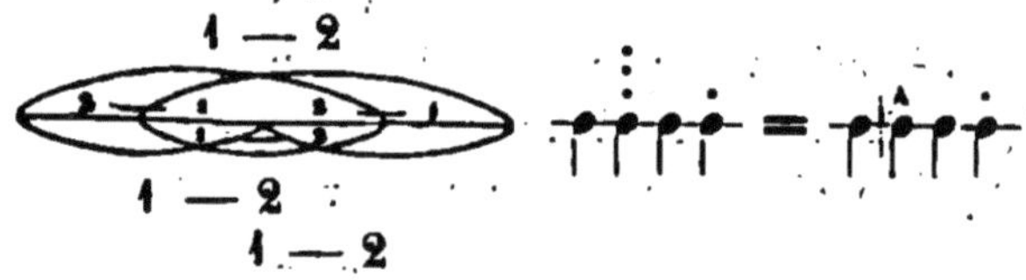

b, α-β) 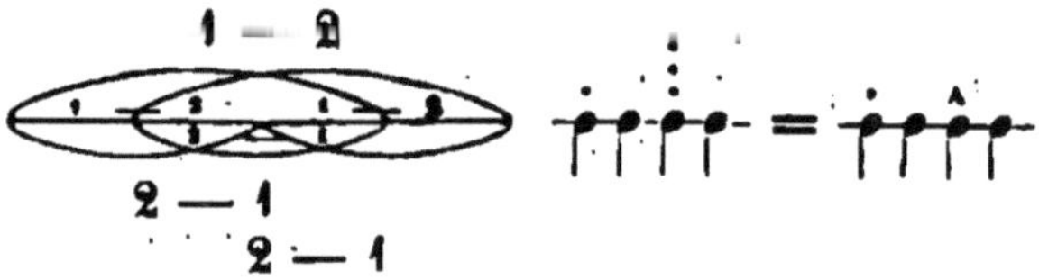

β-α) 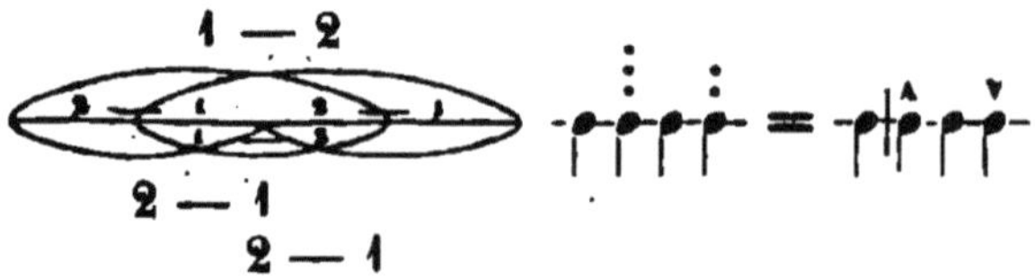

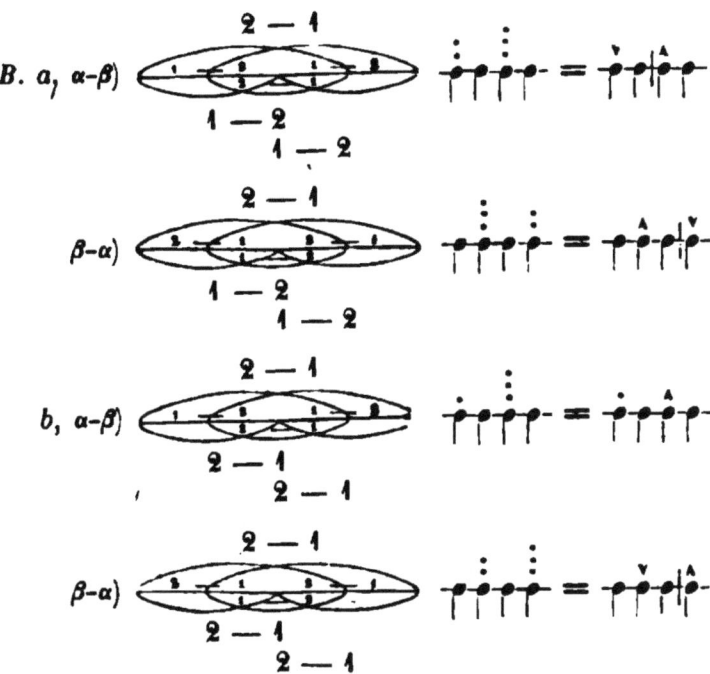

Zu den zweizeitigen und doppel-zweizeiti-
gen Accenten der vorstehenden Darstellung bedarf es keiner Anmerkungen; sie sind, nach dem früher Gesagten,
in ihrer Bezeichnung durchaus von selbst verständlich.

Die acht verschiedenen Betonungsarten des dreizeitigen Metrums sind in ihren vier ersten Nummern den
doppel-zweizeitigen entnommen und erklären ihre Disposition in Bezug auf die höchste Betonung und den Tactanfang aus diesen.

Ueber die vier letzten Accentbestimmungen dieses Metrums, welche aus der Folge entgegengesetzter Paare innerhalb der niederen Ordnung hervorgehen, ist früher ausführlich gesprochen.

Die 32 Accentbestimmungen des vierzeitigen Metrums sind in vier Abtheilungen oder Gruppen zu fassen, deren jede acht verschieden motivirte Betonungsarten
enthält.

. Wie in dem zweizeitigen Metrum nur e i n e metrische Ordnung enthalten ist, im doppel‑zweizeitigen und dreizeitigen z w e i Ordnungen, im vierzeitigen aber d r e i Ordnungen metrischer Paare combinirt sind, so haben wir die Gliederfolge in der ersten und im zweizeitigen Metrum alleinigen Ordnung mit A, B, in der zweiten Ordnung mit a, b, in der dritten Ordnung mit α, β, bezeichnet.

Die Folge ist mit A, a und α, nach der bezüglichen Ordnung, als eine positive, mit B, b und β, als eine negative angezeigt; a-b, α-β, bezeichnet für die zweite oder dritte Ordnung die positiv‑negative Folge; b-a, β-α, die negativ‑positive Folge.

Die zweite aus acht verschieden bestimmten Betonungen bestehende Gruppe der vierzeitigen Accente (S. 265) kann, wie schon früher zu den hier wirkenden Formationsbedingungen bemerkt wurde, nur die Betonungen des doppel‑zweizeitigen Metrums wiederholen; denn diese Form ermangelt der Doppelbedeutung des zweiten Gliedes. Wenn sich diese acht Accentformen aber den vier doppel‑zweizeitigen gleichlautend erweisen sollen, so muss die Zahl derselben auf ihre Hälfte zu reduciren sein. Es findet sich aber auch darin der Accent 2, gleich den Accenten 4 und 8, ferner der Accent 3, gleich den Accenten 5 und 7; mithin fallen die Nummern 4, 5, 7 und 8 als Wiederholungen aus, und es bleiben die Betonungen 1, 2, 3 und 6 übrig, entsprechend den doppel‑zweizeitigen 1, 2, 3 und 4.

Ebenso ist die vierte Gruppe der vierzeitigen Accentformen (S. 267) wieder ohne Doppelbestimmung des zweiten Gliedes, und darum, wie die zweite eben besprochene, nur doppel‑zweizeitig in der Betonung. Auch hier sind die Accentaeusserungen 2, 4 und 6 sich gleich, ebenso 3, 5 und 7. Der hier zu bemerkende Unterschied, dass 2, 3 und 7 den Nebenaccent als einfache Gliedbetonung tragen, 4, 5 und 6 dafür an diesen Stellen den Paaresaccent enthalten, ist kein in die Wirkung übergehender; indem bei diesem Metrum überhaupt nur eine zweifach nüancirte Betonung als Haupt‑

und als Nebenaccent stattfindet. Sonach reduciren sich auch
diese acht Betonungsweisen abermals auf die vier doppel-
zweizeitigen Accente.

In der dritten Gruppe vierzeitiger Accente (S. 266),
bei welcher das zweite zweizeitige Glied die Bestimmung
wechselt, die in den vorhergehenden Formationen unver-
ändert blieb, gewahren wir eine stufenweis ab- oder zu-
nehmende Folge von Accenten, wie sie allein nur unter den
hier gegebenen Bedingungen entstehen kann; bei positiver
Beschaffenheit aller Ordnungen, die Accentfolge:

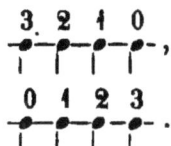

bei negativer:

Es ist diese die complicirteste Combination in Bezug auf die
Accentbestimmung. Allein auch hier kann das Resultat nur
ein unzweideutiges und klares sein, wenn wir die Motive,
aus denen die Accente ihre Bestimmung erhalten, für sich
und in ihrem Zusammenwirken betrachten.

In der Formation:

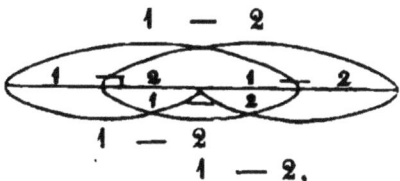

haben wir, wie in allen anderen, erst jede Ordnung für
sich zu betrachten, als Folge eines accentuirten und eines
accentlosen Theiles, und im Gliede höherer Ordnung nur
das in Wirkung treten zu lassen, was aus der niederen
ihm vollständig angehört und eigen ist. So enthält eben
diese Formation im accentuirten dreizeitigen Gliede:

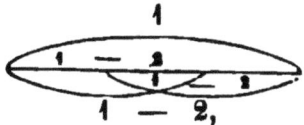

ein accentuirtes und ein accentloses zweizeitiges Glied. Sofern das zweite zweizeitige Glied dann wieder ein accentuirtes wird, gehört es diesem ersten dreizeitigen Theile nicht an, sondern dem zweiten accentlosen.

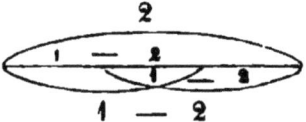

Daher kann der Accent des zweiten zweizeitigen Gliedes, wiewohl er im Zusammenfassen der ganzen Bildung:

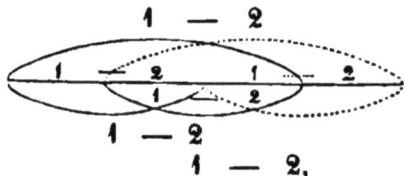

noch in den Umfang des accentuirten dreizeitigen Theiles fällt, nicht die dreifache Betonung wie das erste erhalten, oder einen Zweifel entstehen lassen, welchem dieser beiden Glieder sie zukommen solle. In diesem zweiten dreizeitigen Gliede, das als solches ohne Accent ist, tritt dieser Accent, mit dem Gliedaccente verbunden, eben nur als zweifacher hervor, der mit den zwei übrigen Gliedern die Accentfolge

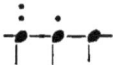

ergibt. Der erste, der accentuirte dreizeitige Theil erhält aber die Betonung.

Beide dreizeitige Glieder ineinandergesetzt:

können jetzt nur die Figur:

hervorbringen; denn der Gliedaccent der zweiten Zeit des
ersten dreizeitigen Theiles ist derselbe, welcher in der ersten
Zeit des zweiten dreizeitigen Theiles zu dem Paaresaccente
dieses Gliedes getreten und diesem die zweifache Betonung
ertheilt hat; er ist also dieser nicht zu dreifacher Betonung
zuzufügen, da er schon in der zweifachen mit enthalten ist.

In dieser Weise würde jede der hier bezeichneten Accentbestimmungen nachzuweisen sein und als eine aus
rhythmisch-metrischen Motiven natürlich bewirkte sich
rechtfertigen müssen.

Was wir als Tactanfang bezeichnet haben, ist allezeit
ein accentuirtes Moment. Es findet sich als erste Zeit im
Tacte aber auch der Accent zweiter und dritter Ordnung,
der Paares- und der Gliedaccent. Der Tactanfang für die
positive Formation in höchster Ordnung wird nur in die
erste Hälfte, der Tactanfang für die negative Formation
höchster Ordnung nur in die zweite Hälfte vierzeitigen Metrums fallen können. Dann aber wird einer accentuirt
ersten Zeit eine accentuirt dritte entgegenstehen müssen;
denn das Vierzeitige ist allezeit auch ein Doppelzweizeitiges: es wird immer auch seine zweizeitige Hälfte mit durchfühlen lassen. Die Doppelzweizeitigkeit seines Ganzen ist
seine Terzbedingung, wie die Dreizeitigkeit seiner beiden
ineinander bestehenden obersten Theile seine Quintbedin-
gung, die Zweizeitigkeit seiner drei ineinanderliegenden
Theile seine Octavbedingung enthalten.

Daher können metrische Formen wie diese:

(S. 265. *B. b-a, β*) ♪ ♪̇ ♪̂ ♪̇,   (S. 267. *B. a, β*) ♪ ♪̇ ♪̂ ♪̇,

nicht die Tactbestimmung

♪ ♪̇|♪̂ ♪̇,   ♪ ♪̌|♪̂ ♪̇,

erhalten, wiewohl auch mit dieser der Tactanfang, der obersten Bedingung gemäss, in die zweite Hälfte fällt; aber es würde durch diesen Tactanfang das metrisch mit dem ersten correspondirende dritte Glied ein accentloses geworden sein:

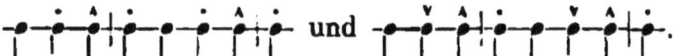

was einen Widerspruch gegen die Doppelzweizeitigkeit des Vierzeitigen entstehen lässt. Die Tactbestimmung für jene beiden Formationen kann darum nur, wie sie in der obigen Darstellung bezeichnet ist, nämlich so stattfinden, dass der Gliedaccent des vierten Momentes den Anfang bildet:

Es wird ein im doppel-zweizeitigen Metrum accentlos bestimmtes Glied, durch die Bedeutung, welche es im vierzeitigen annimmt, einfache, zweifache und dreifache Betonung erhalten können; nicht aber kann ein auch nur einfach accentuirtes Glied des doppel-zweizeitigen Metrums zu einem accentlosen im vierzeitigen werden.

Accente im combinirten Metrum.

75. Die combinirten Metra, in denen jede der vorstehend verzeichneten Formationen mit ihren Accentbestimmungen als Glied einer ihr gleichen oder von ihr verschiedenen Formation höherer Ordnung aufzunehmen ist, werden, wie man leicht denken kann, sich in grösster Mannigfaltigkeit bilden können; die Betonung muss aber doch immer den hier schon erschöpften Bestimmungen unterworfen sein. Der höchste Accent wird auch in Bildungen von grösserem Umfange allezeit auf ein Moment fallen müssen, das in allen Ordnungen ein betontes, ein positives ist; wie es schon im doppel-zweizeitigen Metrum zu sehen war, welches eben schon ein combinirtes ist und hier nur früher herangezogen wurde, theils um seiner Verwandtschaft mit dem dreizeitigen willen, theils um das Eigen-

thümliche und die Selbständigkeit des vierzeitigen an ihm zu erläutern.

76. Die wechselseitige Combination der zwei-, drei- und vierzeitigen Formation ist schon früher (II. 25.) aufgezählt und metrisch verzeichnet worden. Es würde ein ebenso weitläufiges als nutzloses Unternehmen sein, wenn wir die Accentordnung für diese neun Combinationsformen in der Ausführlichkeit, wie es für die einfach zwei-, drei- und viergliedrigen Metra geschehen ist, aufführen wollten; wenn wir das zweimal-dreizeitige und dreimal-zweizeitige mit ihren 2×8 oder $8 \times 2 = 16$, das dreimal-dreizeitige mit seinem $8 \times 8 = 64$, das dreimal-vierzeitige und viermal-dreizeitige mit ihren 8×32 oder $32 \times 8 = 256$ und endlich das viermal-vierzeitige mit seinen $32 \times 32 = 1024$ verschiedenen Accentbestimmungen in metrischer und musikalischer Bezeichnung zur Darstellung bringen wollten. Nach dem Vorhergehenden wird die Betonung für jeden Einzelfall einer metrisch-höheren Combination, auch für den in positiven und negativen Bestimmungen sich mehrfach durchkreuzenden, ohne Schwierigkeit zu finden sein, wenn man die Accente jeder Ordnung auf den betreffenden Momenten sich summiren lässt, wodurch der höchste sowohl wie die untergeordneten nach ihren Stufen sich von selbst ergeben müssen. So würde z. B. das dreimal-dreizeitige Metrum mit negativem Paare der niederen Ordnung, mit positivem der zweiten und dritten, und negativem der höchsten, folgende Gestalt und Betonung erhalten:

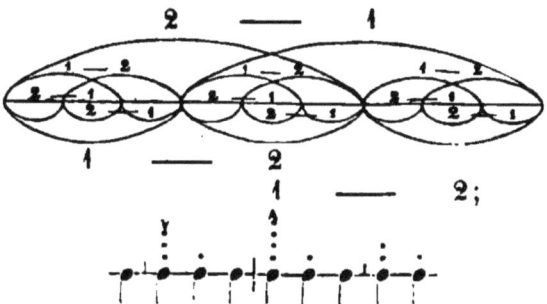

dasselbe mit positivem Paare höchster Ordnung:

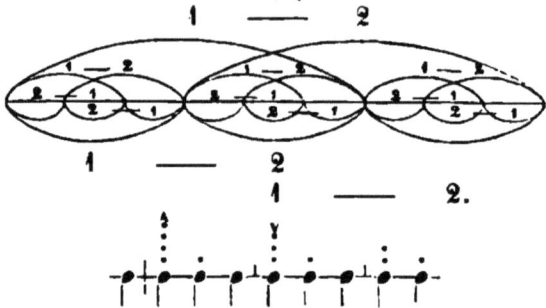

Dort wird der Hauptaccent auf das fünfte Glied, der Haupt-Nebenaccent auf das zweite fallen; hier umgekehrt der Nebenaccent auf das fünfte, der Hauptaccent auf das zweite.

77. Soll der Hauptaccent auf ein voraus bestimmtes Zeitmoment, z. B. auf das vierte Glied des dreimal-dreizeitigen Metrums gelenkt werden, so ist diese Stelle zuerst als eine betonte für alle Ordnungen festzusetzen:

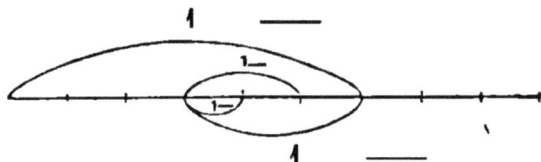

dann wird die Formation sich für die übrigen Glieder noth-wendig also bestimmen müssen:

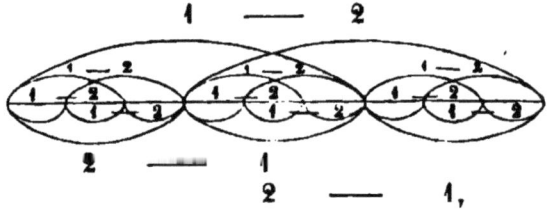

aus welcher diese Accentuation hervorgeht:

Wollte man hier negativ höchste Ordnung, und dann das erste dreizeitige Glied positiv annehmen:

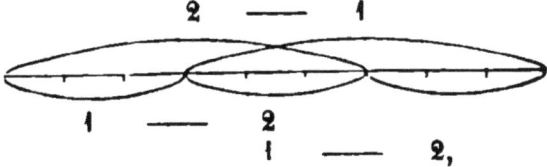

wonach das zweite die positive Geltung für das **zweite Paar** dreizeitiger Glieder erlangt, so würde der Hauptaccent zwar auf dasselbe vierte Glied fallen, er kann aber nicht den Tactanfang bilden; denn es ensteht für das Ganze die Formation:

die mit vollem Tacte beginnt und den Hauptaccent auf dem zweiten dreizeitigen Gliede trägt:

das erste Metrum beruhet in oberster Ordnung auf der Bestimmung:

beginnt sonach in dieser Ordnung accentlos.

78. Wie alle dem Gefühl eingänglichen Accentuirungen, die auf so vielfache Weise verschieden sein können, sich immer in den besprochenen metrisch-organischen Formen werden begründet finden; so schliesst dagegen jede naturwidrige sich eben auch von den hier möglichen von selbst aus. Es wiederholt sich in der Metrik nur, was die Harmonik schon dargelegt hat: so wenig dort die systematisch harmonische Accordbildung einen Zusammenklang produciren kann, der nicht zu praktischer Anwendung

geeignet sein und seine Rechtfertigung vor dem Gehöre finden sollte; ebenso sicher musste auch ein jeder praktisch als richtig empfundene Accord in dem harmonisch-organischen Systeme seine Herleitung, seine Natur nachweisen lassen.

Man hört in der Harmonielehre wohl von willkürlich oder zufällig erhöheten oder vertieften Tönen sprechen. In den beiden Folgen:

$$
\begin{array}{ll}
G \ . \ . \ gis \ . \ . \ a, & G \ \text{———} \\
e \ \text{————} & es \ \text{————} \\
C \ \text{————} & C \ . \ . \ ces \ . \ . \ B,
\end{array}
$$

wird das *gis* der ersten eine erhöhete Quint genannt, das *ces* der zweiten ein vertiefter Grundton. Warum erscheint aber diese Erhöhung in der Zusammenstellung:

$$
\begin{array}{l}
G \ . \ . \ gis \ . \ . \ a, \\
es \ \text{————} \\
C \ \text{————}
\end{array}
$$

und die Vertiefung in dieser:

$$
\begin{array}{l}
G \ \text{————} \\
e \ \text{————} \\
C \ . \ . \ ces \ . \ . \ B,
\end{array}
$$

als etwas durchaus Gefühlswidriges und Unstatthaftes, wenn, wie hier in beiden Folgen, der erste mit dem letzten Accorde doch in verständlichem Zusammenhange steht, und die Ueberleitung nur ein Hinauf- oder Herabziehen des fortschreitenden Tones sein sollte, eine willkürliche Erhöhung oder Vertiefung desselben? — Wir wissen aber, dass der sogenannte übermässige Dreiklang, der hier im mittleren Accorde beider Folgen zu erkennen ist und von dem an seinem Orte gesprochen wurde (I. 234.), ein systematisch begründeter ist, in einem natürlichen Systeme sein Dasein hat, und dass dieses System mit dem Auftreten des Accordes als ein vermitteltes muss vorhanden sein können, das sodann für den weiteren Fortgang der Harmonie verbleiben, oder wieder in ein anderes übergehen kann.

In gleicher Weise wird aber auch ein Accent nicht eine isolirte Bestimmung für sich sein, nicht ein Zeittheil als ein Einzelmoment treffen können, das in der Accentordnung nicht mit allen anderen einer metrischen Einheit in wechselseitiger Beziehung stünde. Jeder einzelne Accent ist allezeit im metrischen Systeme begründet: er ist in seiner Ordnung durch das ganze System bedingt, oder bedingt ein ganzes metrisches System, das bei seinem Eintritte vorhanden ist, oder mit ihm entsteht; sodann aber auch wieder in ein anderes verwandtes übergehen kann, aus welchem neue Accente sich bestimmen; wie in der Harmonie jede Umdeutung eines Accordes, oder die chromatische Veränderung eines Accordtones eine Umwandlung des Tonartsystemes zum Grunde hat oder eine solche begründet.

Rhythmus im Metrum.

79. Das System der Accente, ihre Ordnung und ihr Wechsel, ist nun das, was wir vorzugsweise das Rhythmische des Metrums nennen wollen: ein Ausdruck, der in dem Bisherigen noch vermieden worden ist, da es zuvörderst nöthig war, die Bedingungen kennen zu lernen, auf denen diese Ordnung und dieser Wechsel beruhen, die immer nur metrische Bestimmungen sind, wie die Töne der Melodie nur harmonische sein konnten. Denn es ist in dieser Bedeutung wohl das Rhythmische im Gegensatze des Metrischen zu vergleichen der Melodie im Gegensatze der Harmonie.

Wie die melodische auf harmonischer Basis ruhende Folge, die Tonleiter, in jedem Momente ihrer Fortschreitung entgegengesetzte Dreiklänge zusammenschliesst:

$$C..D..e..F..G..a..h..C$$
$$\mathbf{C\ \ G\ \ C\ \ F\ \ C\ \ F}$$
$$\mathbf{a\ \ e\ \ a}$$

so verbindet auch die rhythmische Formation das metrisch Entgegengesetzte, das Verwandte, d. h. von einander Abgewendete: sie geht über das Ende der metrisch-positiven Einheit hinaus und hält dieses mit dem Anfange einer folgenden als Schluss zusammen.

Der rhythmische Schluss.

80. Es ist der Begriff des Schlusses, dass etwas Getrenntes verbunden, dass es zusammengeschlossen werde.

Die Verbindung setzt immer eine Trennung voraus, diese die Einheit (I. 11.). So ist der Schluss die Befriedigung wiederhergestellter Einheit.

Das positiv-metrische Paar bildet an sich keinen Schluss. Es ist Eins in sich und hat darum Nichts zu verbinden. So kann der Magnet mit seinem positiven und negativen Pole an sich selbst keine anziehende Kraft äussern. Wie aber die entgegengesetzten Pole zweier Magnete sich suchen, das *Minus* des einen dem *Plus* des anderen sich verbinden, sich ihm anschliessen will, so sehen wir auch, dass in der metrisch-negativen Form, . . 2 — 1 . ., die beiden Glieder sich um so fester zusammenschliessen, als sie eben entschieden nicht schon metrische Einheit sind.

Bei einer fortgesetzten positiven Reihe

$$1 - 2 \qquad 1 - 2 \qquad 1 - 2 \qquad 1 - 2$$

wird man leicht wahrnehmen, dass es die darin auch enthaltene negative Reihe

ist, welche mit zusammenschliessender Kraft die Doppelglieder der ersten aneinanderkettet, den Schluss unter ihnen bewirkt.

81. So geht es aus dem Begriffe der Verbindung selbst hervor, dass ein positiv-metrisch zweites Glied nicht rhyth-

misches Schlussmoment sein kann. Der Schluss wird jederzeit auf ein positiv Erstes, dem ein Zweites vorausgegangen ist, auf den Anfang, nicht auf das Ende einer -
metrisch-positiven Zweiheit fallen: das letzte Glied eines
positiven Paares wird immer das erste eines folgenden verlangen, um mit ihm zu schliessen. In der metrisch-negativen Formation ist das letzte Glied auch rhythmisch letztes,
denn das negativ Letzte ist eben ein positiv Erstes.

82. Wo der rhythmische Schluss ein metrisch zweites
Glied trifft, da geschieht es, insofern jedes Eine einer
höheren Ordnung in sich wieder ein Ein und Anderes einer
niederen ist oder sein kann. Wenn in der einfach positiven
zweizeitigen Form der rhythmische Schluss auf die zweite
Zeit fällt, so hat die zweite Hälfte der ersten Zeit sich mit
der ersten Hälfte der zweiten Zeit verbunden:

denn in der Qualität der positiven Zweizeitigkeit kann die
Form in sich mit ihrem Ersten und Zweiten keinen Schluss
entstehen lassen, da der Schluss ein Getrenntsein voraus-
setzt und dieses hier noch nicht vorhanden ist. Das
Schlussmoment ist also in seiner rhythmischen Bedeutung
auch hier das Erste eines Zweiten und nicht das Zweite
eines Ersten.

Man versuche nur den Schluss auf ein absolut Letztes,
oder, da es ein solches nicht geben kann, indem jede Einheit immer wieder in ihre Hälften zu trennen ist, auf ein
für das Ganze klein zu achtendes zweites Glied fallen lassen
zu wollen, und es wird die Unmöglichkeit einer solchen
Form, als einer rhythmisch geschlossenen, sich dem Gefühle
von selbst ergeben:

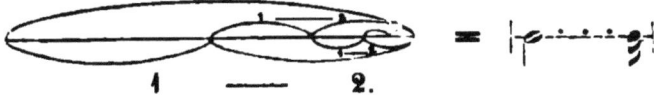

Dagegen das kleinste zweite Glied mit einem darauf folgenden ersten der höchsten Ordnung sich zu einer rhythmisch-
geschlossenen Figur immer leicht verbinden wird:

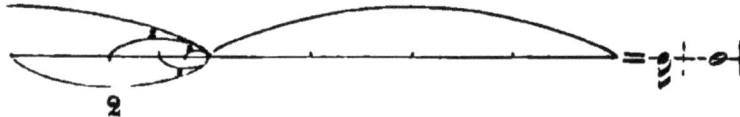

83. Die rhythmische Einheit ist diesem in Sinne etwas
der metrischen Einheit Entgegengesetztes. Was im positiven Metrum getrennt ist und auseinanderfallen würde,
wird durch den rhythmischen Schluss verbunden und zusammengehalten. Im metrisch-Getrennten ist rhythmisches Verbundensein, im rhythmisch-Getrennten metrisches Verbundensein. Damit ist nicht gesagt, dass das
metrisch-Einige rhythmisch getrennt, das rhythmisch-
Einige metrisch getrennt sein müsse, nicht, dass das
Positive der einen Bestimmung durch das Negative der anderen aufgehoben würde, sondern nur, dass das Negative
der einen durch das Positive der anderen überall gedeckt
werde. Es wird somit, wo eine metrische Verbindung da
ist, eben weil sie da ist, eine rhythmische Trennung, ein
Einschnitt, eine *Cäsur* möglich sein; jedes metrische Moment, das die Bedeutung eines ersten kann geltend machen, wird, insofern es diess kann, ein rhythmisch letztes,
ein schliessendes sein können.

84. Wenn also in der positiv-zweizeitigen Einheit,

$$1—2$$

die zweite Zeit zu rhythmischem Schlussmomente werden
soll, so kann diess nur im Sinne der rhythmischen Verbindung der zweiten Hälfte des ersten Gliedes mit der
ersten Hälfte des zweiten geschehen:

$$1 — 2$$
$$2—1,$$

daher auch die zweite Zeit hier, wenn sie bis zum Ende gehalten, d. h. mit Inhalt erfüllt würde, zu lang, schwer und schleppend erschiene. Der Schluss ist eben in der Figur

vollendet, der letzte, vierte Theil würde dem Schlussgliede angehängt, ihm eine unnütze Last sein; denn dieses steht als solches hier nicht in der Bedeutung der zweiten Hälfte des Ganzen, sondern nur in der des ersten Theiles in dieser zweiten Hälfte. Der Schluss ist daher nicht

, sondern ;

wie er eben auch praktisch von selbst sich also ausführen wird.

85. In der eben bezeichneten rhythmischen Schlussfigur

ist, durch die Schlussbedingung, aus der einfach-zweizeitigen Formation eine. doppel-zweizeitige geworden. Das letzte Glied dieser letzteren, die zweite Zeit der zweiten Hälfte des metrisch-Ganzen, ist aber rhythmisch nicht in Anspruch genommen: die Stelle bleibt, wenn der Schluss auf die zweite Hälfte fallen, und wenn mit dem zweiten Gliede dieser Hälfte nicht eine neue rhythmische Figur anheben soll, leer, ohne Inhalt; sie wird metrische Pause.

Erfüllung der metrischen Form. Pause.

86. Die metrische Form kann an sich ihre Bestimmungsmomente nicht zur Erscheinung bringen, es bedarf dazu eines erfüllenden Inhaltes. Wir haben vom Anfange für die Bezeichnung der metrischen Einschnitte hörbare Schläge angenommen; so wenig diese nun als Zeitraumerfüllend betrachtet werden können, wie es der fortklingende Ton sein würde, so sind sie doch von der abstract formellen Bestimmung auch noch hinwegzudenken. An sich

ist die metrische Form nur noch ein leerer Zeitraum, eine
metrisch bestimmte Pause; die gegliederte Form eine gegliedert gedachte Pause.

Diese Form kann sich nun in allen metrisch verschiedenen Gliederungsbestimmungen, als Ganzes, oder als Getheiltes, in der Gesammtheit der Theile, oder in einzelnen
Theilen mit Inhalt erfüllen.

a) *Im zweizeitigen Metrum.*

87. Das zweizeitige Metrum, welches die zwei Bestimmungen in sich hat, einmal Zweifaches und zweimal
Einfaches:

$$1 \times 2$$
$$2 \times 1,$$

zu enthalten, kann in vierfacher Art mit Inhalt erfüllt sein:
1) als Ganzes, 2) als Getheiltes; als solches *a*) in beiden
Theilen, *b*) im ersten Theile, *c*) im zweiten Theile:

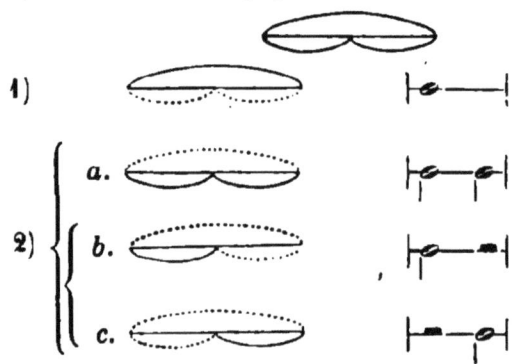

b) *Im dreizeitigen Metrum.*

88. Das dreizeitige Metrum hat die Bestimmungen
in sich, einmal Dreifaches, zweimal Zweifaches, dreimal
Einfaches zu enthalten:

$$1 \times 3,$$
$$2 \times 2,$$
$$3 \times 1.$$

Dasselbe kann sich in zwölffacher Art verschieden mit
Inhalt erfüllen.

Es geschieht diess hier in mannigfaltigerer Combination; dem inneren Vorgange nach aber auf dieselbe Weise, wie im zweizeitigen Metrum. Die metrische und musikalische Bezeichnung wird jetzt hinreichen, diesen Vorgang deutlich genug darzustellen, ohne dass noch erklärende Beisätze dazu nöthig sein dürften:

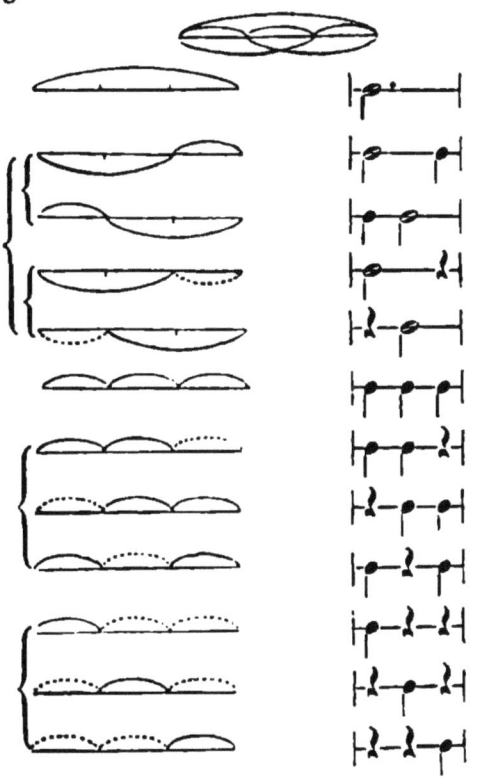

c) *Im vierzeitigen Metrum.*

89. Das vierzeitige Metrum hat die Bestimmungen in sich, einmal Vierfaches, zweimal Dreifaches, dreimal Zweifaches und viermal Einfaches zu enthalten:

$$1 \times 4,$$
$$2 \times 3,$$
$$3 \times 2,$$
$$4 \times 1.$$

Es gewährt zweiunddreissig verschiedene Arten der Inhaltserfüllung:

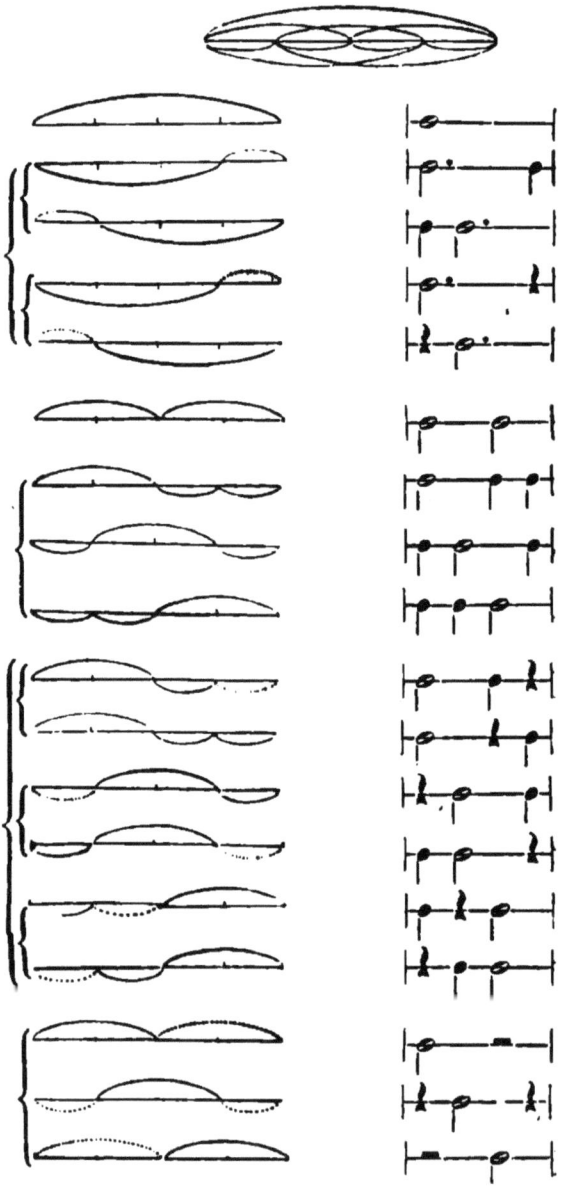

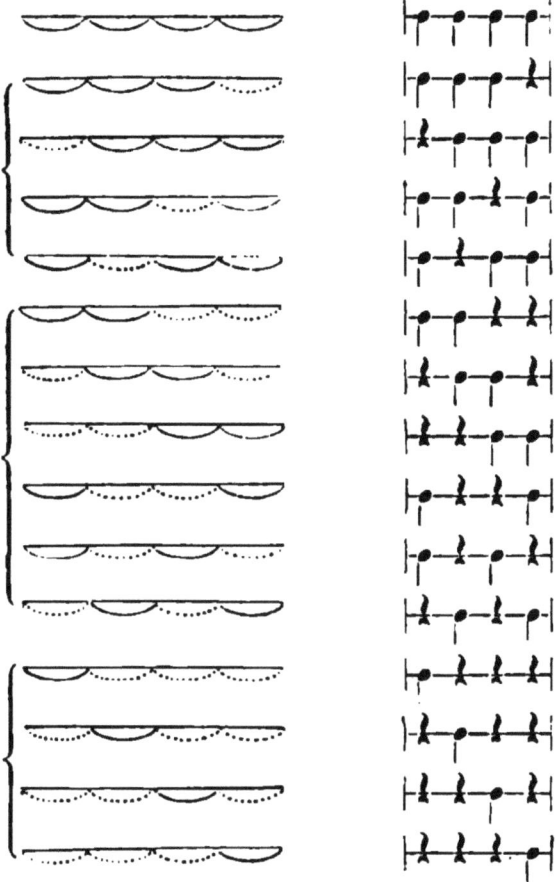

90. Bei diesen metrischen Erfüllungsformen ist aber
für alle Gliederungen nur positive Accentbestimmung gesetzt, wie aus der musikalischen Bezeichnung zu sehen ist,
in welcher sie durchgängig mit dem Tactanfange beginnen.

Wie dieselben als ganz oder theilweis erfüllte sich
mit allen anderen Accentbestimmungen combiniren wür-
den, und wiefern diese an den theilweis erfüllten zur
Erscheinung kommen könnten, davon ist die ausführliche
Darstellung nicht zu unternehmen; sie würde in das
Grenzenlose führen und darum eben wieder keinen Ueber-

blick gewähren können, der nur im zusammenfassenden Begriffe der Gestaltungsbedingungen zu gewinnen ist.

Dass die 32 verschiedenen metrischen Erfüllungsformen des vierzeitigen Metrums, mit den 32 verschiedenen Accentbestimmungen desselben combinirt 1024 verschiedene rhythmisch-metrische Figuren resultiren lassen, diess kann als Zahlbestimmung den Begriff nicht anschaulich machen, der überall, wie schon öfter gesagt worden, nicht in Zahlen, sondern nur im einfachen Gegensatze und seiner Wiederaufhebung, im Entgegensetzen von Sein und Nichtsein der Entgegensetzung selbst, enthalten ist.

Fernere vergleichende Zusammenstellung der harmonischen und metrischen Bestimmungsmomente.

91. Wenn die Octav, $\frac{1}{2}$, die Quint, $\frac{2}{3}$, die Terz, $\frac{4}{5}$, dem Grundtone entgegengesetzt werden, so müssen sich die Klangquantitäten, $\frac{1}{2}$, $\frac{2}{3}$, $\frac{4}{5}$, eben dem Ganzen des Grundtones:

$$1 = \tfrac{2}{2} = \tfrac{3}{3} = \tfrac{5}{5},$$

erst vergleichen; sie müssen in ein Verhältniss der Gleichheit mit ihm treten:

$$\tfrac{1}{2} + \tfrac{1}{2} = \tfrac{2}{2}, \quad \tfrac{2}{3} + \tfrac{1}{3} = \tfrac{3}{3}, \quad \tfrac{4}{5} + \tfrac{1}{5} = \tfrac{5}{5}.$$

Die Octav ist dem Grundtone entgegengesetzt in $+\frac{1}{2}$,

die Quint ,, ,, ,, ,, $\pm\frac{1}{3}$,

die Terz ,, ,, ,, ,, $\pm\frac{1}{5}$:

denn Dasselbe, was dem Quantum der Octav zuzusetzen ist, damit es dem des Grundtones gleich werde, ist dem Quantum des Grundtones abzunehmen, dass es dem der Octav gleich werde. Das Gleichende ist dort $+\frac{1}{2}$, hier $-\frac{1}{2}$; somit eben Dasselbe, sich selbst entgegengesetzt, als Positives und Negatives, d. h. gesetzt und aufgehoben.

In derselben Weise an der Quint $+ \frac{1}{3}, - \frac{1}{3}$; an der Terz $+ \frac{1}{5}, - \frac{1}{5}$.

An diesen Vergleichungsmomenten

$$\pm \frac{1}{2}, \pm \frac{1}{3}, \pm \frac{1}{5}$$

ergibt sich aber die Octav, $\frac{1}{2}$, als ein Einfaches des betreffenden Momentes; ($1 \times \frac{1}{2} = \frac{1}{2}$) die Quint, $\frac{2}{3}$, als ein Zweifaches ihres Momentes ($2 \times \frac{1}{3} = \frac{2}{3}$) die Terz, $\frac{4}{5}$, als das Vierfache ($4 \times \frac{1}{5} = \frac{4}{5}$), d. i. Zweimalzweifache ihres Momentes. Und wie im ersten Intervalle die Einheit, im zweiten die auseinandergesetzte Zweiheit, d. h. Verdopplung, im letzten die Zweiheit zugleich als Verdopplung und als Halbirung, im Sinne der letzteren somit in der Einheit gesetzt, oder die Zweiheit zugleich gesetzt und aufgehoben ist; so wirkt eben die Quint in der Octav als das trennende, die Terz in der Quint als das die Trennung aufhebende, verbindende Intervall.

92. Dieselbe Bedeutung ist in den metrischen Bestimmungen des Zwei-, Drei- und Vierfachen enthalten : in der ersten die des Einfachen der Octav, in der zweiten die des Zweifachen der Quint, in der dritten die des Vierfachen der Terz.

93. Ferner wird aber, wie in den Intervallen das Positive negativ zu setzen ist, so dass wir in den Verhältnissen das Bestimmende als Bestimmtes uns denken, d. h.

$$\begin{array}{llll}
\text{für } C - C, & \text{setzen } C - C, \\
1 : \frac{1}{2} & & \frac{2}{1} : 1 \\
,, \; C - G, & ,, & F - C, \\
1 : \frac{2}{3} & & \frac{3}{2} : 1 \\
,, \; C - e, & ,, & as - C, \\
1 : \frac{4}{5} & & \frac{5}{4} : 1
\end{array}$$

wonach in der Octav $\frac{2}{1} : 1$, in der Quint $\frac{3}{2} : 1$, in der Terz $\frac{5}{4} : 1$, der tiefere Ton als Bestimmung aus der Einheit des höheren erscheint; so wird also auch in die

metrischen Verhältnisse der Sinn treten, dass wir Bestimmtes an der Stelle des Bestimmenden erhalten, wenn
die negative Gliederfolge (2 — 1) für die positive (1 — 2)
gesetzt wird:

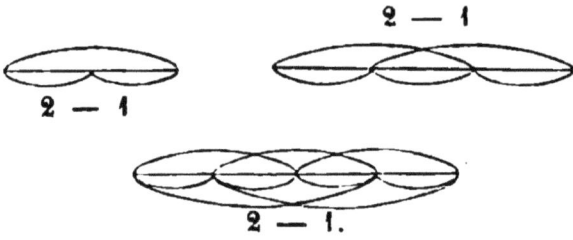

94. Ohne das Erkennen eines Gegensatzes positiver
oder negativer Einheit im metrisch-Zweifachen, positiver
oder negativer Zweiheit im metrisch-Dreifachen, und
positiver oder negativer Dreiheit im metrisch-Vierfachen,
ist die Natur dieser metrischen Formationen nicht zu fassen. Der Begriff ihres organischen Wesens geht aber über
die Bestimmung des Gegensatzes zu der der Wiederaufhebung desselben fort, indem er die zwei, drei oder vier
Glieder zum gegliedert-Ganzen zusammennimmt und in
Eins verschmilzt, und dies Ganze wieder zu einer Einheit
macht, die in ihrem eigenen Gegensatze und der Negation
desselben weitere Bestimmung findet.

95. Hier möchte noch einem Bedenken entgegenzukommen sein, das bei den bisherigen Vergleichungen
der metrischen mit den musikalischen Verhältnissbestimm-
ungen entstehen konnte, indem die musikalischen in den
drei Intervallen $\frac{1}{2}$, $\frac{2}{3}$, $\frac{4}{5}$, ein Einfaches, Zweifaches und Vierfaches in der uns schon bekannten
Bedeutung zu einander setzen, die metrischen aber ein
Zweifaches, Dreifaches und Vierfaches; so dass
der Unterschied von dem Zweifachen zu dem Vierfachen, als dem Doppelzweifachen, hier, wenigstens in
der äusseren Beschaffenheit der Quantitätsbestimmung nicht
so vorhanden ist, wie in den musikalischen Intervallver-

hältnissen, da in den metrischen die Bestimmungen, welche
wir denen der Quint und Terz entsprechend bezeichnet
haben, im Verhältnisse 3 : 4 stehen, und nicht, wie die
musikalischen, ein Vierfaches einem Zweifachen gegenüber
setzen.

Es ist aber bei der Vergleichung dieses äusserlich
allerdings verschiedenen Verhaltens der harmonischen und
metrischen Bestimmungen das Wesen der einen und anderen Sphäre, in der sie geschehen, in's Auge zu fassen, und
die Weise, wie dieselben sich selbst bildend aus beiden
hervorgehen.

· 96. Die musikalischen Intervallenverhältnisse sind
dynamische: sie sind Spannungsverhältnisse. Die Octav
ist das doppelt Gespannte des Grundtones : die doppelte
Kraft in derselben Last oder Schwere; der Grundton gegen
die Octav die doppelte Last für dieselbe Kraft. In der Quint
sind $2/3$ derselben Last, in der Terz $4/5$ derselben Last von
gleicher Kraft zu überwinden: es ist, von der Bedeutung
der Verhältnisse noch abgesehen, im höheren Tone weniger
Schwere, er ist leichter, lichter; den tieferen senkt die von
der Kraft weniger überbotene Last, er ist schwerer, dunkler.
Die positiven Intervalle sind nach der Seite der Höhe bestimmt, sie sind Kraftbestimmungen, die negativen sind
nach der Tiefe bestimmt, sie sind Lastbestimmungen. Die
vernünftige Bedeutung ihrer Verhältnisse, des Einfachen,
Zweifachen und Vierfachen, enthalten sie in dem uns bekannten Sinne.

97. Die metrischen Bestimmungen sind extensiv zeit-
räumliche. Ihre vernünftige Bedeutung liegt aber nicht
in der Anzahl ihrer aufeinanderfolgenden Zeittheile: sie ist
intensiv in den Umwandlungen enthalten, welche durch
diese Aufeinanderfolge an einer zuerst gesetzten Zeiteinheit
erfolgen. Diese wird durch ein zeitlich-Zweites zu einem
Ersten dieses Zweiten bestimmt; durch ein Drittes von
ihrem Zweiten getrennt; durch ein Viertes ihrem Zweiten
verbunden.

Der Sinn dieser drei Momente metrischer Bildung ist
vollkommen derselbe wie der in der harmonischen Bildung
der Octav, Quint und Terz, wo er ebensowenig in den Verhältnisszahlen an sich enthalten ist, als man ihn in der Zahl
der metrischen Glieder suchen darf. Es hat ein drittes
und viertes Glied nie als drittes und viertes seine metrische Bedeutung gehabt, in den complicirtesten wie in
den einfachsten metrischen Combinationen; überall konnte
nur von einem Ersten und Zweiten seiner Ordnung, einem
Bestimmenden und einem Bestimmten, in positiver und
negativer Folge die Rede sein. Und ebenso ist auch das
Vierfache im Terzquantum nur als Doppelzweifaches, der
vierte Theil nur als Hälfte der Hälfte von akustisch vernünftiger Bedeutung.

98. Wie Etwas, das metrisch über das vierte Glied,
d. h. über das Paar von Paaren hinausgeht, auf das Innere
des ersten Paares keinen Einfluss mehr übt und darum in
der Ordnung, in welcher das erste als solches steht, nicht
mehr zu metrischer Einheit gefasst werden kann, so ist
auch das akustisch über das Vierfache Hinausgehende nicht
mehr direct und unmittelbar als Intervallbestimmung
verständlich. In dem Verhältnisse 4 : 5, oder $^4/_5$, dem der
Terz, hat der ergänzende Theil, $^1/_5$, keine Bedeutung in
Bezug auf die Fünfzahl, er hat dieselbe nur als Einheit, an
welcher das Terzquantum, $^4/_5$, sich als ein Vierfaches, d. i.
Doppelzweifaches des hier allein bestimmenden Zählers
aussagt. Ebenso wie das ergänzende $^1/_3$, am Quintverhältnisse, $^2/_3$, das Quantum zu einem zweifachen bestimmt, und
das ergänzende $^1/_2$, am Octavverhältnisse $^1/_2$, das Quantum
als ein Einfaches seines Maasses erscheinen lässt.

In dem Verhältnisse $^3/_4$ würde das Quantum an dem
ergänzenden Theile, $^1/_4$, als ein dreifaches, also über die
Verständlichkeit des Gegensatzes der Zweiheit hinausgehend
erscheinen. Ebenso in dem Verhältnisse $^5/_6$, welches an
dem ergänzenden Theile, $^1/_6$, ein fünffaches, über das
doppel-zweifache reichendes Quantum wird.

99. Solche Verhältnisse , welche in ihren Gliedern um mehr als eine Einheit differiren, wie $1/3$, $3/5$, können darum keine direct verständliche Bestimmung gewähren, weil hier das vergleichende Moment zwischen dem Ganzen und dem Verglichenen, $2/3$, $2/5$, selbst keine Einheit, kein Maass, sondern selbst schon ein Gemessenes, nicht ein Bestimmendes, sondern ein Bestimmtes sein würde.

100. Es bleiben daher für die musikalischen direct verständlichen Bestimmungen die Verhältnisse: $1/2$, $2/3$, $4/5$; für die metrischen das Zwei-, Drei- und Vierfache, ihrer metrischen Bedeutung nach mit jenen übereinstimmend, als die zu einem gegliedert-Ganzen zusammenzufassenden, das Ganze in seinen Gliedern durch Gegensatz und Gegensatz des Gegensatzes bestimmenden übrig.

Metrische Bildung nach Innen und Aussen.

101. Jedes einfache Metrum wird zu einem combinirten, wenn seine Theile sich wieder theilen. In der Ordnung, in welcher ein Theil als Getheiltes erscheint, ist er Einheit.

In unserem sogenannten *ganzen* Tacte mit sechszehntheiliger Bewegung ist das Viertel in Bezug auf das Ganze Theil, — Hälfte der Hälfte — in Bezug auf das Sechszehntheil Ganzes, halbirt-Halbes einschliessend.

102. So kann aber ein Sechszehntheiliges, wie es hier in einen Tact zusammengefasst ist, auch in einer Reihe von sechszehn Tacten bestehen; jeder für sich aber wieder sechszehntheilig sein. Ebenso in der Combination metrisch verschiedener Bestimmungen, des Zwei-, Drei- und Viertheiligen, wie dieselben sich leicht selbst erklären. So dass ein Sechstheiliges aus zwei dreitheiligen oder drei zweitheiligen Einheiten zusammengefasst, in oberster Ordnung ein Zwei- oder Dreifaches, in zweiter Ordnung ein Drei- oder Zweifaches ist und weiter als Glied grösserer Formationen sowohl, wie in seinen Gliedern zu engerer Gliederung bestimmt sein kann.

103. Es bleibt die Theilung der Theile, soweit sie noch als metrische Bestimmung fasslich ist, eine jederzeit dem metrisch-Gesetzlichen unterworfene.

Eine Gliederung in 5, 7, 11, 13 gleiche Theile ist nicht denkbar. Anders ist es mit der Formation, welche sich zusammensetzend, vergrössernd bildet, in welcher ein Ganzes Theil wird, wie in der verkleinernden der Theil Ganzes werden konnte.

Wenn, nachdem einem Einfachen ein anderes Einfache sich verbunden hat, diesem Zweifachen dann ein anderes Zweifache, dem Vierfachen ein Vierfaches, dem Achtfachen ein Achtfaches, dann dem Sechszehn-, Zweiunddreissig-, Vierundsechszigfachen und so fort, immer ein dem Ganzen Vorausgegangenen Gleiches sich als nothwendiges Folgeglied anschliessen sollte, so würde, abgesehen noch von allen ästhetischen Bedingungen und nur die formelle Zulässigkeit betrachtet, eine solche Progression sehr bald in das Unübersehbare, Unfassliche hinausgehen.

Wie der Klang in höchster Höhe und tiefster Tiefe eine Grenze der Vernehmbarkeit und Bestimmbarkeit findet, so ist auch die Fasslichkeit metrischer Verhältnisse nach beiden Seiten, nach der Seite der Verkleinerung wie nach der Seite der Vergrösserung, eine nicht unbeschränkte. Nach der ersteren aber ist die Gesammtheit der Glieder immer von einem formell schon bestimmten Ganzen zusammengehalten: bei zu weit geführter Theilung kann nur die Deutlichkeit des Theiles gefährdet sein, das Ganze seiner Ordnung bleibt gesichert. Die vergrössernde Combination soll aber das Ganze durch den Theil erst bestimmen, und hier würde der zu lange Zeitverlauf, den die Progression der Glieder in Anspruch nimmt, bald über die Grenzen einer übersichtlichen in Anfang und Ende zusammenzufassenden Einheit hinausgehen. Im räumlich-Sichtbaren kann ein Ganzes, das als Einheit vor Augen steht, in allen Momenten gleichzeitig übersehen werden; im zeitlich-Hörbaren ist immer nur ein Moment des Fortganges gegenwärtig, das seinen Eindruck zwar hinterlässt, von einem folgenden und anderen nachfolgenden Momenten aber in die Vergangenheit zurückgedrängt und verdunkelt wird, so dass seine Bestimmtheit immer mehr abnehmen muss, jemehr Anderes ihm nachgefolgt ist.

Wenn eine musikalische Periode sich auch zu einer Weite von 32 Tacten, langsamerer Bewegung, verständlich ausdehnen könnte, so wird diese doch keinesweges eine zweite ihr gleiche als nothwendigen Nachsatz erfordern. Schon einem Vordersatze von 16 oder 8 Tacten wird nicht allezeit ein Nachsatz gleicher Zahl folgen müssen.

Es wird nicht zwei-, drei- und viertheilige Tactart sich zu rhythmisch gefälligem Fortgange verbinden lassen, wohl würde aber in weiteren metrischen Formen, zwei-, drei- und vierfache Combination, durch den Inhalt erklärt und bedingt, zu ästhetisch ganz befriedigender Bildung zusammentreten können, und es darf nicht als ein Mangel des Sinnes für reguläre Bildung, als Unfähigkeit, ein grösseres Ganze zu übersehen oder zusammenfassen zu können, betrachtet werden, wenn wir eine direct nicht regulär zu nennende metrische Formation ästhetischer Forderung doch entsprechend finden. Die Form ist in der Wirklichkeit überall nur die Form des Inhaltes. Es kann gerade das inhaltreichere, höher intentionirte Kunstwerk solche Abweichungen von der schlechthin an sich klaren Regularität metrischer Beschaffenheit öfter in sich enthalten und zulässig finden lassen, als wir sie in Producten geringerer Ordnung gern ertragen würden. So zeigen auch die organischen Bildungen der Natur auf den niederen Stufen eine fasslichere Regularität der Form, sie scheinen einem strengeren Gesetze zu folgen, als die höher organisirten, in welchen das reichere und mehr individualisirte Leben auch in ihr formales Dasein übergeht und dieses complicirter, nicht weniger gesetzlich, aber vielfach bedingter gestaltet.

Nur in Musikstücken von kleinstem Umfange werden

wir die metrischen Theile in der einfachen Regelmässigkeit
disponirt finden, wie sie das Metrum an sich aufeinander
folgen oder auseinander hervorgehen lässt. So führen die
metrischen Tanzformen in der Regel eine stetige Zwei-,
Vier- oder Achtzahl der Tacte fort; denn hier ist die
regulär-metrische Gliederung erstes Erforderniss, da sie
die Figuren und Schritte des Tanzes leiten und ihnen metrischen Halt ertheilen soll.

Wie aber schon im einfach-dreizeitigen Metrum ein
metrisch zweites Moment die Geltung eines ersten erhält:
erst zweites ist, dann erstes wird; so geschieht es auch in
weiterer Formation, dass eine grössere metrische Gruppe
sich nach einer Seite als Nachsatz, nach der anderen als
Vordersatz wird verhalten können. Es ist diess dasselbe,
wie die Umdeutung eines Accordes in seinem Bezuge auf
die Tonart, die Modulation: wie wenn ein Dominantaccord
(II) als tonischer (I) gesetzt wird,

$$I - II$$
$$I - II,$$

und wir uns mit demselben erst in der tonischen, dann in
einer Dominanttonart befinden. Eine solche metrische Umdeutung wird aber, nachdem sie entschieden oder zwei-
deutig, klar oder unklar ihren Sinn ausdrückt, eben auch
so in der Wirkung sich leichtverständlich und correct
erweisen oder auch als eine Incorrectheit, eine rhythmische
Verstümmlung erscheinen können.

Wollte man es unternehmen, durch ein ganzes grösseres Musikstück das metrisch formale Gewebe desselben,
ohne alle Bezugnahme auf den Inhalt darzustellen, so
würde sich auch bei den regulärsten der classischen Meister immer Vieles ergeben, was aus sich selbst metrisch
nicht klar hervorgeht, was aber in seinem concreten Dasein
mit dem Inhalte leichtfasslich, unzweideutig, überhaupt so
erscheint, dass ein rhythmisch gebildeter Sinn etwas Ord-
nungswidriges nicht dabei empfinden kann, dass man

überhaupt, wie bei allem Gesunden, Natürlichen, an theoretische Bedingungen dabei gar nicht erinnert werden wird.

In manchen Productionen neuerer und neuester Musik ist aber bei den Abweichungen von der direct verständlichen metrischen Regularität nicht immer ein kunstreicher verschlungenes Gewebe zu suchen; öfter ist es auch nur ein Gewirr, in welchem der Componist selbst nicht zu metrisch klarer Empfindung gekommen ist und diese Unklarheit nun auch uns empfinden lassen muss. Es ist dies der Mangel im Künstler, — wenn man den Componisten in diesem Mangel noch so nennen darf, — ein Ganzes als Ganzes in seinen Gliedern fassen zu können, oder fassen zu wollen. Im Grunde genommen also ein Mangel eigentlichen Kunstsinnes, der nicht ein Stück in Stücken, der einen Leib in seinen gesunden Gliedern fordert.

Die Musik kann in ihrem rhythmisch bewegten Fortgange des metrisch geregelten Haltes gar nicht entbehren. Die rhythmische Phrase findet eben erst im Metrum ihre Kunstbedeutung, und zwar ebenso in der Vocalmusik, wie in der Instrumentalmusik.

Aus rhythmischen Phrasen besteht auch die prosaische Rede. Das Recitativ ist rhythmisch, ohne metrisch zu sein. Wie aber eben das Recitativ sich von der nachfolgenden Arie, von dem metrisch-periodischen Musikstücke unterscheidet und erst mit diesem die musikalische Kunstsphäre im engeren Sinne betreten wird, so ist es ein grosser Irrthum des Componisten, wenn er glaubt, bei der Composition von Textworten überhaupt nur dem r h y t h m i s c h e n Gauge derselben folgen zu dürfen und der musikalisch m e t r i s c h e n Fassung dabei überhoben zu sein. Auch die an sich unmetrischen Psalmenworte können nur in metrisch selbstgültiger Fassung musikalisch-künstlerische Behandlung finden; denn die Musik soll immer auch als Musik an sich, von den gesungenen Worten abgesehen, ihre Formbestimmung in sich tragen. Hätte die Musik keine andere Aufgabe als die, die Worte nach ihren Accenten und ihrer

logischen Bedeutsamkeit zu betonen, so würde vor Allem
Tact und Mehrstimmigkeit zu beseitigen sein: sie würde
sich eben auf recitativische Declamation zu beschränken
haben; denn es wird auch der gemessene Vers nicht im
Tacte gesprochen, und es können mehrere gleichzeitig gesungene Melodieen, die der mehrstimmige Satz als verschiedene bedingt, nicht in gleichem Maasse der logischen
Betonung angemessen sein.

Ungleichzeitige Gliederung des metrischen Gliedes.

*Die metrischen Bestimmungen mit dem Räumlichen
verglichen.*

104. Man hat die Architectur eine gefrorene Musik
genannt; ebenso wird die Musik auch eine flüssige Architectur zu nennen sein. Das Zeitliche hat einen Begriff der
Symmetrie wie das Räumliche. Im Architectonischen
könnten wir die bilaterale Breite das räumlich-Räum-
liche, die Höhe das zeitlich-Räumliche nennen. Die
Symmetrie ist nur in dem räumlich-Räumlichen, in den sich
entgegenstehenden Seiten der Breitendimension zu finden.
Die Höhe ist eine Progression, ist Evolution, sie kann
nicht gleiche Theile einander entgegensetzen. Sie hat überhaupt in sich keinen Gegensatz; sie ist die absolute Einheit
an sich, wie die Breite die absolute Zweiheit an sich ist;
und das Eine im Anderen ist erst die wirkliche bestimmte
Räumlichkeit.

105. Bisher haben wir in den metrischen Bestimmungen des Zeitlichen nur Das kennen lernen, was sich dem
räumlich-Räumlichen vergleichen lässt: nämlich das
räumlich-Zeitliche; was demgemäss auch seinen Begriff
der Symmetrie in zeitlicher Bedeutung, sein Gleichförmiges
im Gegensatze in sich hat. Es muss diesem räumlich-
Zeitlichen ein zeitlich-Zeitliches entgegenstehen: ein
Zeitbegriff, welcher dem zeitlich-räumlichen Raumbegriffe

der Höheneinheit entspricht, wie das räumlich-Zeitliche, die bisherigen metrischen Bestimmungen, dem räumlich-Räumlichen, dem bilateralen Gegensatze der Zweiheit, der Breite, entsprechend gesetzt werden kann.

Wir haben diese Seite metrischer Bestimmung in ihrem Begriffe und ihrer Erscheinung jetzt zu betrachten; zugleich aber wird es nahe liegen, wie sie im Raumbegriffe ihr Correlatives findet, auch ihre Beziehung zu einer Seite des harmonischen Begriffes aufzusuchen. Diese kann nicht fehlen; denn es würde eine musikalische Metrik und metrische Musik nicht geben können, wenn die musikalischen und metrischen Bestimmungen nicht in derselben Natur und Gesetzmässigkeit begründet wären.

106. Die metrischen Bestimmungen, wie dieselben sich im Vorigen ergeben, sind bei aller Mannigfaltigkeit der Betonung doch immer aus zeitlich gleichen Theilen bestehende; sie beruhen auf dem Gegensatze eines Ersten und Zweiten, in gerader oder umgekehrter Folge. Das Einfache kann sich doppelt oder halbirt setzen, so steht im Doppelten wie in den Hälften nur Gleiches dem Gleichen gegenüber, nicht der Theil dem Ganzen oder das Ganze seiner Verdopplung; überall ist der Unterschied nur in Accentuirtem und Nichtaccentuirtem gleicher Quantität gesetzt.

107. So ist die Horizontalsymmetrie im geregelt-Räumlichen: sie erfordert zu beiden Seiten sich gegenüberstehend-Gleiches, das Einfache bringt in dieser Gleichheitsbestimmung, räumlich wie zeitlich, Zweifaches, das Zweifache Vierfaches hervor, denn es setzt immer Dasselbe sich selbst sich entgegen:

Unsere metrisch-dreizeitige Formation enthält auch nur die Entgegensetzung gleicher Bestimmungen, und wenn wir

sie in ihrem Begriffe uns räumlich vorstellen wollen, so
wird sie nicht als eine symmetrische von zwei in sich ungleich getheilten Hälften

zu bezeichnen sein, sondern als eine horizontal-räumliche
Bestimmung mit zwei Mitten:

was eben auch hier dem Quintbegriffe und in abstractem
Sinne dem Dissonanzbegriffe einer Doppeleinheit wieder
entspricht, wie ihn z. B. architectonisch ein Gebäude mit
zwei in dieser Art disponirten Säulenportalen oder zwei
Haupteingängen vorstellen wird.

108.— Was den gothischen Spitzbogen entstehen lässt,
ist eben auch eine solche Centralzweiheit, indem das Centrum des Bogens der einen Seite in die Peripherie des anderen fällt:

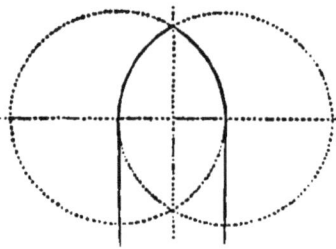

gegenüber dem sogenannten Rundbogen, welcher aus einfachem Centrum hervorgeht:

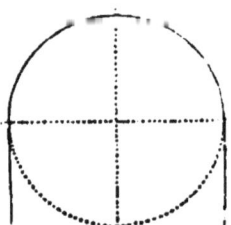

Der Erstere enthält dann in seiner Spitze, in der gewordenen Mitte, die Auflösung seiner Dissonanz, seiner Quintzweiheit. Der Rundbogen kann an sich selbst eine bestimmte Mitte nicht zur Erscheinung bringen, da er nur Einheit ist und jeder Theil an ihm in den anderen übergeht. —

109. In allen symmetrischen Bestimmungen, als solchen, wird immer quantitativ nur Gleiches mit Gleichem in Verbindung treten.

Setzen wir aber jetzt eine rhythmische Bewegung wie diese:

so wird sich, wie auch die Bezeichnung dieser Tactart, als ⁶/₈ Tact es angibt, allerdings ein zweimal Dreifaches in diesem Metrum nachweisen lassen; denn das Dreizeitige kann auch in der Erfüllungsform eines ganzen Paares und des einzelnen Gliedes erscheinen (II. 88.); es ist aber zu unterscheiden, ob wir in einer Einheit das Ganze, oder die Theile als hauptsächliche Bestimmung zu betrachten haben. An der im dreizeitigen Metrum erscheinenden Figur

ist die erste doppelte Zeit eine zusammengezogene zweitheilige, die Ganzheit ist nicht ihre erste Bestimmung, sie ist aus dem Verwachsen der Theile erst entstanden. Die Figur

aus dem obigen Rhythmus, lässt sich zwar eben auch in eine dreigliedrige auflösen:

die Zweitheiligkeit der ersten Doppelzeit erscheint aber,
wenn wir diesen Rhythmus in nicht langsamer Bewegung
und in fortgesetzter Folge uns denken, nicht als ihre ur-
sprüngliche Bestimmung, sondern als Theilung der an sich
ungetheilt bestimmten Länge, und die ganze Figur als bestehend in der Folge eines ungetheilt-Doppelten und eines
Einfachen, oder einer Zeiteinheit und ihrer Hälfte.

110. Dieselbe Bestimmung ist in der metrisch-gleichzeitigen Formation auch schon enthalten und zwar im
zweiten, im Quintmomente derselben: im dreizeitigen
Metrum. Die metrische Grundbestimmung ist zweizeitig
Einheit, wird im dreizeitigen Metrum Zweiheit; sie
wird getheilt, es tritt an ihr die Hälfte hervor. In gleich-
zeitig-metrischer Bedeutung besteht hier Ganzes und Theil
ineinander.

111. Die ungleichzeitig-rhythmische Formation lässt
dem Ganzen nach seinem Verlaufe die Hälfte dieses Ganzen
folgen: sie setzt zeitlich nacheinander, was die gleichzeitig-metrische in räumlich-ruhender Bedeutung ineinandergesetzt enthält. Es liegt Beidem derselbe Begriff
zum Grunde, in seiner positiven und negativen Bedeutung,
gesetzt und aufgehoben. Die rhythmische Bestimmung ist
das Nichtzugleichsein des Zugleichseins in der metrischen:
das Werden des zeitlichen Seins: das Zeitliche im
Zeitlichen.

112. Im metrisch-Dreizeitigen ist eine übergreifende
Erweiterung des Metrums entstanden. Die rhythmisch-
ungleichzeitige Bestimmung lässt ein solches Augment nicht
zu; denn sie geschieht innerhalb des metrisch-bestimmten
Gliedes: das Glied muss hier an sich selbst das Ein und
Andere der Bestimmung, und zwar nacheinander enthalten; denn es ist eben hier die Folge, wie dort das Zugleichsein, das Wesen der Sache.

113. In zeitlicher Gestaltung kann allerdings Alles und
Jedes nur als Folge zur Erscheinung kommen. Wir haben
aber schon von einem räumlich-Zeitlichen und einem

zeitlich-Zeitlichen sprechen dürfen, wie auch im Raume ein zeitlich-Räumliches und ein räumlich-Räumliches zu nennen war; im Letzteren stellen wir uns die ruhende gleichzeitige Horizontalraumbestimmung vor, im Ersteren progressive Verticalraumbestimmung.

Wenn der Begriff einer räumlich gedachten Zeitbestimmung nicht zu fassen wäre, so könnten wir überhaupt keine Vorstellung einer Zeitgestaltung haben; da doch immer nur ein Moment des Vorübergehenden wirklich gegenwärtig ist, das mit dem Vorausgegangenen und Nachfolgenden — also mit Etwas, das nicht mehr ist und Etwas, das noch nicht ist — zusammengenommen erst den Begriff des Zeitbildes verwirklichen kann.

114. In der Raumbestimmung sind der Horizontaldimension, wenn sie als Basis zu betrachten ist, die symmetrischen Gleichheitsverhältnisse, der Verticaldimension progressive, zu- oder abnehmende naturgemäss. Wenn wir ein Gebäude anschauen, so wird es uns als eine aus der in ihrer ganzen Breite vorausgesetzten Grundlage von Unten nach Oben entstandene Bildung erscheinen. In ihren Horizontalverhältnissen ist sie ein zweiseitig Gleiches, symmetrisch zusammen- und zugleich-Gemessenes, ein räumlich-Seiendes. In ihren Verticalverhältnissen ein successives, progressives, wachsendes, räumlich-Werdendes.

115. Im Elemente der Klangbestimmung findet derselbe Gegensatz, den uns der Raumbegriff in der Horizontal- und Verticalbestimmung bietet, nämlich der des Gleichzeitigen und des Nichtgleichzeitigen, des Seins und des Werdens, sich wieder als Gegensatz von Harmonie und Melodie, von Zusammenklang und Folge, Beides für sich genommen, oder in der Verbindung als Zusammenklang von Folgen und Folge von Zusammenklängen.

116. Der harmonische Begriff setzt Grundton und Quint, C—G, im Zusammenklange, als gleichzeitiges, als Raum-Intervall. Der melodische Begriff setzt Grundton und Quint als Zeit-Intervall, als Folge. In der melodischen Fort-

schreitung *C..D*, ist *C* Grundton zu *G*, und *D* Quint zu *G*,
welches somit erst selbst Quint war, dann Grundton wurde,
und überhaupt die Einheit ist, an der die Verschiedenheit
der beiden aufeinanderfolgenden Töne *C..D* eine verständliche wird, und an welcher ihr Zusammenklang eine verständliche Dissonanz sein würde: *C-D* zusammenklingend,
als Harmonie gesetzt, muss denselben Widerspruch enthalten, den wir erhalten, wenn wir Ganzes und Halbes
architectonisch-symmetrisch, d. i. zu einer Seite Ganzes, zu
anderer Seite Halbes setzen; der sich nach der einen oder
anderen, oder nach der einen und anderen Seite wird auflösen wollen in symmetrische Gleichheit. Dagegen wird es
einer architectonischen Disposition ganz angemessen sein,
wenn in der Verticaldimension dieses Verhältniss von 2 : 1
oder 1 : 2 hervortritt.

117. Wie nun im Raumbegriffe das Gleiche sich auch
gleichzeitig, horizontal-symmetrisch, setzt, das Ungleiche
nacheinander, vertical, zu- oder abnehmend in seinen Verhältnissen hervorgeht, die Verticalbestimmung aber doch
erst in und mit der Horizontalbestimmung zur Wirklichkeit
werden, d. h. das Aufsteigen doch nur an etwas Aufsteigen-
dem wirklich und wahrnehmbar werden kann; — wie ferner im Klangbegriffe die Quint, *C—G*, als Intervall ein
gleichzeitiges, also räumliches ist; die Quint der Quint, die
Secund *C..D*, aber nur eine Folge beziehung hat, also zeitliches Intervall ist, das als zeitliches aber wieder eben nur
in einem Bleibenden (*G*) den Grund seiner Verständlichkeit
hat; — so wird das metrisch-Ungleiche, das wir dem
räumlich-Aufsteigenden und dem melodisch-Fortschreitenden
vergleichen, eben auch nur auf metrischer Basis, nur innerhalb der metrisch-gleichzeitigen Einheitsform zu wirklichem
Dasein kommen können. So gehört die rhythmische Figur:

der zeitlich-zeitlichen Einheitsbestimmung an, nicht der
räumlich-zeitlichen; — diese letztere ist das Doppelte

jene das **Einfache**, — sie gehört also dem **Einfachen** im **Doppelten** an, dem Theile im Ganzen, und kann daher metrisch nur in der Wiederholung

sich verwirklichen. Ein $^3/_8$ Tact ist immer nur die Hälfte einer metrischen Einheit; einer Einheit, die positiver oder negativer Form, 1—2 oder 2—1, sein kann, wonach die ungleichzeitige Gliederung mit dem Tactanfange,

oder im Auftacte

beginnen wird. Sie bedarf eben allezeit der zwei-, drei- oder vierzeitigen metrischen Basis, wie die melodische Fortschreitung auf harmonischer Basis ruht; denn es ist das Ungleichzeitige an sich nicht selbständige metrische Bildung, in dem Sinne wie es das Gleichzeitige ist.

118. Ein Glied, das die ungleichzeitige metrische Bestimmung trägt, kann dann nicht zugleich die gleichzeitige enthalten, denn damit würde es selbst eine Doppeleinheit, ein metrisch Ein und Anderes sein, und als solchem kommt ihm die ungleichzeitige Articulation nicht zu, die sich nur im einzelnen Gliede bilden kann.

Positive und negative Form der ungleichzeitigen Gliederung.

119. Wenn die ungleichzeitige Bestimmung in ihrer rhythmischen Bedeutung der metrisch-dreigliedrigen Formation gleichzusetzen war, so werden ihre Theile, ihre Länge und Kürze, sich auch wieder dem metrisch Ersten und Zweiten der zweigliedrigen correlativ verhalten: die rhythmische Länge dem metrisch accentuirten, die Kürze dem

accentlosen Gliede, und so wird, was als positive und negative Form, als metrischer Dur- und Mollbegriff bezeichnet und sich entgegengesetzt worden ist, auch in der ungleichzeitigen Gliederung die entsprechende Anwendung finden. Denn wie die metrisch-gleichzeitige Einheit ein Erstes und Zweites, ein accentuirtes und ein accentloses Glied enthält und in gerader oder umgekehrter Folge nach einander setzt, so steht in der ungleichzeitigen Gliederung des Gliedes dafür eine Länge und eine Kürze: für die Accentbestimmung eine Quantitätsbestimmung: die Länge für das accentuirte, die Kürze für das accentlose Glied.

120. Die gleichzeitig-positive Folge

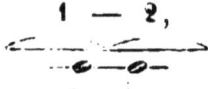

stellt sich ungleichzeitig als Folge von Länge und Kürze,

die gleichzeitig-negative,

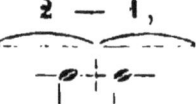

ungleichzeitig als Folge von Kürze und Länge dar.

121. Die Länge hat, als solche, keinen Accent, denn es erhält den Accent nur ein metrisches Moment als das erste eines zweiten gleichen; ohne die Bedingung der Gleichheit ist eine Folge nicht in dieser Bedeutung zu fassen. Die Länge ist aber gegen die Kürze in sich ein Doppeltes, und zwar entschieden positiver Natur, wenn sie ungetrennt erscheint; — denn die negative Folge würde sie trennen — und so ist der Anfang der Länge ein accentuirter in diesem Gliede an sich, die Kürze aber als Einfaches ist accentlos.

122. Mit der zweifach möglichen Accentuirung der metrischen Zwei-Einheit, in welcher Zwei-Einheit die ungleiche Gliederung ihre Bestimmung zum Ganzen erst findet, ist demnach diese letztere wieder eine vierfach-verschieden zu betonende. Sie kann enthalten sein: *A. a)* als positive im metrisch-Positiven, *b)* als negative im metrisch-Positiven, *B. a)* als positive im metrisch-Negativen, und *b)* als negative im metrisch-Negativen:

A. a) ⌃●–●–●–●–, *b)* –●⌃–●–●–●–,

B. a) ●–●–⌃●–●–, *b)* –●–●–●–⌃●–.

Die drei Momente der ungleichzeitigen Gliederung, entsprechend den drei metrischen Momenten der zwei-, drei- und vierzeitigen Einheit; ebenso den harmonischen der Octav, Quint und Terz.

123. Da die ungleichzeitige Gliederung sich nur am Gliede der metrisch-gleichzeitigen Bestimmung entwickeln kann, so ist ihr extensiv mit diesem die Grenze gesetzt: die ungleichzeitige Bildung kann nur innerhalb des Gliedes geschehen. Wenn diese ungleichzeitige Gliederung des metrischen Gliedes für die rhythmische Bedeutung gleichzusetzen war der dreizeitig-metrischen, so wissen wir, dass die metrische Bestimmung nicht bei der dreizeitigen Formation, bei diesem Zweiheits- oder Quintmomente metrischer Bedeutung, stehen bleibt, dass sie erst im Vierzeitigen zu einheitlicher Ruhe, zu Vollendung und Abschluss gelangt. Ebenso wird auch für die rhythmisch-ungleichzeitige Gliederung noch ein Bestimmungsmoment übrig sein, in welchem sie den Abschluss ihres Gliederungsprocesses findet.

124. Dem Zweiheitsbegriffe entsprechend muss aber das Moment der ungleichen Theilung, wie sie jetzt noch erscheint, an ihr, als rhythmisches, gesetzt werden. Wie das zweizeitige Metrum Erstes und Zweites nur als Einheit noch enthält, das dreizeitige eine entschiedene Trennung im Paare hervorruft, das vierzeitige aber die Verbindung des getrennten Paares entstehen lässt; so ist in der ungleichzeitigen Gliederung das erste dieser drei Begriffsmomente in der Ungetheiltheit des Gliedes enthalten, das zweite in der ungleichen Theilung, nach der schon besprochenen Bedeutung, in welcher der eine Theil die Bestimmung hat, gegen den anderen Ganzes zu sein, dieser andere die Bestimmung hat, gegen den ersten Theil zu sein.

125. Die metrisch-gleichzeitige Bestimmung geht nun zu ihrem dritten und letzten Momente wesentlich damit fort, dass sie das Ganze zum Theile, zur Hälfte werden lässt, das gegliederte Paar als Glied eines Paares höherer Ordnung setzt. Die Fortbildung ist hierin, wie schon die dreizeitige es war, wieder extensiv erweiternd: die Formation nimmt nun den doppelten Zeitraum der zweizeitigen in Anspruch.

126. Die Gliederung des Gliedes kann nicht über den Umfang desselben hinausgehen; sie kann sich nur innerhalb desselben vollenden. Das Ganze in der ungleichen Theilung, d. i. die Länge, kann nicht, wie in der gleichen, zum Theile, d. i. zur rhythmischen Kürze werden: denn Das, woran die Länge als Kürze, als Hälfte erscheinen könnte, würde grösser sein als das Glied, als der Zeitraum, innerhalb welchem die Bestimmung geschehen muss. Die Kürze kann aber an einem Kürzeren innerhalb des Gliedes, d. i. an der Hälfte der Kürze, als Länge', somit der Theil als Ganzes erscheinen; und so, wie die gleichzeitig-metrische Formation zu ihrer Begriffsvollendung das Ganze als Theil setzt und damit den Gegensatz von Einem und Anderem aufhebt, würde die ungleichzeitige Bildung den Theil als Ganzes gesetzt haben und damit, der Natur ihrer Bildungsweise gemäss, zu demselben Begriffsabschlusse gelangt sein.

127. Die Kürze erscheint als Länge an einem ihr vorausgehenden Theile, von welchem sie selbst das Doppelte ist. Dann wird das zweite Moment der ungleichen Gliederung gegen die ihr vorangehende Länge sich als Kürze, gegen die vorangehende Kürze sich als Länge bestimmen und wird somit beide entgegengesetzte Bestimmungen der ungleichen Gliederung in sich vereinigt enthalten.

Die rhythmische Figur, welche aus dieser Bestimmung hervorgeht, ist eine aus Beethoven's 7. Symphonie uns wohlbekannte:

die hier in ihrer Eigenthümlichkeit und wesentlichen Verschiedenheit von einer wirklichen doppel-dreitheiligen Tactart so consequent festgehalten wird, dass, obwohl der Tact dem Gebrauche nach mit $^6/_8$ bezeichnet ist, doch eine gleichdreitheilige Gliederung der Tacteshälfte, anstatt der ungleich-zweitheiligen, oder mit dieser verbunden, in dem ganzen langen Satze nicht einmal zum Vorscheine kommt. Das Erstere würde nur einen rhythmischen Wechsel bewirken, das Letztere aber die Natur der Tactart ganz aufheben.

128. Es ist leicht wahrzunehmen, dass in diesem Rhythmus das mittlere Moment, bei belebtem Vortrage, nicht ganz den vollen Werth des dritten Theiles vom ersten erhält: dass es kürzer gefasst, und überhaupt gar nicht auf das erste, sondern nur auf das dritte bezogen wird, welches durch diess zweite die entgegengesetzte Geltung erhalten muss von der, die ihm gegen das erste zukommt; denn es hat das dritte Glied hier die doppelte Bedeutung der Kürze und Länge in sich zu fassen, und wird letztere durch das schärfer als Kürze bezeichnete Zwischenmoment gern hervorheben wollen. In dieser Bedeutung ist dem letzten Momente auch ein verhältnissmässiger Grad von Accent ertheilt, sofern es gegen das unmittelbar vorangegangene

Glied ein **D o p p e l t e s** desselben, wie es gegen das erste
ein **H a l b e s**, und damit eben Entgegengesetztes, $\frac{1}{2}$ und
$\frac{2}{1}$, in sich ist.

129. Mit den drei Momenten der ungleichzeitigen
Gliedesgliederung:

ist aber diese rhythmische Bestimmung wieder geschlossen,
wie die metrische mit dem Zwei-, Drei- und Vierfachen,
die harmonische mit Octav, Quint und Terz geschlossen ist.
Fernere Gliederung des Gliedes könnte nur wieder metrisch-
gleichzeitige sein, oder wieder an einem gleichzeitigen kleineren Gliede die ungleichzeitige, im zweiten oder dritten
Begriffsmomente derselben, wiederholen.

130. Wie die ungleichzeitige Gliedesgliederung als
gleich-dreizeitige metrische erscheinen kann, in welchem
Sinne sie auch als Tactart mit $\frac{3}{8}$, $\frac{6}{8}$, $\frac{9}{8}$, $\frac{12}{8}$ bezeichnet
wird; auch dann, wenn, wie in dem vorher erwähnten
Symphoniesatze, eine wirkliche Theilung des betreffenden
Tacttheiles in drei gleiche Theile nicht vorkommt; so wird
auch das dreizeitige Metrum einen Gesichtspunct bieten,
aus welchem es sich als ungleich-zweizeitiges, als Folge von
Länge und Kürze, oder Kürze und Länge betrachten lässt.
Es kann das erste Gliederpaar der dreizeitigen Formation
sich als ungetheilte Einheit geltend machen; dann bleibt
von dem anderen Gliederpaare die Hälfte, das einzelne
Glied als ergänzender Theil übrig, und wir erhalten auch
hier eine Länge und eine Kürze. Die Kürze kann hier eben
wieder an einer ihr vorangesetzten Hälfte als Länge erscheinen; so dass auch in grösserem Maasse eine solche

ungleichzeitige, der zeitlich-zeitlichen ähnliche Bestimmung
im wirklich dreizeitigen Metrum entstehet.

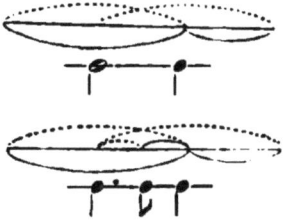

Man wird aber den Unterschied zwischen dieser metrischen Figur und der eben besprochenen rhythmischen nicht
verkennen. Wo ein streng metrisches Verhalten der Theile,
namentlich der langen Länge und der kurzen Kürze zu einander wahrnehmbar bleibt; da ist die scharf accentuirte
elastische Natur der rhythmischen Formation schon nicht
vorhanden; denn diese beiden Momente dürfen gar nicht
zu einander in eine directe Beziehung treten können, das
Zweite ist hier allein nur ein Relatives zu dem Dritten.

131. Ein Relatives ist eben immer nur auf sein Positives zu beziehen. Zu einem anderen Positiven steht es in
keinem verständlichen Verhältnisse, und hindert auch das
Verhältniss dieses anderen Positiven zu seinem Relativen
nicht, sich rein darzustellen. In der rhythmischen Figur

bestehen die beiden Bestimmungen

in der Weise, dass eine Beziehung der langen Länge und
der kurzen Kürze darin gar nicht in Anregung kommt, welche

direct allein zwischen dem ersten und dritten und zwischen
dem zweiten und dritten Momente stattfindet, diesem dritten in der doppelten Bedeutung langer Kürze und kurzer
Länge; daher auch in der Figur

das mittlere Glied zu dem ersten kein zu beachtendes
Verhältniss — das sich hier als 1 : 3 darstellen würde
— bietet, sondern die erste Länge hat ihre Dauer und
metrische Bedeutung, unbeschadet des Eintretens des Zwi-
schengliedes, bis zu dem Anfange des zweiten Hauptmomentes der Formation.

So ist zwischen zwei Tönen, die nicht das Intervall
einer Octav, Quint oder Terz bilden, auch ein harmonisch-
directes Verhältniss nicht zu suchen. Der Zusammenklang
der sogenannten kleinen Terz, z. B. *e-G*, wird immer nur
auf ein Drittes, auf *C* oder *h* hinweisen, in welchem die
beiden Töne *e* und *G* zu einheitlicher Beziehung als Quint
und Terz positiver oder negativer Bestimmung erst gelangen
können.

132. Der Ausdruck für die negative Form des dritten
Momentes der ungleichzeitigen Gliederung kann, indem
dieselbe sich ebenfalls im Umfange des Gliedes vollenden
muss, und insofern sie, wie die positive, die Bestimmung
zu erfüllen hat, dass entgegengesetzte Bedeutung in Einem
ohne Widerspruch zugleich enthalten sei, wird keine andere sein können als die hier bezeichnete: — der Rhythmus
des Wachtelschlages:

Wie die positive Form zugleich die negative in sich fassen
muss:

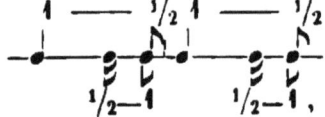

ebenso wird in der negativen auch zugleich die positive enthalten sein müssen:

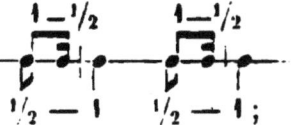

die Figur beginnt mit der Auftactskürze, die an sich wieder eine Längenbedeutung erhält.

Die punctirte Bewegung.

133. Indem wir durch diese rhythmischen Figuren auf die sogenannte punctirte Bewegung überhaupt geführt werden, so ist diese auch als eine Bestimmung für sich zu betrachten; denn sie kann aus metrischen Formationen jeder Art hervortreten.

Wie im ungleichzeitigen punctirten Rhythmus schon wahrzunehmen ist, dass die kleine Kürze auf die Wirkung der grossen Länge keinen Einfluss hat, dass sie eine solche nur auf die intensive Beschaffenheit des zweiten Hauptmomentes, die längere Kürze, ausübt, den sie aus einem völlig accentlosen zu einem verhältnissmässig accentuirten kräftiget; so ist diesem Zwischenmomente überhaupt auch keine metrische Bedeutung, keine solche, die einen gemessenen, seiner Dauer nach bestimmten oder bestimmbaren Zeittheil in Anspruch nimmt, zuzuschreiben. Es ist ein Moment absoluter Kürze, das mit dem darauf folgenden, relativ langen, sich zusammenschliesst.

134. Wenn die metrische Figur:

als vierzeitige die Accentuirung

erhielt, als doppel-zweizeitige aber,

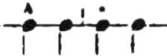

ausser der vierten Zeit, welche schon in jener accentlos ist, auch die zweite als accentlose musste fallen lassen; so wird der punctirte Rhythmus dieser Figur:

die Accentunterschiede, die vierfachen des vierzeitigen, wie die dreifachen des doppel-zweizeitigen Metrums in weit geringerem Grade bemerkbar werden lassen; indem hier, durch die der zweiten, dritten und vierten Zeit vorausgesetzte Kürze, jedem dieser Momente auf gleiche Weise ein Accent ertheilt wird, und sich damit eine Accentbestimmung von vier gleichbetonten Momenten

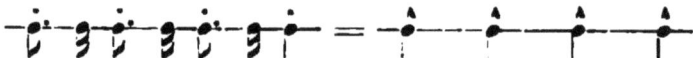

an die Stelle der vierzeitigen

oder doppel-zweizeitigen

setzt.

135. Die Kürze hat in der punctirten Bewegung, wie schon bemerkt ist, keine metrische Quantität; sobald eine solche an ihr zu erkennen ist und ihrer Dauer nach bestimmbar wird, verliert der Rhythmus den Character dieser Bewegung: dieser verlangt eben eine scharfe Contraction dieses Zwischenmomentes, gegen welches der folgende Zeittheil immer als accentuirter, abgesehen von seiner sonstigen metrischen Dauer und Bedeutung, erscheinen muss; so dass die Accentbestimmung für sich besteht und sich nicht wesentlich verändern kann, nachdem die auf eine solche Kürze folgende Zeit eine metrisch lange oder kurze, eine betonte oder nicht betonte ist.

Analoges in harmonisch-melodischer Bestimmung.

136. Wir können diese rhythmische Gliederung, die eine metrische Bedeutung nicht hat, und nicht haben kann, indem sie hier wie im ungleichzeitigen Rhythmus nur das Glied als fertige metrische Bestimmung trifft, den melodisch durchgehenden, vor - oder nachschlagenden Tönen vergleichen, die allerdings immer nur in harmonischer Bestimmung ihr Herkommen und Dasein erhalten haben; — wie sie eben als solche bestimmte Töne auch nur zu notiren sind, — sie treten aber hier nicht in ihrer Accordbeziehung auf, sondern eben als nicht - harmonische, dem bestehenden Accorde nicht angehörige Töne. In dieser negativ-harmonischen Bedeutung sind sie positiv-melodische, sie sind melodisch-verbindende, indem sie harmonisch-trennende sind.

137. Die Aufeinanderfolge zweier Accordtöne, z. B. *C . . e* auf ruhendem C-Dur- oder a-Molldreiklange, ist eine melodische, insofern die Töne eben nacheinander auftreten; sie könnten aber auch zugleich erklingen, oder der erste zu dem zweiten fortklingen: sie bilden eine successive Harmonie.

138. Der Uebergang *C . . D . . e*, zu ruhendem Dreiklange, hebt in der Melodie den Fortklang des ersten zu dem zweiten Accordtone auf, er trennt ihre harmonische Einheit. Der dritte Ton dieser melodischen Figur, welcher in der unmittelbaren Folge *C . . e* nur harmonischer Nachklang des ersten ist und damit eine secundäre Bedeutung zu diesem hat, wird nach dem zweiten nicht-harmonischen als neuauftretendes Accordmoment auch wieder eine primäre Bedeutung erhalten: eben wie die Kürze der ungleichzeitigen Gliederung gegen die ihr vorangesetzte kleinere Kürze wieder als Länge, d. h. in primärer Bedeutung erscheint, ohne die secundäre gegen die erste Länge aufzugeben; und wie hier das Zwischenmoment nur auf das letzte Beziehung hat und sich mit diesem zusammenschliesst, so lässt sich auch der durchgehende Ton von dem darauf

folgenden nicht trennen: es lässt sich zwischen ihm und dem folgenden kein Abschnitt setzen, mit dem durchgehenden Tone so wenig schliessen, als mit der Kürze der Kürze im ungleichzeitigen, oder mit einem entschieden metrisch zweiten Momente im gleichzeitigen Metrum.

Analoges in der räumlichen Bestimmung.

139. Sollten wir aber in der Raumbestimmung etwas dieser ungleichzeitigen rhythmischen Gliederung Analoges aufsuchen wollen, wie es für die gleichzeitig-metrische sich in der bilateral-symmetrischen Basis nachweisen lässt, so kann jenes eben nur in Höhendimensionen, und in solchen Bestimmungen, welchen die Natur des Progressiven zu Grunde liegt, gefunden werden. Wie überhaupt die Höhenverhältnisse in Bildungen, die einer vernünftigen freien Raumbestimmung entsprechen sollen, nicht gleichmässige, sondern zu- oder abnehmende werden sein müssen, die in erster Ordnung in Einfachem und Doppeltem bestehen werden; so wird, wenn mit diesem Hauptverhältnisse zuerst unserem Quintbegriffe ungleichzeitig-rhythmischer Bestimmung entsprochen ist, der Terzbegriff, der das Halbe auch als Ganzes, das Secundäre auch als Primäres, das Accentlose auch als Accentuirtes will erscheinen lassen, der überall die getrennten Momente des Gegensatzes in ihrem Verbundensein, wie in ihrem Fürsichsein bestimmt wissen will, sich auch hier in der räumlichen Gliederung als letzte Bestimmung einfinden.

140. Die Höhe ist erst Einheit, ist Ganzes; gliedert sich dann innerhalb ihrer selbst in ungleiche Zweiheit, positiver oder negativer Folge; dann aber will das unmittelbare Beisammensein der zwei Momente dieser Bestimmung getrennt werden, um sich verbinden zu können: und diess geschieht hier durch kleinere Zwischenglieder, wie es bei der melodischen Folge *C . . e* durch den Durchgangston *D* geschah und wie es bei der ungleichzeitigen rhythmischen Form durch

das Zwischenglied der kleineren Kürze geschieht. Die über-
einanderliegenden Hauptverhältnisse, die sich noch als unmittelbar auseinander hervorgehende anschauen lassen,
erscheinen dann durch Zwischenglieder erst als vermittelte,
verbundene, durch die Trennung, die sie hierdurch erhalten haben, nun eben erst als zusammengeschlossene.

Wie anziehend es auch sein möchte, das Princip der
harmonischen und metrischen Gesetze in der Anwendung
auf eine gesetzliche Raumbestimmung, namentlich in Bezug
auf architectonische Formation weiter verfolgen zu dürfen,
so würde diess doch hier zu weit von unserem Wege ab-
führen, wesshalb es bei solchen allgemeinen Andeutungen
sein Bewenden haben muss.

Sprachmetrum.

Fuss. — Versmaass.

Dipodie — Tripodie — Tetrapodie. Dimeter — Trimeter — Tetrameter.

141. In der Sprachmetrik hat man das einzelne Versglied einen Fuss genannt; die Verstheile nach der Zahl der Füsse, und den ganzen Vers nach der Zahl solcher Theile bezeichnet.

Wenn aber von sechs- und fünffüssigen Versen, von Hexametern, Pentametern, von fünffüssigen Jamben gesprochen wird, so bestehen solche Angaben nur in einer äusseren Zusammenzählung der Glieder; von der inneren Structur der metrischen Form ist ganz abgesehen, denn man erfährt von dieser durch eine solche Bezeichnung nicht viel mehr, als durch die Angabe nach Sylbenzahl und darf die Benennungen eben nur als Namen für Sachen betrachten, die ihrem Inhalte und ihrer Eigenschaft nach uns schon bekannt sein müssen.

142. Der Name Fuss für das einzelne metrische Glied ist aber darum schon der Sache ganz angemessen, weil mit ihm die natürliche Nothwendigkeit eines Paares solcher Glieder hervorgeht; denn mit einem Fusse kann man nicht fortschreiten, es bedarf dazu eines Paares, und zwar eines Paares von einem rechten und einem linken Fusse, einem antretenden und einem nachtretenden.

143. Ein solches Fusspaar oder seine Thätigkeit, das Schrittpaar, wird unserer zweizeitig ersten metrischen Bestimmung entsprechen, und wenn wir uns den Schritt des rechten Fusses als kräftiger vortretend vorstellen wollen, so wird dieser als das accentuirte Glied, der Schritt des linken, nachtretenden, als das accentlose gelten können. Das Antreten mit dem rechten Fusse wird den Accent auf

dem ersten, das Antreten mit dem linken auf den zweiten Schritt fallen lassen; jenes als die positiv-metrische Folge, 1—2, dieses als die negative, 2—1, zu betrachten sein.

144. Man nennt diese metrische Gliederzweiheit bekanntlich eine Dipodie. Wenn wir dafür den Ausdruck „Zweifuss" setzen wollten, so würde es doch nicht passend sein, die dreigliedrige Einheit, die Tripodie, einen „Dreifuss" zu nennen. — Wie ein Schreiten mit drei Füssen an sich schon schwer zu denken ist, so wissen wir, dass die dreigliedrig-metrische Einheit eben auch eine Paares-Formation und zwar höherer Potenz ist und hier als die Thätigkeit eines Paares von Fusspaaren anzusehen sein würde, dessen zweites mit dem zweiten Schritte des ersten antritt. Eine weitere Verfolgung des Vergleiches metrischer Glieder mit der Thätigkeit dieser Leibesglieder möchte sich überhaupt ungeeignet erweisen und könnte in's Komische fallen. So z. B. wenn wir ein combinirtes Metrum, wie das doppel-zweizeitige vergleichen wollten mit dem Gange eines in langen langsamen Schritten wandelnden Vaters, den Kleinen an der Hand, welcher zwei Schrittchen thun muss zu einem Schritte des Vaters, so dass des Kindes rechtes Füsschen einmal zusammentreten wird mit dem rechten Fusse des Vaters, das andere Mal mit dessen linkem. Wie aber das dreigliedrige Metrum diese Schrittvertheilung an zwei Personen schon nicht mehr zulässt, wenigstens nicht in fortgesetzter Folge, indem das dritte Glied für die zuerst antretende Person einen Stillstand entstehen lässt; so fehlt auch dem letzteren Vergleiche für das doppel-zweizeitige Metrum die innere Wahrheit: denn es ist jede metrische Formation, auch die complicirteste immer als ein einiger, aus sich selbst gegliederter Organismus zu betrachten, dessen Gliederungsbedingungen nicht an zwei oder mehrere Individuen zu vertheilen sind, sie müssen um einig zu sein in ein und demselben ihren Grund haben.

145. Die Gliederung des Sprachmetrums kann im

Wesentlichen keine andere sein, als die allgemein-metri-
sche, wie wir sie bisher haben kennen lernen; nämlich
die gleichzeitige, welche in der Entgegensetzung gleicher
Glieder besteht, und die ungleichzeitige, innerhalb des
Gliedes. Wir möchten aber die erstere Bestimmung, in
welcher Ordnung sie vorkommen möge, jetzt vorzugsweise
die metrische, die andere die rhythmische nennen.

116. Die metrischen Bestimmungen sind

A. in niederer Ordnung:

1. Die Dipodie; zweigliedrig.
2. Die Tripodie; dreigliedrig.
3. Die Tetrapodie; viergliedrig.

B. in höherer Ordnung:

1. Der Dimeter; zweifach.
2. Der Trimeter; dreifach.
3. Der Tetrameter; vierfach.

Aus der Combination der Bestimmungen beider Ordnungen entstehen die dreimal drei Formationen, die wir
früher (II. 26) schon aufgewiesen haben und mit Bezug auf
jene Darstellung jetzt für das Sprachmetrum benennen
können.

I. *a)* 2×2. Dipodischer Dimeter.
  b) 2×3. Tripodischer Dimeter.
  c) 2×4. Tetrapodischer Dimeter.
II. *a)* 3×2. Dipodischer Trimeter.
  b) 3×3. Tripodischer Trimeter.
  c) 3×4. Tetrapodischer Trimeter.
III. *a)* 4×2. Dipodischer Tetrameter.
  b) 4×3. Tripodischer Tetrameter.
  c) 4×4. Tetrapodischer Tetrameter.

Tetrametrische Formation kommt in der Anwendung
nur dipodisch vor, die tripodische und tetrapodische ist
aber der systematischen Vollständigkeit wegen hier mit
aufgeführt.

Uebersichtlicher ist überhaupt das System der möglichen Bildungen zu fassen, wenn wir nur das Zwei- und Dreifache beider Ordnungen combiniren, und für diesen Zweck das Vierzeitige als Doppelzweizeitiges gelten lassen. Die practischen Metra sind mit Ausnahme des Tetrameters, in diesen Formen enthalten.

Diese Combination ist vierfach.

A. a) 2 × 2. der dipodische Dimeter.
   b) 2 × 3. der tripodische Dimeter.
B. a) 3 × 2. der dipodische Trimeter.
   b) 3 × 3. der tripodische Trimeter.

147. Jede metrische Gestalt wird auf einer dieser Bestimmungen beruhen. Es ist aber damit nur der Grundriss ihrer Hauptgliederung gegeben, innerhalb welcher durch die Art der Gliederung des Gliedes dem Metrum erst Character und Farbe ertheilt wird.

148. Als rhythmische Gliedesgliederung können wir hier allein die ungleichzeitige betrachten; die gleichzeitige würde nur die metrische Bestimmung in einer anderen Ordnung wiederholen, das Zweizeitige der Dipodie z. B. als Doppelzweizeitiges erscheinen lassen. Wenn aber die Dipodie zweizeitig bleiben soll, darf das Glied nicht zweizeitig werden. Somit tritt nun hier zu weiterer Belebung die Gliederung des Gliedes ein, welche nicht Gleiches als Erstes und Zweites nacheinander setzt, sondern Länge und Kürze. Wir kennen diese Form in der Sprachmetrik, als rhythmisch-positive, unter dem Namen Trochäus — ◡, als negative, unter dem Namen Jambus ◡ —.

149. Dieser rhythmischen Zweiheitsbestimmung, welche in ihrer Sphäre als dem Quintbegriffe entsprechend bezeichnet worden ist, geht aber ein anderes Bestimmungsmoment voraus, wie ihr auch ein anderes nachfolgt; das erste, der Octav entsprechende, ist das der Einheit, das des ungetheilten Gliedes; das letztere ist das der Terz, der geeinten Zweiheit entsprechende, das der in ungleicher Theilung zur Länge bestimmten Kürze.

150. Mit ungetheiltem Gliede erscheint die Dipodie als Spondeus.

Dieser nimmt ein Gliederpaar in sich auf. Er ist nicht ein Fuss, gleich dem Trochäen oder Jamben, er besteht in einem Paare solcher Füsse, die zu Trochäen oder Jamben werden können.

151. Die Kürze als Länge bestimmt (durch eine kleinere ihr vorausgesetzte Kürze), lässt den Daktylus im einzelnen Gliede, im Trochäen entstehen.

Der Daktylus enthält den Jambus im Trochäen: er hat eben das rhythmisch- als positiv- und negativ-Entgegengesetzte in sich ineinander aufgehen lassen und ist in diesem Sinne rhythmische Terz geworden. Die trochäische Kürze erscheint hier zugleich als jambische Länge.

152. Dem Daktylus entgegengesetzt ist der Anapäst.

Er enthält den Trochäen im Jambus. Die dem rhythmischen Terzbegriffe entsprechende Bestimmung an dem negativen Trochäen, am Jambus, wird eben nur darin bestehen können, dass die jambische Kürze zu trochäischer Länge werde.

153. Sonach wird die metrisch-zweizeitige Einheit sich rhythmisch gliedern können, nach den Momenten der ungleichzeitigen Bestimmung,

       a) in rhythmisch-positiver Form:

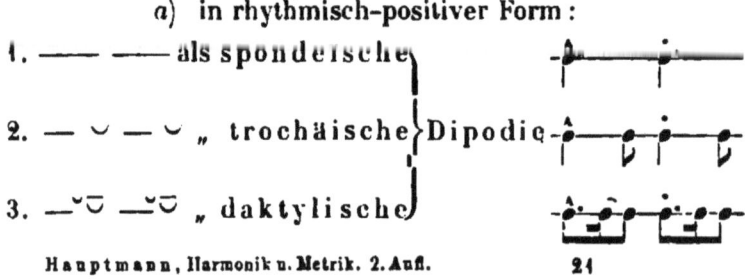

1. —— —— als spondeische

2. — ◡ — ◡ „ trochäische Dipodie

3. —◡ —◡ „ daktylische

b) in rhythmisch-negativer Form:

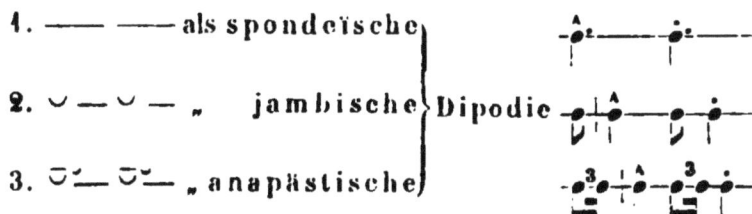

154. Hierbei ist der Unterschied positiver und negativer Beschaffenheit allein für die rhythmische Bestimmung gesetzt, die metrische nur positiv angenommen; daher der Spondeus in beiden Formen derselbe, ein sinkender ist

$$\underline{}\ \underline{},$$

die metrisch-negative Bestimmung wird den Accent auf das zweite Glied des Spondeen fallen, ihn zum steigenden werden lassen

$$\underline{}\ \underline{},$$

wonach auch der Hauptaccent der rhythmisch-gegliederten Formationen auf dem metrisch zweiten Hauptmomente seine Stelle finden muss.

155. In metrisch-negativer Bedeutung werden die obigen rhythmischen Bestimmungen folgende sein:

a) als rhythmisch-positive:

b) als rhythmisch-negative:

156. Es steht aber in einer inneren Begriffsverwandt-schaft die erste dieser rhythmischen Formen in positiver und negativer Bedeutung, wie mit der Octav, ebenso mit der metrisch-zweizeitigen; die zweite wie mit der Quint, mit der metrisch-dreizeitigen; die dritte wie mit der Terz, mit der metrisch-vierzeitigen Gliederung.

157. Die metrische Bestimmung erfordert an sich nur Gleichheit der Glieder in der Ganzheit ihrer Dauer. Die rhythmische vollendet sich innerhalb des Gliedes: sie kann in der metrischen Einheit verschieden sein an den einzel-nen Gliedern derselben, und lässt sich demnach dipo-disch combiniren auf $3 \times 3 = 9$fache Weise, die wir hier nur in metrisch- und rhythmisch-positiver Bedeutung aufführen:

1. 1.
1. 2.
1. 3.

2. 1.
2. 2.
2. 3.

3. 1.
3. 2.
3. 3.

Tripodisch geschieht die Combination auf $(3 \times 3) \times 3 = 27$fache Weise.

1. 1. 1.
2. 2. 2.
3. 3. 3.

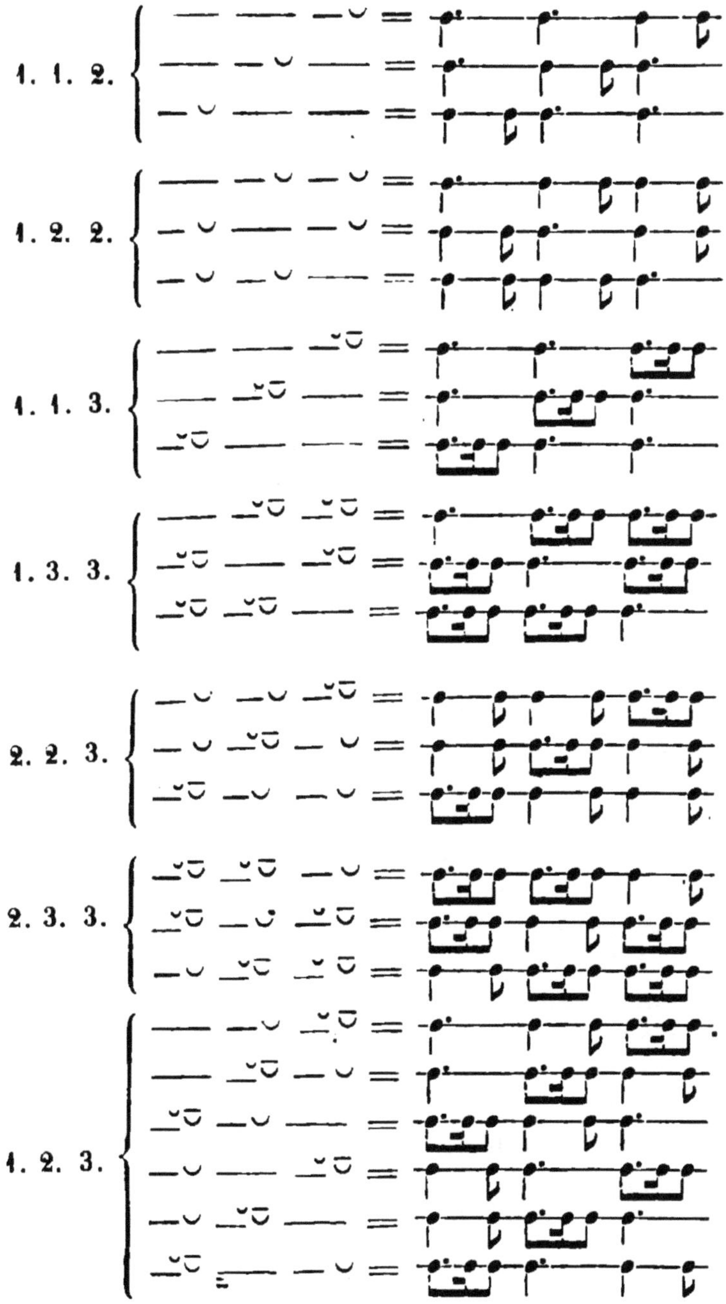
1. 1. 2.
1. 2. 2.
1. 1. 3.
1. 3. 3.
2. 2. 3.
2. 3. 3.
1. 2. 3.

158. Die tetrapodische Form, in den drei rhythmisch-ungleichzeitigen Bestimmungen combinirt, wird wieder die dreifache Zahl der vorhergehenden. d. i. (3×3×3) ×3 = 81 verschiedene Gliederungsweisen ergeben. Wie aber die Tetrapodie von der Doppeldipodie, das wesentlich-Vierzeitige vom doppelzweizeitigen eben nur in der Accentbestimmung, nicht in der Gliederungsgestaltung verschieden ist, wie dem Doppelzweizeitigen zwar ein Accentmoment des Vierzeitigen fehlt, das Vierzeitige aber immer auch ein Doppelzweizeitiges ist, so werden diese 81 Formen der tetrapodisch-rhythmischen Gliederung nicht zu verzeichnen nöthig sein: sie können nur in den Combinationen je zwei zweizeitiger Formen bestehen, und müssen mithin das Neunfache der zweizeitigen neunmal enthalten, indem jede der neun zweizeitigen Formen mit sich und den acht übrigen zusammenzustellen ist.

159. Aber auch in der Accentbestimmung wird die rhythmisch-gegliederte Doppeldipodie die Natur der Tetrapodie annehmen. Wir wissen, dass die Accentuirung des doppel-zweizeitigen und des vierzeitigen Metrums sich nur in der Betonung des zweiten Gliedes unterscheidet, das im vierzeitigen accentuirt ist, im doppel-zweizeitigen accentlos bleibt; die rhythmisch-ungleichzeitige Gliederung ertheilt aber jeder Länge den Accent, der ihr als Doppelkürze zukommt, und so wird in jedem Falle auch das metrisch zweite, als solches accentlose Moment, rhythmisch ein verhältnissmässig betontes werden.

Die Doppeldipodie, welche ungegliedert auf der zweiten wie auf der vierten Zeit ohne Accent ist,

wird als gegliederte auf beiden Momenten die rhythmische Betonung erhalten; hiermit aber, was den zweiten betrifft, eben auch tetrapodisch accentuirt erscheinen.

So kann der rhythmisch-gegliederte dipodische Tetrameter leicht in den tetrapodischen Dimeter übergehen, oder als solcher gefasst werden.

160. Die rhythmisch-negative Form der Gliedesgliederung, welche mit der Kürze beginnt, würde jambisch und anapästisch produciren, was in der vorstehenden Darstellung der positiven trochäisch und daktylisch erscheint. Die trochäische Figur:

die daktylische:

in die anapästische:

161. Es werden sich aber eben auch rhythmische Gliederungen positiver und negativer Bedeutung in demselben Metrum willig verbinden, wie z. B. die anapästische mit der daktylischen,

die daktylische mit der anapästischen,

ohne die metrische Ordnung und Einheit zu gefährden: denn diese nimmt keinen Theil an der rhythmischen Beschaffenheit der Glieder, die nur als Zeitganze der metrischen Bestimmung angehören.

Unterschied des metrischen und rhythmischen oder des spondeïschen und trochäischen Daktylus.

162. Wir haben das dritte Moment der ungleichzeitigen positiv-rhythmischen Gliederung, das, wo die Kürze

des Trochäen an einer ihr vorangesetzten kleineren Kürze auch als Länge erscheint,

$$\stackrel{\_}{\smile}\stackrel{\smile}{} = \quad,$$

einen Daktylus genannt. Die rhythmische Beschaffenheit dieses Fusses sowohl, wie auch die darauf sich gründende Bezeichnung trifft aber nicht mit Dem überein, was man insgemein in der Metrik den Daktylus nennt, und wie man ihn bezeichnet; nämlich, als eine Länge mit zwei gleichen nachfolgenden Kürzen:

$$\stackrel{\_}{} \stackrel{\smile}{} \stackrel{\smile}{} = \quad.$$

Wenn nun beide Formen des Daktylus, die erste und diese

nebeneinander bestehen sollen, so haben wir zuerst zu unterscheiden, dass die letztere nicht in dem Sinne Fuss zu nennen ist, wie die erste, die eben nur eine Gliederung des einzelnen Gliedes ist, während die andere offenbar, wie der Spondeus, ein Paar von Gliedern in sich fasst. Jene erste Bildung wollen wir den trochäischen oder rhythmischen, die letztere den spondeïschen oder metrischen Daktylus nennen. Der rhythmische Daktylus bildet sich im Gliede, er steht für den Trochäen; der metrische Daktylus ist eine Form der Dipodie, er steht für den Spondeen. In einer Trochäenreihe würde er keinen Platz finden können, sowenig als musikalisch die Figur:

im ³/₈ oder ⁶/₈ Tacte vorkommen kann, ohne die Natur der Tactart zu verändern.

Wiewohl nun beide Formen des Daktylus vorhanden sind, so weiss die metrisch übliche Bezeichnung doch nur von der einen, von dem gleichzeitigen Daktylus:

$$1 - 2$$
$$\stackrel{\_}{} \stackrel{\smile}{} \stackrel{\smile}{}$$

und bringt diesen sowohl mit Spondeen, als mit Trochäen
in Verbindung; mit ·letzteren kann aber nur der rhythmische Daktylus, —◡◡, zusammengestellt werden,

während der metrische Daktylus nur in der Spondeenreihe
seine Stelle findet:

In letzterer ist alle Theilung von metrisch-gleichzeitiger
Beschaffenheit.

163. Nun wird aber diese Bezeichnung, und zwar nicht
blos in Betreff des Daktylus, sondern auch der anderen Glieder, angewendet, wenn der trochäische Rhythmus dem Metrum eigen ist, wie z. B. in den sogenannten äolischen
und logaödischen Versen.

Wir finden Reihen wie diese:

nur also bezeichnet:

nämlich den ersten dem Daktylus vorangehenden Trochäen
als Spondeen, seine Kürze als spondeïsche Länge; während
die Kürze des dem Daktylus nachfolgenden Trochäen un-
verändert in ihrer Geltung bleibt: wonach, wenn das Metrum nach der Bezeichnung ausgeführt werden soll, die
unmetrische Bildung entstehen würde:

Wenn aber jene Bezeichnung dennoch für den Rhythmus

gelten soll, so entsteht die Frage, wie für den ersten Trochäen ein Spondeus stehen dürfe, ein ungegliedertes Fusspaar für einen gegliederten Fuss.

Die Unzulässigkeit, das Eine für das Andere zu setzen, liegt vor Augen. Der erste mit zwei Längen bezeichnete Fuss kann, wenn der folgende ein trochäischer Daktylus ist, nicht ein wirklicher Spondeus, die zweite Länge nicht eine metrische Länge sein.

464. Es ist bekannt, dass in der dipodisch-trochäischen Reihe die Kürze jedes zweiten Trochäen mit einer Länge überschrieben wird.

$$— \cup — \bar{\cup} — \cup — \bar{\cup} — \cup —$$

Die jambische Reihe erhält diese Längenbezeichnung an der Kürze des ersten Fusses jeder Dipodie.

$$\bar{\cup} — \cup — \bar{\cup} — \cup — \bar{\cup} — \cup —$$

Die trochäische Dipodie bildet für sich ein metrisches Ganze; sie enthält ihr metrisch Erstes und Zweites und wird mit dem Zweiten, wenn dasselbe in abfallender Schwäche nachklingt, enden wollen. Soll eine andere Dipodie aus der ersten hervorgehen, so darf die erste an ihrem Ende nicht die Schwäche des Abklingens empfinden lassen; sie muss vielmehr eben an dieser Stelle weiterbildende Energie zeigen: die Kürze des zweiten Trochäen wird dazu eine reichlichere Fülle erhalten müssen, eine Ueberfüllung, durch welche sie gespannt und dem folgenden Momente enger angeschlossen wird; so dass die Dipodieen, indem die Grenzen derselben sich aneinander drängen, ineinander übergehen und ungetrennt zum Ganzen verbunden erscheinen. Die Stelle enthält eine prosodische Länge in metrischer Kürze, eine Sylbenfülle in engbestimmtem aber dehnbarem Zeitraume. Wenn diese Stellen mit logisch abschliessendem, prosodisch geringem Inhalte versehen sind, so fehlt der Dipodieenreihe der verbindende, die Fugen deckende Zusammenhalt.

465. Derselbe Grund ist es aber auch, der dem rhythmischen oder trochäischen Daktylus allezeit einen solchen Schein-Spondeen, einen Trochäen mit überfüllter Kürze

vorangehen zu lassen fordert. In der Verbindung von Trochäen und trochäischen Daktylen wird der Daktylus immer
die positiv erste Stelle in der Dipodie behaupten wollen:

$$1 - 2;$$
$$\smile\bar{\smile} \; \bar{\;} \smile$$

er hat die grössere Energie der Gliederung, hat im Ganzen
mehr Gewicht, ist das kräftigere Glied, was den Trochäen
als schwächeren Nachklang folgen lassen kann; nicht umgekehrt wird aus dem Trochäen ein Daktylus hervorgehen
können. In dieser letzteren Aufeinanderfolge würde nur
die Formation dipodisch-negative Bedeutung anzunehmen
geneigt sein:

$$2 - 1;$$
$$\bar{\;} \smile \mid \smile\bar{\smile}$$

dann aber ist der Trochäus eben zweites Glied geworden,
der Daktylus erstes in positiver Bedeutung:

$$1 - 2 \quad 1 - 2,$$
$$(\bar{\;} \smile) \; \bar{\;} \smile \mid \smile\bar{\smile} \; (\bar{\;} \smile)$$

und die Kürze vor dem Daktylus ist sodann eben jene der
trochäischen Reihe, welche zwei Dipodieen zu verbinden
hat und dazu die grössere Fülle in Anspruch nimmt. Wie
wenig mit dem Daktylus ein Metrum willig abzuschliessen
ist, wird man leicht wahrnehmen; er begehrt allezeit noch
ein darauf folgendes Moment:

$$\smile\bar{\smile} \; \bar{\;}.$$

166. Es ist hiermit keinesweges die Forderung ausgesprochen, dass der Daktylus in metrischer Reihe nur die
erste dipodische Stelle einnehmen dürfe; die meisten Metra
würden dieser Bedingung sich widersprechend erweisen:
aber der Daktylus wird auch nicht accentloses Glied in der
Reihe sein können, wie es ein zweiter Trochäe, von dem
geringen Accente, den jede Länge auf ihrem Anfange trägt,
abgesehen, sein kann.

So wird im dreizeitigen Metrum, wenn die zweite Zeit daktylisch gegliedert ist, dieselbe allezeit die Bedeutung, erste zu der folgenden zu sein, in Anspruch genommen haben:

denn es lässt eben die dreizeitige Formation diese Bedeutung der Schwere auf der zweiten Zeit, als der dritten vorangehender, zu. In vierzeitiger Formation

ist dann die dritte Zeit wieder die gewichtige gegen die vierte. Nur diese letzte bleibt eine accentlose, wie es die dritte im dreizeitigen, die zweite im zweizeitigen Metrum immer sein wird. Sonach kann der Daktylus, mit der Bedingung, eines zweiten Gliedes erstes sein zu sollen, immer in jedem Gliede der metrischen Reihe sich bilden, mit Ausnahme des letzten, welches allein ein entschieden zweites, nachschlagendes ist; und die prosodisch gefüllte Kürze wird ebenso dem Daktylus in jeder Stellung vorausgehen müssen, sofern mit diesem eben eine Dipodie beginnt und der vorangehende Trochäus gegen ihn in metrisch-secundäre Bedeutung tritt.

167. In der früher gegebenen Aufzeichnung der trochäisch-daktylischen Gliederung für das zwei- und dreizeitige Metrum — das vierzeitige war, für diesen Zweck als doppel-zweizeitiges betrachtet, in seinen 81 Formen aufzuführen nicht nöthig befunden worden — ist überhaupt die Combination der drei Momente ungleichzeitiger Gliederung vorgestellt, nach der vollen Zahl der möglichen Combinationsfälle. Bei denjenigen Formen aber, welche daktylisch schliessen, in denen also ein entschieden dipodisch zweiter Fuss daktylische Gliederung erhalten hat, wird man immer das Bedürfniss eines weiteren Fortganges fühlen;

oder es erscheint, also aufhörend, das Metrum als ein ab-
gebrochenes, suspendirtes. Die daktylische Gliederung
wird immer nur mit einem dem Daktylus nachfolgenden
nicht-daktylischen Gliede oder Gliedestheile schliessen
wollen.

168. Daktylische Verse werden von den Metrikern
monopodisch gemessen, d. h. es wird das Maass des Verses
unmittelbar nach der Anzahl der Daktylen benannt, nicht
nach daktylischen Dipodieen oder Tripodieen, wie die trochäischen und jambischen Verse nach Dipodieen und Tripodieen gemessen werden. Wenn unter der daktylischen
Form nur die spondeïsch-daktylische verstanden werden
soll, so könnte, insofern der wirkliche Spondeus an sich
schon eine Dipodie in sich fasst, gegen diese Messung nichts
einzuwenden sein, nur muss es auffallen, dass anapästische
Verse dann nicht in gleicher Weise nach der Anzahl der
Anapästen, sondern, wie die jambischen, dipodisch gemessen werden. —

169. Ob aber nicht alle daktylische Bewegung sprach-
metrisch im Grunde dem trochäischen Rhythmus angehöre,
möchte wenigstens noch in Frage zu stellen sein. Nicht
dass der gesprochene Daktylus allezeit sich genau im trochäischen Rhythmus

bewegen müsste; diess wird er ebensowenig können, als
der streng spondeïsche Rhythmus

für alle daktylischen Wortformen passend zu finden sein
wird; es scheint aber, dass die rhythmische Belebung überhaupt erst im trochäischen Elemente ihre Entstehung habe
und dass das spondeïsche dazu nur die metrische Grundlage zu bilden bestimmt sei. Dem metrisch-Gleichzeitigen,
wie es als zwei-, drei- und vierzeitige Formation auftritt,

fehlt noch die rhythmische Spannung, die elastische Natur, die mit dem Ungleichzeitigen, mit der belebenden Gliederung des Gliedes erst in das Metrum kommt; indem sie dann in diesem das metrisch-Gegensätzliche von Erstem und Zweitem, rhythmisch verbunden, als Einfaches und Doppeltes in Einem enthält und damit das metrische Auseinandersein nun völlig aufhebt.

170. In der Metamorphose der Pflanze hat die Blüthenbildung den Sinn, dass in ihr die am Stengel sich noch gegenüberstehenden Blätter um ein Centrum, um eine Axe versammelt werden, aus der Trennung des Gegensatzes, des Hüben und Drüben, in den Kreis, in die Einheit der Verbindung zusammentreten. So ist das gleichzeitig-Metrische zu vergleichen der diametral-getrennten Blattstellung; das ungleichzeitig-Rhythmische der central-verbundenen. Ebenso ist aber auch das Trochäische in seiner abstracten Bedeutung als das Melodische der Metrik, wie das Spondeïsche als das Harmonische derselben zu setzen.

171. Wie nach dem natürlichen Wortrhythmus die strengmetrische Quantität des spondeïschen Daktylus doch fortgehend der mannigfaltigsten Modification unterliegen müsste, indem es ohne härtesten metrischen Zwang nicht ausführbar ist, daktylische Bewegung in der Zeitform

anhaltend fortzusprechen; ebenso wird auch die trochäisch-daktylische Form den Bedingungen der Sprache willig nachzugeben immer bereit sein können. Wiewohl die metrische Quantität eine selbständig in sich bestimmte ist, so fügt sie sich doch in der Wechselbeziehung mit dem erfüllenden sprachlichen Inhalte auch den rhythmischen Modificationen, welche dieser als Forderung an sie stellt, und gewährt in der Verbindung mit ihm erst ein metrisch geordnetes und rhythmisch belebtes, in Form und Inhalt vermitteltes und Eins gewordenes Gebild.

172. Wenn alle daktylische Bewegung trochäischer

Natur ist, so erklärt sich daraus auch die Zulässigkeit des
Vorkommens von Trochäen in daktylischen Reihen, wie von
Daktylen in trochäischen Reihen. Dagegen würde der Spondeus in Verbindung mit dem Daktylus wieder ungehörig
erscheinen müssen: es steht aber die spondeïsche Wortform
an solchen Stellen, welche als Dipodieen-verbindende zu
betrachten sind, nicht in metrisch-spondeïscher Bedeutung;
sondern sie vertritt dann eben den Trochäen mit der betonten Kürze, der in trochäischer Reihe vor jedem Daktylus,
mithin an jeder Stelle, mit Ausnahme der letzten und vor-
letzten, wird Platz finden können.

173. Alles was hier in Bezug auf den Unterschied
einer spondeïsch- und trochäisch-daktylischen Form
gesagt ist, würde auch auf die anapästische anzuwenden sein, die wir hiernach als spondeïsche und jambische
unterscheiden müssten.

Die metrische Bezeichnung.

174. Die gebräuchliche Art, das Versmetrum zu bezeichnen, wie sie für die rhythmischen Nüancen einer ge-
naueren Unterscheidung ermangelt, befasst sich auch nicht
damit, über die innere metrische Beschaffenheit des Verses
Aufschluss geben zu wollen; wir erhalten in der schema-
tischen Angabe nur den Nachweis der Aufeinanderfolge von
langen und kurzen Sylben; an sich genommen nur das
Oberflächliche, die Aussenseite des Versbaues.

Abgesehen davon, dass sie Trochäen und Jamben mit
betonter Kürze dem wirklichen Spondeen gleich bezeichnet,
welcher eine trochäische oder jambische Dipodie einschliesst, dass sie damit den summarischen Inhalt des Metrums schon zweifelhaft darstellt; so erhalten wir auch
überhaupt durch die blosse Aneinanderreihung metrischer
Einzelheiten noch kein Bild der inneren Grundbedingung des
Ganzen einer metrischen Gestaltung, die allezeit auch nicht
eine zusammengesetzte, sondern eine·von der metrischen

Einheit auseinandergesetzte, eine Entfaltung des metrischen
Begriffes ist, der dem Ganzen zu Grunde liegt.

175. So wird der Hexameter z. B. uns schematisch
in dieser Gestalt vorgeführt:

$$ \underline{}\, \smile\smile \underline{}\, \smile\smile \underline{}\, \smile\smile \underline{}\, \smile\smile \underline{}\, \smile\smile \underline{}\, \smile \cdot $$

Aus dieser Reihe können wir zuvörderst nicht ersehen, ob das Sechsfache ihrer Glieder in einem Zweimal-
dreifachen oder in einem Dreimalzweifachen besteht. Ebensowenig ist ersichtlich, ob die Theile der obersten Ordnung
in positiver oder negativer Folge gesetzt sein wollen. Ferner
werden auch in niederer Ordnung die Gliederpaare wieder
positive oder negative, also zweifach verschiedene sein
können, an sich und in ihrer Folge. Aus allen diesen verschieden möglichen Bestimmungen kann, selbst wenn wir
uns für die eine oder andere Annahme in Betreff der obersten Ordnung, dass das Metrum ein zweimaldreifaches,
oder dreimalzweifaches sei, entschieden haben, noch immer
eine sechsfache Verschiedenheit der metrisch organischen
Form hervorgehen: es kann eben jedes der sechs Glieder als
das hauptsächlich betonte erscheinen.

Wir dürfen Das, was hier nur metrisch zweifelhafte
Mehrdeutigkeit ist, nicht verwechseln, oder auch nur in Zusammenhang bringen mit Dem, was man die rhythmische
Cäsur des Verses nennt, — die vom logischen Inhalte
ihre Bestimmung erhält und bekanntlich beim Hexameter
an sechszehn verschiedenen Stellen, nach jedem Einzel-
gliede des Daktylus nämlich, eintreten kann; — denn es ist
hier nur von der metrischen Form an sich die Rede, in welcher die rhythmische Gestaltung wieder ihre besonderen Bestimmungen erhält. In metrischem Sinne ist hier
nur die Frage, wenn wir es nach musikalisch empirischer
Weise ausdrücken sollen: ob das Sechsfache des Metrums
ein $^6/_8$ oder $^3/_4$ Tact sei; ferner, ob es mit vollem Tacte,
mit dem Niederschlage, oder mit dem Auftacte beginne;

und im letzteren Falle: wie viele Glieder dem Auftacte angehören.

176. Das sechsgliedrige Metrum kann als zweimal dreifaches

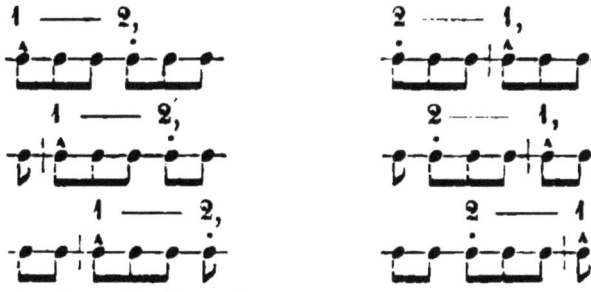

sich metrisch zeigen in den 6 Formen:

als dreimal zweifaches aber:

in den 6 Formen:

In diesen metrisch verschiedenen Bildungen, deren organische Bedingungen uns aus dem Früheren bekannt sind, kann die rhythmische Bestimmung, wie sie durch den sprachlichen Inhalt, nach logischer Bedeutung und von der metrischen unabhängig, gegeben wird, immer noch die mannigfaltigste sein, da sie nur in den Accentbestimmungen mit dieser in Berührung kommt.

177. Bei der so vielfach möglichen Bedeutung, die eine solche Gliederreihe annehmen kann, ist ohne nähere Bezeichnung eine metrische Bestimmtheit an ihr eben nicht zu erkennen. Die Kenntniss des Metrums kann uns nur aus der praktischen Anwendung, hier aus dem Hexameter selbst gekommen sein. An diesem wissen wir aus Erfahrung, dass er seinen Hauptabschnitt in der Mitte hat, dass er somit in zweimal-dreizeitiger Formation besteht: dass er ein tripodischer Dimeter ist. Ferner wird der Anfang der zweiten Hälfte als ein vorzüglich betontes Moment wahrgenommen; der rhythmische Zug strebt nach diesem Momente als einem Höhepuncte hin, von welchem ab er nach dem Ende zu sich wieder zu senken scheint. Wir dürfen also das zweite Hauptglied des doppel-dreizeitigen Ganzen als das hauptsächlich accentuirte, als das in höchster Ordnung betonte oder positive dieser höchsten Ordnung annehmen; damit ist die Hauptformation des Metrums zu einer steigend spondeïschen Dipodie bestimmt:

Wenn die daktylische Gliederung als trochäisch-daktylische gesetzt wird, so ergibt sich für jede Vershälfte eine trochäische Tripodie:

die sich im Hexameter normal als eine in den Gliederpaaren positive, d. h. auf der ersten Zeit betonte äussert:

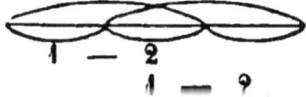

Die Dipodicen selbst aber verhalten sich im ersten Halbverse der Gliedbetonung entgegen; die zweite Dipodie ist die betonte:

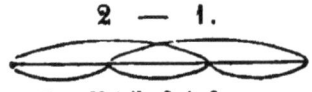

Im z w e i t e n Halbverse ist die erste Dipodie die betonte:

der Accent der ersten Hälfte liegt auf der zweiten Zeit, in der zweiten Hälfte trägt ihn die erste Zeit.

Sonach erscheint das Schema des Ganzen in dieser Gestalt:

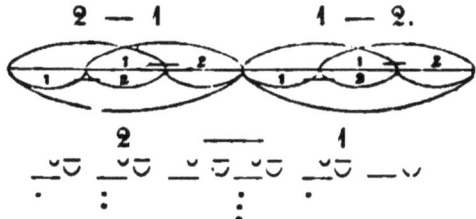

Dass die daktylische Gliederung nicht jedem Trochäen ertheilt wird, ist bekannt. Der vorletzte wird sie ungern entbehren, der dritte dagegen um so lieber, als in diesem normal die Hauptcäsur eintritt, die Kürze dieses Trochäen sich mit der Länge des folgenden zum jambischen Anfange der zweiten Vershälfte verbindet und diese als eine jambische der trochäischen ersten entgegensetzt.

178. Dem Hexameter schliesst sich im elegischen Metrum der P e n t a m e t e r an. Er ist der weibliche Hexameter. In tripodisch-dimetrischer Beschaffenheit dem ersten Verse gleich, ist der Pentameter diesem darin entgegengesetzt, dass er das Hauptgewicht auf der ersten Hälfte trägt: die getrennte zweite ist ein schwächerer Nachklang der ersten. Der Pentameter ist in seiner Hauptformation sinkend spondeïsche Dipodie:

Die übrigen Gliederungsverhältnisse sind im Pentameter dieselben wie im Hexameter, sein Schema daher:

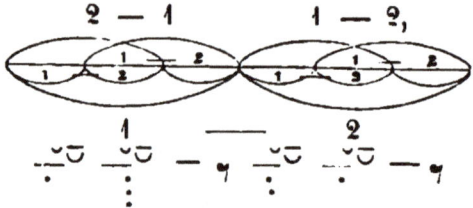

die positive Hälfte, welche im Hexameter schliesst, beginnt im Pentameter.

179. In der Verbindung beider Verse zum Distichon ist aber der Hexameter selbst wieder erste Hälfte des Ganzen, der Pentameter die zweite; und daher ist des Pentameters Hauptaccent ein secundärer, gegen den Hauptaccent des Hexameters zurücktretender; denn des Pentameters Erstes ist das Erste in einem Zweiten:

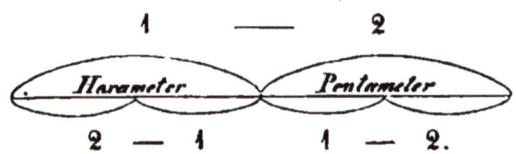

»Im Hexameter steigt des Springquells flüssige Säule,
Im Pentameter drauf fällt sie melodisch herab.«

180. Was über die ästhetischen Bedingungen und Erfordernisse, wie über die rhythmischen Cäsuren dieser Verse zu sagen sein würde, muss hier zurückgehalten werden, wo die nähere Betrachtung dieser besonderen Art metrischer Formation überhaupt nur beispielsweise, als Nachweisung des allgemein Gesetzlichen in einer concreten, als bekannt vorauszusetzenden Form geschehen ist. Eine theoretisch-praktische Verslehre, eine Erklärung der gebräuchlichen Versmaasse mit ihren specifischen Eigenthümlichkeiten aufführen zu wollen, liegt wieder sowenig in

der Absicht dieser Untersuchungen, als der vorhergehende
harmonische Theil eine Generalbasslehre oder Anweisung
zum praktischen Gebrauche der Accorde enthalten will.
Wie jener eben nur das harmonisch- und melodisch-Natur-
gesetzliche an sich, d a s , worauf alles praktisch Anwendbare
begründet ist, zu untersuchen unternimmt, so ist auch hier
nur das rhythmisch-metrisch Naturgesetzliche an sich, was
für die musikalische wie für die Sprachmetrik dasselbe
ist, in seinen Principien darzulegen. Wir haben es nur
mit dem vernünftigen Grunde der Erscheinungen zu thun,
nicht mit den Erscheinungen selbst und müssen diese
entlassen, sobald sie ihre Begründung gefunden haben. Es
bleiben überall Verbindungsfäden stehen, an welche für
weitere Ausführung der besonderen Theile anzuknüpfen
sein würde; von einem bewährten Principe aus, wird es
weniger schwer sein, den Complex mannigfaltiger Verzweigung zu verfolgen und die Besonderheiten an den Erscheinungen als organisch-bestimmte zu erkennen, die
vereinzelt betrachtet oder nur äusserlich zusammengestellt uns leicht als willkürliche Bildungen vorkommen
werden, was sie doch auf keine Weise sind und sein
können.

Katalektisches und akatalektisches Metrum.

*Die sprach-metrische und die musikalisch-metrische
Ausführung.*

181. Wir haben im Vorstehenden den Ausgang der
beiden Tripodieen des Pentameters mit einer Pause bezeichnet; sie enden mit dem ersten Gliede des Fusses und lassen
das zweite unerfüllt:

$$\_\smile\smile \ \_\smile\smile \ \_\underset{\text{'}}{\smile};$$

die beiden Hälften des Verses erscheinen dadurch als getrennte, es fehlt ihnen der verbindende Zusammenhalt.

Man unterscheidet in der Sprachmetrik überhaupt k a -
talektische und akatalektische Metra: Verse oder
Verstheile, die am Ende ihres Metrums ein rhythmisches
Glied oder selbst einen Fuss unerfüllt lassen, und solche
die ihr Maass ganz ausfüllen.

Der Vers des antiken Drama z. B., der Trimeter:

ist ein akatalektischer; seine drei jambischen Dipodieen sind vollkommen ausgefüllt.

Der neuere dramatische Vers, das Metrum der sogenannten fünffüssigen Jamben:

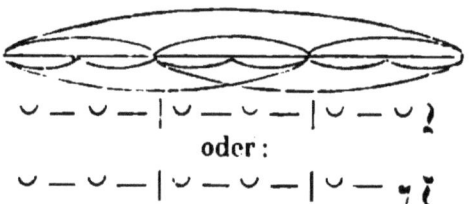

oder:

ist katalektischer Art. Er ist auch ein jambisch-dipo-
discher Trimeter, wie jener; lässt aber am Ende eine oder
zwei Stellen, die der letzten jambischen Länge, oder des
ganzen letzten Jamben leer, die nach musikalischem Tact-
begriffe vor Beginn des folgenden Verses zu pausiren sein
würden. Diess könnte jedoch nur in solchem Falle geschehen, wo eine logische Cäsur, ein Gedanken-Ein- oder Abschnitt stattfindet; der aber eben an dieser Stelle wieder
nicht zu oft eintreten darf, wenn die Verse sich nicht
lyrisch absetzen, sondern zu fortgesetzter Rede sich verbinden sollen. Daher wird ein katalektisches Metrum in
seiner Fortsetzung mehr durch nüancirende Betonung, die
an sich ein rhythmisches Moment gegen die anderen in
seiner metrischen Bedeutung, d. h. als erstes, zweites,
drittes oder viertes zu bezeichnen vermag, sich erhalten

müssen, als es durch fortgehende Tactbewegung geschehen kann.

182. Hier findet allerdings ein wesentlicher Unterschied zwischen der musikalischen und der Sprachmetrik statt, indem die erstere sich nicht erlauben wird, vor völligem Ablaufe eines Tactes einen neuen zu beginnen; die in der Beschaffenheit ihres Inhaltes aber auch gar nicht in die Nöthigung kommen kann, es zu thun, da dieser der metrischen Bestimmung ganz hingegeben, ohne anderen Bedingungen zu unterliegen, seine zeitliche Gestaltung von ihr allein zu empfangen hat.

183. Ein anderer Unterschied zwischen sprachlicher und musikalischer Metrik besteht noch darin, dass jene nicht die grösseren Contraste in der Dauer ihrer rhythmischen Momente bieten kann, wie die letztere, welche längste und kürzeste Tactglieder zu rhythmischen Figuren verbindet, wo jene nur Zeitunterschiede von Einfachem und Doppeltem metrisch zusammenstellt; diese zwar in der praktischen Ausübung mannigfach modificirt, aber auf unbestimmbare Weise und doch immer nur in der Bedeutung jener metrischen Verhältnisse.

Von dem Ineinanderliegen mehrerer Ordnungen in der Gestaltung des Metrums selbst, insofern es ein zweimaldreifaches, dreimalzweifaches u. s. w. ist, kann natürlich die Rede hier nicht sein; dieses hat das Sprachmetrum mit dem musikalischen gemein: sondern nur von den Unterschieden der Quantität, welche in den Sprachsylben zum Ausdrucke gelangen.

184. Die Sprachrhythmik an sich, von der Metrik abgesehen, ist in ihren Quantitätsnüancen vergleichbar der Sprachmelodie, der Wort- und Sylbenbetonung in Absicht auf Höhe und Tiefe des Klanges. So wenig als diese in harmonischer Intervallbestimmung darzustellen sein würde, wiewohl sie eben auch den Sprachton sich heben und senken lässt; ebensowenig ist eine Bestimmung festzusetzen für die unendlichen Abstufungen und Uebergänge, in welchen

der Rhythmus der Redetheile sich den rein metrischen Formen nähert, mit ihnen zusammentrifft und wieder von ihnen abweicht; indem er in der gemessenen Rede im Ganzen doch das Maass hält, und auch in den Gliedern desselben Eins mit ihm zu sein scheint.

Es würde aber geradehin absurd zu nennen sein, wenn man sich einbilden wollte, ein poetisch belebter Redevortrag müsse oder könne den mathematischen Formbestimmungen einer starren Metrik sich überall genau anschliessen, oder diese selbst in aller Strenge darstellen. Die metrische Form ist das feste Skelett, das Knochengerüst, um welches das Weiche, dem das Leben innewohnt, sich bildet, in rundenden in sich selbst übergehenden Formen, die des festbestimmten Haltes wohl nicht entbehren können, diesen selbst aber nicht, oder doch nur in verhüllenden, in gemilderten, scheinbar sich selbst bestimmenden Umrissen erscheinen lassen.

Quantität und Accent.

Unterschied des antiken und des modernen Verses.

185. Der antike Vers hat die sprachlichen Quantitätsbestimmungen zu seinem formellen Kunstelemente: Länge und Kürze der Sylben. Der moderne Vers setzt für die Länge die accentuirte, die logisch betonte Sylbe, für die Kürze die unbetonte, die accentlose. Dort ist die Kunstgestaltung eine für sich bestehende, vom Gemüths- und Verstandsleben des Dargestellten nicht direct afficirte; denn die Sylbenquantität ist nicht von der logischen Bedeutung bestimmt: die kurze Sylbe kann die logisch betonte, die lange logisch accentlos im Worte sein.

Soweit also die Versbildung nach Quantitätsbestimmung geschieht, ist ihre metrische Beschaffenheit vom sinnigen Inhalte ganz unabhängig. Die Form ist damit eine selbständigere, sie kann an sich von metrisch-künstlerischer Bedeutsamkeit sein. Dem modernen Verse, der seine Accente in der logischen Sylbenbedeutung findet, fehlt diese Selbständigkeit der formellen Bildung; die Form geht hier am Inhalte auf, geht an ihm verloren: sie ist überhaupt, wenn wir die modernen Versmetra mit den antiken vergleichen, von künstlerisch unerheblicherer Bedeutung. Wo jene in ihren Strophen an rhythmischer Gliederung unerschöpfliche Mannigfaltigkeit gewähren, bestehen unsere Strophenverse meist nur in einem zwei-, drei- oder vierzeitig gemessenen Wechsel von Hebung und Senkung. Das metrische Kunstelement ist daran so gering und wird so sehr von dem poetischen Inhalte, von der logischen Wortbedeutung absorbirt, dass es hier, um den Vers nicht ganz kunstlos werden zu lassen, eines anderen als des metrischen Elementes bedarf: eines solchen, das wieder formell selbständig den Inhalt frei zu tragen geeignet sei. Das ist der Reim, die Assonanz, die Alliteration. Diese Klangbedingungen sind am Inhalte sowenig betheiligt, als es das quantitirte Metrum ist. Die inneren Beziehungen, welche zwischen gereimten Worten sich zuweilen einstellen, wie wenn »*Herz*« und »*Schmerz*«; »*Kuss*« und »*Gruss*« gereimt werden, sind nur ganz zufällige: es ist keinesweges das Bestreben des Reimes, solche aufzusuchen; er besteht rein nur im Gleichklange und nur als Kunstform an sich. Ebenso die Assonanz, als Vocalanlaut, und die Alliteration, der Stabreim, als Consonantanlaut, wie er in kunstreichster Anwendung in der nordischen Poesie zu finden ist.

186. Wir möchten aber dem quantitirten Verse mehr eine plastische, dem modernen accentuirten und gereimten eine mehr musikalische Natur zusprechen; in jenem mehr das Princip der Form, in diesem mehr das Princip der Farbe wiederfinden. Wie die accentuirte Strophe den Reim ungern entbehrt, so würde er der quantitirten nur eine ganz ungehörige, eine widrige Beigabe sein. Die antike Strophe mit gereimten Endungen dürfte einer colorirten Statue verglichen werden.

Der quantitirte Vers vergleicht sich dann auch dem musikalisch polyphonischen, der accentuirte dem homophonischen Satze. Wie der quantitirte Vers das Zusammentreffen der logischen Cäsur mit der metrischen zu vermeiden sucht, so verwebt auch der polyphonische Satz seine metrische Form und überdeckt die Cäsur der einen Stimme durch den Fortgang einer anderen; während der homophonische Satz seine Stimmen in metrischem Einklange hält, und das accentuirte Metrum, namentlich bei dem für den Gesang bestimmten Verse, die lyrische Cäsur nicht zu umgehen, sie vielmehr aufzusuchen hat.

Historisch sehen wir bei den Griechen quantitirte Poesie und homophonische Musik, bei den alten Italienern accentuirte Poesie und polyphonische Musik beisammen bestehen. In unserer Zeit ist homophonische Musik und accentuirte Poesie naturwüchsiger; polyphonische Musik und quantitirte Poesie gehören mehr der Kunstpflege an.

187. Wo aber in der Vereinigung von Poesie und Musik die letztere zu voller Geltung kommen soll, da wird die Poesie ihr allezeit nur a c c e n t u i r t verbunden sein können; denn sie wird lyrische Cäsur haben müssen. Die neueren Versuche, antike Poesie in Musik zu setzen, haben immer nur zum Nachtheile der Poesie ausfallen können. Unter der Last unserer selbständigen musikalischen Formen wird die feinsinnige rhythmische Gliederung des antiken Metrums zerdrückt, und wenn die Musik in diese einzugehen versuchen will, wird sie wieder sich selbst in ihrer eigensten Natur aufgeben müssen, denn unser Gesang ist weniger das betonte Wort, als der in musikalisch selbstgültige Formen in Musik gesetzte Inhalt der Worte.

188. — Es ist gewiss nur halb scherzweis von einem Aesthetiker gesagt, dass die Poesie in der Musik kein anderes Recht zu haben scheine als das, ungestraft schlecht sein zu dürfen. — Poetisch nach Inhalt und Ausdruck wird sie immer sein müssen, wenn sie musikalische Darstellung soll gewähren können. M a t t h e s o n hat sich anheischig ge-

macht, einen Thorzettel zu componiren. — Dem Inhalte eines Thor- oder Speisezettels würde aber der musikalische Ausdruck wenig genügen. Es könnte sich allenfalls die Freude an bekannten Namen im ersteren und an Leibgerichten im letzteren musikalisch aussprechen lassen. Die Rede aber nach ihrem Wortausdrucke zu betonen, sie in ihren Einzelmomenten zu nüanciren, kann die Aufgabe der Musik sowenig sein, als sie ihrer Natur nach eben das Entgegengesetzte zu thun hat: sie hat in der Gefühlssprache verbunden auszudrücken, was die verständige Wortsprache nur getrennt auseinander und nacheinander setzen kann. Wo diese von Freud und Leid spricht, und gesondert erst das Eine, dann das Andere nennen muss, da wird die Musik das Leid in der Freude und die Freude im Leide ausdrücken können und ausdrücken sollen; nicht aber das eine Wort freudvoll, das andere leidvoll zu betonen haben.

Der musikalische Ausdruck lässt hierin den sprachlich-poetischen weit hinter sich, und die Musik, wo sie nicht eben blos declamatorisch, blos wortbetonend ist, wird immer die Poesie sich unterordnen. Der Wortausdruck hat an den musikalischen keinen anderen Anspruch geltend zu machen, als den, dass er nicht verletzt werde durch unverständige, widersinnige Betonung; nicht aber, dass der musikalische in alle seine Einzelheiten eingehe und sie mit Tönen auszudrücken suche: denn die Musik betont den Gefühlscomplex, der in den Worten enthalten, nicht die Worte selbst.

Die Musik ist der Algebra zu vergleichen; die Wortsprache der Zahlenrechnung. Was die Musik in allgemeinem Ausdrucke enthält, kann die Wortsprache nur als Besonderes ausdrücken. Die algebraische Formel stellt das Ineinander-weben und wirken der Factoren dar: die Factoren und das Product in Einem. Die Zahlenrechnung entweder nur die Factoren oder nur das Product. Jene hat aber die allgemeine Bedeutung für unendlich viele zu

setzende Einzelwerthe. So ist die Musik. Man hat öfters
den Versuch machen sehen, den Inhalt eines Instrumental-
musikstückes in Worten, in einem Gedichte auszusprechen.
Das Resultat kann nie befriedigend ausfallen. Wenn der
algebraische Ausdruck $a + b = c$ setzt, und man in Zah-
lenwerth dafür setzen will $2 + 3 = 5$, so ist diese Anwendung der Formel allerdings eine ganz richtige; es lassen
sich aber für a und b unendlich viele andere Werthe setzen,
die c als eine andere Summe ergeben und wo die Factoren-
combination ebenso richtig den Inhalt der Formel erfüllt.
So wird auch dieselbe Musik verschiedenste Wortauslegung
finden können, und von keiner wird zu sagen sein, dass
sie die erschöpfende sei, dass sie die eigentliche und die
ganze Bedeutung der Musik enthalte; diese ist eben auf das
Bestimmteste nur in ihr selbst enthalten. Nicht die Musik
hat den unbestimmten Sinn: sie sagt einem Jeden Dasselbe; sie spricht zum Menschen und sagt nur menschlich
Gefühltes. Eine Mehrdeutigkeit kommt erst zum Vorschein,
wenn Jeder in seiner Weise den Gefühlseindruck, den er
empfängt, in einen besonderen Gedanken fassen, wenn er
das flüssige Wesen der Musik fixiren, das Unaussprechliche
aussprechen will. —

189. Wie die metrischen Formen in der musikalischen
Anwendung nicht mit mechanischer Strenge ausgeübt werden, indem sie durch harmonische und melodische, sowie
durch die Bedingungen eines belebten Vortrages fortwährend
kleine Abweichungen von der mathematisch genauen Bestimmtheit erleiden, die doch immer nicht als Tactlosigkeit
erscheinen; so ist das Sprachmetrum in den relativen Quantitäten seiner Glieder noch weit mehr den Bedingungen des
erfüllenden Wortinhaltes, den logischen wie den phoneti-
schen zu Modificationen hingegeben. Die ungleichzeitigen
Füsse, der Trochäus, der Jambus, werden mit klangvoller
oder mit logisch bedeutender Sylbe in ihrer Kürze oft in
fast gleichzeitige übergehen; der trochäische Daktylus wird
durch Sylbeninhalt und Betonung die Form des spondeïschen

oder auch die tribrachische, die Form der gleichzeitig-drei-
gliedrigen Theilung annehmen können: sonach als Trochäus
mit metrisch getheilter Länge

ja selbst als Trochäus mit metrisch getheilter Kürze

erscheinen können, ohne nach rhythmisch-metrischer Bestimmung die daktylische Bedeutung aufzugeben. In gleicher Weise wird auch die jambisch-anapästische Form sich
der Beschaffenheit des Wortinhaltes nachgiebig und mannigfach modificirbar erweisen.

190. Nicht zu verwechseln ist mit diesen durch den
besonderen Wortinhalt entstehenden rhythmischen Modificationen, der an sich nur gleichzeitig fortgehende Rhythmus,
wie ihn die nicht-quantitirte, die nur allein accentuirte
metrische Bildung entstehen lässt. Hier ist der Unterschied
von Länge und Kürze eben gar nicht vorhanden; der Wechsel besteht nur in der Folge betonter und nichtbetonter
Glieder: in Hebung und Senkung. Dieser Art sind meistentheils unsere gereimten Verse.

·191. Aber nicht diese allein lassen den Unterschied
langer und kurzer Zeittheile nicht wahrnehmen; er tritt
auch in trochäisch und jambisch bezeichneten Versen da
erst bemerklich hervor, wo zu der trochäischen und jambischen die daktylische oder anapästische Bewegung sich
gesellt. In rein trochäischen oder jambischen Reihen würde
man nur mit Mühe der rhythmischen Quantität, ·nach doppelter und einfacher Zeitdauer, fortgesetzt Genüge leisten
können. Mit dem trochäischen Daktylus namentlich, weniger entschieden mit dem jambischen Anapästen, wenn
jener bald nach dem Anfange der Reihe folgt, tritt der
quantitirte Rhythmus sogleich von selbst ein, und wird sich
in Folge dieser Bestimmung auch durch mehrere Glieder
forterhalten. Nach einer längeren Reihe accentuirter Folge

wird aber ebensoleicht der Daktylus die metrisch-gleichzeitige Form annehmen; wo die Folge sich sodann auch
gleichzeitig weiter fortsetzt.

192. Die musikalische Metrik wird immer einen viel
bestimmteren Unterschied zwischen gleichzeitiger und ungleichzeitiger Bewegung bestehen lassen: man wird ohne
rhythmische Störung den $^6/_8$ Tact mit dem $^2/_4$ Tacte nicht
vertauschen können; im Uebergange aus dem einen in den
anderen wird eine Rückung, ein Wechsel rhythmischer
Grundbedingung fühlbar.

Im Sprachmetrum, wo die Gliederung sich an den
Wortsylben auszuprägen hat, wird der Rhythmus im Ganzen sich den metrischen Verhältnissen fügen; wogegen
diese im Einzelnen wieder ihre Modificationen von jenem
annehmen werden. Form und Stoff sind hier beide elasti-
scher Natur; weiten sich und ziehen sich zusammen, nach
den Forderungen, die das Eine am Anderen geltend macht.
Nur ist eine zu geringe Sylbe nicht geeignet, die metrische
Länge zu füllen; wie eine zu schwere Sylbe sich nicht in
die metrisch unbetonte Kürze wird wollen drängen lassen.
Für die neueren Sprachen ist es aber vornehmlich der logische Accent, der die metrische Stellung der Sylbe bestimmt; nicht nur in der allein accentuirten, sondern eben
auch in der quantitirten Metrik.

193. Man nennt in der Sprachmetrik das metrisch positiv erste Moment die Arsis und das zweite die Thesis.
In musikalischer Bedeutung ist es umgekehrt; da hier der
erste Tacttheil, die sogenannte »gute« Zeit, Thesis, der
zweite Thacttheil, die sogenannte »schlechte« Zeit, Arsis
genannt wird. Die musikalische Benennung deutet mit dem
Ausdrucke Thesis auf den Niederschlag, mit welchem der
Tactanfang bezeichnet wird; die sprachmetrische mit dem
Ausdrucke Arsis, für dasselbe Zeitmoment, auf die be-
hende Kraft, mit der die positiv-metrische Bestimmung
beginnt. Dieser Unterschied ist zwar als bekannt vorauszusetzen; es schien aber unserem Zwecke doch an-

gemessener, jene Benennungen, da sie in musikalischer
und sprachmetrischer Anwendung entgegengesetzte Bedeutung haben, ganz zu vermeiden; um den metrischen Begriff,
der in beiden Sphären derselbe ist, durch verschiedene
Namen für dieselbe Sache nicht mit sich selbst in schein-
baren Widerspruch zu bringen.   Die Kenntniss der technischen Namen, wie des äusseren Vorkommens der mit diesen
Namen benannten Dinge ist bei allem bisher Verhan-
delten immer vorausgesetzt worden, und so haben wir die
Namen auch als bekannte gebraucht; es beschäftigt uns
aber eben weniger das äussere Vorkommen der benannten
Dinge, als ihr inneres Wesen und ihr einheitlicher Zusammenhang.

III

METRISCHE HARMONIK.

HARMONISCHE METRIK.

Harmonisch-metrische Bestimmung.

1. Wenn zuerst der harmonisch-melodische Bildungsprocess an sich, dann der metrisch-rhythmische an sich betrachtet worden ist; so werden die beiden Doppelfactoren nun wieder zu verbinden sein zu concreter Einheit, wie sie in der Musik so ineinander bestehen, dass in einem mehrstimmigen Satze ein jedes Moment der Harmonie auch seine Bedeutung als Moment der Melodie, wie auch als metrisches und rhythmisches Moment zugleich wird haben müssen.

Das melodisch-Rhythmische lässt aber eine abstract systematische Fassung nicht in der Weise und der Ausführung zu, wie das harmonisch-Metrische. An jenem würde in der unendlichen Mannigfaltigkeit möglicher Erscheinungen nur immer das Allgemeinste; oder das Besonderste zu besprechen sein. In diesem ist das Besondere im Allgemeinen zu fassen, und es kann aus dem Ganzen die Erklärung jedes Einzelnen hergeleitet werden.

Das Folgende enthält nur harmonisch-metrische Untersuchung.

Im Begriffe der Ton- oder Accordfolge liegt zwar ein zeitlicher Fortgang schon ausgesprochen; jedoch schlechthin nur in der Bedeutung des Nacheinanderseins' überhaupt, ohne dass noch einer metrischen Bestimmung dabei gedacht zu sein braucht.

2. Die erste metrische Bestimmung ist aber die der Folge eines Ersten und Zweiten, eines Positiven und Relativen, des Accentuirten und Nichtaccentuirten:

1 — 2.

Ihr Anderes ist Dasselbe in entgegengesetzter Ordnung:

$$2 - 1.$$

3. Auch die Harmonie hat im Begriffe der Folge ihr Positives und Relatives. Wir haben es ebenfalls mit I und II bezeichnet, als die Beziehung eines Dominantaccordes, — des Ober- oder Unterdominantdreiklanges, — zu seinem tonischen Dreiklange: I — V, I — IV, Beides allgemein unter obigem Ausdrucke: I — II begriffen.

Das Andere, das Entgegengesetzte dieser Folgen ist auch hier ihre Umkehrung: V — I, IV — I, unter dem allgemeinen Ausdrucke: II — I.

4. In der Verbindung des harmonischen mit dem metrischen, also im harmonisch-metrischen oder metrisch-harmonischen Begriffe, wird sich, wie bei jeder doppelzweifachen Combination, eine vierfach mögliche Beziehung der harmonischen zur metrischen Bestimmung ergeben: *A. a)* das harmonisch-Positive im metrisch-Positiven; *b)* das harmonisch-Positive im metrisch-Negativen; *B. a)* das harmonisch-Negative im metrisch-Positiven; *b)* das harmonisch-Negative im metrisch-Negativen:

A. a) I — II		*b)* I — II	
1 — 2,		2 — 1.	
B. a) II — I		*b)* II — I	
1 — 2,		2 — 1.	

5. Es sind die Stellungen, in welchen das harmonisch-Positive metrisch-negative Geltung erhält, einer vernünftigen Bedeutung nicht widersprechend: sie haben den Sinn, dass etwas harmonisch-Beziehendes etwas metrisch-Bezogenes wird; dass ein harmonisches Haben sich als ein metrisches Gehabtwerden in ihnen findet. Ein Accord kann nicht gleichzeitig ein harmonisch-positives und relatives Moment sein: der Dreiklang *C-e-G* kann nicht zugleich tonischer und Dominantaccord sein; er kann aber als tonischer metrisch-positive oder relative Stellung erhalten;

sowie ein metrisch-positives Moment, das nicht zugleich ein relatives sein kann, harmonisch-Positives oder Relatives zum Inhalte wird haben können.

6. So ist die Folge consonanter Harmonie an sich noch ohne Bestimmung für die metrische Stellung ihrer Folgeglieder. Dieselbe consonante Accordreihe kann metrisch verschiedenste Gestalt annehmen und wird dadurch auch ihrer inneren Bedeutung nach aufs Mannigfaltigste verschieden sein können. Denn wie schon die Aufeinanderfolge der Dreiklänge *C–e–G...G–h–D*, nachdem sie metrisch-positive oder negative Ordnung erhält:

$$C-e-G \quad h-D-G, \qquad C-e-G \mid h-D-G,$$
$$1 \quad - \quad 2 \qquad\qquad 2 \quad - \quad 1$$

nachdem sie also ihr metrisch-positives, accentuirtes Moment entweder auf dem tonischen oder auf dem Dominantaccorde findet, im ersten Falle dem Durbegriffe, im zweiten dem Mollbegriffe, dem Begriffe der Selbständigkeit oder dem der Abhängigkeit Ausdruck verleihet, bei gleicher Harmonie also Entgegengesetztes ausspricht; — so wird eine fernere Dreiklangsfortsetzung in weiterer metrischer Formation, in drei- und vierzeitigem und in combinirtem Metrum, zu grösster Verschiedenheit harmonisch-metrischer Bedeutung führen können.

7. Wie der Dreiklang selbst, so wird auch dessen erste Versetzung, der Sextaccord, eine Bestimmung für die metrische Stellung nicht an sich haben. Unter den Dreiklangsformen ist es nur der Quartsextaccord, der, wie sein Auftreten an sich schon harmonisch mehrfacher Bedingniss unterliegt, auch metrisch in manchen Fällen nur die eine oder die andere Stelle einnehmen will. So wird Quartsextlage des tonischen Dreiklanges, wenn sie in Folge des Unterdominantaccordes in den Oberdominantaccord übergeht und zum Schlusse führt, allezeit eine metrisch wesentlich positive oder accentuirte Stelle, die Auflösung in den Oberdominantaccord eine zweite, accentlose verlan-

gen. Hier ist es eben die in der Natur der Accordlage
enthaltene Folge und die Bedingung für das Schlussmoment,
metrisch Erstes zu sein, was diesem Accorde metrische
Bestimmung ertheilt.

8. Sonst lässt sich aber von Dreiklangsverbindungen
in dieser Beziehung überhaupt nur sagen, dass keine Art der
metrischen Aufeinanderfolge in ihnen der Möglichkeit unbedingt entgegen ist. Denn wie die Folgen der Dreiklänge

$$
\begin{array}{cccc}
1-2 & 1-2 & 2-1 & 2-1 \\
C\text{ -}G, & G\text{-}C; & C\mid G, & G\mid C; \\
I-V & V-I & I-V & V-I
\end{array}
$$

metrisch- und harmonisch-Gleiches und ebenso Entgegengesetztes verbunden enthalten, wie eben auch die unverbundenen Dominantaccorde in vierfach harmonisch-metrischem
Sinne aufeinanderfolgen können als:

$$
\begin{array}{cccc}
1-2 & 1-2 & 2-1 & 2-1 \\
F\text{ - }G, & G\text{ - }F; & F\mid G, & G\mid F; \\
IV-V & V-IV & IV-V & V-IV
\end{array}
$$

so wird auch jeder Uebergang aus dem tonischen Dreiklange
zu den verbundenen Molldreiklängen:

$$
\begin{array}{cccc}
1-2 & 1-2 & 2-1 & 2-1 \\
C\text{-}\left\{\begin{smallmatrix}a\\e,\end{smallmatrix}\right. & \left.\begin{smallmatrix}a\\e\end{smallmatrix}\right\}\text{-}C; & C\mid\left\{\begin{smallmatrix}a\\c,\end{smallmatrix}\right. & \left.\begin{smallmatrix}a\\e\end{smallmatrix}\right\}\mid C;
\end{array}
$$

wie zu den getrennt abliegenden verminderten:

$$
\begin{array}{cccc}
1-2 & 1-2 & 2-1 & 2-1 \\
C\text{-}\left\{\begin{smallmatrix}D^0\\h^0,\end{smallmatrix}\right. & \left.\begin{smallmatrix}D^0\\h^0\end{smallmatrix}\right\}\text{-}C; & C\mid\left\{\begin{smallmatrix}D^0\\h^0,\end{smallmatrix}\right. & \left.\begin{smallmatrix}D^0\\h^0\end{smallmatrix}\right\}\mid C;
\end{array}
$$

in allen metrischen Folgebestimmungen zu setzen sein.

9. In diesen Folgen wird der relativ gesetzte Accord
der Unterdominantseite auch dem Unterdominantaccorde,
der relativ gesetzte Accord der Oberdominantseite dem

Oberdominantaccorde verwandt erscheinen, so dass bei den Folgen

$$\begin{array}{ccc} \text{I—vi} & & \text{I—II}^0 \\ \text{C - a,} & \text{und} & \text{C - D}^0, \end{array}$$

die Bedeutung

$$\begin{array}{c} \text{I —IV} \\ \text{C - F,} \end{array}$$

bei den Folgen

$$\begin{array}{ccc} \text{I—iii} & & \text{I—vii}^0 \\ \text{C - e,} & \text{und} & \text{C - h}^0, \end{array}$$

die Bedeutung

$$\begin{array}{c} \text{I — V} \\ \text{C - G} \end{array}$$

durchklingt. Da es aber hauptsächlich der Terzton ist, welcher in diesen Nebenaccorden den Dominantanklaug entstehen lässt, indem durch *a* hier der Unterdominantaccord, durch *h* der Oberdominantaccord in Anregung kommt; so wird der Molldreiklang der Unterdominantseite, indem er Grundton und Terz des tonischen Dreiklanges enthält, eben auch diesen tonischen Dreiklang selbst zu vertreten geeignet sein. Es hängt hier zu Vieles ab von der besonderen Stellung, von dem Hervortreten des einen oder anderen Accordintervalles, als dass eine allgemein gültige Substitutionsbestimmung der Nebenaccorde für die Hauptaccorde sich abstract könnte festsetzen lassen. Im concreten Falle wird die Bedeutung immer leicht durchzufühlen und auszusprechen sein.

10. In der Tonleiter, deren Stufen, wie früher gezeigt worden ist, für die Durtonart durch die drei Töne des tonischen Dreiklanges bestimmt werden, findet immer ein Wechsel von Grund- und Dominantaccorden statt:

$$\begin{array}{l} \text{C . . D . . e . . F . . G . . a . . h . . . C} \\ \text{I — V — I,} \quad \text{IV — I — IV,} \\ \qquad\qquad\qquad \text{(vi — iii — vi)} \\ \qquad\qquad\qquad \text{i — v — i.} \end{array}$$

Einem tonischen Accorde, I, entspricht direct das metrisch-Positive, 1; dem Accorde der Ober- oder Unterquint, II, das metrisch-Relative, 2.

Demnach wird die metrische Stellung der Leitertöne bis zu der sechsten Stufe sein:

$$
\begin{array}{ccc}
I - V & I - IV & I - IV \\
C .. D .. e .. & F .. G .. & a \\
1 - 2, & 1 - 2, & 1 - 2.
\end{array}
$$

Von der sechsten Stufe an aber ist sie:

$$
\begin{array}{cc}
I - V & I \\
a .. h .. & C \\
1 - 2, & 1.
\end{array}
$$

Die sechste Stufe hat mithin zu der fünften metrisch-relative, zu der siebenten metrisch-positive Bedeutung. In jedem Sinne wird an dieser Stelle immer eine Hemmung des Fortganges, des rhythmischen wie des harmonischen eintreten. Wenn hier metrisch-Positives mit harmonisch-Positivem zusammentreffen soll, so wird diese sechste Stufe wie sie harmonisch die Bestimmung wechselt, auch metrisch zweifache Bestimmung, erst relative dann positive, erhalten müssen. Diess kann durch Verdopplung oder durch Halbirung des metrischen Werthes dieser Stelle geschehen, indem sie sich wiederholt, oder die siebente mit in sich aufnimmt:

Auf beide Weisen kommt die sechste Stufe zu der fünften in relative, zu der siebenten in positive Geltung und die metrische Bestimmung wird der harmonischen eine völlig adäquate.

11. Dass aber auch hier, bei der Leiter, wie bei den vorher besprochenen Dreiklangsfolgen, die metrische mit der harmonischen Bestimmung auf jede Weise in Gegensatz wird treten, sich mit ihr in jedem Sinne wird durchkreuzen können, geht schon selbstverständlich hervor, indem die Tonleiter eben auch nur in der Dreiklangsvermittlung ihre Stufen bestimmt erhalten kann. Sie werden aber nicht durch die nächstverwandten, in der Terz verbundenen, sondern nur durch die in der Quint verbundenen, durch die im zweiten Grade verwandten Dreiklänge bestimmt. Jene haben hauptsächlich den melodischen Stillstand, nur nebensächlich den Fortgang zur Folge; in diesen ist der melodische Fortgang das Hauptsächliche, der harmonische Halt das Nebensächliche, Untergeordnete.

Metrische Stellung der Dissonanz.

12. Mit dem Auftreten der Dissonanz tritt auch eine wesentlichere Bestimmtheit für die metrische Stellung im harmonischen Satze ein.

Wir kennen die Dissonanz in zwei hauptsächlich unterschiedenen Gattungen: als Vorhalt, und als Septimenharmonie.

Die Auflösung des Vorhaltes erfolgt, oder kann erfolgen, ohne Veränderung der Grundharmonie des Accordes, in welchem er dissonant enthalten ist.

Durch die Auflösung des Septimenaccordes wird nothwendig eine neue Grundharmonie herbeigeführt.

a) Im Vorhaltsaccorde.

13. Der Uebergang aus einem Dreiklange in einen engverbundenen anderen lässt keinen Vorhaltsaccord entstehen; dieser wird nur aus dem Uebergange in einen hauptsächlich nicht-verbundenen, in einen mehr getrennten als verbundenen Dreiklang resultiren können. Der Vor-

halt kann daher immer nur mit dem Auftreten eines von dem vorhergehenden wesentlich verschiedenen, eines in der Quint verwandten oder getrennten Dreiklanges entstehen. Seine Auflösung geschieht aber wieder nicht in einer wesentlich anderen, sondern in der Grundharmonie des Vorhaltsaccordes selbst. Damit ist nun schon die Bestimmung gegeben, dass diese Dissonanz ein metrisch-Erstes, ihre Auflösung ein metrisch-Zweites sein müsse, dass sie auf dem accentuirten, die Auflösung auf dem nicht-accentuirten Tacttheile stehen müsse; denn es ist mit der Dissonanz eine neue Harmonie aufgetreten, die sich bei der Auflösung nicht verändert, die hier nur ein nothwendig folgendes, zweites Moment nach sich zieht. Dissonanz und Auflösung gehören derselben Grundharmonie an und stehen somit auch in metrisch-positiver Einheit als Folge eines ersten und zweiten Gliedes derselben. Jeder Vorhalt hat die metrisch e r s t e Stelle, dessen Auflösung die metrisch z w e i t e.

b) *Im Septimenaccorde.*

α) Im unverwendeten Tonartsysteme.

14. Die Dissonanz des Septimenaccordes führt sich auf zwei verschiedene Weisen ein: sie ist entweder in der Septime oder im Grundtone vorbereitet, jenachdem der Uebergang in einen über- oder unter-liegenden Dreiklang im Septimenaccorde zusammenklingend enthalten ist. So entsteht aus dem Uebergange von *C-e-G* nach *a-C-e* die Septimenharmonie *a-C-e-G* in der Lage *C-e-G-a*, denn die Quint des C-Durdreiklanges ist zu dem Grundtone des a-Molldreiklanges fortgeschritten und ist als Quint zugleich liegen geblieben: die Dissonanz in *C-e-G-a* ist durch die Septime *G* vorbereitet. Septime wird aber dieses *G* durch den Eintritt des G r u n d t o n e s *a*.

15. Der entgegengesetzte Uebergang, aus dem Dreiklange *a-C-e* nach dem Dreiklange *C-e-G*, lässt, zur Harmonie fixirt, denselben Septimenaccord *a-C-e-G*, und zwar

in der Lage *G-a-C-e* entstehen, denn *a* ist hier nach *G*
fortgeschritten. In dieser Folge ist es aber die Q u i n t des
neuen Dreiklanges, welche gegen den Grundton des ersten
dissonirend hinzutritt.

Die Folge *a-C-e* ... *G-C-e*＝*G-a-C-e* bestimmt mit dem
zweiten Momente keine neue Basis; wohl aber die Folge
C-e-G ... *C-e-a*＝*C-e-G-a*. Der Septimenaccord der letzten
Folge, indem er durch den Eintritt des Grundtones entsteht,
wird die metrisch e r s t e Stelle, das accentuirte Moment erhalten wollen. Im Septimenaccorde der Folge *a-C-e* ... *G-C-e*
ist aber die Basis des zweiten Dreiklanges schon im ersten
enthalten; er tritt nicht mit neuem Grundtone auf, er bringt
nur die Quint zu einem schon vorhandenen Grundtone
hinzu, ein harmonisch-Secundäres, Relatives; und wird
somit auch metrisch nicht primäre, positive, erste oder
accentuirte Stellung erhalten können, sondern eben auch
die seiner harmonischen Bedeutung entsprechende relative,
oder secundäre: er wird auf dem z w e i t e n, dem nicht-
accentuirten metrischen Momente seine Stelle finden. So
steht normal die vorbereitete Septime auf »gutem«, die
nachschlagende Septime auf »schlechtem« Tacttheile.

Diese harmonisch-metrische Bestimmung wird für alle
Septimenharmonieen sich begründet finden, welche innerhalb des unverwendeten Systemes sich aus zwei wirklichen
Dreiklängen, einem Dur- und einem Molldreiklange combiniren, d. h. bei alle denen, in welchen, wie wir früher
gesehen haben, die Septime nicht aufsteigend zu dem
Grundtone treten konnte.

β) I m v e r w e n d e t e n T o n a r t s y s t e m e.

16. In den Septimenaccorden, welche die verbundenen
Grenzen des Systemes in sich enthalten, das wir dann als
ein in sich verwendetes, das Innere gespalten als Grenze,
die verbundenen Grenzen als Mitte setzendes betrach-

ten konnten, — wie es im Systeme der C-Dur- und C-Molltonart

(e) G - h - **B** - a - C (e)

(es) G - h - **B** -as- C (es)

sich in dem Momente **B**, dem Zusammenklange des Unter-dominantgrundtones mit der Oberdominantquint, characte-risirt, — in diesen Septimenaccorden konnte die Septime sich aufsteigend zu dem Grundtone bewegen. Sie bestehen nicht, wie jene innerhalb des unverwendeten Systemes enthaltenen, in einer Verbindung zweier ineinanderliegen-der Dreiklänge; sie combiniren sich aus dem Ober- und Unterdominantaccorde, mithin gerade aus entschieden ge-trennten Dreiklängen. Auch ist ihre Entstehung nicht in der Weise, wie die der anderen, im Uebergange bedingt, so dass dieselben nothwendig nur aus der Aufeinanderfolge der beiden in der Septimenharmonie enthaltenen Dreiklänge, von denen hier einer wenigstens ein verminderter, also eben kein Dreiklang ist, hervorgehen können. —

17. Es ist an dieser Stelle nicht zu wiederholen, was früher über die Natur dieser Septimenharmonieen gesagt worden und wie sie ihre Besonderheit vor denen des un-verwendeten Systemes an sich enthalten: nur das Bezeich-nende wollen wir hier hervorheben, dass in den Septimen-accorden des verwendeten Systemes es Momente gleicher harmonischer Bedeutung sind, welche zusammenklingend die Dissonanz bilden, wenn in den Septimenaccorden des unverwendeten Systemes allezeit die Quint eines Dreiklan-ges gegen den Grundton eines anderen dissonirt.

In den Septimenaccorden:

$$
\begin{array}{cc}
\text{I} & \text{I} \\
\text{G - h - D} \mid \text{F,} \\
\text{III} & \text{III} \\
\text{h - D} \mid \text{F - a,} \\
\text{II} & \text{II} \\
\text{D} \mid \text{F - a - C,}
\end{array}
$$

sind es, im ersten, die beiden Dominantgrundtöne *F* und
G, im zweiten, die beiden Dominantterzen *a* und *h*, im
dritten, die beiden Dominantquinten *C* und *D*, welche
Dissonanz-bildend einander gegenüberstehen.

Die Septimenaccorde:

$$
\begin{array}{ccc}
\text{I} & & \text{II} \\
\text{F} - \text{a} - \text{C} - \text{e}, & & \\
\text{I} & & \text{II} \\
\text{a} - \text{C} - \text{e} - \text{G}, & & \\
\text{I} & & \text{II} \\
\text{C} - \text{e} - \text{G} - \text{h}, & & \\
\text{I} & & \text{II} \\
\text{e} - \text{G} - \text{h} - \text{D}, & &
\end{array}
$$

dagegen, haben durchgängig die Dissonanzbedeutung, dass
die Quint des oberen Dreiklanges mit dem Grundtone des
unteren im Widerspruche steht, oder vielmehr, dass ihr
Zusammenklang den Widerspruch in dem dazwischenliegenden Intervalle entstehen lässt.

18. Wenn nun jedesmal, da der gleichzeitige Zusam-
mentritt der dissonirenden Töne ausser aller Vermittlung
liegen würde, nur ein successives Eintreten, ein Nachein-
anderkommen derselben die Dissonanz herbeiführen kann,
die Töne aber entweder in der Aufeinanderfolge von Grundton und Quint, oder von Quint und Grundton eintreten
werden; so ergibt sich das metrisch-Gleichbedeutende von
selbst in der Ordnung von Erstem und Zweitem oder von
Zweitem und Erstem: dem Grundtone kommt die erste, der
Quint, als Septime, die zweite metrische Stelle zu:

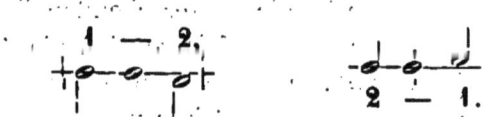

Jene Septimenaccorde, die im verwendeten Systeme
enthalten sind, setzen aber nicht einen Grundton und eine
Quint als Dissonanzmomente sich entgegen, sondern zwei

harmonische Momente gleicher Bestimmung: Grundton und Grundton, Quint und Quint, Terz und Terz. Hier kann nun eine metrisch selbstverständliche Bestimmung für die Stellung des Dissonanzaccordes, nach der Bedingung, ob er in der Septime oder im Grundtone vorbereitet sei, nicht mehr stattfinden; sie ist wenigstens im Unterschiede der dissonirenden Töne ihrer harmonischen Bedeutung nach, nicht gegeben, wie in jenen mit Grundton und Quint dissonirenden Septimenaccorden: denn es ist hier die Septime harmonisch gleicher Bedeutung mit dem Grundtone; beide stehen sich als dieselben Momente der beiden Dominantaccorde entgegen und können, wenigstens nach der Bedeutung, die sie harmonisch, jeder in Bezug auf seinen Dreiklang haben, gleiche Rechte an gleiche Stellen in Anspruch nehmen. Und so sehen wir denn auch die Septimenaccorde des verwendeten Systemes, d. h. diejenigen, welche die Grenzen desselben zusammengefasst enthalten — in der C-Durtonart:

$$G - h - D \underbrace{\mid} F, \quad h - D \underbrace{\mid} F - a, \quad D \underbrace{\mid} F - a - C,$$

in d er C-Molltonart:

$$G - h - D \underbrace{\mid} F, \quad h - q \underbrace{\mid} F - as, \quad D \underbrace{\mid} F - as - C,$$

zu guter, gerechtfertigter Wirkung, mit vorbereiteter Septime auf der metrisch zweiten Zeit sich einfinden, und ihre Vorbereitung, wie ihre Auflösung, in die metrisch erste verlegen.

19. Eine Sequenz von vorbereiteten Septimenaccorden mit ihren Auflösungen in die entsprechenden Dreiklänge, die sich, den Septimenaccord auf die zweite, die Auflösung auf die erste Zeit gesetzt, in den Dissonanzharmonieen des unverwendeten Systemes nur metrisch verkehrt und naturwidrig erweisen kann, wird an den Stellen, wo sie den Dissonanzharmonieen des verwendeten Systemes begegnet, etwas Unrichtiges nicht mehr empfinden lassen; hier ist die

metrische Stellung für die Vorbereitung der Septime auf erster, für den Eintritt des Grundtones auf zweiter Zeit eine ebenso berechtigte, als die umgekehrte: denn es sind eben hier Grundton und Septime von harmonisch gleicher Dignität, es ist Keines dem Anderen untergeordnet.

20. Die folgende Reihe:

$$C\,|\,F_7\,\text{-}\,h^0 e\,|_7\,\text{-}\,a\,|\,D\,{}^{\circ}_7\text{-}{}_1'G\,|\,C_7\,\text{-}\,F\,|\,h^0_7\,\text{-}\,e\,|\,a_7\,\text{-}\,D^0\,|\,G_7\,\text{-}\,C,$$

welche in dieser metrischen Stellung den Dissonanzaccord auf der accentuirten Zeit enthält, kann nur in jedem Momente unbedenklich richtig erscheinen. Wird dieselbe Reihe in metrisch-entgegengesetzte Ordnung gestellt:

$$C\,\text{-}\,F_7\,|\,h^0\,\text{-}\,e_7\,|\,a\,\text{-}\,D^0_7\,|\,G\,\text{-}\,C_7\,|\,F\,\text{-}\,h^0_7\,|\,e\,\text{-}\,a_7\,|\,D^0\,\text{-}\,G_7\,|\,C,$$

so sehen wir die Dissonanzen in die zweite, in die nicht-accentuirte Zeit fallen, und diese kann dem Gewichte, mit welchem die Septimenaccorde des unverwendeten Systemes auftreten, nicht entsprechend sein. Die Septimenaccorde: *F-a-C-e*, *a-C-e-G*, *C-e-G-h*, *e-G-h-D* finden nur in der metrisch ersten Zeit die ihnen angemessene Stelle.

21. Dagegen fügen die Septimenaccorde *G-h-D|F*, *h-D|F-a*, *D|F-a-C* sich der nicht-accentuirten Stelle ganz willig. Bei den Accorden *G-h-D|F*, *h-D|F-a* fühlt man den Eintritt in das andere Dissonanzelement, verschieden von dem, in welchem die übrigen Septimenaccorde ihre Existenz haben, ganz unzweideutig; der Septimenaccord *D|F-a-C* lässt es weniger entschieden empfinden, weil er, wie bei dessen Vorkommen in früheren Fällen schon bemerkt wurde, den verminderten Dreiklang *D|F-a* mit dem Molldreiklange *d-F-a* leicht verwechseln lassen, oder in der That den letzteren für den ersteren substituiren kann, und dann erscheint der Accord, gleich den Septimenaccorden *a-C-e-G* und *e-G-h-D*, als einer von denen, welche die metrisch erste Zeit verlangen.

In der Molltonart ist an dieser Stelle die Zweideutigkeit nicht vorhanden: der Accord *D|F-as-C* ist in Bezug auf das

Molltonartsystem ganz derselben Natur, wie jener: $D{|}F-a-C$ im Durtonartsysteme, ist aber für die Wirkung entschiedenerer Art und nicht mit einem Septimenaccorde des unverwendeten Systemes zu verwechseln; daher er auch unbedenklicher metrisch-zweite Stelle wird erhalten können, als der ihm entsprechende der Durtonart.

Uebersicht des Vorstehenden über metrische Dissonanzstellung.

22. In seinem harmonischen Dasein ist jeder Dissonanzaccord ein Erstes und Zweites zugleich. Er ist Zweites in Folge der vorangegangenen Vorbereitung der Dissonanz, und Erstes in Bezug auf die nothwendig folgende Auflösung derselben. Metrisch hebt sich aber die eine oder die andere harmonische Beziehung hervor, nachdem die Dissonanz eben entweder durch einen neu zu dem Accorde tretenden Grundton bestimmt wird, oder gegen einen schon vorhandenen auftritt.

In der Dissonanzbildung des Vorhaltsaccordes ist das Dissonanzmoment allezeit metrisch-Erstes, Accentuirtes; denn die Dissonanz entsteht hier durch neu auftretenden Grundton. Die Auflösung ist das metrisch-Zweite, Nichtaccentuirte; sie erfolgt ohne wesentliche Harmonieveränderung.

In der Bildung des Septimenaccordes ist das Dissonanzmoment metrisch-Erstes, wenn die Dissonanz sich in der Quint des oberen Dreiklanges vorbereitet, und metrisch-Zweites, wenn sie im Grundtone des unteren Dreiklanges vorbereitet ist. Sie kann aber Erstes oder Zweites sein, wenn sie nicht zwischen einem Grundtone und einer Quint, sondern zwischen Accordmomenten gleicher Ordnung besteht, die dann nur gleiche Momente der entgegengesetzten Dominantaccorde sein können.

Wenn der harmonische Process der Dissonanzbildung allgemein wieder unter der Formation

$$I - II$$
$$I - II$$

sich darstellen lässt, in welcher das mittlere, doppelt bestimmte Glied den Dissonanzaccord, das erste den vorbereitenden, das letzte den auflösenden zu bedeuten hat; so wird die metrische Bestimmung, mit der harmonischen verbunden, auf zweifache Weise hervorgehen können: sie wird das erste oder das zweite harmonische Glied, das vorbereitende oder das Dissonanzmoment als accentuirtes aufzunehmen haben; das dritte Glied, das auflösende, bestimmt sich dann in Folge der Bestimmung des zweiten zu einem accentuirten oder nicht-accentuirten von selbst.

Die harmonisch-metrische Bestimmung ist sodann entweder:

$$I - II \qquad\qquad I - II$$
$$I - II \qquad\text{oder}\qquad I - II$$
$$1 - 2 \mid 1 .., \qquad ..2 \mid 1 - 2.$$

Unter der ersten dieser Formen erscheint die sogenannte nachschlagende Septime; eben auch werden sich ihr solche Septimenformationen fügen, die im verwendeten Systeme ihre Entstehung haben; vorzugsweise der Oberdominantseptimenaccord und der Septimenaccord der Oberdominantterz; weniger unbedingt in der Durtonart der Septimenaccord der Oberdominantquint aus früher besprochenem Grunde.

In der zweiten Form stellt sich allezeit die Vorhaltsdissonanz dar, wie auch in ihr die nicht im Grundtone vorbereiteten Septimenaccorde des unverwendeten Systemes erscheinen müssen, die des verwendeten Systemes erscheinen können und in gebundener Harmonie auch mehrentheils erscheinen werden.

Die Dissonanz im drei- und vierzeitigen Metrum.

23. Es ist bisher in harmonisch-metrischer Beziehung immer nur das Verhalten von erster und zweiter Zeit in Betracht gezogen worden; das zweizeitige Metrum ist aber nur der Anfang der metrischen Bildung, sie geht zu dem drei- und vierzeitigen fort und findet erst in diesen beiden Momenten ihre Entwickelung und Vollendung.

Die Accentbestimmung wird durch diese weitere Formation eine combinirte. Im dreizeitigen wie im vierzeitigen Metrum ist die zweite Zeit nicht mehr accentlos; im dreizeitigen ist nur die dritte, im vierzeitigen nur die vierte ohne Accent. Die Accente treten aber hier in verschiedener Ordnung auf. Wie das zweizeitige Metrum nur einfache Accentordnung enthält, so finden wir sie im dreizeitigen zweifach, im vierzeitigen dreifach übereinander bestehend; und es wird ein metrisches Glied, das in einer höheren Ordnung ohne Accent, in der niederen aber ein accentuirtes ist, diesen Accent für die harmonische Bedeutung in seiner Ordnung in Anspruch nehmen dürfen.

Sonach wird ein harmonisch accentuirtes Moment, das in positiv-zweizeitigem Metrum nur mit der ersten Zeit coïncidiren kann, im dreizeitigen mit der ersten und zweiten Zeit, im vierzeitigen aber mit der ersten, zweiten und dritten zusammenfallen können.

24. Es ist im dreizeitigen Metrum die erste Zeit eine doppelt accentuirte, die zweite einfach accentuirt, die dritte accentlos. Auf die letzte Zeit würden demnach nur die nicht-accentuirte Dissonanz, die im Grundtone vorbereitete, nachschlagende Septime, sowie die der Dominantverbindung angehörigen Dissonanzaccorde zu stehen kommen können. Der Vorhalt und die in der Oberquint vorbereitete Septime finden ihre Stelle aber ebensowohl auf der zweiten Zeit wie auf der ersten. Die Vorbereitung geschieht dann im ersten Falle auf der ersten, im zweiten auf der vorausgegangenen dritten Zeit.

25. Beim vierzeitigen Metrum, in welchem nur die vierte Zeit eine völlig accentlose ist, gilt von dieser, was über die dritte des dreizeitigen gesagt ist. Auf die ersten drei Zeiten ist aber nicht unbedingt anzuwenden, was von den ersten beiden im dreizeitigen Metrum gilt. Im vierzeitigen ist die erste Zeit eine dreifach accentuirte, die zweite einfach und die dritte doppelt accentuirt. Daher das vierzeitige Metrum hauptsächlich seine erste und seine dritte Zeit als accentuirte hervorhebt; die zweite dagegen, mit ihrem einfachen Gliedaccente, nicht wohl zum Träger eines harmonisch schwerbetonten Momentes geeignet erscheinen lassen kann. Es werden deshalb die harmonisch-accentuirten Dissonanzmomente, der Vorhalt und die liegende Septime der wirklichen Dreiklangscombination, nur dem ersten und dritten Gliede des vierzeitigen Metrums zufallen; das zweite Glied aber wird als ein schwach accentuirtes, nach dem dreifach accentuirten ersten, ebenso wie das accentlose vierte nach dem doppelt accentuirten dritten, nur die harmonisch nicht-accentuirte nachschlagende Septime aufnehmen können.

Dass in ihrer Stelle die anderen nicht nothwendig accentuirten Dissonanzharmonieen Platz finden werden, geht von selbst hervor, da sie auch von völlig accentlos metrischen Stellen sich aufnehmen lassen.

Synkope.

26. Wie im drei- und vierzeitigen Metrum, in geschlossener Formation, das schwache Glied eines Paares von dem starken eines anderen Paares überdeckt wird und sich wieder als ein accentuirtes hervorgehoben zeigt; so ist auch in weiter gebildeter Reihe eine solche verkettete Gliederung positiver Paare fortzusetzen.

27. An sich gewährt schon jede Reihe fortlaufender Formation einen doppelten Gesichtspunct. Wie eine Reihe von Duraccorden zugleich eine Reihe von Mollaccorden in

sich enthält, ebenso ist auch in der metrisch-positiven Reihe gleichzeitig eine negative enthalten:

$$B - d - F - a - C - e - G - h - D - fis - A$$

Durch die Paaresglieder der negativen Reihe werden die metrisch getrennten Paare der positiven verbunden und es ist hier darauf zurückzudeuten, was an seinem Orte über den Begriff des Schlusses und über den Unterschied metrischer und rhythmischer Einheit gesagt worden ist.

28. Die hier zu betrachtende Gliederverkettung ist aber anderer Art: in ihr wird auch das zweite Glied eines Paares mit dem ersten des folgenden verbunden, nicht aber in der Bedeutung der Glieder, wie sie in der positiven Reihe ihnen schon angehört, d. h. als ein negatives Paar, sondern eben wieder als positives.

Musikalisch ist uns dieser Vorgang unter dem Namen der Synkope bekannt, die ein metrisch zweites Glied mit dem folgenden ersten zu positiver ungetrennter Einheit zusammenfasst, und dem nicht-accentuirten Gliede Accent verleiht:

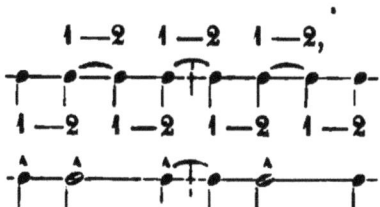

29. Wenn aber eine Reihe synkopisch erscheinen soll, so wird mit ihr zugleich die nichtsynkopische vorhanden sein müssen, denn ohne die Normalreihe, von welcher die

synkopirte den metrischen Widerspruch bildet, würde die synkopirte selbst sich als normale accentuirt darstellen, die obige würde als eine Auftactreihe erscheinen:

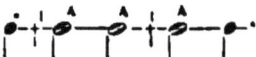

Die synkopische Bewegung kann sich nur als eine solche ergeben, wenn mit ihr zugleich auch die accentuirten Momente der Normalreihe bezeichnet werden:

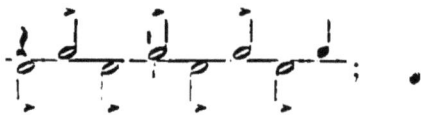

sie lässt sich somit erst mit zwei Stimmen zur Darstellung bringen, von denen eine die normale, die andere die synkopirte Betonung enthält. Die Bedingung der Zweistimmigkeit wird aber eben da nur gültig sein, wo die Synkope ungetrennt, ohne Unterschied eines zweiten Momentes auftritt, ausserdem würde ein Satz die synkopische Betonung erhalten und in der Gliederung die normal-metrische Beschaffenheit immer durchführen lassen können, wie wir es bei den auf zweitem metrischen Momente betonten Rhythmen früher mehrfach sich haben ergeben sehen.

30. Dass bei solchen Synkopen, Ligaturen, Bindungen aus einem zweiten Zeitmomente in ein erstes, dieses letztere keine längere Dauer wird haben können, als das erstere, geht natürlich daraus hervor, dass beide Momente hier in dem Verhältnisse eines ersten und zweiten Gliedes, eben wie in der zweizeitig-metrischen Einheit an sich, zu einander stehen. Von einem metrischen Anfange ausgehend wird keine Verlängerung der Dauer des als erstem gesetzten Gliedes Etwas entgegen sein; denn die Dauer ist vom Anfange noch eine sich selbst bestimmende, keine bestimmte, wie es die eines zweiten Momentes ist: wo aber dieses in seiner Dauer schon bestimmte als positiv-Erstes

gesetzt wird, da kann dessen relativ-Zweites nur ein Gleiches sein ; es kann zwar kürzere Dauer haben, indem die
reale Erfüllung des Maasses keine vollständige zu sein
braucht, aber nicht längere, da der Inhalt nicht über das
Maass hinausgehen kann.

31. Somit ist eine Bindung aus kürzerem nach länge-
rem Zeittheile:

immer etwas metrisch direct Unwahres. Die synkopisch
erste Zeit kann nur eine zweite von gleicher Dauer sich
verbinden; sobald diese eine längere ist, wird sie gegen
die vorhergegangene eine mehr als einfache, und trennt,
indem sie dann an sich selbst als Erstes und Zweites sich
verhält, die innere Einheit der Bindung: sie lässt einen
Accent fühlen:

Es ergibt sich hieraus, dass die früher mit aufgeführten
Erfüllungsformen des vierzeitigen Metrums, in welchen
nach der einfachen Zeit eine ungetrennt dreifache folgt

und

der metrischen Berechtigung ermangeln, weshalb sie eben
auch dem Gefühle sich widerspenstig erweisen: denn es ist
in ihnen an das einfache zweite Glied ein doppeltes, das
dritte und vierte enthaltende gebunden.

32. Alle solche rhythmische Gestaltungen sind, wo
sie vorkommen und zu bester Wirkung vorkommen können,
eben wieder als Indirectes, als Ausdruck der Besonderheit,
des nicht Allgemeingültigen verständlich, und können damit als rhythmisch passionirte Erregung, als rhythmischer
Reiz wirken. Wo aber eine solche Besonderheit nicht ge-

wollt, oder in der Beschaffenheit des Satzes nicht gegeben ist, da erscheinen sie nur als Regelwidrigkeit, als rhythmisch-Krankes in metrisch-Gesundem.

33. Mit den metrischen Bedingungen der Dissonanzbehandlung hängt das zuletzt Besprochene nur in der Forderung zusammen, nach welcher die gebundene Dissonanz überhaupt ein metrisch-accentuirtes Moment in Anspruch nimmt. Es ist aber keineswegs Erforderniss, dass die Dauer des vorbereitenden Accordes gleich sei der Dauer des Dissonanzaccordes; nur der gebundene Dissonanzton selbst darf hier nicht länger sein als der als Consonanz ihm vorangehende vorbereitende. Die Auflösung der Dissonanz kann nach harmonischen Zwischentönen ebensowohl erst später erfolgen; denn das Bindungsgesetz, was die Länge des vorbereitenden Tones der des angebundenen gleich verlangt, ist ein rhythmisch-metrisches für sich, es ist dasselbe für consonante und dissonante Harmonie und wird von den besonderen harmonischen Bedingungen sowenig berührt, als es an diese wieder besondere Bedingungen stellt.

Der metrisch-synkopirten Reihe entspricht harmonisch die Folge verketteter Septimenaccorde.

34. Wenn nun eine synkopische Reihe in Verbindung mit der normalen in jedem ihrer metrischen Glieder ein accentuirtes Moment enthält, — abwechselnd ein normal-accentuirtes und ein synkopisch-accentuirtes, — so würde in dieser Hinsicht auch jedes Glied einer solchen Reihe zum Träger einer accentuirten Dissonanzharmonie werden können. Eine Folge verketteter Septimenaccorde, wie sie früher in drei Arten von Uebergängen, in den beiden ersten fortlaufend, in der dritten periodisch unterbrochen, sich haben bilden sehen, (I. 155—160) entspricht in harmonischem Sinne der metrisch-synkopirten Reihe. Auch in jener ist jedes der sich unmittelbar folgenden Dissonanzmomente ein harmonisch-Erstes und Zweites zugleich; in der Bedeutung

des Ersten (I) ist es Dissonanz, in der Bedeutung des Zweiten (II) Auflösung und Vorbereitung.

35. Die synkopisch fortlaufende Reihe ist aber nur als eine periodische metrisch verständlich, als eine zwei-, drei- oder vierzeitig-gegliederte, und es werden in ihr, über den in gleicher Stärke betonten Gliedaccenten, die Accente der höheren Ordnungen sich geltend machen. Damit heben sich besondere Momente der Reihe als hauptsächlich accentuirte, auch als hauptsächlich für die gebundene Dissonanz geeignete Stellen hervor. So wird im dreizeitigen Metrum das zweite Glied gegen das erste, im vierzeitigen das dritte gegen das erste, das zweite gegen das dritte Glied an metrischem Gewichte immer gering erscheinen, das vierte aber hier, wie das dritte im dreizeitigen Metrum, — in der Formation an sich völlig accentlos und nur allein synkopisch accentuirt, — wird gegen die übrigen die schwächste Betonung haben, und daher vor ihnen am wenigsten geeignet sein, schwer betonte Dissonanzen aufzunehmen; ihm wird vorzugsweise eine von den Septimenharmonieen zugetheilt sein wollen, die auch auf der nicht-accentuirten Zeit ihre Stelle finden. Diess sind eben die Septimenaccorde des verwendeten Systemes, unter ihnen aber vornehmlich der eine ganz unzweideutige zum tonischen Schlusse führende Oberdominantseptimenaccord, und nächst diesem der Septimenaccord der Oberdominantterz.

36. In der verketteten Septimenfolge wird aber, im Sinne der Synkope, jede metrische Stelle eine betonte Dissonanz tragen können. Nur die Vorhaltsdissonanz kann in diese Versetzung aus der normal-accentuirten in die synkopisch-accentuirte Stelle nicht eingehen, da ihre Auflösung nothwendig in die normal-accentlose Stelle fallen muss.

37. Zu erinnern ist hierbei, dass die so oft genannte Bestimmung von erstem und zweitem metrischen Momente, da sie sich in jeder Ordnung wiederholt und ausser ihr eine andere nicht denkbar ist, auch in allen Ordnungen

gewährt, was in Bezug auf Synkope und Dissonanzstellung
gesagt ist. So findet in der Tactgliederung dieselbe Anwendung statt auf die Glieder der einfachsten wie der
complicirtesten gleichmässigen Theilung: das erste Glied
der zweitheiligen Gliederung, das erste und dritte der
viertheiligen, das erste, dritte, fünfte und siebente der acht-
theiligen u. s. f. werden in Beziehung auf ihre Ordnung
die Bedeutung eines normal-Ersten erhalten; und wie hier
die ungeraden Zahlen die Normalaccente bezeichnen, so
werden die geraden: 2, 4, 6, 8 . . . das Accentlose oder
synkopisch zu Accentuirende bezeichnen müssen.

38. Wie in allem organischen Dasein allezeit das gegenseitige Ineinanderwirken entgegengesetzter Factoren als
Einheitsbegriff anzuerkennen ist, so dürfen wir auch hier
nicht ausser Acht lassen, wenn harmonische und metrische
Bedingungen einander gegenübergestellt werden, dass Beides im Wesen der Wirklichkeit nur wieder dasselbe Eine
nach der einen und anderen Bestimmungsseite ist, dass im
concreten Ganzen das Eine vom Anderen nur verständig zu
unterscheiden, nicht aber zu trennen ist. Der vorbereitete
Dissonanzaccord hat nicht erst eine metrisch an sich accentuirte Stelle zu suchen, sondern er ist es, der die Stelle,
an welcher er steht, zu einer metrisch ersten oder accentuirten bestimmt: er ist selbst, indem er harmonisch ein
Zweites zur Folge haben muss, an sich ein zeitlich-Erstes.
Wie aber das Sprachmetrum, logischen und metrischen
Accent zu verbinden hat, schwerbetonte Sylben nicht auf
leichte Zeit fallen lassen darf; so wird eben auch die musikalische Metrik verlangen, dass die erstzeitige schwerbetonte
Dissonanzharmonie nicht in eine Stelle trete, die nach der
metrisch natürlichen Ordnung eine accentlose sein will.